대한민국
부동산 경매의
정석定石

'나홀로경매'를 꿈꾸는 이들의 진정한 '멘토'
대한민국 부동산 경매의 정석定石

제1판 제1쇄 인쇄 2023년 01월 31일
제1판 제1쇄 발행 2023년 02월 15일

지은이 이운택
펴낸이 조헌성 **펴낸곳** (주)미래와경영
ISBN ISBN 978-89-6287-228-6 13320 값 22,000원
출판등록 2000년 03월 24일 제25100-2006-000040호
주소 (08590) 서울특별시 금천구 가산디지털 1로 84, 에이스하이엔드타워 8차 1106호
전화번호 02) 837-1107 **팩스번호** 02) 837-1108
홈페이지 www.fmbook.com **이메일** fmbook@naver.com

■ 좋은 책은 독자와 함께합니다.
책으로 펴내고 싶은 소중한 경험이나 지식, 아이디어를
이메일 fmbook@naver.com로 보내주세요.
(주)미래와경영은 언제나 여러분께 열려 있습니다.

'나홀로경매'를 꿈꾸는
이들의 진정한 '멘토'

대한민국
부동산 경매의
정석定石

이운택 지음

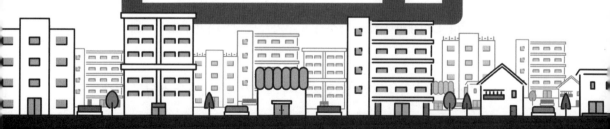

'역발상 경매이론'을 정립한 부동산 경매의 달인 이운택 원장의 경매 고수 따라 하기

절대로 입찰하면
안 되는 물건
판단 방법

현장조사
체크리스트 및
입찰서류
작성 방법

초보자도
쉽게 할 수 있는
명쾌한 권리분석

경매의
함정에 빠지지
않는 방법

소유자 및
임차인에 대한
손쉬운 명도 전략

미래와경영

"경매로 돈 벌 수 있을까요?"

"그런데 어렵지 않을까요?"

"저도 할 수 있을까요?"

부동산 경매를 처음 시작하려는 분들의 공통된 질문입니다.

법원경매는 부동산 재테크의 한 방법입니다. 물론 부동산을 매수하는 가장 보편적인 방법은 공인중개사 사무소에 가서 여러분이 원하는 물건을 사는 것입니다. 이는 현재의 시세로 취득하는 방법입니다. 현재의 시세로 매수하여 수익이 발생하려면 반드시 매수한 가격보다 올라야 합니다.

매수한 부동산에서 목표수익을 달성하려면 시간과 호재가 필요합니다. 상당한 기간이 필요하겠지요. 하지만 시간이 흐른다고 해서 반드시 상승하지는 않습니다.

그러나 부동산 경매는 그렇게 기다리지 않아도 되는 구조를 갖고 있습니다. 그 이유는 현재의 시세보다 저렴하게 취득할 수 있는 방법이기 때문입니다. 필자의 강의를 수강하는 분들에게 항상 강조하는 부분입니다.

"부동산 경매는 사고 싶은 물건을 현재의 시세보다 저렴하게 취득하는 방법을 배우는 것입니다."

"경매를 알면 알수록 더 좋은 우량물건을 더 낮은 가격으로 살 수 있습니다."

경매 고수들은 오랫동안 더 좋은 물건을 더 저렴하게 매수하는 방법을 연구하고 경험한 분들입니다. 어려운 법률 지식과 함께 돈이 되는 우량물건을 구별하는 혜안, 그리고 실무를 겸비하고 있습니다. 법률적 지식만 안다고 해서 경매를 잘할 수 없고 부동산만 잘 안다고 해서 경매를 잘할 수는 없습니다.

모두가 이구동성으로 부동산 경매가 어렵다고 합니다.

경매가 어렵다는 선입견을 가진 분들은 잠시 시간을 내어 가까운 법원의 경매법정에 가보길 권합니다. 경매 입찰이 있는 날이면 젊은 대학생부터 칠순을 넘긴 분 등 남녀노소 할 것 없고 직업도 다양합니다. 저마다 자신의 입찰을 기다리며 이야기를 나누는 사람들로 북적입니다.

그분들이 전문적인 지식을 갖고 있는 경매 전문가일까요? 모두가 법률 전문가와 부동산 전문가들일까요?

전혀 그렇지 않습니다.

경매 관련 서적 한 권 읽지도 않고 입찰서류도 작성하지 못해 법원 직원의 도움을 받는 사람도 많습니다. 부동산 경매는 어렵게 생각하면 한없이 어렵고 쉽게 생각하면 어렵지 않습니다.

필자가 본서를 집필하게 된 이유도 스스로 학습해서 재테크의 꿈을 키우는 분들에게 쉽게 접근할 수 있도록 하기 위함입니다.

경매의 세계는 끝이 없습니다. 그만큼 범위도 넓고 다양하다는 의미입니다. 경매 전문가의 영역과 초보자의 영역은 다릅니다. 전문가들이 입찰하는 물건과 초보자들이 입찰하는 물건이 따로 있습니다.

수많은 법률적인 지식과 실무 경험이 필요한 물건이 있고 때론 간단하게 입찰할 수 있는 물건도 많습니다. 그렇게 쉬운 물건부터 입찰하면서 경험을 쌓다보면 어느새 경매 고수의 반열에 오르는 날이 있으리라 확신합니다.

물고기를 잡는 방법을 알려 주고 싶은 마음이기에 차근차근 이론부터 자신의 것으로 쌓아가길 권합니다.

본서는 경매를 처음 시작하는 분들에게 경매를 어떻게 할 것인가를 제시하고 그 방법을 알려주는 데 초점이 맞춰져 있습니다. 수많은 경매 서적이 나름대로 방법을 제시하고 있지만 경매 초보자가 알기에는 너무 어렵습니다. 본서를 한 페이지 한 페이지 읽다 보면 스스로 할 수 있다는 자신감과 도전의식이 싹틀 것입니다.

경매로 절대 입찰하면 안 되는 물건이 있습니다. 입찰하는 순간 입찰보증금을 되돌려 받지 못하는 경매 사고를 경험합니다. 그러한 물건들이 무엇인지를 알려줍니다.

입찰 전에 반드시 알아야 할 사항들과 입찰장에서 준비해야 하는 내용들, 그리고 입찰서류 작성하는 방법들을 상황별로 자세하게 기술하였습니다.

입찰할 물건에 대해 현장 조사하는 방법과 내용을 정리하였고 낙찰 후에 할 사항들을 쉽게 서술하였습니다. 입찰한 물건에 사람이 살고 있다면 명도하는 방법을 실무 경험을 바탕으로 혼자서도 할 수 있도록 자세하게 구성하였습니다.

또한, 각종 법률적 권리분석을 쉽고 명쾌하게 정리하였으며, 임대차보호법에 근간하여 임차인 분석의 핵심을 기술하였습니다.

누구나 빠지면 헤어 나올 수 없는 경매의 함정을 알려주고 함정에서 탈출하는 방법을 제시하였습니다. 경매 고수로 가는 지름길에는 반드시 특수한 권리가 있습니다. 특수권리의 법률적 분석과 해결 방법을 쉽게 정리하여 경매고수로 쉽게 진입하도록 하였습니다.

2019년에 출간한 누구도 알려주지 않는 부동산 경매 실전투자비법 <경매고수 따라하기>가 독자 여러분들의 사랑을 듬뿍 받은 만큼 본서 또한 '나홀로경매'를 꿈꾸며 원하는 수익을 이루기 위한 길잡이가 될 수 있었으면 하는 바람입니다.

본서를 읽는 모든 분들이 경매 고수를 꿈꾸며 지금보다 나은 미래를 설계할 수 있도록 자양분이 되기를 희망하며 필자는 여러분을 응원하겠습니다.

본서가 출간되기까지 아낌없는 지원과 정성을 기울려 주신 미래와경영 류석균 님께 감사의 마음을 담아 드립니다.

언제나 그 자리에 있어 준 아내와 이제 사회에 첫발을 뗀 큰딸, 그리고 다시금 새로운 도전을 준비하는 작은딸에게 언제 어디서든 묵묵히 응원하는 아빠가 있음을 이 책에 담고자 합니다.

겨울바람에 날아온 솔향을 맡으며...

이천이십이년 십이월 어느 날 새벽, 이운택

목차

PART 04 **쉽게 하는 권리분석**

제9장 **권리분석 잘못하면 경매도 실패한다**

제12장 확정일자

제13장 소액임차인의 최우선변제권

PART 06   배당을 알면 경매가 쉽다

제14장 배당 원칙과 배당 사례 분석

PART 07

경매함정에서 탈출하자

제15장 쪽박을 대박으로 바꾸는 권리분석

제16장 특수한 권리는 특별한 수익이 된다

PART 01

왜 부동산 경매인가

제1장

부동산 경매는 재테크의 꽃

부동산은 자고 나면 오른다

부동산에 투자하는 많은 이들의 공통적인 이야기가 다른 투자나 재테크에 비해 리스크가 적다는 것입니다. 그 이유를 물어보면 묻어두면 돈이 되는 것이 부동산이고, 예로부터 '땅은 거짓말을 안 한다.'라는 말을 하기도 합니다.

'부동산으로 돈 번 사람은 많아도 주식으로 돈 번 사람은 없다.'라는 말을 한 번쯤 들어보았을 것입니다.

또한, 이 시대를 살아오신 우리들의 부모님과 할아버지, 할머니께서는 '돈이 생기면 땅을 사라.'라는 말씀을 할 정도로 땅에 대한 애착이 강했습니다. 땅은 농사를 지어 가족들을 부양하는 삶의 원천이었고, 땅 한 평 없는 이들이 겪는 삶의 애환은 힘겹고 고달파서 이루 말할 수가 없었습니다.

산업화 시대를 겪으며 그렇게 묻어놓은 땅에 도로가 생기고 빠른 도시화 과정에서 토지의 수요가 많아짐에 따라 농사만 짓던 논과 밭에 아파트가 지어지고 빌딩 등이 들어서면서 땅값은 그야말로 수십 배 혹은 수백 배가 오르는 부동산 광풍을 우리는 겪어 보았습니다.

각종 산업단지와 신도시 개발, 공공기관의 이전 등으로 받은 토지 보상금은 다시 부동산으로 흘러들어갔습니다.

아파트는 짓기도 전에 분양되어 수십 또는 수백 대 1의 경쟁을 물리치고 당첨만 되면 로

또가 당첨되듯 분양받은 아파트는 프리미엄이 붙어 시세차익을 만들고, 다시 또 오르고 또 올라 지금에 이르렀지요.

지역별 표준지·표준주택 공시가격(상위 5개 지역, 단위: %)

자료: 국토교통부(2022년은 공시가격안)

2022년과 2021년도의 시·도별 표준지 공시지가 상승률은 서울이 11.21%로 가장 많이 올랐고, 세종, 대구, 부산, 경기도와 제주, 광주, 대전 순으로 상승하였습니다. 2022년도 시·도별 표준지 공시지가 상승률이 가장 낮은 인천도 7.44%일 정도로 부동산은 전 국민의 사랑받는 재테크의 주 종목임에 틀림이 없습니다.

또한, 2019년부터 2021년에 걸쳐 전국적으로 아파트 광풍이 몰아쳤습니다. 아파트값 상승은 연립주택과 빌라 그리고 일반 주택의 가격을 끌어올렸습니다.

1~2년 새 불어닥친 투자 열풍으로 지금 사지 않으면 내 집 마련의 꿈조차 꿀 수 없는 현실이 되었고, 영혼까지 끌어모아 집을 사야 한다는 '영끌'에 이르기까지 하였습니다.

코로나19로 인한 세계적인 펜데믹 속에서 움츠렸던 경제와는 달리 부동산 시장은 그 어느 때보다도 뜨거웠습니다. 최근 아파트값이 가장 많이 오른 지역 중 하나인 세종시를 비롯하여 전국이 정부의 각종 규제에도 불구하고 끝없이 오르고 또 올랐습니다.

세종시는 2020년 한 해 한국부동산원(www.reb.or.kr) 집계 기준 주택 가격 상승률(37.05%)이 전국 17개 지자체 중에서 가장 높았고, KB국민은행 부동산 시세로도 아파트값 상승률(44.97%)이 전국 최고를 기록했습니다.

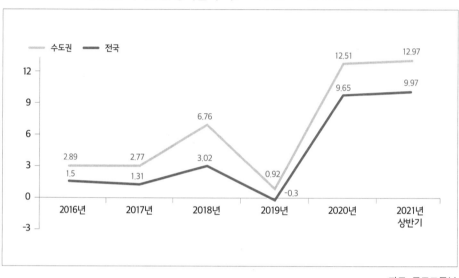

연도별 아파트값 등락률 추이(━ 수도권 ━ 전국, 단위: %)

자료: 국토교통부

이에 전문가들은 지금 사지 않으면 살 수 없을 것이라는 위기감과 '부동산은 결코 불패'라는 학습효과가 각인된 요인이라고 분석합니다. 아파트가 주도하고 빌라와 연립 그리고 일반 주택에 이르기까지 동반 상승하는 가운데 토지 가격 또한 연일 오르고 있습니다. 역대 가장 높은 가격 상승에 따라 정부의 강력한 금융규제대책과 금리인상으로 인하여 다소 하락세에 접어들고 거래량이 줄어들었지만 언제 다시 상승곡선을 그릴지 모릅니다. 부동산 시장을 되돌아보면 오름세와 조정을 되풀이하면서 우상향 하기를 반복했습니다.

'현물투자는 사라지지 않는다'라는 절대 진리가 말해주듯 온 국민은 지금 '재테크앓이'를 하고 있습니다.

대한민국 부자들의 부동산 투자법

그들은 어떻게 부자가 되었을까

부자(富者)의 사전적 정의를 보면 '재물이 많아 살림이 넉넉한 사람'을 의미합니다. 「KB금융 2018~2021 한국 부자 보고서」에 따르면 한국 부자는 '넉넉한'의 기준을 총자산 '100억원 이상'으로 생각하고 있었는데 부자라면 보유해야 할 최소 자산 규모를 보면 부동산은 '최소 50억 원', 금융자산은 '최소 30억 원'으로 나타났습니다.

금융자산 10억 원 이상 보유한 개인을 의미하는 한국 부자는 해마다 증가하여 2020년말 기준 39만 3,000명으로 늘었습니다.

한국 부자의 지역별 분포를 살펴보면, 서울에 45.5%인 17만 9,000명이 살고 있으며, 경기 8만 6,000명, 부산 2만 9,000명, 대구 1만 8,000명, 인천 1만 1,000명 순으로 서울과 경기, 인천을 포함한 수도권에 한국 부자의 70%가 집중되어 있습니다.

한국 부자들의 투자 성향은 일반인보다 공격 지향적입니다. 높은 수익률의 추구와 함께 손실률도 감내할 수 있다고 생각하는 적극적, 공격적 투자 성향 비중은 부자들이 일반인에 비해 두 배가량 높습니다.

즉, 부자들은 예·적금 수준의 안정적인 수익률을 기대하거나 투자원금에 손실이 발생하는 것을 원하지 않는 안정적인 투자보다 리스크를 안고 투자하려는 성향이 크다는 것을 알 수 있습니다.

부자들의 부동산 자산 포트폴리오

2021년 한국 부자의 총자산은 부동산 자산 58.2%와 금융자산 36.3%로 구성되어 있으며, 그 외 회원권과 예술품 등 기타 자산이 일부를 차지합니다. 이 중 85.5%가 투자용 부동산을 보유하고 있는데, 상가, 토지·임야, 아파트, 오피스텔, 재건축아파트 등의 순으로 보유율이 높았습니다.

또한, 부자들의 거주지역에 따라 투자용 부동산 포트폴리오에 차이가 존재합니다. 아파트, 오피스텔, 오피스빌딩은 서울·수도권 부자들의 보유율이 높으며, 토지·임야와 재건축아파트는 지방 부자들의 보유율이 높습니다.

> **✔ CHECK**
>
> 대한민국의 부자가 현재의 자산을 축적할 수 있었던 가장 큰 원천은 사업소득과 자산 증식을 위한 지속적인 부동산 투자였습니다.

향후 국내 부동산에 투자한다고 할 때 한국 부자들은 상가를 유망한 투자처로 생각하고 있고, 이어 재건축아파트, 토지·임야, 오피스텔 순이었습니다. 서울·수도권에서는 아파트, 오피스텔, 오피스빌딩, 재건축아파트, 상가, 토지·임야는 지방의 부자들이 더 선호하는 부동산으로 나타났습니다.

부자들의 식을 줄 모르는 '부동산 사랑'

이처럼 한국 부자의 대부분이 부동산 투자로 시작해 재산을 불렸는데, 앞으로도 부동산 투자는 물론 절세에도 적극적이며 재산을 자녀에게 물려주고 싶은 증여에도 관심이 많습니다.

부동산 시장이 과열되고 투기 열풍이 불어 정부는 각종 행정규제와 금융규제 그리고 수많은 대책으로 가격 상승을 억누르자 보합세와 반등을 반복하는 가운데도 부자들의 '부동산 사랑'은 식지 않습니다.

KB금융지주연구소가 실시한 심층조사에 따르면 부자들의 과반수가 부동산을 가장 선호하는 투자처로 꼽았고 국내 주식투자, 예금·적금이 그 뒤를 이었습니다.

부동산 중에서 가장 유망한 투자 대상으로 아파트를 선호했는데 아파트 중에서도 재건축아파트를 투자 1순위로 꼽았습니다. 부동산 경기가 침체해도 부동산을 처분하겠다고 한 비율은 20%에 불과해 지속적인 투자처로 각광받고 있습니다.

내가 원하는 가격에 산다

재테크에 무관심한 사람은 없습니다. 재테크를 하지 않는 사람이 없을 정도로 대한민국은 지금 재테크 열풍입니다. 일한 만큼의 근로소득만으로는 자신의 미래를 설계하기에는 부족하다는 인식으로 투잡, 쓰리잡 혹은 주식투자와 가상화폐 등 대상을 가리지 않습니다.

백화점이나 편의점 혹은 대형마트, 영화관이나 음식점에 가서 어느 상품 하나 자신이 원하는 가격으로 지불한 경험이 없을 것입니다. 시장에 유통되는 상품가격은 물론 서비스 비용까지도 사용자가 원하는 가격을 정하지 못하는 구조입니다.

상품마다 파는 주체가 정한 가격이 있고 당연히 판매자가 제시한 가격을 지불합니다. 이러한 형태의 가격결정은 상거래의 기본질서이고 소비자는 당연히 판매자가 결정하는 가격을 따르고 있습니다. 즉, 만들어진 물건이 소비자의 손에 닿기까지 공급자의 가격결정에 따라 이루어집니다.

소비자 권장가격이라는 이름 아래 현실은 상품을 판매하는 주체가 정하고 있습니다. 제조회사 혹은 유통사가 정하는 가격을 주고 사야 한다는 뜻입니다. 지금까지의 경제주체는 소비자임에도 불구하고 가장 중요한 가격결정권 없이 판매자가 제시하는 가격에 구매할 수밖에 없는 구조입니다.

토지와 건물 등 부동산도 예외는 아닙니다. 특히 하늘 높은 줄 모르고 치솟는 분양가와 어제도 오늘도 오르기만 하는 아파트값으로 인해 서민들의 내 집 마련의 꿈은 점점 멀어지는 등 공급자(매도자)가 제시하는 가격에 수요자(매수자)가 따르는 가격구조입니다. 이렇듯 절대적인 갑(甲)이 되어 버린 매도자의 일방적인 가격결정에도 매수자는 '울며 겨자 먹기'로 매수하는 상황이 종종 벌어집니다.

현대 자본주의 사회에서 소비자가 경제주체임에도 불구하고 유독 부동산 시장에서의 매수자는 을(乙)의 입장이었고, 만족스러운 가격에 거래가 성사되는 경우는 그리 많지 않습니다. 부동산을 시세보다 저렴하게 매수할 수 있는 경우가 드물어 부동산 거래로 인한 재테크는 많은 시간이 필요하게 되고, 자본 여력이 부족한 서민들의 재테크는 그리 쉽지 않았죠.

법원경매는 부동산 수요자가 구입하고 싶은 희망가격으로 입찰하여 구매하는 방식이기에 수익 창출을 목적으로 하는 재테크의 특성상 매수자의 가격결정권은 부동산 경매의 가장 큰 장점 중 하나입니다.

경매는 부동산 소유자가 채무를 갚지 못해 민사집행법에 의거, 법원의 결정으로 진행되는 강제매각 방식인 만큼 매도자의 의사와 관계없이 가장 높은 가격을 제시한 입찰자에게 매수권을 주는 제도입니다.

이러한 구매 방식은 부동산의 가격결정권이 매수자에게 있다는 것을 의미합니다. '매수희망가격'이란 물건의 품질과 필요성에 따라 달라질 수 있겠지만 현재 시세보다 저렴하게 매수할 수 있는 제도입니다.

거래의 가격결정권이 매수자에게 있다는 것은 매수자에게 그만큼 유리하고, 부동산을 얼마나 싸게 매수할 수 있느냐가 재테크의 성패를 좌우합니다. 이러한 가격결정권은 매수 주체로서 거래 만족도가 높고 수익성 측면에서 볼 때 높은 수익을 낼 수 있는 토대가 마련되는 만큼 중요한 의의가 있습니다.

목표수익을 정하고 투자한다

지금까지의 부동산 투자는 특정 물건을 특정 시기에 사서 미래의 특정한 시기에 되팔아 수익을 창출했습니다. 즉, 현재 시세로 매입하여 다가올 미래를 예측하고 수익을 내는 이른바 기대수익을 갖고 투자하는 방법이었습니다. 어쩌면 막연하게 값이 오를 것이라는 희망으로 투자한 것이죠.

그러다 보니 부동산에 대한 정확한 정보 없이 주위 사람들의 이야기에 더 귀 기울입니다. 다가올 미래를 알 수 없기에 섣부른 투자는 오히려 낭패를 부르고 팔지도 못하여 애물단지가 되어 오랜 기간 보유하기도 합니다.

정확한 정보와 투자수익을 산출하지 못하고 기대감에 부풀어 미래의 부동산에 투자한다는 것은 어쩌면 실패의 예고편일 수 있습니다. 그만큼 미래의 불확실성으로 인해 투자의 효율성과 수익성을 담보할 수 없습니다.

그렇다면 필자가 추구하는 경매는 어떨까요? 현 시세가 2억 원인 주택에 입찰하여 수익을 내려 한다면 여러분은 얼마의 가격에 매입하시겠습니까?

법원에서 제공하는 감정평가금액과 현 부동산 시장에서 거래되고 있는 시세를 참고한 '투자평가금액'을 산출하여 얼마의 수익을 정하느냐에 따라 입찰가격을 결정해야 정확한 수익성을 지킬 수 있습니다.

자신이 예상하는 수익에 상응하는 물건을 선택하여 그 수익을 낼 수 있는 가격으로 낙찰받는 과학적이고 합리적인 법적 시스템이 바로 부동산 경매입니다.

입찰자가 없어 유찰될 때마다 최저매각가격은 20~30%씩 낮아져 누구든지 투자평가금액과 비교해 가면서 저렴하게 낙찰받는다면 투자금액 대비 수익 산출이 가능하기에 정확한 수익을 낼 수 있습니다.

물론 각종 기회비용을 제외한 순수익이 얼마나 되는지도 정확하게 산출할 수 있어야 합니다. 특히 아파트와 오피스텔, 주택 등은 현재 거래되는 시세의 정확성으로 인해 더욱더 정확한 투자평가금액을 산출할 수 있어 초보자도 손쉽게 접근할 수 있습니다.

1년 연봉도 벌 수 있다

이제는 경매가 대중에게 그리 낯선 재테크가 아닙니다.

낙찰받고 소유권을 취득하고도 명도소송을 해야 하는 등 경제적 손실 및 재산권 행사에 많은 어려움이 있자 이러한 점들을 반영하여 지난 2002년 민사집행법을 개정하기에 이르렀습니다.

그동안 경매 전문가들과 일부 특정인들만이 경매를 통해 부를 쌓았고, 누구나 입찰에 참여할 수는 있었으나 어렵고 복잡한 각종 법률 절차로 인해 일반인들은 사실상 그림의 떡이었습니다.

경매 전문가의 도움을 받지 않고는 일반인이 '나 홀로 경매'를 한다는 것이 사실상 힘들었던 시절이었고, 필자가 경험한 경매 또한 그 시기에는 지금보다 어렵고 복잡했어도 투자수익은 훨씬 나았습니다. 경쟁이 심하지 않아 그만큼 낮은 가격으로 입찰했기에 많은 수익을 가져다주었죠.

경매의 속성상 입찰자가 많으면 입찰가격도 비례해서 올라가기 때문에 당연히 수익률은 떨어질 수밖에 없습니다. 입찰자가 없으면 유찰되고 이전 최저매각가격보다 20~30% 낮아진 가격으로 매각합니다.

이러한 과정을 2~3회 반복하여 유찰되면 감정평가금액 대비 반값으로 떨어지고, 일부 물건들은 그 이하 가격으로 낮아져도 새로운 주인을 만나기 쉽지 않습니다.

특히, 상가나 임야, 전, 답, 공장 등과 같이 환금성이 낮은 물건과 일부 지분만 매각되는 경우, 그리고 '법정지상권과 유치권'(제16장 참조) 등 권리관계가 복잡한 특수한 물건은 다른 종목들보다 낮은 가격으로도 낙찰받을 수 있습니다.

물론 이렇게 권리관계가 복잡하게 얽혀 있는 물건들은 법률적으로 풀어야 할 난제들이 있는 경우가 많습니다. 그런 문제들을 해결할 수 있는 능력을 배양하기 위해 지금 경매 공부를 하는 것입니다. 하루아침에 이루어질 수는 없기에 쉬운 것부터 시간을 갖고 도전하다 보면 경매 고수로 인정받는 날이 올 것입니다.

재테크는 선택이 아닌 나와 내 가족의 미래를 위한 필수입니다. 1년 연봉을 벌기 위해 아낌없이 시간과 자본을 투자합니다. 1년 동안 내 가족을 생각하며 힘들고 지쳐도 꿋꿋이 가정을 지키며 일합니다. 경매는 그러한 1년 연봉을 한순간에 벌 수도 있고 그보다 더 큰 규모의 재산을 늘려 주기도 합니다.

그러한 재테크가 선택이라 할 수 있을까요? 어떠한 재테크를 선택하느냐는 온전히 개개인의 몫입니다. 경매는 알면 알수록 안전하고 과학적이며 합리적인 고수익 재테크입니다.

시세가 3억 원인 아파트를 경매로 입찰한다면,

- 첫 번째 물건은 권리관계상 아무런 하자도 없는 깨끗하고 쉽지만 많은 입찰자로 인해 그만큼 입찰가격도 높아집니다. 시세가 3억 원인 물건을 시세 대비 85%에 낙찰받고 기회비용이 500만 원이라면

  300,000,000원(시세) - 255,000,000(낙찰가 85%) - 5,000,000원(기회비용) = 40,000,000원의 세전수익이 발생합니다.

- 두 번째 물건은 복잡하게 얽혀 있는 권리로 인해 2번의 유찰을 거쳐 62%에 낙찰되었다고 가정합니다. 3억 원인 물건을 1억 8,600만 원에 낙찰받고 기회비용이 3,000만 원이라면

  300,000,000원(시세) - 186,000,000원(낙찰가) - 30,000,000원(기회비용) = 84,000,000원의 세전수익이 발생합니다.

여러분은 어떠한 물건에 투자하겠습니까? 위 첫 번째 물건과 두 번째 물건의 차이는 무엇일까요? 평범한 물건으로도 수익이 나지만 좀 더 경매 공부를 하고 어려운 권리관계도 해결할 수 있는 실력이 되면 더 큰 수익을 올릴 수 있다는 것을 의미합니다. 누구나 하는 쉬운 물건은 원하는 만큼의 수익을 만들기 힘들지요.

남들이 쉽게 입찰하지 않는 물건으로 안정적인 수익을 만들고 그러한 능력을 갖기 위해서 지금 여러분을 경매 고수의 길로 안내하는 것입니다. 평범하지 않고 권리관계가 복잡해도

반값에 낙찰받은 부동산을 온전한 상태의 하자 없는 물건으로 만든다면 그 수익률은 실로 엄청납니다. 그야말로 대박이죠.

노력 없는 대가는 없습니다.
남들보다 늦었다고 포기하지 않아도 됩니다.
부동산 경매를 제대로 알면 절대 늦지 않습니다.
경매! 알고 나면 어렵지 않습니다.
단지 지금 모르기에 어렵게 느끼는 것입니다.

남들과 똑같이 치열한 경쟁을 하면서 수익도 없는 평범한 물건에 투자하기보다 어려워도 수익을 낼 수 있는 물건에 관심을 갖기 바랍니다.

튼튼한 기초 위에 지어진 집은 오랜 기간 우뚝 설 수 있으니 선무당이 사람 잡듯 함부로 얕보지 말고 필자의 경험과 노하우를 여러분의 것으로 만들어 경매 고수의 길을 걷기를 바랍니다.

행정규제가 적어 취득이 쉽다

일반적인 중개로 부동산을 취득하면 해당 지자체의 행정규제 및 법적 요건을 충족해야 합니다.

예컨대, 투기적인 토지거래가 성행하거나 지가(地價)의 급격한 상승과 상승 우려가 있는 지역으로서 대통령령으로 정하는 지역에 대해서는 5년 이내의 기간을 정하여 '토지거래허가 구역'(국토교통부장관 또는 시·도지사가 토지의 투기적인 거래가 성행하거나 성행할 우려가 있는 지역 및 급격한 지가 상승이 우려될 지역에 투기를 방지하기 위하여 설정하는 구역으로 1979년 처음 도입)으로 지정합니다.

토지거래허가구역으로 일단 지정되면 토지 용도별로 일정 규모 이상의 토지거래는 시·군·구청장의 허가를 받아야 하고, 토지거래계약 허가를 받으면 대통령령으로 정하는 사유 외에는 5년의 범위에서 그 토지를 허가받은 목적대로 이용해야 합니다.

이러한 토지를 일반적인 중개거래로 취득할 때는 반드시 지자체장의 토지거래허가를 받아야 취득할 수 있어 외지인은 허가를 받기 힘들고, 거래대금의 자금출처 소명이 이루어져야 하기에 현지인 이외에는 사실상 허가받기 힘듭니다.

토지개발예정지역, 투기과열예상지역 등 개발로 인해 토지 가격이 폭등할 우려가 있는 지역은 토지거래허가구역으로 지정해 일반인의 토지거래를 엄격하게 제한하지만, 법원에서 경매로 부동산을 낙찰받으면 지자체장의 토지거래허가를 받지 않아도 됩니다.

이렇듯 법원경매 물건 중에 토지거래허가구역 내의 토지를 찾아 낙찰받는 것도 좋은 방법의 하나입니다.

또한, 농지를 매입할 때 반드시 '농지취득자격증명원'(농취증)을 발급받아야 하는데 까다로운 일반거래와 달리 경매로 낙찰받은 부동산에 대해서는 비교적 어렵지 않게 받을 수 있습니다.

농지취득자격증명원은 농지(전, 답, 과수원)를 취득하고자 할 때 반드시 제출해야 하는 서류입니다. 경매의 경우에도 농지를 낙찰받고 법원에서 발급해 준 '최고가매수인증명서'를 가지고 해당 소재지의 읍·면·동 행정복지센터에 가서 신청합니다.

만약에 농취증을 발급받지 못하면 입찰보증금을 되돌려 받지 못하기 때문에 반드시 입찰 전에 발급 가능 여부를 확인해야 합니다.

제2장

경매 고수가 되어야 하는 이유

경매 고수는 어떤 물건에 투자할까

경매에 입문한 초보 투자자의 목록에는 아파트가 많습니다. 아파트 경매는 다른 물건에 비해 비교적 쉽다 보니 많은 사람이 입찰에 뛰어들지요.

아파트가 초보자에게 인기가 있는 이유는 다른 물건에 비해 상대적으로 권리관계가 덜 복잡하고 가격 조사 및 현장 확인이 어렵지 않으며 명도와 매매가 수월하기 때문입니다. 때로는 물건 하나에 수십 명이 넘는 인원이 입찰에 참여하는 경우도 종종 있고, 그만큼 입찰 경쟁률이 높으면 낙찰가도 높아져 수익이 줄어들 수밖에 없습니다.

【사례해설】재개발구역 내 아파트

대전 유성의 재개발구역 내 아파트 물건이 경매에 나왔는데 45명의 입찰자가 경쟁입찰 끝에 감정가격의 267%인 2억 5,111만 원에 낙찰되었습니다. 2등을 한 차순위 입찰금액도 2억 4,811만 원입니다.

물론 재개발이 확정되어 아파트 입주권이 부여되는 물건으로 가치가 수직상승할 것으로 예상하지만, 재개발이 순조롭게 진행되어도 입주까지는 수년의 기간이 소요되는 점을 고려하면 장점만 생각할 수는 없습니다.

그렇다고 해서 아파트 경매가 수익이 없다는 뜻은 아닙니다. 쉬운 만큼 경쟁이 심해 수익도 적다는 것을 의미하지요.

그럼에도 경매 법정에 가면 입찰자가 가장 많은 물건은 아파트입니다. 아파트 경매는 실수요자 중심의 투자 패턴으로 빠르게 변화하고 있습니다.

수익을 남기는 전형적인 투자의 개념보다 실입주를 통해 내 집 마련을 하려는 흐름으로 바뀌어 가는 추세이지만 아파트는 수익을 가져다주는 중요한 종목임에 틀림이 없습니다.

하지만 경매 고수들은 실수요 목적 이외에 투자 목적으로의 아파트는 그다지 선호하지 않아 그들의 경매 투자 리스트에는 아파트가 많지 않습니다.

2019타경107036						대전지방법원 본원
소재지	대전광역시 유성구 유성대로 730번길 78. 아이빌아파트 9층			회차	매각기일	최저매각가격
물건종별	아파트	감정가	94,000,000원	1차	2020-04-28	94,000,000원
대지권	11.247㎡(3.402평)	최저가	(100%)94,000,000원	매각 251,111,111원(45명)		
건물면적	53.93㎡(16.314평)	보증금	(10%)9,400,000원	감정가 대비 267.14% 낙찰		
매각물건	토지·건물 일괄매각	소유자	신○철	차순위금액		248,110,000원
개시결정	2019-08-08	채무자	신○철	대금납부		2020-05-27
사건명	임의경매	채권자	㈜○○크레디트대부 외 1명	배당종결		2020-06-18

【사례해설】최고 입찰 경쟁률 기록한 정비구역 내 단독주택

본 사례는 2018년 09월 10일, 법원에서 진행하는 매각물건 중 국내 역대 최고 입찰 경쟁률을 기록했습니다. 서울 성동구 성수동 소재 성수정비구역 3지구 내 소재한 단독주택으로 2억 5,610여만 원인 감정가보다 무려 347%인 8억 8,800만 원에 최고가로 낙찰되었습니다.

소재지	서울특별시 성동구 성수동2가 574-8			회차	매각기일	최저매각가격
물건종별	주택	감정가	256,131,700원	1차	2018-09-10	256,131,700원
대지권	40㎡(12.1평)	최저가	(100%)256,131,700원	매각 888,888,000원		
건물면적	30.1㎡(9.11평)	보증금	(10%)25,613,200원	감정가 대비 347% 낙찰		
매각물건	토지·건물 일괄매각	소유자	권○금	입찰자수		162명
개시결정	2017-11-01	채무자	권○금	차순위금액		856,000,000원
사건명	강제경매	채권자	박○성 외 1명	대금납부		2018-10-04

무려 162명이 입찰하여 엄청난 경쟁률을 보인 물건으로 이렇게 낡고 허름한 주택의 이러한 결과가 우연일까요?

당시 최고가매수신고인은 입찰가격을 평당 약 7,300만 원으로 산정하였고, 재건축과 관련하여 평당 약 1억 원 이상으로 보상이 된다는 정보를 믿고 입찰했다고 합니다.

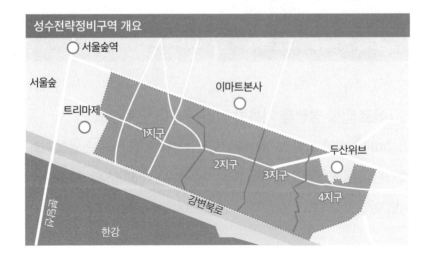

성수전략정비구역 개요

2019년 3월까지 조합설립인가를 받지 못하면 재개발 일몰제가 시행되어 정비구역에서 해제(여의도, 합정, 이촌, 압구정은 해제)될 수도 있었으나 성수동은 우여곡절 끝에 재건축조합이 설립되어 한강변 50층 재개발이 추진되었습니다.

하지만 이러한 불확실한 정보를 믿고 입찰하는 것은 결코 바람직하지 못합니다. 여의도와 압구정 등 다른 구역들은 정비구역에서 해제되고 정부의 정책에 따라 오락가락하는 행보를 보이는 등 많은 시간이 소요되기 때문에 그에 따른 투자 리스크도 큰 만큼 낙찰받는 것이 최종목표가 아님을 잊어서는 안 됩니다.

낙찰받는 순간 모든 것이 끝난 것처럼 생각하지만 그때부터가 진짜 시작입니다. 어렵고 복잡한 과정이 많이 남아 있기 때문입니다.

원하는 수익을 내지 못하면 투자해야 할 이유가 없습니다. 헛고생만 할 수도 있습니다. 입찰하기 전까지 긴 시간이 소요되고 발품을 팔아 현장답사와 많은 사항을 확인해야 하는데 자칫 수익은 적고 비용만 낭비할 수 있습니다.

【사례해설】 유치권신고된 미준공 빌라 16채

본 사례는 필자가 운영하는 경매아카데미에서 원생들과 함께 낙찰받은 물건입니다. 사용승인이 나지 않은 미준공 다세대 빌라 30평형 16채의 입찰가격이 4억 5,876만 원이었습니다. 감정가격의 19%에 낙찰받아 3개월 만에 유치권자들을 굴복시키고 인도명령을 받은 효자 물건이었죠. 물론 그리 쉽지만은 않았습니다.

유치권자들의 완강한 저항과 법률적 대응 그리고 이전 건축주(채무자 및 전 소유자)로부터 협박성(?) 제의도 받았지만, 홍성군청에 건축관계자변경을 마치고 유치권자들의 공사 방해에도 불구하고 완벽하게 마무리하였던 투자였습니다.

입찰 당시에는 분양가격을 한 채당 약 1억 2,000만 원으로 평가하였습니다.

이후 홍성 인근에 내포신도시가 충남 혁신도시로 지정되어 지가 상승과 주택 가격 상승으로 이어진 결과 미완공된 부분을 마무리 공사를 하여 꽤 많은 수익을 안겨 주었던 물건이었습니다.

소재지	충남 홍성군 홍성읍 구정리 711-14 빌라 16세대			회차	매각기일	최저매각가격	결과
물건종별	다세대(빌라)	감정가	2,400,000,000원	1차	2020-04-28	2,388,684,000원	유찰
대지권	미등기 감정가격포함	최저가	(17%)403,368,000원	2차	2018-07-31	2,400,000,000원	유찰
건물면적	1171.36㎡(354.34평)	보증금	(10%)40,336,800원	3차	2018-09-04	1,680,000,000원	유찰
매각물건	토지·건물 일괄매각	소유자	최○운	4차	2018-10-10	1,176,000,000원	유찰
개시결정	2017-08-18	채무자	최○운 외 1명	5차	2018-11-13	823,200,000원	유찰
사건명	임의경매	채권자	정○수	6차	2018-12-18	576,240,000원	유찰
				7차	2019-01-29	403,368,000원	유찰
					2019-03-05	282,358,000원	변경
				8차	2020-03-10	2,400,000,000원	변경
				9차	2020-04-14	1,680,000,000원	유찰
				10차	2020-06-23	1,176,000,000원	유찰
				11차	2020-08-04	823,200,000원	유찰
				12차	2020-09-08	576,240,000원	유찰
				13차	2020-10-13	403,368,000원	낙찰

매각 458,760,000원(매수인:신○렬)

감정가 대비 19.12%

입찰자수	2명
매각허가결정	2002-10-20
대금지급기한	2020-11-19
대금납부	2020-11-19
배당종결	2020-12-23

일괄매각. 목록 2~17번 대지권 미등기이며, 대지권 유무 알 수 없음. 이 사건 건물은 사용승인을 받지 않아 건축물대장이 없으며, 건축신고서의 도면에 호별 표시가 기재되어 있지 않아 호별 위치를 특정할 수 없다고 함(감정평가보고서, 현황조사보고서). 등기부상 제1동은 남쪽 건물이고, 제2동은 북쪽 건물임(현황조사보고서).

1. 유치권자 ○○으로부터 공사대금채권 475,000,000원을 위하여 본건 목록 전부에 대하여 유치권신고가 있었고(정○수 외 3인이 2018년 09월 04일자로 유치권배제신청서 제출), 집행관의 현

34

황조사보고서에 이 사건 건물에 대하여 주식회사 ○○종합건설 및 ○○전기 주식회사의 유치권 행사 중이라는 현수막이 설치되어 있으며, 위 회사 담당자가 공사대금채권에 기한 유치권이라고 전화 통화상 진술하였다는 보고서가 제출되었으나, 채권자 ○○은행으로부터 위 각 유치권이 부존재하다는 확정판결문이 제출됨(대전지방법원 홍성지원 2019가합30188).

2. 유치권자 장○현(공사대금 50,000,000원)으로부터 유치권신고가 있었으나, 2018년 08월 20일자로 유치권포기서가 제출됨.

3. 유치권자 전○용(공사대금 및 이자 95,836,000원), 이○엽(공사대금 및 이자 67,375,000원), 이○엽(공사대금 및 이자 125,840,000원), 김○표(공사대금 및 이자 63,193,000원), 주식회사 ○○산업(공사대금 및 이자 124,800,000원)으로부터 본건 목록 전부에 대하여 각 유치권신고가 있으나, 그 성립 여부는 불분명.

- 신청채권자 주식회사 ○○은행으로부터 위 3항 유치권자들에 대하여 2020년 02월 10일자로 유치권 배제신청서가 제출됨.

경매 고수의 수익은 초보자의 수익보다 매우 큽니다. 하자 없는 아파트 경매를 통해서는 그들의 원하는 수익을 만들 수 없기에 아파트를 수익 창출 수단으로 생각하지 않는 것이지요.

✅ CHECK

그렇다면 고수들은 어떤 물건에 투자할까요? 그들이 입찰하는 물건에는 뭔가 특별함이 있을까요?

남들은 쳐다보지도 않고 곧 쓰러질 것 같은 40~50년 된 건물도 열심히 현장을 확인하고 또 확인하고 법률관계를 꼼꼼히 살피며, 사람이 거주할 수 없을 정도의 쓰러져가는 폐가에도 주목합니다. 깨끗하게 정리된 땅보다는 넝쿨이 우거지고 웅덩이가 깊게 파인 흠결 많은 토지도 분석하여 미래가치를 찾아 모래 속의 진주를 찾습니다.

겉보기에 깨끗한 최신 건물은 많은 이들의 관심을 받아 입찰 경쟁률이 높고 수익성도 떨어집니다. 경매 고수는 수많은 물건 중에 자신의 투자원칙에 맞는 것을 찾아서 입찰합니다.

침체된 상가건물이나 근린시설을 반값도 안 되는 가격으로 낙찰받아 리모델링을 통해 업종을 바꾸고 테마타운을 조성하여 특정 브랜드를 입주시키는 등 상권 활성화에 초점을 맞춰 부가가치를 창출합니다.

투자 대상이 되는 물건을 단순히 눈으로만 보는 것이 아니라 물건의 가치를 상승시키는 방법을 연구하고 실전에 활용합니다.

> ☑ **CHECK**
>
> '경매는 마르지 않는 샘처럼 끊임없이 나옵니다.'

단순히 책상에 앉아 계산기만 두드린다고 수익이 늘어나는 것은 아닙니다. 모든 해답은 현장에 있습니다. 물건에 답이 있다는 뜻이죠.

경매 고수는 입지와 물건을 분석하고 미래가치를 높이려는 노력을 통해 수익성이 담보되는 물건을 선택하며, 보이는 대로 투자보다는 변화를 통한 미래투자를 선호합니다. 이것이 경매 고수의 투자 자세입니다.

입찰 경쟁은 하지 않는다

입찰 경쟁이 많은 물건은 투자수익률이 낮습니다. 그만큼 투자 원가가 높기 때문이죠. 모든 투자의 대원칙인 원가 절감이 수익을 높여줍니다.

경매 초보자의 낙찰 후일담을 들어보면 전쟁터에 나갔다가 금의환향한 개선장군의 이야기와 흡사합니다. 대부분의 경매 낙찰 스토리는 비슷합니다. 그도 그럴 것이 수십 대 1의 경쟁을 뚫고 낙찰받았으니 스스로가 뿌듯하고 자랑삼아 이야기하지요.

수십 대 1의 경매 입찰 경쟁에서 낙찰자가 되는 것은 그리 어려운 일이 아닙니다. 경쟁입찰이라는 제도는 다른 입찰자가 따라올 수 없는 높은 가격을 쓰면 되기 때문이죠.

그런데 그렇게 높은 가격을 쓰고 1등이 되어 매각대금을 지급하고 물건의 주인이 된다고 해도 수익이 생기지 않으면 어떡할까요?

우리의 분명한 목표는 1등이 아니라 수익 창출입니다. 수익 없는 1등은 아무런 의미가 없습니다. 간혹 시행착오라며 좋은 경험이라 말하는 사람도 있습니다. 하지만 이는 매우 위험한 생각입니다. 적게는 수백만 원에서 수천만 원, 수십억 원에 이르는 자금을 투입하는 재테크가 좋은 경험으로 자신을 위로하기에는 출혈이 너무 크고 위험하기 때문이지요.

부동산 경매는 수년이 지나야 수익이 발생합니다. 대체로 단기간에 회수가 어렵기에 그만큼 신중해야 하고, 오랜 시간 동안 기다려야 수익이 발생하는 '기다림의 미학'이라고도 합니다.

입찰한 물건에 입찰자가 많다면 그 물건의 수익률은 그만큼 떨어지고, 입찰자가 적다면 수익률은 높아질 수 있다는 뜻이기도 합니다.

입찰률과 수익률은 반비례합니다. 입찰자가 많아 경쟁률이 높은 물건은 그만큼 낙찰가가 높을 수밖에 없습니다. 낙찰가가 높으면 높을수록 수익성은 낮아지기 때문에 수많은 입찰자 중에서 1등으로 낙찰받았다고 자랑할 일은 결코 아닙니다. 오히려 부끄러워해야 할 일이 아닐까요?

어쩌면 경매법정에서 수많은 입찰자와 관람자들로부터 보이지 않는 조소와 비아냥거림을 경험할 것입니다. 경매법정에서 이때 나오는 이야기들입니다.

"누구야? 너무 높게 썼네. 제정신이야?"

"일반거래로 중개사무소에 가서 사지 여긴 왜 와?"

"돈질 제대로 하네!"

"물건 채무자와 아는 관계야? 뭐야?"

"저렇게 높게 쓰면 돈이 돼?"

"요즘 저런 사람들 때문에 경매가 흐려져. 쯧쯧…"

이런 반응들입니다. 더 심한 반응도 있지요.

여러분 자신이 그런 비아냥거림의 주인공이라 생각하면 그 순간부터 경매에 대한 회의를 느낄 것입니다. 잔금을 내고 주인이 되어 본들 유쾌하지 않을 것입니다. 수익이 없거나 적기 때문이지요. 고생은 고생대로 하고 내 돈 들여 투자했으나 결과가 좋지 않으니 힘들 수밖에 없습니다.

필자는 오래전 충남 천안과 아산 일대가 도시개발이 한창 진행될 무렵 건축한 지 얼마 되지 않은 신축 아파트에 입찰했습니다. 가르치고 있던 경매아카데미 원생들과 함께 현장답사는 물론 권리관계까지 꼼꼼히 살펴 입찰을 결정하고 이른 아침 천안에 있는 경매법정으로 향했습니다.

그야말로 엄청난 인파로 인해 경매 진행이 다소 지연될 정도였지요. 모두 입찰을 마치고 개찰을 준비하는 데 평소보다 많은 시간이 흘렀습니다. 사건번호별로 입찰봉투를 분류하고 개찰을 준비하는 시간은 통상 10분 정도면 충분한데 이날은 30분이나 걸렸습니다. 그만큼 입찰자가 많다는 것을 방증합니다.

몇 개의 물건을 개찰하고 여기저기서 환호성과 안타까움이 교차하기를 50여 분, 드디어 우리가 입찰한 사건을 개찰한다는 집행관의 방송이 나왔습니다. 하나의 사건번호에 8개의 물건번호가 있는 아파트입니다.

총 8개의 물건에 입찰자만 무려 250여 명이었고, 그동안 대한민국 곳곳에 있는 수많은 경매법정을 다녀 봤지만 그야말로 진풍경이었습니다. 필자가 입찰한 물건에 36명이 경쟁하였습니다. 대단한 입찰 광경이었습니다.

유명 브랜드를 가진 1군 메이저 H건설에서 지은 지 3년이 채 지나기도 전에 채무자가 소유하고 있었던 8채의 아파트가 경매 물건으로 나왔습니다. 평형대도 가장 선호하는 '국민평수' 32평형이었기에 그 인기가 실로 놀라웠지요. 이 물건의 개찰이 끝나자 경매법정이 썰렁할 정도로 많은 인파가 썰

물처럼 빠져나갔던 것으로 기억합니다.

그날 필자와 함께 입찰한 지인들의 개찰 결과, 한 사람도 낙찰받지 못하고 모두 빈손이었습니다. 입찰에서 떨어졌다는 허탈감과 그동안 고생한 노력에 대한 보상심리가 교차하며 어깨가 축 늘어졌지요.

감정가가 2억 4,000만 원이었는데 필자는 현 시세가 2억 3,000만 원임을 확인하고 2억 1,673만 원을 입찰가로 써냈습니다. 은행 대출이자와 출장·답사비용, 그리고 명도비용 등을 감안한 기회비용을 계산해서 1,500만 원 정도의 수익을 목표로 입찰했지요. 단기간의 차익실현을 목적으로 한 투자였기 때문에 높은 금액을 쓰기 어려웠습니다.

1,500만 원의 수익도 적은 금액이 아니었기에 총 8건의 입찰 중에서 내심 서너 건은 기대했습니다. 그날의 최고가로 매수신고한 사람은 어린 딸의 손을 잡고 법대에 올라선 40대 주부였습니다. 어디선가 본 듯했습니다. 알고 보니 현장답사 때 마주쳤던 사람이었습니다.

집행관의 최고가매수신고인 발표가 끝나자마자 여기저기서 탄식이 흘러나왔습니다. 그 탄식의 주된 이유는 최고가 입찰가격 때문이었는데 감정가보다도 높은 2억 5,800여만 원이었습니다.

수많은 사람이 입찰하는 진풍경이 연출된 이날 아파트의 경우 대개가 감정가를 웃돌았습니다. 그러다 보니 경매를 오래 경험한 사람들은 어처구니없는 가격에 탄식과 조롱을 했던 것이죠. 아파트가 인기는 있었지만 그렇게까지 높게 써야 할 이유는 분명 없었습니다. 그 가격이라면 굳이 경매를 선택할 이유가 없죠.

명도라는 고생길이 남아 있고 소유권이전까지 쉽지 않아 오히려 낙찰자가 걱정되었습니다. 차라리 인근 중개사무소에서 일반거래를 해도 될 듯합니다. 물론 미래에 가격이 오를 수는 있겠지만, 시내 중심지도 아니었고 서울이나 수도권처럼 단기적으로 상승할 수 있는 물건은 아니었기에 오히려 흔히 말하는 '승자의 저주'였던 것이죠.

경매 고수는 어떨까

경매 고수가 입찰하는 물건에는 입찰자가 고작해야 2~3명이고 단독입찰도 많습니다. 법률적인 권리관계가 복잡하게 보이는 물건, 인수해야 할 권리가 있거나 법적인 소송이 필요한 물건, 명도 저항에 부딪힐 만한 물건, 점유자와의 마찰이 예상되는 물건 등 전반적으로 어려움이 예상되는 물건을 집중적으로 분석하고 확인합니다.

초보자의 눈으로 보면 이러한 문제투성이인 물건을 어떻게 해결하려고 낙찰받는지 의아해할 수 있겠지만 경매 고수는 모든 대책과 준비를 통해 수익성과 안전성을 확보하고 매우 낮은 가격에 입찰합니다.

경매 고수는 입지와 투자 규모, 원금 회수 시기, 수익성, 환금성 등을 고려하여 물건을 선택합니다. 이러한 물건들은 대부분 단독입찰이 많습니다. 설령 다른 입찰자가 있다 해도 그 사람 또한 고수이기에 입찰가가 높지 않습니다.

목표했던 만족스러운 가격까지 내려가기를 기다렸다가 입찰하기 때문에 최저입찰가보다 조금 높은 수준입니다.

> ☑ CHECK
>
> 경매에서 가장 고려해야 할 사항은 안전성 그리고 수익성입니다. 그 두 가지 원칙을 만족시키지 못하면 낙찰받을 이유가 없습니다.

여러분도 나름대로 원칙을 세워서 입찰하길 바랍니다. 여러분이 능히 경매 고수가 될 이유는 충분합니다.

어떤 물건을 선택할 것인가

경매 고수는 어떤 물건에 투자할까요? 경매 고수가 선택하는 물건의 기준은 무엇일까요?

초보자는 수익이 적은 줄 알면서도 권리분석이나 명도 등을 처리하기 쉬운 물건을 선택합니다. 수익이 큰 줄 알면서도 권리관계가 복잡하거나 법적인 처리 방법을 알지 못하고, 경매로 낙찰받아 수익을 만드는 방법도 다양하지 않기 때문이지요. 이런 이유로 대부분 아파트를 선호합니다. 지금 이 글을 읽는 여러분도 그럴 것입니다.

경험이 쌓이고 문제 해결 능력이 높아지면 아파트보다 더 많은 수익을 주는 물건들이 눈에 보이기 시작할 것입니다.

하자가 있는 물건은 크게 두 가지로 나뉩니다.

첫째, 하자는 있으나 치유가 가능한 물건과

둘째, 법률적으로도 처리 방법이 없어 입찰하면 안 되는 물건이 있습니다.

하자 있는 물건은 치유가 가능한지 아닌지의 판단을 초보자들은 어려워해 그 방법을 알고 있는 고수들의 전유물입니다.

초보자는 낙찰자가 부담해야 하는 인수권리나 복잡한 법률관계를 해소해야 하는 물건에는 대부분 수익이 높아도 투자하지 못합니다. 복잡한 권리관계를 제대로 파악하고 해결할 수 있는 자신이 없기 때문이죠. 멘토가 있는 경우에는 조언을 받아 진행할 수도 있겠지만 조언만으로는 부족하기에 쉽게 결정하지 못합니다.

경매 격언 중에 '어려울수록 수익성이 높다.'라는 말이 있습니다. 수익성이 보장되고 아무리 어려운 물건이라도 해결할 방법만 있다면 그것이 무엇인지 알아야 하지 않겠습니까? 그 방법을 알고 있는 사람을 찾아 삼고초려를 해서라도 멘토로 삼아야 하지 않을까요?

스스로 해결 능력이 부족하면 전문가의 손을 빌리는 것도 좋은 방법입니다.

경매 고수는 또한 투자할 물건의 입지를 매우 중요하게 확인합니다. 단순히 어느 위치에 있는지를 확인하는 것이 아니라 물건이 위치한 입지의 중요성을 확인하고 그 지역을 제대로 파악하고자 하는 것이죠.

이는 입찰 전에 물건이 소재한 지역에 대해 과거부터 현재 그리고 미래에 이르기까지의 시간적, 공간적인 가치를 파악하고자 하는 것입니다.

초보자에게는 다소 생소한 부분일 수 있겠지만 그 지역 부동산의 시장 변화와 흐름을 파악하고자 노력해야 합니다. 과거를 확인하고 현재의 가치를 조사하여 미래가치를 예상할 수 있기 때문이죠.

입찰을 준비하는 물건의 가치가 과거에 비해 큰 움직임이 없거나 가격 상승의 폭이 미미하다면 그 이유가 무엇인지, 가격 상승의 폭이 인근 지역에 비교하여 평균 이상이면 그 이유를 확인하는 것은 입찰하려고 하는 물건의 미래가치를 예상할 수 있는 매우 중요한 기준이기 때문입니다.

과거에 부동산 관련 서류는 해당 지자체를 방문하여 직접 확인해야 했으나 지금은 정보

화시대에 발맞추어 많은 자료를 인터넷으로 확인할 수 있습니다.

등기부를 비롯하여 분석에 필요한 서류를 확인, 열람이 가능합니다. 입찰 전에 반드시 확인해야 할 내용 중 '개별공시지가'(표준지공시지가를 기준으로 하여 산정한 개별토지에 대한 단위면적당(원/㎡) 가격. 국토교통부 장관이 매년 공시하는 표준지공시지가를 기준으로 하여 시장·군수·구청장 등이 조사하여 산정한 공시지가로 토지의 특성조사와 표준지 선정 여부로 결정하는데, 양도소득세·증여세·상속세 등 국세와 재산세·취득세, 개발부담금·농지전용부담금 등을 산정하는 기초자료로 활용)라는 것이 있습니다.

매년 01월 01일을 기준으로 공시하는데 부동산 가격변동의 흐름 통해 호재가 있는지 악재가 있는지를 가늠할 수 있습니다. 악재가 있는 지역의 물건을 찾는 것보다 호재가 있는 지역에 있는 물건을 낙찰받는 것은 당연합니다.

초보자는 법률적 권리분석을 전부로 알고 입찰하는 경우가 많습니다. 물건의 가치, 즉 수익성을 판단하는 기준이 아니기에 수익성을 뒤로 한 채 분석이 쉬운 물건에 입찰하게 되는 것이죠.

권리분석은 말 그대로 법률관계를 분석하여 물건을 낙찰받아도 추가로 부담해야 할 권리가 있는지 없는지를 판단하는 자료에 불과할 뿐 물건의 입지와 현황, 부동산의 가치를 판단하는 기준이 아닙니다.

또한, 부동산의 가치판단보다 권리분석 위주의 쉬운 물건을 선택하다 보니 입지를 분석하지 못합니다. 낙찰받은 물건이 있는 그 지역의 상권이 다른 곳으로 이동하거나 혐오시설이 들어설 수 있어 인근 땅값과 집값의 변동사항을 확인해야 하는데 부동산의 가치 상승은 뒤로하고 결국은 낙찰받는 것이 목표가 됩니다.

인구의 이동흐름도 중요한 투자지표가 됩니다. 지자체의 홈페이지를 보면 해마다 전입·전출하는 인구의 흐름을 파악할 수 있습니다. 평균 이상으로 많은 인구가 유입되는지, 그와 반대로 많은 전출이 있다면 그 이유가 무엇인지를 파악하고 난 후에 입찰을 결정해도 늦지 않습니다. 꾸준한 인구 유입으로 인한 경제적 효과는 곧바로 부동산의 가치 상승으로 이어지고 투자의 매력을 주는 지역이 될 것입니다.

각종 개발 계획과 신도시 지정, 그리고 산업단지 조성 및 대형 쇼핑센터의 건축, 공공기관과 대학 등의 시설이 들어설 예정이라면 향후 인구 유입을 기대할 수 있어 해당 지역에 경매 물건이 나왔다면 우선하여 투자 목록에 넣는 것도 좋은 방법입니다. 입찰할 물건이 위치한 지역의 경제 동향 및 인구 변화의 추이에도 민감할 수밖에 없습니다.

실패하고 싶은 사람이 누가 있을까요?

단지 몰라서 실패하는 것이 아니라 확인하지 않아서 실패하는 것입니다. 어쩌면 확인하는 방법을 몰라서 실패하는 것입니다.

이제부터 필자와 함께 실패하지 않고 성공하는 부동산 경매 투자 비법을 알아봅시다.

시행착오는 반드시 대가를 치른다

어떤 일이든지 처음 시작할 때의 과정은 무엇보다 중요합니다.

학교를 졸업하고 첫 직장으로 어느 회사를 선택하느냐에 따라 인생이 달라지기도 하고, 그 회사의 어느 부서에서 어떤 직무를 맡느냐에 따라서 앞으로의 삶이 달라지기도 합니다.

자신의 적성에 맞지 않거나 적응하지 못해 중도에 포기하는 사람들을 주위에서 흔히 볼 수 있습니다. 그만큼 시간과 열정을 소비하고 남들보다 뒤늦게 출발합니다.

다행히 자신의 역량을 마음껏 발휘할 수도 있지만 그렇지 못할 수도 있습니다. 경매 또한 어떻게 입문하고 첫 입찰을 어떻게 시작하느냐에 따라 투자자로서 자세와 성공의 길이 달라집니다. 초보자로 남을지 고수의 길을 걸을지 오로지 자신의 선택에 달려 있지요.

경매 입찰 물건 선택과 정확한 **권리분석**(법원경매를 통해 경매 물건을 낙찰받기 전 낙찰자가 낙찰 대금 이외에 추가로 인수해야 하는 권리가 있는지 여부를 확인하기 위한 법률적인 분석), **임장활동**(현장답사 및 조사), 점유자와 임차인 분석 등으로 명도 대책을 수립하고 제대로 된 수익성 분석을 통해 성공으로 가는 길을 걷는 것은 하루아침에 이루어지지 않습니다. 끊임없는 노력과 배움의 자세를 견지하고 치밀함과 자신감을 가져야 하는 것은 당연하지요.

여러분의 첫 번째 경매가 어떤 결과일지 알 수 없으나 필자는 되도록 많은 물건에 입찰해서 떨어져 보길 권합니다. 왜 낙찰이 되지 않았는지 분석하는 것만으로도 수많은 시행착오를 줄일 수 있고 소중한 경험이 됩니다.

권리분석과 임장활동으로 실력은 증진되고 모의 입찰을 통해서 이론과 실무를 습득하게 됩니다.

경매는 시행착오를 허락하지 않는다

잘못된 판단과 실수로 그동안 어렵게 모은 피땀 어린 재산을 잃을 수도 있습니다. 경매 입찰은 가족의 재산을 투입하는 일입니다.

끊임없이 분석 능력을 길러 자기만의 영역을 확보해야 합니다. 경매 고수가 되지 않으면 영원히 초보 딱지를 뗄 수 없습니다. 초보들만의 경쟁에서 살아남는다고 해도 원하는 수익을 올리기까지 너무도 많은 시행착오와 함정이 기다리고 있으니까요.

경매에서 경계해야 할 것 중 하나가 자만심과 대충대충 방식입니다.

경매 고수가 되기 위해서는 아주 작은 사소한 부분이라도 확인하고 또 확인하여 분석한 내용이 변경될 확률과 변경되었을 때의 대응 전략을 수립하는 등 작은 것 하나도 놓치지 않아야 합니다. 유독 생각지 못한 변수가 많은 경매이다 보니 수많은 변수가 등장할 것을 항상 경계하여 준비해야 하지요.

예컨대, 초보자의 경우 권리분석을 위해 등기부를 한 번 확인하지만, 고수들은 일정 시점에서 3~4회 정도 더 확인합니다.

경매가 진행되는 순간에도 권리관계에 변동이 있을 수 있어 권리분석을 다시 해야 하는데 전혀 다른 결과가 나오기 때문입니다. 실제로 그런 경우는 드물지 않게 발생하여 입찰자들을 괴롭힐 뿐만 아니라 고생해서 준비한 입찰 물건이 무용지물이 되기도 합니다.

입찰보증금을 잘못 기재해서 낙찰받고도 매각대금을 지급하지 못해 입찰보증금을 몰수당하고 되돌려 받지 못한 사례는 끊임없이 반복해서 나옵니다.

【사례해설】 "앗, '0'을 하나 더 붙였네." …1억 6,000만 원 아파트, 16억 원에 낙찰

2020타경6987   광주지방법원 목포지원

소재지	전남 무안군 삼향읍 남악리 1480, 근화베아채			회차	매각기일	최저매각가격	결과
물건종별	아파트	감정가	164,000,000원	1차	2021-10-18	164,000,000원	유찰
대지권	37.639㎡(11.39평)	최저가	(100%)164,000,000원	매각 1,645,800,000원(1003.54%) 7명/미납			
건물면적	59.937㎡(18.13평)	보증금	(10%) 16,400,000원	2차	2022-01-24	164,000,000원	매각
매각물건	토지·건물 일괄매각	소유자	최○욱				
개시결정	2020-11-26	채무자	최○욱	매각 186,987,000원			
사건명	임의경매	채권자	페퍼저축은행	감정가 대비 114.02% 낙찰			

입찰자수	11명
매수인	서울 우○희
매각허가결정	2022-02-03
대금지급기한	2022-03-11
대금납부	2022-03-04
배당기일	2022-04-07
본 사건은 경매 절차가 종결되었습니다.	

2021년 10월 18일, 광주지방법원 목포지원에서 낙찰된 아파트 물건을 보면 '이런 경우도 있구나.'라는 생각이 듭니다. 하지만 이러한 사례는 꽤 많습니다. 화제의 입찰자는 시세보다 10배가량 높은 금액으로 입찰하였고 당연히 최고가로 낙찰받았습니다.

전남 무안의 근화베아체 아파트(전용면적 59㎡)가 16억 4,580만 원에 낙찰되었는데 당시 감정가는 1억 6,400만 원이었습니다. 한국부동산원의 매매 시세는 1억 6,200만 원에서 1억 7,300만 원 선이었고, 공시가격은 8,760만 원에서 1억 1,600만 원이었습니다.

재건축이나 재개발 등 특별한 상승 호재가 있는 지역도 아니어서 실거래의 10배 가격으로 낙찰되었다는 점은 납득하기 어렵습니다. 이는 입찰가격을 잘못 기입하여 낙찰된 사례로 단순 실수로 판단됩니다.

표에서 보는 바와 같이 최저가격 1억 6,400만 원인 1차 매각에서 7명이 응찰하였는데 감정가의 10배를 써낸 입찰자는 낙찰을 받았지만 매각대금을 납부하지 않아 재매각 결과 1억 8,698만 원으로 낙찰된 것으로 보아 '입찰표 오기입'으로 판단됩니다.

초보자의 경우 입찰가격을 기재할 때 '0'을 하나 더 붙여서 써내는 경우가 종종 있습니다. 이런 경우 법원에서는 입찰자의 단순 실수로 판단하고 입찰보증금은 돌려주지 않습니다. 예전에는 실수로 인한 '오기입'의 경우에는 법원이 매각불허가를 받아들여 입찰보증금을 반환해 주는 등 구제를 해주었습니다. 하지만 2010년 대법원의 판결로 '입찰표 오기입'은 매각불허가 사유로 인정하지 않음에 따라 보증금을 돌려받지 못하게 되었습니다.

멘토의 경험과 지혜를 빌리자

근로소득만으로는 원하는 삶을 영위하기에는 부족하다 보니 너도나도 재테크가 관심사입니다. 특히 아파트를 비롯한 부동산이 크게 상승하여 많은 차익을 실현하고 수익을 맛보았습니다. 이는 특별한 재테크 기술보다 수요는 많은데 아파트 공급이 부족하여 발생된 자연스러운 현상이었습니다.

또한, 정부의 각종 규제로 인해 지금 아니면 내 집 마련을 하지 못한다는 분위기로 인하여 영끌(영혼까지 끌어 모아)하여 내 집 마련에 뛰어들다보니 아파트값은 천정부지로 뛰었습니다. 부동산 경매가 재테크의 블루오션임에는 누구도 부인하지 않습니다.

어떤 이는 현재의 집보다 더 넓은 집을 마련하고자 법원경매에 뛰어들기도 하고, 또 어떤 이는 수익형 부동산을 마련하여 매월 꼬박꼬박 월세 받는 임대수익을 목적으로 안정적인 노후생활을 위해 경매에 도전합니다. 또한, 단기 시세차익을 목적으로 제2의 연봉을 만들기 위해 부동산 경매를 시작하기도 합니다.

여러분은 지금 이 책을 읽으며 무엇을 상상하나요?

경매로 낙찰만 받으면 일확천금이 들어올 것 같은 상상을 하나요?

> **✔ CHECK**
>
> 경매는 요행을 바라는 도박이 아닙니다.
> 아는 만큼 돈이 되는 합리적이고 과학적인 현물투자 방법입니다.

경매를 시작하기 전에 반드시 분명한 목적을 정하고 그 목적에 맞는 자신만의 투자원칙을 세우기를 바랍니다. 어떤 목적으로 접근하느냐에 따라 물건의 종류와 전략이 달라질 수 있기 때문이죠.

매매 목적인지 실수요 목적인지에 따라 투자 목적이 달라지면 물건 선택도 달라지고 권리분석과 현장 분석, 명도 분석도 달라지며 수익성도 달라집니다. 그러한 정확한 분석과 시행착오를 줄여줄 멘토 한 분 곁에 두기를 권합니다.

멘토(mentor)는 스승이자 조언자요 선구자다

우리의 멘토는 엄마와 아빠로 시작해서 학창 시절 학교 선생님을 거쳐 신앙적 멘토와 사회적인 멘토, 직장 멘토와 인생의 멘토에 이르기까지 다양합니다. 그들 모두가 가지고 있는 공통점이 있습니다. 진심으로 나를 걱정해 주고 잘 되기를 바라고 이끌어 준다는 점이죠.

갈수록 다양해지고 전문화하는 현대사회에서의 멘토 역할도 세분화합니다. 부동산으로 재테크를 계획하는 사람에게는 멘토가 필요한데 대표적으로 부동산 전문가와 세무사가 있습니다. 부동산 전문가는 물건을 분석하고 시장흐름을 파악하여 부동산의 가치를 판단할 수 있어 입찰 물건에 대한 투자 성공 여부를 가늠할 수 있습니다.

세무사는 부동산과 관련하여 각종 세금을 절약해 줄 수 있는 조언자입니다. 내지 않아야 할 세금도 많습니다. 얼마나 잘 알고 절세를 잘하느냐 못 하느냐에 따라 수익이 달라지기 때문에 절세하는 재테크가 되어야 합니다.

주변 지인들을 돌아보고 믿을 만한 전문가를 멘토로 삼아보세요. 멘토가 될 수 있을 만한 신뢰 있는 분이면 평생 동반자가 될 수 있습니다.

가장 중요한 경매 전문가를 찾아서 신뢰가 쌓이면 확신 없는 여러분의 '나 홀로 경매'에 날개를 달아줄 것입니다. 자칫 잘못된 분석으로 인한 커다란 오류를 바로잡아 성공하는 경매의 매력을 찾을 수 있습니다.

고수의 세계는 우리가 생각하는 상상 그 이상입니다. 생각지도 못한 물건 속에서 진주를 발견하고 남들이 상상할 수 없는 수익을 내기도 합니다. 먼저 경험하고 수많은 입찰과 낙찰을 통해 완성된 전문가의 지혜를 빌려 활용해야 합니다. 그 지혜와 경험은 돈으로도 살 수 없기에 더욱 값집니다.

우리가 살아가는 데 있어 많은 멘토가 필요합니다. 나와 내 가족을 건강한 삶으로 이끌어 줄 주치의도 있고 각각의 취미생활을 이끌어 주는 멘토도 있습니다.

알고 보면 우리 주위에 많은 멘토가 있죠. 특별하지 않은 여러분의 동료들입니다.

여러분도 누군가에게는 소중한 멘토이기도 합니다.

PART 02

처음 하는
경매 입찰

제3장

냉정하게 판단하고 입찰하자

입찰 물건은 어디서 찾을까

경매 투자를 결정했다면 어떤 목적으로 접근하느냐에 따라 물건을 선택하여 입찰하는 일은 농부가 한 해 농사를 짓기 위해 씨를 뿌리는 것처럼 매우 중요합니다. 어떤 물건을 선택하느냐에 따라 목적을 달성할 수 있는지, 또 수익은 얼마나 될지 판가름 납니다.

투자 목적에 부합하고 원하는 수익성까지 올릴 수 있는 물건을 찾기 위해서는 수많은 노력이 필요합니다. 주로 많이 활용하는 무료 정보 매체로는 법원에서 운영하는 대한민국 법원경매정보가 있습니다.

대한민국 법원경매정보 홈페이지(www.courtauction.go.kr)에는 우리나라 59개 법원에서 매각하는 모든 물건을 확인할 수 있습니다. 대법원 홈페이지에서는 아직 매각공고가 되지 않은 경매 예정 물건까지도 확인 가능합니다. 첫 매각공고가 나오고 첫 매각기일까지는 통상 2주 정도의 기간이 소요됩니다.

또한, 원하는 물건을 선택하기 위해 물건별, 지역별, 법원별, 사건별 등 원하는 조건에 맞는 검색을 통해 전국의 모든 경매 물건을 볼 수 있고 과거에 낙찰된 물건들의 정보도 확인되어 경매 지식 습득을 위해서도 매우 유용하게 활용할 수 있습니다.

특히, 인터넷등기소(www.iros.go.kr)와 연동되어 곧바로 등기부를 열람·발급받을 수 있으며, 상세한 물건 내역과 위치도, 전경도, 지적도 등 각종 관련 지도와 감정평가서, 물건 사진, 법원이 작성한 매각물건명세서, 법원 집행관이 작성한 현황조사서를 볼 수 있습니다.

국토교통부 부동산정보통합포털 씨리얼(https://seereal.lh.or.kr)에서는 각종 관련 자료를 확인할 수 있고, 전자지도를 통해 정확한 위치와 토지이용계획도 확인할 수 있습니다.

이 밖에도 유료로 경매 정보를 제공하는 많은 사이트가 있는데 법원에서 제공하는 기본 정보보다 더 풍부한 자료를 얻을 수 있습니다. 더 많은 사진과 자료, 그리고 등기부등본, 세대열람내역, 건축물 관리대장 등도 기본적으로 제공합니다.

- 옥션원 (www.auction1.co.kr)
- 지지옥션 (www.ggi.co.kr)
- 스피드옥션 (www.speedauction.co.kr)
- 두인경매 (www.dooinauction)

입찰 준비는 어떻게 하나

권리분석은 경매의 가장 기본이 되는 분석이자 성공 여부를 가름하는 지표입니다. 제아무리 좋은 물건이라 해도 권리분석에서 치명적인 하자가 발견되어 해결 방법이 없다면 그 물건에는 입찰하면 안 됩니다.

값싸게 낙찰받는다고 하더라도 잘못된 권리분석으로 예기치 못한 추가 인수금액이 발생하거나 법률적으로 해결 불가능한 권리가 존재하여 소유권을 가져오지 못하는 경우가 생긴다면 쓰디쓴 시행착오와 더불어 이미 투입된 자금회수는 요원할 것입니다.

잘못된 권리분석에 따른 오류는 금전적 손실을 의미하는 것으로 그 손실을 방지하고 성공적인 경매를 위해서는 정확한 권리분석이 뒤따라야 합니다. 이렇듯 경매의 첫걸음은 권리분석이고 수익률 확보를 위해 가장 필요한 기초 작업입니다.

특히 초보자라면 살얼음판을 걷는 마음으로 확인 또 확인하여 정확하게 분석해야 합니다.

권리분석은 부동산을 낙찰받아 소유권 취득까지의 과정에서 추가로 인수해야 할 법적인 권리와 인수해야 할 금액이 얼마인지 확인하는 매우 중요한 사전 분석입니다.

경매 입문 단계에서 권리분석은 어렵게 느껴질 수 있습니다. 민사집행법 등 각종 법률과 생소한 용어들, 알쏭달쏭 알 듯 모를 듯 명확한 판단이 어려운 사항이 많습니다. 경매 관련 책을 보면 대부분이 이해하기 어려운 용어로 가득 차 있습니다. 읽어도 무엇을 말하는지 가늠하기 어려울 때도 있습니다. 하지만 경매 또한 알고 나면 재미있고 그리 어렵지 않습니다.

내 집 마련을 위해 경매에 입문하기도 하고, 월세 나오는 수익형 부동산을 낙찰받아 임대사업을 하려고 경매를 시작하는 사람도 많습니다. 또한, 저금리 시대에 은행에 잠자고 있는 여유자금을 활용하려는 중장기 투자자와 단기간에 시세차익을 올리고자 입찰하는 단기투자자도 있습니다. 매월 지출하는 상가임대료 지출을 줄이려 낙찰받고자 하는 자영업자도 상당수 있습니다.

이들 모두가 수익 창출을 목표로 삼는다는 점에서 공통적이지만 그 수익을 내기 위해서는 **어떤 형태의 투자 목적에 맞는 물건인지에 따라 자금운용계획은 달라져야 합니다.**

자신이 활용할 수 있는 종잣돈이 얼마인지에 따라 그 규모에 맞는 물건을 골라야 합니다. 아무리 예상수익이 높은 물건이라 할지라도 규모에 맞는 자금을 확보하지 못하면 그림의 떡에 불과하기에 자금 능력에 맞는 재테크가 될 수 있도록 치밀한 자금계획을 세워야 합니다.

금융기관 중에서 농협은행과 신협, 그리고 새마을금고 등이 법원경매로 낙찰받은 물건을 담보로 대출을 해줍니다. 통상 경락잔금대출이라 하여 낙찰금액 일부를 대출해줍니다.

자기자본으로 투자하는 것이 원칙이지만 '레버리지 효과'(leverage effect, 타인으로부터 빌린 자본을 지렛대 삼아 자기자본이익률을 높이는 것으로 지렛대 효과라고도 합니다. 10억 원의 자기자본으로 2억 원의 수익을 올리면 자기자본이익률은 20%가 되지만, 자기자본 5억 원에 타인자본 5억 원을 더해 2억 원의 수익을 낸다면 자기자본이익률은 40%가 됩니다. 차입금의 금리 비용보다 높은 수익률이 기대될 때는 타인자본을 적극적으로 활용해 투자하는 것이 유리합니다.)를 얻을 수 있는 금융권 대출을 활용한다면 입찰 전에 미리 해당 금융기관과의 협의를 통해 대출금액과 대출이자, 기간 등 제반 관련 사항을 꼼꼼히 확인해야 합니다.

한 금융기관에만 의뢰하지 말고 복수의 금융기관의 대출상품들을 비교·협의하여 더 좋은 조건을 선택하는 것도 나쁘지 않습니다. 입찰 전과 매각대금 납부기일까지 다소 시간의 차이가 있어 금융상품에 변동이 있을 수 있는 만큼 유의해야 합니다.

자기자본이 부족하여 금융권 자본이나 타인의 자본이 함께 투입될 경우, 자기자본 100%를 투자했을 때보다 최소의 자본으로 최대의 수익을 창출하는 레버리지 효과로 높은 수익성을 기대할 수 있어 저금리로 금융권 자금을 활용하는 것은 수익성 제고 차원에서 고려해볼 만합니다.

입찰하려는 물건이 실수요 목적인지 임대수익을 목적으로 하는 수익형 부동산인지 또는 단기성 투자인지 장기적인 투자인지에 따라 금융권의 자금 활용이 달라져야 합니다. 대출이 장기간이라면 수익이 발생하는 시점까지 지급하는 금융이자에 대한 분명한 대책이 준비되어야 합니다. 수익이 발생하기까지의 기간에 금리 인상과 같은 복병을 만날 수도 있고, 부동산 시장 상황이 변하여 부동산 가치가 하락할 수도 있기 때문이죠.

자칫 금융이자 납부를 지연하거나 상환하지 못하는 경우가 되면 낙찰받은 물건이 다시 경매에 나오게 되는 최악의 상황이 닥칠 수도 있습니다.

이처럼 철저한 자금운용계획과 수익성 분석이 이루어지지 않으면 고생은 고생대로 하고 손실을 볼 수 있는 만큼 자신의 능력에 맞는 투자 규모를 찾아 자금운용계획을 세우고 무리한 입찰이 되지 않도록 해야 합니다.

경매 입찰에서부터 낙찰 시 매각대금 확보와 인도, 명도 과정에서 발생할 수 있는 이사비용과 소송비용, 선순위 권리의 인수사항, 대항력 있는 임차인들의 인수금액과 물건 인도 후 리모델링 비용까지도 모두 고려해야 합니다.

이러한 부분들까지 확인하지 않으면 제대로 된 투입비용과 지출비용을 산출할 수 없음은 물론 엉터리 수익성 분석이 될 것입니다.

생각을 바꾸면 수익이 보인다

부동산 투자에서 경매는 가장 수익성이 높습니다. 싼 가격에 원하는 부동산을 매입하여 제 가격을 받고 팔 수 있다는 장점이 많은 사람을 부동산 경매 시장으로 끌어모았죠.

경매 시장의 호황기는 IMF 외환위기 이후부터라고 할 수 있습니다. 당시 경매 물건이 엄청나게 쏟아져 나오는 가운데 낮은 낙찰가로 부동산 투자를 원하던 사람들에게 경매만큼 매력적인 투자 대상도 없었습니다.

하지만 경매 시장의 수익은 예전만 못합니다. 경매가 재산 증식의 매력적인 상품으로 떠오르자 너무 많은 사람이 경매 시장에 뛰어들다 보니 경쟁률이 높아졌지요. 치열하다고 표현해야 맞을 정도로 경매에 입찰하는 인구가 많아지면서 수익률은 급격하게 떨어졌습니다.

최근 들어서는 과다한 경쟁으로 인한 잘못된 판단으로 오히려 시세보다 높게 낙찰되는 사례도 많이 나타나고 있습니다. 물건의 가치가 있다 싶으면 예외 없이 입찰자들이 몰려들어 예상 밖의 낙찰가를 써내고 있습니다.

최근 언론을 통해 발표된 낙찰 비율을 보면 비정상적이라고 할 정도로 '낙찰가율'(감정가 대비 낙찰가 비율, 낙찰가율이 100%를 넘어서면 낙찰된 물건의 입찰가격이 감정가보다 높다는 뜻)이 높은 경우도 허다합니다.

이처럼 경매 시장 수익률이 떨어진 원인은 경매 전문학원, 동영상 강좌 및 경매 관련 서적 등의 출간 홍수가 이뤄지면서 입찰할 수 있는 지식을 갖춘 사람이 그만큼 많아졌기 때문입니다. 이제 경매는 대중화되고 손쉽게 할 수 있는 투자 방법이 되었습니다.

부동산 투자뿐만 아니라 모든 일에서 경쟁률이 높으면 그에 반비례하여 수익률이 낮아진다는 것은 공식입니다. 그럼에도 불구하고 경매 시장은 여전히 재테크의 블루오션입니다. 경매 시장에도 역발상을 하면 어디든 틈새시장은 있습니다. 다른 사람들이 모두 하는 방식, 같은 생각으로는 다른 사람들과 같은 수익밖에 올릴 수 없습니다.

하지만 남들과 다른 생각, 고정관념을 뒤집는 역발상을 하면 치열한 경매 시장에서도 얼마든지 높은 수익을 올릴 수 있습니다.

필자는 그렇게 생각을 뒤집고 남들이 하지 않는 물건 중에서 숨은 진주를 찾으며 25년의 부동산 경매 인생을 살아왔습니다. 경매 시장에서는 특히 고정관념을 뒤집는 역발상이 중요합니다.

입찰에 참여하기 위해 법원을 찾는 사람들을 보면 알 수 있습니다. 입찰자 대다수가 경매 책 몇 권 읽은 것과 온라인 동영상 강의나 경매학원 등에서의 수강 경험이 전부입니다.

이런 입찰자들이 참가하는 물건은 정해져 있습니다. 권리분석이 단순한 아파트나 다세대 주택, 큰 문제 될 것이 없는 토지 등이 전부이죠. 누가 보더라도 손쉬운 물건에 많은 입찰자가 몰린다는 뜻입니다. 이런 물건에서는 낙찰률은 높고, 실제 수익은 별로 발생하지 않는 경우가 대부분입니다.

많은 사람이 선호하는 물건을 피하여 일반 사람들이 지침으로 삼고 있는 경매 서적이나 온라인 강의 등에서 배울 수 없는 투자 방식을 활용한다면 낮은 경쟁률 속에 높은 수익을 올릴 수 있는 길은 얼마든지 있습니다.

제4장
입찰 전에 꼭 확인해야 할 서류

부동산 등기부 분석 방법

등기부는 부동산의 이력서

부동산 등기부는 부동산의 주인이 누구인지, 언제 누구의 손을 거쳐 현재에 이르렀고, 부동산을 담보로 설정한 이력과 해제된 사항들을 기재하며, 각종 권리의 탄생과 변경, 소멸을 보여주는 공적 장부로 정식 명칭은 '등기사항전부증명서'입니다. 즉, 부동산의 권리관계를 공시하는 공부로서 법원 등기관이 법적 절차에 따라 등기부에 부동산의 표시와 권리관계를 기재합니다.

통상 권리의 보존(신축 시), 설정, 이전, 변경, 소멸사항 등을 기재하는데, 이렇게 권리관계를 공시하는 이유는 물건에 어떤 권리가 존재하는지 확인할 수 있고 법적으로 기록하여 누구나 확인할 수 있게 하여 안전한 거래를 하기 위해서입니다.

우리나라의 부동산 권리변동은 등기해야 효력이 발생하는 '성립요건주의'(물권변동을 목적으로 하는 당사자의 의사표시, 즉 물권행위만으로는 그 효력이 발생하지 않고, 이에 부가해서 등기·인도라는 공시 방법을 갖추어야만 비로소 물권변동이 일어난다는 입법주의. 형식주의라고도 합니다.)를 채택하고 있습니다.

단독주택이나 상가건물, 근린시설은 토지등기부와 건물등기부가 별도로 있으나 아파트, 오피스텔, 연립주택, 빌라 등 집합건물은 하나의 등기부에 건물과 대지 부분에 관한 사항이 함께 기재되어 있습니다.

등기부에 관한 내용을 이해하면 일반 매매나 임대차계약, 근저당설정 등 각종 권리설정과 해지를 위해서도 매우 유용합니다.

등기부의 구성은 표제부, 갑구, 을구 등 세 부분으로 나누어져 있습니다.

표제부에서 확인할 수 있는 사항

표제부(表題部)에는 본 부동산의 토지와 건물에 관한 내용을 적습니다. 소재 지번, 건물의 명칭, 대지권 등이 표시됩니다. 접수에는 법원 등기소에 접수한 날을 기재하고 같은 날 여러 건의 권리가 접수될 때는 따로 접수번호를 기재합니다.

일반적인 권리순위는 접수일이 빠른 권리가 우선이고 접수일이 같으면 접수번호가 빠른 권리가 우선입니다. 이렇게 등기부의 권리분석 순위는 등기접수일을 기준으로 합니다. 하지만 권리의 종류에 따라 접수일이 늦은 권리가 우선일 경우도 있습니다.

소재지번과 건물명칭에는 부동산이 있는 주소와 동이 표시됩니다.

건물내역에는 해당 부동산이 있는 건물의 모든 층수와 각 층의 면적이 표시됩니다. 여기서 표시되는 면적은 모두가 전용면적 기준입니다. 모든 공부(공적장부)에는 전용면적을 기록합니다.

전유부분에서 보는 바와 같이 84.9847㎡는 32평형 전용면적을 표시합니다.

이렇게 등기부에 표시되는 각종 면적과 내용은 건물 준공 시 사용승인을 받으면 건축물 관리대장이 생성되는데 설계회사의 설계도를 기반으로 건축물 관리대장에 기재됩니다.

등기원인 및 기타사항의 '정비사업시행으로 인하여 등기'는 재건축이 되어 신축했음을 보여줍니다.

등기사항전부증명서(말소사항 포함)
- 집합건물 -

고유번호 1652-2014-000947

[집합건물] 대전광역시 중구 대홍동 912 대전센트럴자이1단지 제112동 제13층 제13○○호

【 표 제 부 】 (1동의 건물의 표시)

표시번호	접 수	소재지번, 건물명칭 및 번호	건 물 내 역	등기원인 및 기타사항
1	2014년1월27일	대전광역시 중구 대홍동 912 대전센트럴자이1단지 제112동 [도로명주소] 대전광역시 중구 충무로107번길 100	철근콘크리트구조 (철근)콘크리트지붕 19층 공동주택(아파트) 1층 608.9376㎡ 2층 582.3024㎡ 3층 673.4945㎡ 4층 673.4945㎡ 5층 673.4945㎡ 6층 673.4945㎡ 7층 673.4945㎡ 8층 673.4945㎡ 9층 673.4945㎡ 10층 673.4945㎡ 11층 673.4945㎡ 12층 673.4945㎡ 13층 673.4945㎡ 14층 673.4945㎡ 15층 673.4945㎡ 16층 673.4945㎡ 17층 580.3608㎡ 18층 580.3608㎡ 19층 222.4374㎡	정비사업시행으로 인하여 등기

(대지권의 목적인 토지의 표시)

표시번호	소 재 지 번	지 목	면 적	등기원인 및 기타사항
1	1. 대전광역시 중구 대홍동 912	대	43531.1㎡	2014년1월27일 등기

전유부분은 본 부동산의 특정한 호수의 표제부입니다.

제13층 13○○호라고 표시되어 있지요? 건물 내역에 84.9847㎡의 전용면적이 표시되고, 대지권의 표시에는 대지권의 비율이 43531.1분의 44.2201이라고 되어 있습니다. 112동의 토지의 전체면적이 43531.1㎡이고 13○○호 토지 면적이 44.2201㎡라는 뜻입니다.

대지권은 구분소유자(13○○호 소유자)가 전유부분(13○○호)을 소유하기 위해 1동의 건물(112동)이 소재하는 대지에 대하여 갖는 권리를 말합니다.

쉽게 말해 아파트나 연립주택, 빌라 등 집합건물은 건물이 지어진 토지를 세대원 모두가 공동으로 사용할 수 있는 권리와 소유권이 있습니다.

토지의 소유권을 112동 전체면적 대비 13○○호의 면적 비율을 산출하여 각각의 비율만

58

큼 토지소유권을 인정합니다. 이를 '대지권'이라고 하는데 같은 토지 면적이라면 세대수가 적을수록 대지권의 비율이 높고, 세대수가 많을수록 대지권의 비율이 낮게 됩니다.

　이는 곧 부동산 가격에도 영향을 미칩니다. 향후 아파트가 정비사업 시행으로 재건축을 한다고 가정할 때 세대수가 적으면 대지권 비율이 높아져 그만큼 토지에 대한 보상이 많아지고, 세대수가 많아 대지권 비율이 낮으면 보상도 적겠지요.

[집합건물] 대전광역시 중구 대흥동 912 대전센트럴자이1단지 제112동 제13층 제13○○호

【　표　제　부　】		전유부분의 건물의 표시)		
표시번호	접　수	건 물 번 호	건 물 내 역	등기원인 및 기타사항
1	2014년1월27일	제13층 제13○○호	철근콘크리트조 84.9847㎡	
		(대지권의 표시)		
표시번호	대지권종류	대지권비율		등기원인 및 기타사항
1	1 소유권대지권	43531.1분의 44.2201		2014년1월4일 대지권 2014년1월27일 등기

　그래서 고층 아파트보다 저층 아파트의 대지권 비율이 높아 보상이 많습니다. 13층 아파트보다 오래전에 지어진 5층 이하 아파트의 재건축이 인기가 좋은 이유입니다.

　재건축을 앞둔 아파트를 매수한다고 하면 대지권의 비율이 높아 조합원 보상이 많은 3~5층의 저층 아파트나 연립주택이 좋습니다.

갑구에 등기되는 권리

　등기부의 갑구(甲區)는 부동산의 주인이 누구인지 소유권에 관한 사항을 기재하는 부분입니다. 소유권보존, 이전 등의 변동사항과 압류, 가압류, 가등기, 경매개시결정, 예고등기, 가처분, 환매등기, 소유권이전청구권가등기 등은 모두 갑구에 기재되며 각종 권리의 소멸사항도 알 수 있습니다.

　등기부를 발급받거나 열람할 때 정확한 권리분석을 위해서 '현재유효사항'만을 발급받기보다 '말소사항 포함'으로 발급받는 것을 권합니다. 건물 신축 시 최초의 소유자가 누구인

지, 마지막 현재의 소유자는 누구인지 등 그동안 소멸한 권리들도 함께 기재되어 있기 때문입니다.

이제 등기부의 갑구를 분석해 봅시다.

갑구에는 소유권에 관한 사항이 기재되어 있습니다. 순위번호 1의 소유권보존은 건물이 처음 지어져 준공할 당시의 최초의 소유자를 뜻합니다.

본 물건은 정비사업 시행으로 인하여 재건축이 된 아파트이기 때문에 최초의 소유자가 정비사업조합으로 되어 있습니다. 순위번호 2~4번까지는 최초의 소유자로부터 현 소유자까지 사고팔고를 통해 부동산 소유자의 변동을 나타냅니다.

구체적으로 설명하면 대흥1구역 정비사업조합에서 재건축을 추진하면서 조합분과 일반분양분을 청약을 받습니다.

【 갑　　　구 】		(소유권에 관한 사항)		
순위번호	등 기 목 적	접　　　수	등 기 원 인	권리자 및 기타사항
1	소유권보존	2014년1월27일 제5191호		소유자 ▨▨▨▨▨ 주택재개발정비사업조합 165271-▨▨▨▨▨ 대전광역시 중구 대종로 425, ▨▨▨▨▨▨▨▨▨▨
2	소유권이전	2014년5월1일 제26523호	2011년5월27일 매매	소유자 오▨ 860113-******* 대전광역시 중구 산성로 16, ▨▨▨▨▨▨▨▨▨ 거래가액 금261,046,000원
3	소유권이전	2014년6월12일 제34363호	2014년6월5일 매매	소유자 정▨ 891012-******* 전라북도 익산시 익산대로62길 ▨▨ ▨▨▨ 거래가액 금280,000,000원
4	소유권이전	2016년10월28일 제52453호	2016년8월29일 매매	소유자 원▨▨ 690202-******* 대전광역시 중구 모암로7번길 ▨-▨, ▨▨▨ 거래가액 금328,000,000원
5	가압류	2017년10월23일 제48736호	2017년10월23일 대전지방법원의 가압류 결정(2017카단4	청구금액 금100,284,923 원 채권자 주식회사 신한은행 110111-0012809 서울 중구 세종대로9길 20 (태평로2가) (가오동지점)

2011년 05월 27일에 매매한 오○○는 주소지가 재건축지역으로 보여 조합원 자격으로 분양받아 2014년 05월 01일에 준공되어 소유권이전을 받고, 한 달 후 06월 05일에 정○○

에게 매도하고 등기는 12일에 접수하였습니다. 이어서 2016년에 현 소유자에게 매도하였습니다.

갑구 순위 6의 가압류는 신용카드 대금을 지급하지 않아 신한카드사가 부동산을 가압류하였습니다. 갑구 순위 7의 압류는 본 부동산과 관련한 세금(재산세 등)을 체납하여 대전광역시 중구에서 압류하였네요.

갑구 순위 8의 임의경매개시결정을 분석하면, 현 소유자가 전 소유자로부터 2016년 10월 28일 매수할 때 3억 2,800만 원의 채권최고액이 기재된 것으로 보아 현대캐피탈로부터 2억 6,400만 원을 대출받아 원금의 125%를 설정한 것으로 보입니다.

[집합건물] 대전광역시 중구 대흥동 912 대전센트럴자이1단지 제112동 제13층 제███호

순위번호	등 기 목 적	접 수	등 기 원 인	권리자 및 기타사항
			182)	
6	가압류	2018년8월9일 제35904호	2018년8월9일 대전지방법원의 가압류 결정(2018카단5 2555)	청구금액 금7,691,122 원 채권자 신한카드 주식회사 110111-0412926 서울 중구 을지로 100 에이동 (을지로2가, 파인에비뉴)
7	압류	2019년5월7일 제21508호	2019년5월7일 압류(세무과-94 08)	권리자 중구(대전광역시) 2512
8	임의경매개시결정	2019년8월12일 제37587호	2019년8월12일 대전지방법원의 임의경매개시결 정(2019타경106 552)	채권자 현대캐피탈 주식회사 110111-0995378 서울 영등포구 의사당대로 3 (여의도동, 현대캐피탈빌딩)
9	8번임의경매개시결 정등기말소	2019년10월22일 제49987호	2019년10월18일 취하	
10	임의경매개시결정	2020년3월6일 제15606호	2020년3월6일 대전지방법원의 임의경매개시결 정(2020타경275 5)	채권자 주식회사 와우에셋대부 110111-6302337 서울 서초구 양재대로11길 36, 금관304-2호(양재동, 서울오토갤러리)
11	가압류	2020년4월14일 제24647호	2020년4월14일 서울중앙지방법 원의 가압류 결정(2020카단8 06294)	청구금액 금16,925,411 원 채권자 롯데캐피탈 주식회사 110111-1217416 서울 강남구 테헤란로 142 (역삼동, 아크플레이스)

금융권은 대출 상환이 연체될 경우를 대비해 이자까지 받을 수 있도록 원금보다 많게 채권최고액을 설정합니다. 시중은행은 110~120%를 채권최고액으로 설정하고, 신협이나 새마

을금고 등은 130% 이내, 캐피탈이나 대부업체 등은 최고 150%까지도 설정합니다.

이때 설정된 채권최고액은 채권자가 원금과 이자를 받을 수 있는 최고금액이라는 뜻입니다. 만약 원금과 이자의 합이 채권최고액을 넘으면 채권자는 채권최고액까지만 추심을 할 수 있습니다.

현 소유자가 매수할 당시에 금융권으로부터 대출받은 금액과 이자를 상환하지 못해 현대캐피탈에서 대출한 대금을 회수하기 위해 신청한 경매가 바로 '임의경매'입니다. 통상 담보권의 실행을 위한 경매라고 합니다.

그렇게 경매를 신청했으나 순위 9와 같이 경매를 취하했습니다. 금융권 대출금을 갚았다는 뜻입니다. 한번 경매가 진행되면 원금과 이자를 포함하여 모두 변제하지 않으면 금융기관은 경매를 취하하지 않습니다.

을구에서 확인할 수 있는 사항

을구(乙區)에는 소유권 이외의 권리 사항과 저당권, 근저당권, 지역권, 전세권, 지상권 등이 표시되며 이러한 권리의 변경과 이전, 말소사항도 알 수 있습니다.

근저당설정으로 채권자와 채무자가 누구인지, 채권최고액이 얼마인지 등의 정보를 알 수 있습니다. 또한 발급, 열람한 부동산 등기부의 을구에 아무런 정보도 기재되어 있지 않으면 소유자의 부동산이 해당 부동산을 담보로 채무가 없음을 보여주는 것으로 '무채권 부동산'이라 할 수 있습니다. 말소사항까지 확인해보면 과거의 채권채무기록도 살펴볼 수 있어서 보다 정확한 분석을 할 수 있습니다.

그럼 이제 을구를 분석해 봅시다.

을구를 살펴보면 을구 1-1 근저당권 이전에서 자력으로 현대캐피탈의 대출금을 갚은 것이 아니라 와우에셋대부라는 곳에서 대신 갚아줬습니다. 이것을 '대위변제'라고 합니다. 대신 채권을 갚아주고 갚아준 채권의 순위를 승계받는 제도입니다. 대신 갚아준 대위변제일이 2019년 10월 17일이지만 현대캐피탈의 근저당 설정일이 2016년 10월 28일의 순위를 그대로 승계합니다.

권리분석에서 가장 중요한 것이 순위입니다. 앞선 순위를 그대로 보전할 수 있는 대위변제라는 제도를 활용하여 투자하는 상품이 NPL입니다.

NPL(무수익여신, Non Performing Loan, 금융기관이 빌려준 돈을 회수할 가능성이 없거나 어렵게 된 부실채권)은 부실채권이라는 뜻인데 채무자가 갚지 않는 채권이라는 의미로 썩은 사과에 비유하곤 합니다. 하지만 이 썩은 사과가 매력적인 투자상품으로 각광받고 있습니다.

이렇게 대위변제를 해 준 와우에셋대부에서도 채무자가 원금과 이자를 지급하지 않자 을구 순위 10처럼 2020년 03월 06일에 임의경매를 신청하였네요. 경매가 시작되었음을 알리는 권리가 '경매개시결정'입니다. 부동산을 임차하거나 매수하려 할 때 경매개시결정이 등기되어 말소되지 않았다면 경매가 진행되고 있다는 의미로 거래하면 안 되는 물건입니다.

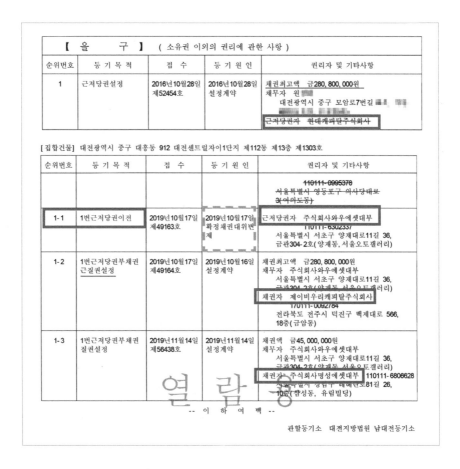

또한, 이미 지급한 매매대금은 매도자와는 경매와 별개로 소송을 통해서 받아내야 합니다. 경매를 당한 매도자에게 많은 시간과 소송비용을 들여 매매대금을 받기란 사실상 어렵습니다.

이렇게 경매개시결정이 등기된 이후에도 롯데캐피탈에서 채권 가압류가 들어왔네요. 등기부의 갑구에 압류와 가압류가 다수 등기되어 있다면 소유자의 재무상태가 나쁘다는 것을 뜻합니다.

즉, 채권자는 받아야 할 채권을 변제받지 못하면 채무자의 재산을 압류하여 채권 회수를 위해 경매를 진행하려 할 것입니다. 이처럼 경매로 나온 물건 대부분은 채무와 관련한 권리들이 등기부에 기재되어 있습니다.

일반 물건들은 대부분 갑구에는 소유권이전 사항, 을구에는 깨끗하거나 하나의 근저당권 설정 정도가 등기되어 있습니다. 또한, 금융권의 대출을 받지 않고 전액 현금으로 매수한 부동산도 많겠지요.

앞서 설명한 바와 같이 와우에셋대부에서 현대캐피탈의 채권을 대위변제하였습니다. 그런데 을구 순위 1-2에는 '근저당권부채권근질권설정'이라는 단어가 나옵니다. 이 용어의 뜻조차 쉽지 않은 권리임을 짐작할 수 있는데 사실은 간단합니다. 와우에셋대부가 현대캐피탈의 채권을 대위변제하면서 제이비우리캐피탈로부터 대출을 받은 것입니다.

와우에셋대부에서는 부동산을 담보로 한 현대캐피탈의 채권을 대위변제하고, 제이비에서는 와우에셋대부에서 인수한 채권을 담보로 돈을 빌려주고 설정한 것입니다.

저당권과 같은 약정담보물권을 '질권'이라고 합니다. 질권은 확정채권(확정금액)을 설정한 것이고, 근질권은 원금과 장래의 이자까지 설정한 것입니다.

예를 들어, 금융채권에 투자하는 NPL을 대위변제를 할 때 자금이 부족하면 위에서 보는 바와 같이 금융권 자금을 대출받아서 할 수 있습니다. 자기자본이 많이 소요되지 않고 투자할 수 있는 장점이 있죠. 통상 이러한 채권을 담보하는 질권대출은 금액의 80%까지도 가능합니다. 아래의 주요 등기사항 요약은 지워진 등기를 제외한 현재 살아 있는 등기만을 기록한 요약분입니다.

주요 등기사항 요약 (참고용)

[주 의 사 항]

본 주요 등기사항 요약은 증명서상에 말소되지 않은 사항을 간략히 요약한 것으로 증명서로서의 기능을 제공하지 않습니다.
실제 권리사항 파악을 위해서는 발급된 증명서를 필히 확인하시기 바랍니다.

고유번호 1652-2014-000947

[집합건물] 대전광역시 중구 대흥동 912 대전센트럴자이1단지 제112동 제13층 제1303호

1. 소유지분현황 (갑구)

등기명의인	(주민)등록번호	최종지분	주　　　소	순위번호
원██ (소유자)	690202-*******	단독소유	대전광역시 중구 모암로7번길 ██	4

2. 소유지분을 제외한 소유권에 관한 사항 (갑구)

순위번호	등기목적	접수정보	주요등기사항	대상소유자
5	가압류	2017년10월23일 제48736호	청구금액　금100,284,923 원 채권자 주식회사 신한은행	원██
6	가압류	2018년8월9일 제35904호	청구금액　금7,691,122 원 채권자 신한카드 주식회사	원██
7	압류	2019년5월7일 제21508호	권리자 중구(대전광역시)	원██
10	임의경매개시결정	2020년3월6일 제15606호	채권자 주식회사 와우에셋대부	원██
11	가압류	2020년4월14일 제24647호	청구금액　금16,925,411 원 채권자 롯데캐피탈 주식회사	원██

3. (근)저당권 및 전세권 등 (을구)

순위번호	등기목적	접수정보	주요등기사항	대상소유자
1	근저당권설정	2016년10월28일 제52454호	채권최고액　금280,800,000원 근저당권자 현대캐피탈주식회사	원██
1-1	근저당권이전	2019년10월17일 제49163호	근저당권자 주식회사와우에셋대부	원██
1-2	근질권	2019년10월17일 제49164호	채권최고액　금280,800,000원 채권자 제이비우리캐피탈주식회사	원██
1-3	질권	2019년11월14일 제56438호	채권액　금45,000,000원 채권자 주식회사명성에셋대부	원██

[참 고 사 항]

　가. 등기기록에서 유효한 지분을 가진 소유자 혹은 공유자 현황을 가나다 순으로 표시합니다.
　나. 최종지분은 등기명의인이 가진 최종지분이며, 2개 이상의 순위번호에 지분을 가진 경우 그 지분을 합산하였습니다.
　다. 지분이 통분되어 공시된 경우는 전체의 지분을 통분하여 공시한 것입니다.
　라. 대상소유자가 명확하지 않은 경우 '확인불가'로 표시될 수 있습니다. 정확한 권리사항은 등기사항증명서를 확인하시기
　　　바랍니다.

지금까지 등기부를 분석해 보았습니다. 예상보다 많은 정보가 담겨 있습니다. 어려운 용어들도 등장하고 그 권리들이 어떻게 활용되는지도 살펴보았습니다. 등기부마다 같은 내용도 있고 전혀 생소한 권리들도 있습니다. 이러한 권리들을 이해하고 분석하는 것이 권리분석입니다.

그리 쉽지는 않지만 어렵다고 포기하면 아무것도 할 수 없습니다. 처음에는 생소한 용어들로 어렵게 느껴질 수 있지만 반복해서 분석해 보면 누구나 할 수 있습니다.

등기부 분석을 할 수 있으면 경매를 떠나서 일상생활에서도 많은 도움이 됩니다. 집이나 토지 매입, 임대차계약을 할 때도 반드시 알아야 할 내용입니다.

권리분석은 경매의 일부입니다. 기본적인 용어와 각 권리의 역할과 쓰임새를 알고 나면 그리 어렵지 않습니다. 모든 것이 처음에는 어렵습니다. 그러나 알고 나면 쉽습니다. 누구나 할 수 있는데 나만 못하는 것일까요? 아닙니다. 관심과 실천의 차이니까요.

매각물건명세서를 알면 권리분석이 쉽다

매각물건명세서는 법적인 효력이 있다

매각물건명세서는 법원에서 제공하는 자료 중에서 법적으로 인정받는 서류입니다. 집행법원은 경매개시결정 이후 바로 집행관이 작성하는 현황조사서와 감정평가사의 감정평가서를 토대로 작성하는데 첫 매각기일 일주일 전부터 누구든지 열람 가능합니다.

입찰자들에게 매각부동산에 대한 정확한 정보를 제공함으로써 예측하지 못한 손해가 발생하는 것을 방지하기 위해 법원에서 작성합니다.

예컨대, 매각물건명세서에 임차인이 없다고 기재되어 낙찰받았는데 낙찰 후 임대차보증금을 추가로 인수해야 하는 적법한 '대항력'(임차인이 제3자에게 자신의 임대차관계를 주장할 수 있는 권리, 제11장 참조) 있는 임차인이 있다면, 곧바로 '매각불허가신청'(부동산을 매각할 때 일정한 사유에 해당하여 법원이 매각을 허가하지 않도록 신청하는 제도, 제7장 참조)을 하면 입찰보증금을 돌려받고, 그 물건은 '선순위 임차인 보증금 인수 여지 있음'으로 매각물건명세서가 수정되어 다시 재매각에 나옵니다.

등기부현황

NO	접수	권리종류	권리자	채권금액	비고
1	2013.05.08.	소유권보존	○○주택건설(주)		
2	2015.07.06.	전세권(건물전부)	최○은	100,000,000원	존속기간 2015.07.06.~2017.07.06.
3	2016.04.01.	소유권이전(매매)	김○일		거래가액 143,360,909
4	2017.04.28.	가압류	전북은행(흥산로지점)	5,941,539원	말소기준등기 2017카단997
5	2017.06.19.	압류	익산세무서		
6	2017.11.09.	강제경매	연○섭	청구금액 8,411,753원	2017타경15898 중국인
7	2018.03.28.	압류	익산시		
8	2018.04.20.	압류	국민건강보험공단		
9	2018.04.25.	공매공고	익산세무서		2017-11923-001
10	2018.11.30.	압류	대전광역시 서구		
11	2020.03.18.	압류	익산시		

위 사례는 강제경매사건으로 권리분석에 따라 2015년 07월 06일 설정한 임차인 최○은의 전세권이 본 물건의 핵심포인트입니다.

금액과 권리에 상관없이 말소시킬 수 있는 '말소기준등기'(경매에서 낙찰자가 인수하는 권리와 말소하는 권리를 나누는 기준이 되는 등기)가 2017년 04월 28일 설정한 전북은행의 가압류입니다.

여기서 앞서 말한 전세권은 말소기준등기일보다 먼저 설정되었기 때문에 낙찰자가 인수해야 하는 권리입니다. 즉, 전세권설정 금액 1억 원은 낙찰자가 매각으로 인하여 인수해야 한다는 뜻입니다.

본 사례에서는 2018년 08월 13일자로 임차인이 배당요구를 하였으므로 매각대금에서 타 권리에 우선하여 배당받습니다. 하지만 배당금액이 1억 원에 미치지 못하면 모자란 금액만큼 낙찰자가 부담합니다.

다시 정리하면 매각대금 이외에 추가로 부담하는 금액이 됩니다.

입찰자는 부동산의 가치를 평가하고 입찰가격을 산정할 때 매각대금과 인수금액이 부동산의 가치보다 낮게 책정해야 합니다.

매각대금과 인수금액을 합한 금액이 평가금액보다 높게 산정된다면 결국 가치보다 높은 가격으로 매수하는 결과를 낳습니다. 이러한 투자는 실패로 끝나게 되겠지요.

예컨대, 시세가 1억 원에 거래되는 아파트에 낙찰자가 인수해야 하는 전세보증금이 6,000만 원이라면 4,000만 원 이하로 입찰해야 합니다. 그 이상의 금액으로 하면 시세인 1억 원보다 높게 입찰하는 결과이니까요.

대 전 지 방 법 원

2017타경15898

매각물건명세서

사 건	2017타경15898 부동산강제경매		매각 물건번호	1	작성 일자	2021.10.14	담임법관 (사법보좌관)		김승자	
부동산 및 감정평가액 최저매각가격의 표시	별지기재와 같음		최선순위 설정		2017. 4. 28. 가압류		배당요구종기		2018.09.10	

부동산의 점유자와 점유의 권원, 점유할 수 있는 기간, 차임 또는 보증금에 관한 관계인의 진술 및 임차인이 있는 경우 배당요구 여부와 그 일자, 전입신고일자 또는 사업자등록신청일자와 확정일자의 유무와 그 일자

점유자 성 명	점유 부분	정보출처 구 분	점유의 권 원	임대차기간 (점유기간)	보증금	차임	전입신고 일자, 사업자등록 신청일자	확정일자	배당 요구여부 (배당요구일자)
최▓▓▓	전부	등기사항 전부증명 서	주거 전세권자	2015. 7. 6.~2017. 7. 6.	100,000,000			2015. 7. 6. 전세권설정	
		현황조사	- 임차인				2015.07.06		
	310호	권리신고	주거 임차인	2015. 7. 6.~	100,000,000		2015. 7. 6.	2015. 6. 22.	2018.08.13

〈비고〉

최▓▓:2018. 8. 13.자 최▓▓의 권리신고 및 배당요구신청서는 임차인으로 권리행사한 것으로 봄.

※ 최선순위 설정일자보다 대항요건을 먼저 갖춘 주택·상가건물 임차인의 임차보증금은 매수인에게 인수되는 경우가 발생 할 수 있고, 대항력과 우선변제권이 있는 주택·상가건물 임차인이 배당요구를 하였으나 보증금 전액에 관하여 배당을 받지 아니한 경우에는 배당받지 못한 잔액이 매수인에게 인수되게 됨을 주의하시기 바랍니다.

등기된 부동산에 관한 권리 또는 가처분으로 매각으로 그 효력이 소멸되지 아니하는 것

을구 순위번호 3번 전세권 설정등기(2015. 7. 6. 제77035호)는 말소되지 않고 매수인에게 인수됨.

매각에 따라 설정된 것으로 보는 지상권의 개요

비고란

CHECK

낙찰자가 매각대금 이외에 추가로 부담해야 할 권리가 존재하면 법원에서 매각물건명세서를 통해 인수해야 할 대금이나 권리가 존재하니 주의해서 입찰하라는 것을 알리는 서류가 매각물건명세서입니다.

매각물건명세서는 경매와 관련한 법원에서 제공하는 서류 중 가장 중요한 문서입니다. 간혹 내용이 변경되기도 하니 수시로 확인하는 습관을 길러야 합니다.

그럼 임의경매사건인 아래 매각물건명세서를 살펴봅시다.

서 울 동 부 지 방 법 원

2021타경52102

매각물건명세서

사 건	2021타경52102 부동산강제경매		매각물건번호	1	작성일자	2021.11.19	담임법관(사법보좌관)	이재열	
부동산 및 감정평가액 최저매각가격의 표시	별지기재와 같음		최선순위 설정		2020.05.18. 근저당권		배당요구종기	2021.07.14	

부동산의 점유자와 점유의 권원, 점유할 수 있는 기간, 차임 또는 보증금에 관한 관계인의 진술 및 임차인이 있는 경우 배당요구 여부와 그 일자, 전입신고일자 또는 사업자등록신청일자와 확정일자의 유무와 그 일자

점유자성 명	점유부분	정보출처구 분	점유의권 원	임대차기간(점유기간)	보 증 금	차 임	전입신고일자,사업자등록신청일자	확정일자	배당요구여부(배당요구일자)
최████	건물전부	등기사항전부증명서	주거주택임차권자	2019.02.12.	255,000,000		2019.02.19.	2019.01.29.	

〈비고〉

※ 최선순위 설정일자보다 대항요건을 먼저 갖춘 주택·상가건물 임차인의 임차보증금은 매수인에게 인수되는 경우가 발생 할 수 있고, 대항력과 우선변제권이 있는 주택·상가건물 임차인이 배당요구를 하였으나 보증금 전액에 관하여 배당을 받지 아니한 경우에는 배당받지 못한 잔액이 매수인에게 인수되게 됨을 주의하시기 바랍니다.

등기된 부동산에 관한 권리 또는 가처분으로 매각으로 그 효력이 소멸되지 아니하는 것

매수인에게 대항할 수 있는 임차인이 있음(임대차보증금 255,000,000원, 전입일 2019.02.19., 확정일자 2019.01.29.). 배당에서 보증금 전액이 변제되지 않으면 잔액을 매수인이 인수함.

매각에 따라 설정된 것으로 보는 지상권의 개요

비고란

건축물대장에 위반건축물(2019.04.24. 주거 6㎡ 무단증축) 표기 있음. 제시외물건(판넬조, 용도미상, 약6㎡) 포함 평가함.

주1 : 매각목적물에서 제외되는 미등기건물 등이 있을 경우에는 그 취지를 명확히 기재한다.
2 : 매각으로 소멸되는 가등기담보권, 가압류, 전세권의 등기일자가 최선순위 저당권등기일자보다 빠른 경우에는 그 등기일자를 기재한다.

임차인 최○○의 임대차보증금이 2억 5,500만 원인데 낙찰자의 매각대금에서 배당받지 못하거나 배당금액이 모자라서 배당받지 못한 금액은 모두 낙찰자가 추가로 인수해야 한다

는 내용입니다.

본 사례에서는 임차인 최○○이 배당요구를 하지 않았으므로 임대차보증금 전액을 낙찰자가 인수해야 합니다. 그럼 매각물건명세서에 기재된 내용은 어떤 의미를 담고 있을까요?

> 매수인(낙찰자)에게 대항할 수 있는 임차인이 있음
> (임대차보증금 2억 5,500만 원, 전입일 2019.02.19., 확정일자 2019.01.29.)
> 배당에서 임대차보증금 전액이 변제되지 않으면 전액을 매수인이 인수함

이러한 물건에 입찰하려 할 때는 정확하게 배당받을 금액이 얼마인지, 미배당금액이 얼마인지를 살펴보고 추가로 인수해야 할 금액을 파악해야 합니다. 인수할 금액이 파악되었다면 정상적인 입찰금액에서 인수할 금액만큼 적은 금액으로 입찰금액을 산정해야 합니다.

> 건축물대장에 위반건축물(2019.04.24. 주거 6㎡ 무단증축) 표기 있음

'위반건축물'은 준공 시에 제출된 설계도면에 나타나지 않은 건축물이 있거나 허가받지 않고 증축되었을 때 일정 기간 원상회복이 되지 않으면 지자체에서 이행강제금 납부처분을 하고 건축물관리대장에 기재합니다.

위반건축물로 등재되면 지속적인 이행강제금 납부처분이 이루어지고 해당 부동산을 담보로 금융대출이 되지 않습니다.

매각대금 일부를 잔금대출로 처리할 입찰자라면 위반건축물로 등재된 물건에는 입찰하면 안 되겠지요.

> 제시 외 건물(판넬조 용도미상, 약 6㎡) 포함 평가함

'제시 외 건물'이란 건축물관리대장에 나타나지 않은 건축물을 말합니다. 공부상에 등재되지 않은 건물로 대부분 소유자나 채무자의 소유일 때 감정평가사는 제시 외 건물로 분류하고 평가를 합니다.

제시 외 건물에 대해 일정 금액 감정평가가 되었다면 매각에 포함되어 문제가 없으나 '매각 외 물건'으로 분류되면 매수하지 못합니다. 매각 외 물건은 경매가 아닌 다른 방법으로 추가 매수해야 하는지 매수하지 않아도 되는지를 판단하여 입찰을 결정해야 합니다.

> ☑ CHECK
> 매각물건명세서가 중요한 이유는 낙찰 이후에도 소멸하지 않고 낙찰자가 인수해야 하는 사항들이 기재되기 때문입니다.

매각물건명세서에 중대한 하자(중요사실과 다르게 기재되었거나 누락된 경우)가 발생한 경우, 즉 매각물건명세서에 기재된 내용을 믿고 입찰하였다가 현황과 기재된 내용이 다르다면 '매각불허가신청', '매각허가에 대한 이의신청', '매각허가에 대한 취소신청'(제7장 참조) 등을 통해 입찰보증금을 돌려받고 구제받을 수 있습니다. 또한, 부동산의 공부와 현황이 다른 경우 실제 현황도 알 수 있습니다.

부동산의 표시 이외에 미등기건물이 있을 때, 매각 대상에서 제외된 부동산이 존재한다면 그 취지와 매각으로 인하여 인수되는 권리 및 미등기권리에 관한 내용도 파악할 수 있습니다.

더불어 '건물만 매각' 또는 '토지만 매각' 시 건물의 인수 여부와 '법정지상권 성립 여지 있음'이라는 메시지를 통해 입찰자에게 다시금 확인하게 합니다.

집행관이 직접 확인한 현황조사서

현황조사서는 법원 집행관이 직접 매각부동산의 현재 상태와 매각부동산을 점유하고 있는 점유자를 확인하여 작성한 문서입니다.

일반적으로 경매신청 후 법원에서 경매개시결정이 되면 3일 이내에 현황조사 명령이 내려집니다. 이때 집행관은 경매 대상 물건의 현 상태와 누가 점유하고 있는지, 임대차 내용, 기타 현황을 조사합니다. 매각 대상 물건 주소지로 가서 소유자, 채무자, 임차인 혹은 점유자들을 파악하는데 만일 사람이 없어 폐문부재일 경우에도 연락처를 남기고 추후 다시 확인합니다.

실무에서는 현황조사서에 기록된 임대차보증금과 권리신고서에 신고된 금액이 다른 경우가 종종 있습니다.

예컨대, 집행관이 조사할 때 "2020년 10월 01일부터 전세 4,000만 원에 살고 있다."라고 되었는데, 이후에 임차인이 권리신고를 할 때는 "전세금을 5,000만 원으로 올렸다."라는 등 금액이나 날짜가 다른 부분이 발견될 수도 있습니다.

또한, 현황조사 당시에는 존재하지 않았던 임차인이 권리신고를 했거나 매각할 당시, 혹은 잔금을 납부할 즈음에 나타난 임차인이라면 '허위임차인'(제8장 참조)으로 의심해야 합니다. 전입세대를 열람한 결과 전입한 내역이 없다면 대부분이 허위임차인일 가능성이 있다는 의문을 가질 수 있죠.

유치권자가 낙찰자에게 유치권을 주장하려면 경매개시결정등기 전에 경매 대상 물건을 직·간접적으로 점유를 해야 합니다. 점유한 사실이 현황보고서에 없다면 이것 또한 '허위유치권'(제16장 참조)일 가능성이 큽니다.

부동산의 현황 및 점유관계조사서

소재지	경기도 광주시 오포읍 능평리 327
점유관계	가. 현장에 임하였으나 이해관계인을 만나지 못해 점유관계를 확인하지 못하였으며, 권리신고 및 배당요구신청 안내문을 현관 출입문 틈에 끼워 두었음. 상세한 점유관계는 별도의확인이 필요함. 나. 주민센터에서 전입세대 열람 결과 주민등록 전입자는 없었으며 전입세대 열람 내역을 발급받아 첨부함. 다. 세무서에서 발급받은 상가건물임대차 현황에서 등재된 임차인은 없었으며 상가건물임대차현황서를 첨부함.
부동산의 현황	출입문에 '유치권 행사중, 이○○즈 주식회사의 본건 건물 신축 공사대금으로 유치권 행사중'이라는 취지의 안내문이 부착되어 있음.

현황조사서는 작성하는 시점이 경매개시결정 직후이므로 허위임차인이나 허위유치권자가 나타날 시간을 주지 않기 때문에 가짜 권리 신고 내용을 파악하기 좋은 서류입니다.

현황조사서에 유치권자의 점유한 사실이 없다면 이후 유치권자가 유치권을 주장한다고 해도 법원에서는 현황조사서의 내용을 인용하여 유치권 부존재를 확인하기도 합니다. 그만큼 현황조사서는 사실관계를 확인하는 데 매우 유용한 자료입니다.

점유자가 채무자냐 임차인이냐에 따라 인도, 명도 대책이 달라지기 때문에 현황조사서를 토대로 입찰자는 반드시 현장답사에서 현황조사서의 내용을 확인해야 합니다. 첫 매각기일과 현황조사 시점이 차이가 나기 때문이죠. 가령 살고 있던 점유자가 그 기간에 이사할 수도 있고, 현황조사서에는 없던 제3의 인물이 현황조사일 이후에 살고 있을 수도 있습니다.

현황조사서는 매각물건명세서와는 달리 집행관이 조사한 임대차 현황 등의 내용이 실제와 달라서 낙찰자에게 예기치 못한 피해가 발생해도 그 책임은 전적으로 낙찰자에게 있습니다.

현장방문 때 반드시 점유자와 임차인을 직접 만나 현황조사서의 내용과 일치하는지를 확인해야 합니다. 점유자를 파악하는 방법은 행정복지센터에서 전입세대 열람 내역서를 발급받아 확인하면 정확합니다.

특히 현황조사서의 내용 중에서 '폐문부재 확인 안 됨', '임대차관계 미상' 등 불분명한 내용이 있다면 반드시 확인해야 합니다.

경매 사고는 확인하지 않아서 비롯되고 그 책임은 오로지 낙찰자 몫입니다. 한 번 더 확인하는 습관을 기르고 '괜찮겠지' 혹은 '별일 있겠어?' 하는 마음으로 덜컹 입찰하는 것이야말로 가장 경계해야 할 일입니다.

전입세대 열람 내역서는 반드시 확인하자

전입세대 열람 내역서는 아파트나 주택 등에 입찰하고자 할 때 누가 전입하여 살고 있는지를 알 수 있는 가장 확실한 서류입니다. 전입세대 열람 내역서에 등재된 사람만이 임대차보호법 등 법적인 권리를 주장할 수 있는 근거가 되기에 점유자의 권리분석에 매우 중요합니다.

관할 주소지가 아니어도 가까운 행정복지센터를 방문하여 경매가 진행 중인 물건임을 입증할 수 있는 대법원 경매정보 등에서 출력한 자료와 신분증을 제시하면 발급받을 수 있습니다.

경매함정에 빠질 수 있는 세대합가가 이루어진 세대가 있을 수도 있으므로 세대주의 전입일과 최초전입자(세대주가 아닐 경우)의 전입일을 반드시 확인해야 합니다. '세대합가'란 분리되었던 별도의 세대가 하나로 합쳐지는 것인데 합쳐질 때 최초전입자의 전입한 날짜를 기준으로 대항력이 발생하기 때문입니다.

특히 임차인의 전입일은 대항력 여부와 임차보증금의 인수 여부를 확인하는 결정적인 근거가 됩니다. 해당 부동산에 실제로 거주할지라도 전입신고가 되어 있지 않으면 임차인의 지위를 상실하기 때문에 주택임대차보호법의 적용 대상이 아님을 확인할 수 있습니다.

이처럼 전입세대 열람 내역서는 임차인과 물건 점유자와의 관계를 명확하게 구분하고 인도, 명도에 명쾌한 해답을 줄 수 있는 자료입니다. 또한, 은행에서 대출을 받거나 임대차계약을 할 때 임차인 유무와 전입일 등을 확인하기 위한 수단으로도 쓰입니다.

전입세대 열람을 신청하려면 읍·면·동 행정복지센터를 직접 방문해야 가능합니다. 열람하고자 하는 건물이 거주지와 멀리 떨어져 있는 경우에는 가까운 인근 행정복지센터에서 발급받을 수 있으나 인터넷으로는 발급이 불가합니다.

전입세대를 열람하고자 할 때는 전입세대 열람 신청서와 입증자료(경매공고자료), 본인 신분증을 준비해서 신청하면 됩니다. 신청 수수료는 1건 1회당 300원입니다. 동일 세대별 주민등록표상 세대원이 세대주보다 전입일이 빠른 경우(세대합가)에는 그 세대원의 성명과 전입일자를 열람할 수 있습니다.

법원경매정보의 세대주 전입일만 확인하고 대항력 유무를 판단한다면 자칫 세대합가라는 경매함정에 빠져 대항력 있는 임차인의 임대차보증금을 인수해야 하는 상황이 올 수도 있습니다.

■ 주민등록법 시행규칙 [별지 제15호서식] <개정 2020. 11. 30.>

주민등록 전입세대 열람 신청서

※ 뒤쪽의 유의 사항을 읽고 작성하기 바랍니다.

(앞쪽)

접수번호		접수일자		처리기간	즉시
신청인 (위임받은 사람)	성명 홍 길 동		홍 (서명 또는 인)	주민등록번호	123456-1234567
	주소 (시·도)　　　(시·군·구) 서울특별시 성동구 천호대로 123			연락처	010-1234-5678
법인 신청인	기관명			사업자등록번호	
	대표자		(서명 또는 인)	연락처	
	소재지				
	방문자 성명		주민등록번호	연락처	

열람 대상 물건 소재지
대전광역시 서구 계룡로 264번길 4, 101동 505호

용도 및 목적	경매 입찰	증명 자료	대법원 경매공고

「주민등록법」 제29조제1항 및 같은 법 시행규칙 제14조제1항에 따라 주민등록 전입세대 열람을 신청합니다.

2022 년　1 월　20 일

시장·군수·구청장 또는 읍·면·동장 및 출장소장 귀하

위임장			

「주민등록법」 제29조제1항 및 같은 법 시행규칙 제14조제1항에 따라 주민등록 전입세대 열람 신청을 위와

같이 위임합니다.

년　　월　　일

개인 신청인 (위임한 사람)	성명	(서명 또는 인)	주민등록번호	
	주소		연락처	
법인 신청인 (위임 법인)	기관명		사업자등록번호	
	대표자	(서명 또는 인)	연락처	
	소재지			

첨부 서류	1. 위임한 사람의 주민등록증(법인인 경우에는 대표자의 신분증명서, 법인 인감증명서 또는 사용 인감계) 등 신분증명서(담당 공무원이 위임장의 진위 여부 확인을 위해 요청하는 경우) 2. 신청 자격 증명 자료(행정정보 공동이용을 통해 확인이 불가능한 경우)	수수료 1건 1회 300원

[ ] 행정정보 공동이용 동의서(소유자)　[ ] 전·월세 거래 정보 시스템 이용 동의서(2014. 1. 1.이후 임차인)

본인은 이 건의 업무 처리를 위해 담당 공무원이 「전자정부법」 제36조제1항에 따른 행정정보의 공동이용을 통해
관할 행정청이 등기부 등본 등으로 본인 소유 여부 등을 확인하거나 「주택임대차보호법」 제3조의6제2항에 따른 전
·월세 거래 정보 시스템의 확정일자 부여 사실로 임차인 여부 등을 확인하는 것에 동의합니다.

* 동의하지 않는 경우에는 신청인이 직접 관련 서류를 제출해야 합니다.

신청인(위임한 사람)　　　홍 길 동　　　홍서령 또는 (인)

210mm×297mm[백상지(80g/㎡) 또는 중질지(80g/㎡)]

행정기관 : 대전광역시 서구 둔산1동								출력일시 : 2022년 03월 15일 17:07:29				
신청주소 : 대전광역시 대덕구 중리서로41번길 ▨▨▨▨								출 력 자 : 이혜진				
								페 이 지 : 1				
순번	세대주성명	전입일자	등록구분	최초전입자	전입일자	등록구분	동거인수	동거인사항				
	주 소							순번	성명	전입일자	등록구분	
1	김 **	2019-07-12	거주자	김 **	2019-07-12	거주자						
	대전광역시 대덕구 중리서로41번길 27, ▨▨▨ ▨											
2	손 **	2014-05-26	거주자	손 **	2014-05-26	거주자						
	대전광역시 대덕구 중리서로41번길 27, ▨▨▨ ▨▨▨▨▨											
3	권 **	2012-10-29	거주자	권 **	2012-10-29	거주자						
	대전광역시 대덕구 중리서로41번길 27, ▨▨▨ ▨▨▨▨▨											
4	이 **	2016-09-22	거주자	이 **	2016-09-22	거주자						
	대전광역시 대덕구 중리서로41번길 27, ▨▨▨ ▨▨▨▨▨											
5	안 **	2019-06-28	거주자	안 **	2019-06-28	거주자						
	대전광역시 대덕구 중리서로41번길 27, ▨▨▨ ▨ ▨▨▨											

- 이하여백 -

세대주 중심으로 전입일을 따지기 쉬우나 세대합가에서 전입일의 기준이 되는 것은 가족 구성원 중 전입이 빠른 날입니다. 이러한 세대합가로 인한 순위 변동과 대항력 유무는 반드시 전입세대 열람 내역서를 발급받아 확인해야 합니다.

감정평가서는 수익성의 지표

입찰 물건 가치판단의 중요자료

부동산을 매매하면서 전문가로부터 부동산의 가치평가를 받는 일은 쉽지 않습니다. 대부분 공인중개사를 믿고 거래하는 경우가 많아 물건의 가치에 대해 정확히 파악하기가 쉽지 않습니다.

하지만 경매에서는 물건분석의 가장 기초자료인 감정평가 내용은 물건의 현황과 가치를 파악하기에 좋은 지표로 전문가의 손길을 거친 감정평가서는 물건의 가치를 판단하는 데 아주 유용한 자료입니다.

채권자가 경매를 신청하면 서류 판단 후 법원은 경매 목적 부동산에 경매개시결정등기를 하고 감정평가사에게 평가명령을 내리며 그 평가액을 첫 최저매각가격으로 정합니다.

평가항목에는 '제시 외 건물'이란 표시가 있는데 경매신청권자가 경매신청서상 경매할 부동산의 표시에는 없으나 법원으로부터 감정평가를 촉탁받은 감정평가사가 실제로 현장에 가서 감정한 결과 발견된 건물을 말합니다.

대부분 이러한 제시 외 건물은 경매신청채권자가 경매신청목적물에서 제외하였으나 당

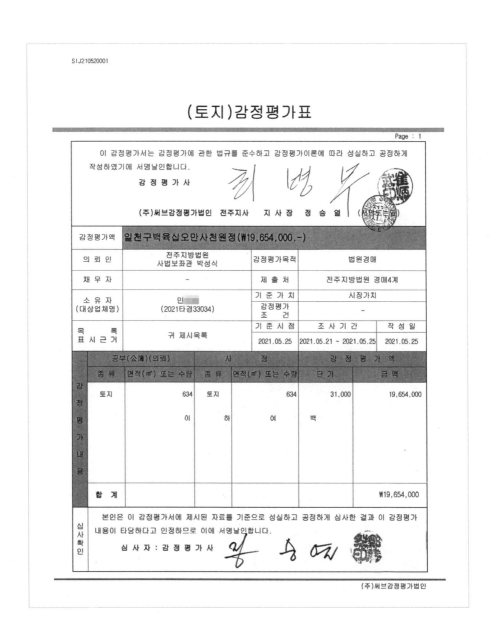

연히 매각 대상에 포함됩니다. 주택의 빌트인 된 가구나 전자제품, 정원석과 정원수, 석등과 수목(樹木), 교량, 돌담, 논둑, 지하구조물, 주유소의 유류 저장 탱크 등이 이에 해당합니다.

이와 반대로 매각 대상에 포함되지 않고 제외되는 독립된 건물이 있는 토지를 경매에서 낙찰받은 경우와 일부 건물이 경매신청 대상 이외의 다른 소유자의 건물이 소재하는 경우, 이러한 물건을 낙찰받으면 건물철거소송 등 복잡한 절차를 거쳐 매수한 토지를 인도받아야 하므로 꼼꼼히 따져 봐야 합니다.

아파트, 연립주택, 빌라와 같은 집합건물 중에는 대지지분이 미등기인 경우도 있어 건물 감정과 대지지분이 함께 평가되었는지를 꼭 확인해야 합니다.

만약 평가항목에 대지지분이 평가되지 않았거나 토지에 대한 감정평가가 없다면 토지를 제외한 건물만 매각하는 것이므로 주의해야 합니다. 이런 경우에 낙찰을 받더라도 토지나 대지의 지분을 따로 매입해야 온전한 재산권 행사를 할 수 있습니다.

☑ CHECK

'제시 외 건물'이 감정평가에 포함되었다면 일괄경매가 이루어지므로 별다른 문제가 없으나 평가항목에 없다면 낙찰 후에 '제시 외 건물'만 따로 추가 매입해야 합니다.

또한, 감정평가서에는 자연환경 요인과 지역특성, 교통환경과 공공시설의 이용 편의 사항도 기재되며, 토지의 경우 법적인 규제사항 및 공시지가, 면적, 도시계획 저촉 여부와 토지의 사용수익에 제한이 있을 때는 그 취지를 기재합니다.

첫 매각가격이 될 평가금액을 결정하는 핵심적인 요소로 종류, 구조, 면적은 등기부 표제부의 기재사항을 준수하여 기재하면 되지만, 만일 등기부의 내용과 조사한 평가내용이 다를 때는 실제 현황대로 표시합니다.

이는 공부상에 기재된 내용을 토대로 물건의 가치를 평가하는 것이 아니라 실제 나타난 현황대로 감정하여 금액을 평가해야 정확한 물건의 가치를 반영하기 때문이죠.

감정평가서에는 각종 도면과 사진이 첨부되어 있어 토지는 지적의 측량도, 건물일 때 건물 각층의 평면도와 부동산의 위치도, 개황도 등도 확인할 수 있으므로 현장조사를 할 경우에도 유용하게 활용할 수 있습니다.

감정평가금액을 맹신하지 마라

초보 입찰자들은 감정평가금액을 온전히 시세라고 판단합니다. 감정평가서에 기록된 평가금액은 물건에 따라 현 시세나 미래가치를 온전하게 반영하지 못합니다.

그 이유는 감정평가 시점과 입찰 시점과는 최소 6개월에서 1~2년, 많게는 그 이상의 시간 차이가 발생하는데 그 기간에 정치, 경제, 사회적인 여러 이유로 가격 변동성이 큰 부동산의 시장 상황과 국가정책의 변화, 지역개발과 관련 호재와 악재로 인해 가격이 변하기 때문입니다.

미분양물건은 분양가를 기준으로 감정하는 경우가 대부분이어서 시세보다 높게 평가됩니다. 이는 분양 당시의 분양가가 인근 부동산의 시세보다 높아 미분양되는 경우가 많은 이유입니다. 특히 미분양상가가 경매로 진행되면 대부분 인근의 상가 시세보다 분양가가 높고 감정가 역시 시세보다 높게 평가됨을 알 수 있습니다.

건축물관리대장은 건물의 이력서

건축물관리대장은 건물의 현황을 기재하는 장부라는 점에서 등기소에 비치되어 건물에 관한 권리관계를 공시하는 부동산 등기부와 구별됩니다.

등기부가 부동산의 소유자와 권리에 관한 내용을 기록한 장부라면 건축물관리대장은 건축물의 이력서라고 할 수 있죠.

간혹 등기부에 기재된 내용 중에서 면적이나 층수, 동 호수 등 건축물관리대장에 기록된 내용이 서로 달라 혼란스러울 때가 있습니다. 이는 신축 당시 만들어진 건축물관리대장을 근거로 등기부가 생성되고 이후 변동사항을 근거로 등기부도 변경해야 하는데 그렇지 못한 경우입니다. 이렇게 서로 다르다면 건축물관리대장에 있는 내용을 참고하면 됩니다.

건축물관리대장에는 건축자재와 어떤 건축공법으로 지어졌는지 '주 구조'를 알 수 있고 '주 용도'와 '층수' 등을 통해 건축물의 실제 용도와 높이, 지붕이 무엇으로 시공되었는지도 알 수 있습니다.

또한, 건축물이 처음 지어진 이래 현재까지 건물 소유자들의 이름과 주민등록번호, 주소

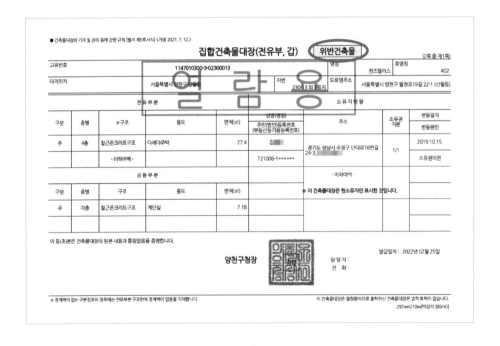

고유번호			1147010300-3-02300013				명칭	퀸즈팰리스		호명칭	402
대지위치			서울특별시 양천구 신월동		지번	230-13 외 1필지	도로명주소	서울특별시 양천구 월정로19길 22-1 (신월동)			

		공용 부분					공동주택(아파트) 가격 (단위 : 원)	
구분	층별	※구조	용도	면적(㎡)	기준일		공동주택(아파트) 가격	
		- 이하여백 -						

* '부동산 가격공시에 관한 법률」 제 18조에 따른 공동주택가격만 표시됩니다.

변동사항					그 밖의 기재사항
변동일	변동내용 및 원인	변동일	변동내용 및 원인		
2017.5.11.	건축과-9010(2017.5.10.)호에 의거 사용승인되어 신규 작성(신축)				- 이하여백 -
2017.7.5.	주택과-28531(2017.7.5.)호에 의거 위반건축물 표기[2017인원, 조립식패널 주택 7.7㎡ 무단증축]				
	- 이하여백 -				

이 건축물대장은 열람용이므로 출력하신 건축물대장은 법적 효력이 없습니다.
297㎜×210㎜[백상지 (80/㎡)]

(법인의 경우 법인등록번호와 소재지), 소유자가 바뀌게 된 이유도 표시되어 있고, 변동사항에는 사용 용도의 변경사항과 건축물 현황도도 확인할 수 있습니다.

입찰할 물건이 위반건축물이라면

입찰을 준비하는 여러분들에게 중요한 부분은 건축물관리대장의 우측 상단에 '위반건축물'이라는 표시가 있는지의 여부입니다.

위반건축물로 등재되면 이행 명령이 내려지고 이후 매년 원상복구될 때까지 이행강제금이 부과되는데 최근에는 강력하게 단속하는 추세입니다. 위반건축물로 등재된 물건을 낙찰 받으면 금융권 대출에 제한을 받고 소유권이전등기 이후에도 이행명령은 물론 이행강제금 폭탄도 맞을 수 있습니다.

이러한 물건은 해당 구청에 위반사항을 확인하고 원상회복에 필요한 비용을 고려하여 입찰해야 합니다.

일반적으로 '무단용도변경'(건축법 제19조)과 '대수선위반'(건축법 제11조)의 위반사항이 가장 많습니다.

다가구 건물의 1층 주차장에 상가를 불법 증축한다든지, 옥탑방을 허가 없이 증축하여 사용한 부분이 가장 흔한 사례입니다.

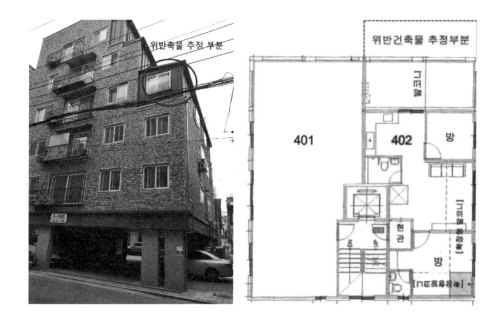

토지이용계획확인서를 알면 돈이 보인다

토지 경매의 시작은 토지이용계획 분석에서 시작합니다.

토지이용계획확인서는 「토지이용규제기본법」에 근거한 토지의 활용 용도를 확인하는 문서로 토지에 대한 각종 법적 규제와 허가 가능한 용도를 확인하는 서류입니다.

토지이음(www.eum.go.kr)에서 발급 및 열람할 수 있는데, 계획구역 내의 토지를 어떻게 이용할 것인가를 결정하고 도시공간 속에서 이루어지는 제반 활동들의 양적 수요를 예측하여 그것을 합리적으로 배치하기 위한 계획을 말합니다. 토지 이용자가 원하는 목적대로 사용 가능 여부를 확인할 수 있고 향후 개발 가능성과 토지의 활용 여부를 알 수 있습니다.

토지를 낙찰받기 위해서는 토지이용계획 분석을 통해 개발 가능한 땅과 불가능한 땅을 구분할 줄 알아야 하고, 얼마나 잘 분석하느냐에 따라 투자의 성공 여부가 결정됩니다.

또한, 「국토의 계획 및 이용에 관한 법률 제132조」에 따라 용도지역, 용도지구, 용도구역의 지정, 토지의 이용 및 도시계획시설의 결정 여부 등에 관한 계획을 확인할 수 있습니다.

생소한 용어가 많아 어렵다고 느낄 수 있으나 자주 보고 익숙해지면 땅을 보는 안목이 넓어져 토지 경매에 자신감이 붙습니다.

토지이용계획확인서 도면에는 대략적인 토지 모양과 위치, 경계 등이 표시되어 있습니다. 아울러 토지가 어떻게 이용 가능한지, 어떤 종류의 건축물을 지을 수 있는지 등 토지 이용 전반에 관한 각종 규제 사항과 토지의 현재 상태 및 활용 가능성을 알 수 있어 토지 경매에 입찰하려 한다면 반드시 살펴야 하는 중요한 서류입니다.

특히 용도지역에 건폐율(대지면적에 대한 건축할 수 있는 1층의 면적)과 용적률(대지면적에 대한 건축 각층의 면적 총합계 연면적), 건축 가능한 종류가 정해지기 때문에 분류에 따라 토지의 가치와 용도가 정해져 토지의 가치를 판단할 수 있습니다.

발급번호 : 20224521003584084   발행매수 : 1/2   발급일 : 2022/ 07/ 11

토지이용계획확인서

					처리기간
					1 일

신청인	성명	신동렬	주소	대전광역시 유성구 구즉로 16, 106동 707호		
			전화번호	010-2787-3778		
신청토지	소재지			지번	지목	면적(㎡)
	전라북도 김제시 하동			501	전	634.0

지역·지구등 지정여부	「국토의 계획 및 이용에 관한 법률」에 따른 지역·지구등	자연녹지지역 [이하공란]
	다른 법령 등에 따른 지역·지구등	가축사육제한구역(일부제한지역 모든축종 제한)<가축분뇨의 관리 및 이용에 관한 법률> [이하공란]
「토지이용규제 기본법 시행령」 제9조제4항 각 호에 해당되는 사항		[해당없음]

확인도면	(지적도)
	504-1전
	503-2전 496-2답 493-3답
	496-3답 493-4답
	491-4답
	1-16 503-1전 자연녹지지역 501전 497-3답
	1-10구
	1-13임 501-1전
	1-17 500-2전 499답

범례
☐ 준보전산지
■ 자연녹지지역

축척 1/1100

「토지이용규제 기본법」 제10조제1항에 따라 귀하의 신청토지에 대한 현재의 토지이용계획을 위와 같이 확인합니다.

2022/ 07/ 11

전라북도 김제시장

수입증지 붙이는곳

수 수 료	전자결제
확 인	원

◆본 증명서는 인터넷으로 발급되었으며, 정부24(gov.kr)의 인터넷발급문서진위확인 메뉴를 통해 위·변조 여부를 확인할 수 있습니다.(발급일로부터 90일까지) 또한 문서하단의 바코드로도 진위확인(정부24 앱 또는 스캐너용 문서확인프로그램)을 하실 수 있습니다.

84

토지 경계를 확인하는 지적도와 임야도

토지에 관한 정보를 제공하는 중요한 공문서로 모든 땅은 쓰임새에 따라 분류하는데 토지를 좀 더 세분하여 필지별로 구분하고 땅의 경계를 알 수 있는 것이 지적도입니다.

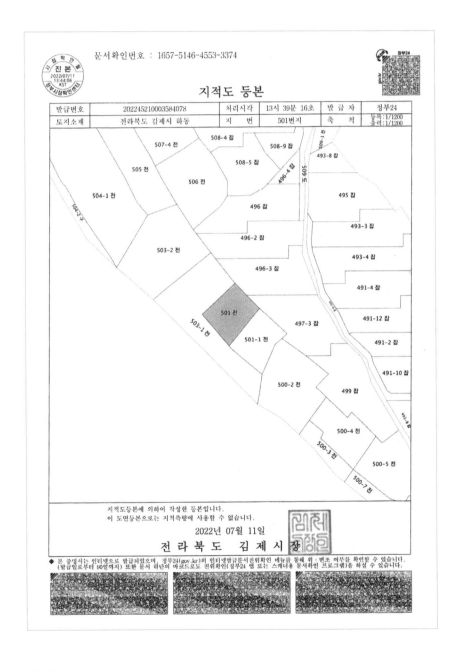

도면에는 토지의 소재, 지번, 지목(토지의 주된 사용 목적에 따라 토지의 종류를 구분·표시하는 명칭, 전·답·과수원·목장용지·임야·대·공장용지 등 총 28개로 구분), 경계 사항이 등록되어 있고, 대지와 임야(임야도) 이외의 토지를 표시하며 보통 1 : 1,200의 축척을 사용합니다. 즉, 지적도상 1㎝는 현황에서는 12m입니다.

임야도는 산을 표시하며 1 : 6,000의 축척을 사용해 1㎝는 실제로 60m가 됩니다. 지적도에 나타나는 지목의 종류는 28가지로 대지, 전, 답 및 과수원, 임야 및 목장, 묘지 등이 개인 재산과 관련된 지목이고 그 외에는 공공성이 있는 지목입니다.

대지는 도시 내에 있는 주거용 지목이기 때문에 대부분 주택이나 건물이 들어서 있거나 비록 공지(건축이 되지 않은 빈 땅)라도 담장이나 울타리 등의 경계가 있습니다.

답(畓, 논)은 논두렁에 의해 경계가 확실히 구분되며 간혹 한 지번 내에 여러 필지로 나누어진 곳이 있지만, 지적도를 보면서 현지에서 모양과 인접한 토지를 함께 비교해 보면 알 수 있습니다.

전(田, 밭)과 과수원은 둘 다 물이 없는 경작지로서 밭두렁이 형성되어 있어 경계 확인이 가능합니다. 다만 산 밑에 있는 밭이나 과수원은 산을 개간하여 일구는 특성 때문에 경계를 판독하기가 쉽지 않습니다.

임야와 목장, 묘지는 산에 있는 지목으로 목장은 가축들이 달아나지 못하게 울타리를 치기 때문에 대략의 경계는 알 수 있으나 일반 임야의 경계는 눈으로 확인할 수 없습니다. 하지만 면적이 큰 임야는 능선이나 계곡을 경계로 삼은 것이 많아 확인이 가능할 수 있습니다.

감정평가서에 첨부된 여러 사진을 참고하면 좋습니다. 직접 매입한 산(임야)이라 할지라도 현장에 울타리가 없기에 측량을 하지 않는 이상, 산의 경계를 확실히 알 수는 없습니다.

도시의 토지는 형태가 반듯하고 찾기도 편하여 오래되어도 모양이나 경계가 변형되는 경우가 거의 없습니다. 특히 택지개발지구 내의 토지는 대부분이 정방형(정사각형)이거나 장방형(직사각형)이지만 도시를 벗어나 있는 전, 답, 임야는 모양도 정형화되어 있지 않습니다.

현장답사를 위해서 꼭 필요한 서류로 지적도가 없으면 해당 토지의 위치 및 현황을 제대로 확인하기 어려워 입찰 대상 물건이 아닌 엉뚱한 토지를 조사할 때도 있지요.

오래전에 필자가 운영하던 경매아카데미 수강생들에게 현장답사 과제를 내어 준 적이 있었습니다. 농업진흥구역(농작물의 경작 또는 농업생산 및 농지개량과 직접적인 관련이 있는 토지이용 행위만 허용되는 농업의 진흥 및 농지의 보전을 도모하기 위하여 농지법에서 규정한 지역)의 답을 확인하고

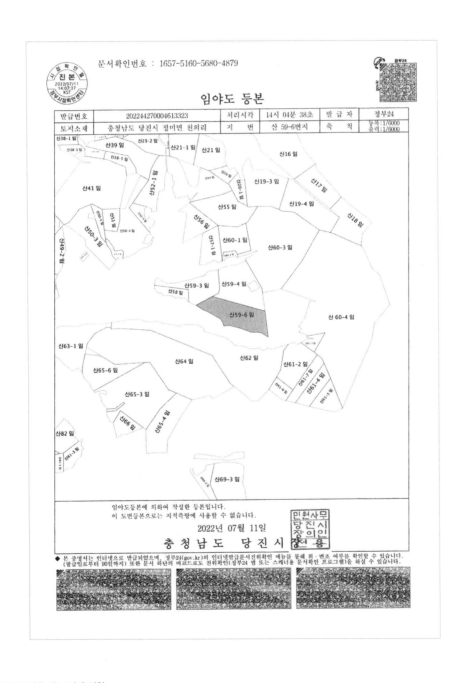

소유자를 찾아 제반사항들을 조사하고 돌아왔는데 한 원생은 입찰할 물건과 인접한 다른 논을 조사하고 왔던 일이 기억이 납니다.

물론 소유자를 찾아서 여러 정보를 확인하고 온 것은 잘한 것이지만 경지정리가 된 논이기에 근처의 모든 논이 획일적이고 모두가 장방형으로 비슷비슷해서 정확한 위치를 찾지 못하고 돌아왔던 웃지 못할 해프닝이었습니다.

여기에서도 농로의 위치와 수로의 존재, 가로등과 전봇대의 위치 등으로 정확한 확인이 가능합니다.

오랜 세월이 지나 토지 경계가 불분명하고 홍수, 산사태 등 자연재해로 인한 여러 환경의 변화로 지적도상의 모양과 면적, 현황이 서로 다른 경우가 상당수 있습니다. 특히 경계를 침범하여 타인이 무단으로 점유·사용하기도 하고 타인의 건축물이 입찰 대상 물건의 경계를 넘어서 건축된 경우도 많습니다.

정확한 경계를 위해서는 측량을 해서 확인하는 방법도 있으나 낙찰받기도 전에 비용이 발생하므로 지적도를 통해 확인해야 합니다. 정확한 지적도는 해당 지자체에서 직접 발급받아야 합니다.

지적도상 명백하게 타인이 점유·사용하고 있다면 점유자와 대화하여 해결해야 합니다. 무엇보다 입찰하기 전에 해결 가능한 물건임을 확인해야 합니다. 만약 지적도상 인접한 토지와 경계가 현황과 다르면 낙찰 후 소유권이 이전되면 인접한 토지와의 경계를 변경하고자 할 때는 인접한 토지 소유자의 승낙서나 법원으로부터 확정판결을 받아야 가능합니다.

이렇게 지적도를 통해 땅의 모양과 인접 토지와의 경계, 정확한 위치 등을 파악할 수 있습니다. 지적도에 표시된 지번과 입찰할 물건이 같은지 확인하고 지적도상 도로와 현황과 일치하는지, 그리고 그 도로가 차도(車道)인지 농로(農路)인지 임도(林道, 임산물의 운반 및 산림의 경영관리상 필요하여 설치한 도로)인지 아니면 개인 소유의 사도(私道)인지 꼭 확인해야 합니다.

제5장
현장조사는 어떻게 할까

현장조사 체크리스트

재테크를 목표로 하든 내 집 마련을 목표로 하든 입찰 목적에 맞는 물건을 선택하여 권리분석을 마치고 소요될 자금조달계획까지 세웠다면 다음은 물건의 가치를 분석해야 합니다.

경매 투자가 수익 창출이 목적인 만큼 입찰금액에 따라 수익성이 결정되고, 수익을 위한 중요한 요소 중 하나가 현장조사입니다. 입찰할 물건의 정확한 시세 파악은 물론 전세 및 월세, 관리비도 파악해야 합니다.

주변환경과 교통 및 생활환경의 편의성도 조사 대상이며, 매우좋음/좋음/보통/나쁨/매우나쁨 등 5단계로 분류하여 평가하면 좋습니다.

법원에서 제공하는 서류상으로만 분석하고 사진으로만 보았던 입찰 물건을 눈으로 직접 보고 다른 점이 있는지 찾아내야 합니다.

자료에 나타난 임차인과 같은 인물인지, 점유부분이 일치하는지, 유치권이 신고되어 있다면 유치권을 제대로 행사하고 있는지, 아파트나 복합상가 등 집합건물일 경우에는 관리비 체납사실을 반드시 조사해야 합니다.

경매에 나온 건물은 관리 소홀로 인하여 리모델링을 해야 하는 경우가 많습니다. 전문가와 동행하여 소요비용 등을 체크하는 것도 현장조사의 한 부분입니다.

공부(공적인 서류, 등기부등본, 집행관 현황조사서, 매각물건명세서, 지적도, 토지이용계획서, 건축물관리대장, 토지대장 등 공공기관의 서류)상의 서류와 대조하여 실제 현장답사에서 다른 부분이 발견된다면 그에 따른 대책을 마련해야 합니다.

예컨대, 등기부에 등재된 토지면적과 해당 지자체의 토지대장에 기재된 토지면적이 다르거나 등기부에 등재된 건물면적과 건축물관리대장에 기재된 건물면적이 상이한 경우도 있습니다.

어떤 서류가 맞는 것일까요? 아니면 둘 다 틀린 것일까요? 그렇다고 아직 낙찰받지 못한 타인의 부동산에 비용을 들여 일일이 업체를 통해 측량할 수도 없는 노릇입니다. 이때는 등기부보다는 건축물관리대장과 토지대장을 기준으로 삼으면 됩니다.

현장조사 체크리스트

- 부동산 시세 및 임대료 조사
- 주거의 편의성 및 교통, 의료, 학교 등 편의시설 조사
- 허위임차인의 존재 여부
- 임차인의 권리신고 내용과 실제 거주하는 동·호수 일치 여부
- 유치권자의 점유 여부 및 점유부분
- 관리비 등 공과금 미납금액
- 건축물의 관리 상태와 리모델링, 수선 여부 파악
- 공적 장부상의 면적·호수, 인접 토지와의 경계
- 물건의 훼손 및 멸실 여부
- 건축물관리대장에 존재하지 않는 건축물의 존재 여부(위반건축물, 타인 소유 건축물)

정확한 시세 파악이 수익을 만든다

시세 파악은 수익 창출의 바로미터

현장답사에서 절대로 빠트리면 안 되는 것이 시세 파악입니다.

수익성 분석에서 예상수익이 얼마나 되는지, 감정평가서에서 평가한 금액과 어느 정도 차이를 보이는지 판단할 중요한 근거가 됩니다. 일반거래에서도 여러 군데 중개업소를 다니며 가격 비교를 하는데 경매라고 해서 다를 바 없습니다.

이사할 집을 구하기 위해 많은 중개업소를 방문해서 꼼꼼하게 묻고 또 묻습니다. 역세권

인지, 햇빛이 잘 드는 남향인지, 조망권은 확보되어 있는지 등 자신이 선호하는 조건들을 확인합니다. 지금 거래가격이 어떻게 되는지, 급매물이 있는지, 있으면 가격은 얼마나 저렴하지, 향후 얼마나 오를 것인지 등등 경매라고 해서 다를 것이 없습니다.

기존에 일반 매물로 나와 있는 물건의 매도가격과 얼마까지 매수할 수 있는지 알 수 있습니다. 급매물에 따라 가격이 다르고, 아파트의 경우 동·호수에 따라 가격의 차이가 있습니다. 그러므로 정확한 시세 파악은 수익성 향상을 위한 가장 중요한 부분이라 할 수 있습니다.

현재의 시세가 정해졌다면 그 시세보다 얼마나 저렴하게 매입해야 차액이 생기는지 계산이 됩니다. 불확실한 미래가치를 계산하지 않은 단순한 현재가치는 확정된 것이기 때문에 어렵지 않습니다.

주거 편의성과 교통·교육 인프라 파악

입찰하고자 하는 물건과 관련하여 주 교통수단이 무엇인지, 가까운 지하철역이나 버스정류장까지의 거리가 얼마나 되는지, 걸어서 몇 분이나 걸리는지 체크합니다.

지하철역이 있는지 없는지의 차이도 크고 역이나 승강장까지 몇 분 거리에 있느냐, 환승을 하느냐 하지 않느냐, 시외버스터미널이나 고속버스터미널 그리고 철도역사까지의 교통편의성에 따라 시세에 큰 영향을 줍니다. 대중교통 이용 편의성이 물건의 가치판단에 중요한 영향을 미치기 때문입니다.

향후 도로나 지하철 등의 노선 확충이나 신규 건설계획이 있다면 구체적으로 조사하고 확인해야 합니다. 물건의 미래가치에 영향을 주는 요인이기에 장기적인 투자를 위한 좋은 지표가 됩니다.

또한, 인근에 백화점 및 대형유통센터와 재래시장 등 생활의 편의성을 확인합니다. 소비패턴이 온라인 쇼핑으로 많이 바뀌고 있어도 먹거리를 위한 장보기 등은 아직도 직접 현장에서 고르는 사람이 많습니다. 수산물센터나 청과도매시장, 대형할인마트 등이 가까운 거리에 있다면 더욱 좋습니다. 종합병원 같은 대형병원이 주변에 있는지 살펴보고, 여가활동을 위한 스포츠센터나 체육시설, 공원 및 문화시설들이 있는지 파악해야 합니다.

자녀 교육과 관련한 환경도 확인해야 할 사항입니다. 맹모삼천지교(孟母三遷之敎)라 했지요. 명문 사립학교 인근의 아파트값이 월등하게 높은 이유입니다.

자녀들의 통학 거리가 너무 멀지는 않은지 확인합니다. 대부분이 대단지 아파트를 선호하는데 큰 단지가 조성되면 초등학교와 중학교는 걸어서 10분 이내에 도착할 지역에 설립되기 때문입니다.

물건의 미래가치 판단

부동산의 현재가치를 확인할 수는 있어도 미래가치는 확정할 수 없습니다. 불확실성 때문이죠. 그 불확실한 요인들이 무엇인지 파악해야 합니다.

먼저 그 지역의 미래 발전 가능성을 알아보면 됩니다.

❶ 해당 지자체 홈페이지를 찾아 예정된 각종 사업에 무엇이 있는지 확인합니다. 특정한 시기에 집중된 사업이 있는지, 있다면 그 규모는 얼마나 되는지, 또한 그 사업으로 인해 인구의 유입이나 예산 증가가 얼마나 되는지를 통해 발전 가능성을 알아볼 수 있습니다. 과거 10년 전부터 인구 변화가 어떠한지, 지속적인 증가가 있는지 아니면 감소세인지를 통해 유추할 수 있습니다.

❷ 해당 지역에 향후 공공기관, 학교 이전이나 기업들의 투자가 있을 예정인지, 혹은 현존하는 기관이나 공장들이 다른 곳으로 이전하는지도 알아보면 투자할 대상인지 아닌지를 판단하는 것은 그리 어렵지 않습니다.

❸ 인근의 아파트가 과거 어느 시기에 집중해서 건설되었는지, 그 이유가 무엇인지를 파악해보고 입주 당시 청약률이 얼마나 되었는지 확인합니다. 현재 청약하고 있는 아파트가 있다면 경쟁률이 얼마나 되는지도 알아보면 좋습니다. 청약률이 높고 분양이 잘 되었다면 그만큼 그 지역의 수요 기반이 탄탄하다는 것을 뜻하고, 인근 지역의 분양가와 현 시세의 변화를 확인하는 것 또한 중요합니다.

모든 청약자가 실제 입주를 하는 것은 아니기에 어떤 이는 투자를 목적으로 청약하여 전세를 준다든지 월세를 받는다든지 합니다.

청약률이 높다는 것은 그만큼 미래를 보고 많은 이들이 투자했다고 보면 틀리지 않습니다.

❹ 과거 10년 정도의 기간을 설정해 인근 지역의 지가(地價) 변동과 아파트의 시세 변동을 파악합니다. 이를 위해 공시지가를 확인하고 과거 아파트 실거래가를 비교해 봅니다.

국토교통부 실거래가 공개시스템(http://rt.molit.go.kr/)에서 실거래가를 확인할 수 있습니다. 공시지가가 꾸준히 많이 올랐다든지 혹은 특정기간에 큰 폭으로 상승하였는지를 확인합니다.

만약 오름세가 없거나 하락했다면 그리 좋은 지역은 아니라고 판단해도 좋습니다. 아파트 실거래가격과 비교하여 공시지가와 실거래가 오름세가 일치하는지, 특정한 시기에 동반 상승했다면 그 시기에 있었던 호재가 무엇인지 조사해보면 실거래가격이 오른 이유를 파악할 수 있습니다.

이렇게 꼼꼼하게 진행한 현장답사를 마치고 나면 뿌듯함과 함께 스스로 대견스러움을 느낄 것입니다. 스스로 해냈다는 자부심과 이렇게 다양한 정보를 나도 얻을 수 있다는 생각도

들 것입니다. 노력 없이 공짜로 얻어지는 것은 없습니다.

누구나 아는 정보는 가치가 없습니다. 많은 이들이 조사하는 일이 귀찮고 힘들어 포기한다면 오히려 그것이 기회가 될 것입니다. 그래서 부동산으로 부자가 된 사람들이 공통점은 직접 현장 발품을 팔아 몸으로 체험한다는 것입니다.

많은 사람이 현장답사를 어떻게 할 것인지에 대한 방법을 모릅니다. 알아도 근처 부동산 한두 군데 들러 시세를 물어보고 물건에 방문하여 수박 겉핥는 식으로 외부만 쓱 보는 조사를 합니다.

초인종을 눌러 거주자와 만나 여러 가지 묻고 싶지만 거주자와 부딪히면 어쩌나 하는 마음에서 임차인이나 채무자를 두려워합니다. 지은 죄도 없는데 점유자가 문을 열어주지 않으면 어떡하나 하는 마음으로 초인종을 누르고 점유자가 없기를 바라는 마음으로 후다닥 자리를 피합니다.

문이라도 열리면 점유자의 퉁명스러운 태도에 멈칫하며 되돌아섭니다. 입찰하려 현장조사를 왔는데 임차인을 피하고 싶은 마음이 가득합니다. 이런 자세로는 올바른 현장답사를 할 수 없습니다.

당신은 지금 또 하나의 연봉을 만드는 일을 시작했습니다. 미래의 건물주가 되기 위한 연습을 시작한 것입니다.

점유자가 누굴까? 허위임차인을 찾아라!

누가 살고 있는지 확인하기

주택이나 아파트 등 주거용 부동산에 입찰할 때 반드시 대상 물건에 누가 살고 있는지를 정확하게 파악해야 합니다. 현장답사를 나가서 꼭 확인해야 함은 물론 매각물건명세서 및 전입세대 열람 내역서와 실제 거주 여부를 확인해야 합니다.

법원에서 제공하는 매각물건명세서에 임차인이 '김철수'라면 실제로 사는 사람도 '김철수'

인지, 전입세대 열람 내역서에도 '김철수'인지를 확인해야 합니다.

실제로 공부상 이름과 실거주자가 달라 혼란스러운 경우가 많습니다. 이는 점유자의 존재가 법적으로 보호를 받는 임차인인지, 아니면 보호받지 못하는 임차인인지, 그리고 불법 점유자인지, 허위임차인인지를 정확하게 가려내야 추후 인도명령(법원경매를 통해 부동산을 낙찰받은 사람이 낙찰대금을 완납한 후 대항력이 없는 점유자가 해당 부동산의 인도를 거부할 경우, 부동산을 인도받기 위해 법원으로부터 받아내는 집행권원) 결정을 법원으로부터 받을 수 있고 명도(인도)에 수월합니다.

전입신고도 하지 않고 거주하는 사람이 누구인지, 전입신고는 되어 있으나 거주하지 않는 사람은 누구인지 등을 반드시 알아내야 합니다.

일반적으로 임차인을 내보낼 때 인도명령을 받을 수 있지만 그렇지 못한 경우도 많습니다. 이는 점유자가 진정한 임차인일 때 권리신고를 하지 않은 임차인들의 임대차보증금을 낙찰자가 인수해야 할 때도 있기 때문입니다. 따라서 경매 대상 부동산의 임대차 관계를 조사할 때는 임차인 전입일 뿐만 아니라 실제 거주 여부까지도 꼼꼼히 확인할 필요가 있습니다.

비교적 전입한 날짜가 오래된 사람이나 방 개수에 비해 지나치게 많은 전입자가 있으면 이사 이후에 퇴거하지 않은 경우도 많고, 채권자나 이해관계인들이 경매 대상 부동산의 소유자나 채무자의 채권과 관련해서 인해 일시적으로 부동산 일부를 점유하며 생활하는 사람도 종종 있습니다.

이때는 대부분이 임대차계약을 하지 않고 점유하는 터라 법원의 현황조사에도 나와 있지 않습니다. 집행관이 조사한 임대차 현황과 비교하여 다른 점을 확인하고 그 부분이 입찰에 어떤 영향을 미칠 것인지 분석하여 대책을 준비하는 것은 현장조사의 중요한 부분입니다.

허위임차인 존재 여부 확인

실소유주가 실제로 거주하는지, 공부상 임대차계약이 없는 제3의 인물이 점유하고 있는지를 확인해야 합니다. 만약 확인하지 못하고 서류상 없는 사람이라고 대수롭지 않게 판단하여 인도명령을 받지 못한 채 6개월이 지나면 명도소송을 해야 하는데 많은 시간과 돈이 들어가고 복잡해지므로 반드시 확인해야 합니다.

간혹 임차인이라 주장하며 주택상가건물임대차보호법을 악용하여 법원으로부터 최우선 변제액을 배당받으려는 목적으로 건물 소유자나 채무자 등이 지인들을 전입시키고 임차인 행세를 하는 파렴치한 허위임차인들이 있습니다.

임차인 분석을 할 때 반드시 확인하고 또 확인해야 할 사항입니다. 최악의 경우 매각대금 이외에 추가로 부담해야 할 상황에 이를 수 있습니다. 진정한 임차인인지 허위임차인인지를 판단하는 기준이 있으니 너무 걱정할 필요는 없습니다.

보증금, 월세 및 체납관리비 확인하기

임차인이 얘기하는 임대차보증금과 권리신고서의 임대차보증금이 일치하는지, 다르다면 그 이유가 무엇인지도 확인해야 합니다.

월 차임이 있는 임대차(월세계약)의 경우 경매가 시작되면 임차인은 월세를 내지 않습니다. 대부분이 보증금을 돌려받기 힘들다고 판단하고 실제로도 경매를 당한 집주인들이 임대차 보증금을 내줄 여력도 없을뿐더러 임차인들을 피하는 등 연락두절이 많습니다.

따라서 임차인을 만나 월세를 지급하지 않은 시점이 언제부터인지 등 미납금액을 파악하면 명도가 수월하기에 확인해야 합니다.

부도덕한 임차인을 만나면 미납된 월세가 보증금보다 많아 돌려받을 보증금이 없는데도 낙찰자에게 각종 불합리한 요구를 할 때도 있습니다. 임차인들은 자신의 보증금을 반환받을 수 있을지에 대한 관심이 많은 터라 권리분석 내용을 토대로 임차인에게 보증금 수령 여부를 조언해주는 것도 임차인과 만남이 힘들지 않게 하는 요인으로 작용합니다.

대부분 임차인은 예비입찰자들이 자신이 거주하는 집이나 상가를 기웃거리며 파악하는 것을 그리 탐탁지 않게 생각합니다. 특히 시골의 주택 등을 답사할 때는 항상 긴장하고 주의해야 합니다.

전기요금과 수도요금, 공동주택(아파트, 오피스텔, 주상복합상가 등)의 경우 관리비 등의 체납된 요금이 얼마나 있는지도 반드시 파악해야 합니다. 전기요금은 한국전력에서 확인 가능하며 수도요금은 각 지역 상수도사업소에서 확인할 수 있습니다. 소유자나 임차인이 연체한 각 종 관리비와 수도요금, 전기요금도 낙찰자가 인수하는 것으로 잘못 알고 있는 경우가 많습니다.

일부 공동주택 또는 상가의 관리사무소에서는 연체한 관리비를 모두 낙찰자가 부담해야 한다면서 밀린 관리비를 완납하지 않으면 입주할 수 없다며 엄포를 놓기도 합니다. 하지만 이는 잘못된 것입니다. 일부는 낙찰자가 부담해야 하지만 전부 부담하지 않으니 너무 걱정하지 않아도 됩니다.

아파트 등 공동주택의 관리비는 관리사무소에서 확인하면 되고, 전유부분과 공유부문에 따라 낙찰자가 인수하는 부분이 다릅니다. 통상 공동전기료, 공동수도료 등 공유부문보다 각각의 호수에 부과된 부분 전기료와 수도료 등 전유부분이 차지하는 금액이 70~80% 정도로 훨씬 많습니다.

대법원 판례에 의하면 낙찰자가 부담해야 하는 부분은 공유부문의 금액으로 실제로는 전체 연체된 금액 중에서 20~30% 정도로 많지 않습니다. 도시가스요금과 인터넷 사용료, 전화요금 등은 낙찰자와 아무런 상관이 없으며, 미납요금은 실사용자에게 청구됩니다.

물건의 관리 상태와 리모델링, 수선 여부 확인하기

통상 경매 물건은 경매개시결정 이후부터 첫 매각 시점까지 최소 5~6개월에서 많게는 2~3년이 소요됩니다. 특수 물건이나 권리관계가 복잡하여 잦은 유찰로 많은 시간이 흐르고 경매가 중지되거나 각종 소송이 진행되는 경우도 많습니다.

소유자의 채무로 인해 경매가 진행되는 만큼 임차인 관리와 청소 등 건물 관리가 제대로 되지 않아 쓰레기가 방치된다거나 각종 공과금도 연체되어 건물 가치가 현저히 떨어집니다.

이런 경우 공부와 현황의 차이가 크고, 경매가 진행되는 동안 건물이 급속히 노후화되어 관리도 제대로 되지 않아 감정평가와 차이가 발생하기도 합니다.

모든 건축물의 가치는 얼마나 잘 보존 관리하느냐에 따라 달라지는데 실제 준공일자에 비해 낡은 건축물도 있고 그와 반대인 경우도 많습니다. 대개는 건물주가 직접 거주하며 관리하는 건물이 임차인들만 거주하는 건물보다 더 깨끗하고 청소 상태도 양호합니다.

통상 건물주가 다른 지역에 거주할 때는 청소용역업체를 선정하여 관리를 맡기지만, 건물주가 직접 임차인들과 함께 거주하는 건물보다는 아무래도 관리 상태가 좋지 않습니다.

건축물관리대장에는 그 건물이 존재하기 시작한 때부터의 이력이 기재되어 있습니다. 목재로 지어진 건물인지, 철골콘크리트 건물인지, 마감재로 대리석을 붙였는지, 시멘트에 페인트를 칠했는지, 타일 마감을 했는지 또한 증축은 언제 얼마나 했는지, 위반건축물로 인한 법규를 위반했는지, 소유자는 얼마나 바뀌었는지 등 모두 확인이 가능합니다.

이런 것들이 현존하는 건축물과 다른 점이 있다면 확인해야 합니다. 예컨대, 공부상에는 시멘트 타일 마감인데 실제 현황은 대리석 마감이라면 그로 인해 건물주가 건물의 가치상승을 꾀하였다고 판단해도 괜찮습니다. 그 이유가 상권의 발달이나 거주 여건의 상승으로 이어졌다면 좋은 경우입니다. 입찰가격을 정하는 데도 영향을 미치고 향후 시세차익에도 영향을 줍니다.

가치상승을 꾀하려 리모델링을 할 때도 비용의 투입량에 영향을 미치기에 반드시 확인해야 하는 부분입니다.

특히 낡은 건물을 낙찰받아 리모델링 계획이라면 건물의 외부와 같이 잘 보이는 부분은 물론 건물 안쪽의 보이지 않는 부분도 잘 살펴야 하지만, 누수되는 부분은 일반인의 눈으로는 판단하기 어렵습니다.

이때에는 건축전문가와 동행하여 리모델링에 필요한 부분들을 확인하고 비용을 산출하는 것도 좋은 방법입니다.

제6장

나는 법원에서 부동산을 산다

왜 법원에서 부동산을 팔까

한 해에 십만여 건에 이르는 부동산이 법원에서 진행하는 경매로 쏟아져 나옵니다. 부동산 소유자의 의사와 상관없이 강제로 매각되어 주인이 바뀝니다.

채권자에 대한 채무변제가 원활하게 이루어지지 않아 채권자는 채무자의 재산을 처분하여 채권을 확보하기 위해 경매가 시작됩니다.

> A가 실거래가 10억 원에 아파트를 구입하면서 현금자산 6억 원을 제외한 4억 원을 금융권으로부터 주택담보대출을 받았다면, 은행은 A에게 4억 원을 빌려주면서 아파트에 근저당권을 설정합니다.
>
> A의 경제 상황이 악화되어 매월 지급해야 하는 대출이자를 일정 기간 연체하거나 대출만기 때 원리금을 상환하지 못하면 은행은 대출 시에 약정한대로 대출금을 회수하기 위해 법원에 경매를 신청합니다.

매월 대출이자를 수익으로 확보해야 하는 금융기관은 수익이 없는 채권을 하루빨리 처분해서 손실을 줄이려 합니다. 이렇게 수익이 없는 채권을 회수할 때 대출 약정에 따라 법원에 강제로 매각을 의뢰합니다.

부동산 자산가치가 갚아야 할 채무보다 많으면 일반거래를 통해 매매하여 빚을 갚을 수 있습니다. 하지만 여러 채무의 총합이 자산가치보다 많게 되면 누구도 그러한 부동산을 매수하려 하지 않기 때문에 일반거래를 할 수 없어 부득이 법원이 민사집행법에 의거하여 강제로 처분하게 합니다.

이렇게 채무자 본인의 의사와 관계없이 강제로 자신의 부동산이 팔리게 되고, 그 매각금액을 채권자가 원금과 이자를 더해 대출금(채권)을 회수하는 것이죠. 이를 두고 '임의경매'라 하는데 부동산을 담보로 대출받은 담보권 실행을 위한 경매를 말합니다.

즉, 채무자가 채무변제를 임의로 이행하지 않을 때 저당권 등의 담보권을 가진 채권자가 담보권을 행사하여 담보의 목적물을 매각한 다음 그 매각대금에서 다른 채권자보다 우선하여 채권을 회수할 수 있습니다. 이때 담보권자인 채권자는 담보 목적 부동산만을 처분하여 채권을 충당합니다.

또 다른 예를 들면,

> B가 사업상 필요한 돈 5,000만 원을 C로부터 차용하였는데 사업이 어려워져 이자도 주지 못하고 원금도 상환하지 못할 때, C는 자신의 채권을 확보하기 위하여 '대여금반환청구소송'을 하여 법원으로부터 확정판결을 받아 B의 재산을 압류하고 법원에 경매를 신청합니다.

이를 '강제경매'라고 하는데 채권자가 채무자를 상대로 '대여금반환청구소송'에서 승소 판결을 받았음에도 불구하고 경제 여건상 채무자가 빚을 갚지 못했을 때 채권자가 채무자의 부동산을 압류하고 매각하여 그 매각대금으로 빚을 받아내는 절차입니다.

강제경매는 채무자 명의의 모든 부동산을 압류하고 경매 처분이 가능하지만, 임의경매는 담보로 제공한 부동산만을 경매로 처분하여 채권을 회수할 수 있습니다.

경매는 이렇게 시작된다

경매개시결정이 등기부에 등재되면

채권자가 자신의 채무를 변제받기 위해서 경매신청을 하면 법원은 경매신청서와 첨부서류를 검토하여 강제집행의 요건, 집행개시의 요건 및 강제경매 또는 임의경매에 필요한 요건을 심사하여 적법하다고 인정되면 '경매개시결정'을 합니다.

이후 매각할 부동산을 압류하고 관할등기소에 경매개시결정 사실을 등기기록에 기재하여 경매개시결정 정본을 송달합니다. 이때 법원은 소유자, 경매신청채권자, 공유자, 채무자 등에게 경매개시결정 정본을 송달하는데 이 중에서 소유자에게 송달되지 않으면 경매를 진행할 수 없습니다.

경매개시결정은 반드시 소유자에게 송달되어야만 효력이 생깁니다. 따라서 적법하지 않은 송달 방법으로 진행된 경매는 매수인이 매각대금을 지급하고 배당 절차까지 종료되었다 할지라도 채무자가 이에 불복하여 항고가 받아들여진다면 이미 진행된 경매 절차는 취소됩니다.

경매 진행 절차

일반적으로 채무자(소유자)가 법원의 송달을 거부하거나 회피할 때는 마냥 기다릴 수가 없어 집행관에 의한 '특별송달'(법원이 송달을 하였으나 수취인 부재, 수취인 거절, 고의 송달 거부, 폐문부재 등으로 송달이 이루어지지 않을 때 법원에 특별송달을 신청하는데, 특별송달은 우편집배원이 아닌 법원 집행관이 주말송달, 야간송달, 휴일송달 등의 방법으로 직접 송달합니다. 그래도 송달되지 않을 때 법원 게시판에 게시하거나 관보 또는 신문 게재, 전자 통신매체를 통한 공시 등의 공시송달을 합니다.)을 신청합니다.

채무자와 소유자는 경매개시결정에 의한 압류 후 매수인이 소유권을 취득할 때까지 부동산의 가치를 감소시키지 않는 범위 내에서 관리, 사용·수익할 수 있습니다.

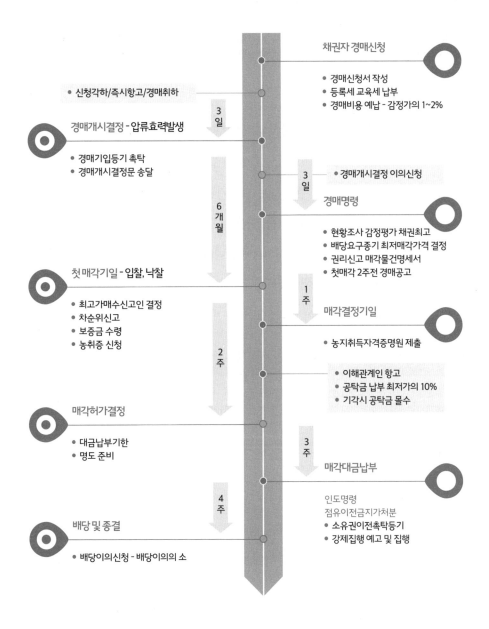

채권자 경매신청
- 경매신청서 작성
- 등록세 교육세 납부
- 경매비용 예납 - 감정가의 1~2%

- 신청각하/즉시항고/경매취하

3일

경매개시결정 - 압류효력발생
- 경매기입등기 촉탁
- 경매개시결정문 송달

3일 · 경매개시결정 이의신청

경매명령
- 현황조사 감정평가 채권최고
- 배당요구종기 최저매각가격 결정
- 권리신고 매각물건명세서
- 첫매각 2주전 경매공고

6개월

첫 매각기일 - 입찰, 낙찰
- 최고가매수신고인 결정
- 차순위신고
- 보증금 수령
- 농취증 신청

1주

매각결정기일
- 농지취득자격증명원 제출

2주

- 이해관계인 항고
- 공탁금 납부 최저가의 10%
- 기각시 공탁금 몰수

매각허가결정
- 대금납부기한
- 명도 준비

3주

매각대금납부

4주

배당 및 종결
- 배당이의신청 - 배당이의의 소

인도명령
점유이전금지가처분
- 소유권이전촉탁등기
- 강제집행 예고 및 집행

배당요구(권리신고)는 어떻게 할까

매각할 부동산이 압류되면 집행법원은 채권자들이 배당요구를 할 수 있는 기간을 첫 매각기일(입찰일) 이전으로 정하고 배당요구의 종기를 법원경매정보 홈페이지의 법원경매공고란 또는 법원 게시판에 게시, 공고합니다.

- 경매신청채권자
- 첫 경매개시결정등기 이전에 이미 등기를 마친 담보권자(저당/근저당, 담보가등기), 압류, 가압류,
  임차권, 전세권, 교부청구한 국세 및 지방세 청구권자
- 선행경매사건의 배당요구종기까지 이중경매를 신청한 채권자

채권자 및 조세, 그 밖의 공과금을 주관하는 공공기관에 대하여 채권의 유무, 그 원인 및 액수(원금 및 이자·비용, 그 밖의 부대채권을 포함)를 배당요구종기까지 법원에 신고하도록 최고(일정한 행위를 하도록 상대방에게 요구(독촉)하는 의사의 통지)합니다.

채권자들은 변제받아야 할 채권액에 대한 채권계산서를 법원에 제출하고, 임차인들은 주민등록등본, 임대차계약서를 첨부하여 권리신고서를 제출하면 됩니다.

- 판결문(공정증서) 등 집행력 있는 정본을 가진 채권자
- 경매개시결정등기 이전까지 대항력을 갖춘 주택·상가임차인
- 매각결정기일 이전에 대항력 요건과 우선변제권을 가진 임차인
- 첫 경매개시결정등기 이후에 설정한 저당/근저당권, 담보가등기, 전세권, 임차권, 압류, 가압류 및
  교부청구한 국세와 지방세 청구권자
- 임금 퇴직금 채권

이때 경매개시결정 이전에 등기된 근저당권, 임차권, 전세권, 국세와 지방세 등의 압류권자는 배당요구를 하지 않아도 배당이 되지만, 경매개시결정 이후의 권리자는 반드시 배당요구종기까지 배당요구를 해야 합니다.

또한, 주택(상가)임차인과 임금(퇴직금)채권은 권리신고를 하지 않으면 배당받을 자격이 되어도 배당받지 못합니다. 실무에서는 배당받을 자격이 되는 임차인들이 권리신고를 하지 않아 자신의 보증금을 배당받지 못하는 사례가 많습니다.

권리신고 겸 배당요구신청서

사건번호 20 타경   부동산강제(임의)경매

채 권 자

채 무 자

소 유 자

본인은 이 사건 경매 절차에서 임대보증금을 우선변제받기 위하여 아래와 같이 권리신고 겸 배당요구를 하오니 매각대금에서 우선배당을 하여 주시기 바랍니다.

아   래

1. 계 약 일 : . . .

2. 계약당사자 : 임대인(소유자) ○ ○ ○

          임 차 인 ○ ○ ○

3. 임대차기간 : 20 년. 월. 일부터 20 년. 월. 일까지(년 개월간)

4. 임대보증금 : 전세   원

         보증금   원에 월세

5. 임차 부분 : 전부(방 칸), 일부(층 방 칸)

  (※ 뒷면에 임차부분을 특정한 내부구조도를 그려주시기 바랍니다)

6. 주택인도일(입주한 날) : 20 년 월 일

7. 주민등록전입신고일 : 20 년 월 일

8. 확정일자 유무 : □ 유(20 년 월 일)   □ 무

9. 전세권(주택임차권)등기 유무 : □ 유(20 년 월 일)   □ 무

    〔첨부서류〕

1. 임대차계약서 사본 1통

2. 주민등록등본 1통

20   년   월   일

권리신고 겸 배당요구자   ㊞
연락처(☎)

지방법원 귀중

입찰 시작

각 시, 군에 있는 법원의 경매법정 주변에서 많은 이들이 황토색(대봉투) 입찰봉투를 들고 다니는 것을 볼 수 있습니다. 저마다 자신이 입찰하려는 부동산과 관련한 자료들과 입찰서류입니다.

혼자서 입찰하려는 사람보다는 친구들과 동료들이 삼삼오오 함께 온 사람이 많습니다. 남녀노소 할 것 없이 대한민국 국민이면 누구에게나 입찰 자격이 주어지기 때문에 경매가 대중화된 요즘 경매법정 주변은 북새통입니다.

그럼 입찰하는 방법을 알아봅시다.

법원의 매각 입찰 시작 시간과 마감 시간을 확인하여 출발합니다. 마감 시간보다 여유 있게 도착하여 서류를 작성해야 합니다.

> ✔ CHECK
>
> 입찰 시간은 전국 법원이 오전 10시부터 오전 11시 30분입니다.

예외적으로 조금 일찍 오전 11시 20분에 마감하는 법원도 있으니 해당 법원 집행관실에 확인합니다. 간혹 입찰자가 너무 많아 입찰 마감 시간을 넘기면서까지 입찰서류를 받아줄 때도 있습니다.

2011년 9월 26일은 필자에게도 매우 특별한 경험을 한 날이었습니다. 강원도 삼척시 정상동 소재 아파트(춘천지방법원 강릉지원 2010타경7255)가 경매에 나왔는데 전국에서 입찰자가 몰려 10시부터 입찰 접수를 받기 시작하여 오후 3시를 넘겨 마감한 사례로 매우 이례적인 경우였습니다.

경매에 나온 아파트는 민간 임대아파트로 5개동 478세대였는데 임대회사의 부도로 전 세대가 경매로 나온 물건이었습니다. 그중 필자는 경매아카데미 회원들과 140세대에 입찰하여 71세대를 낙찰받았는데 그때의 감동과 기억이 생생하게 남아 있습니다.

춘천지방법원 강릉지원은 본 사건만을 위해 별도로 입찰기일을 정하고 경매계와 집행관 사무실 직원 모두를 동원하여 진행하였습니다. 입찰하려는 사람이 워낙 많아 입찰법정에 모두 들어가지 못하자 11시 30분 이전까지 강릉지원 관내에 입장한 사람은 모두 입찰서류를 접수받아 주었습니다.

접수 마감이 오후 3시를 넘기고 478개 물건번호별로 개찰할 서류를 정리하는데 두 시간 정도 소요되었고, 오후 5시경부터 1번 물건부터 개찰하기 시작하였습니다.

오후 3시에 입찰 마감하여 새벽 5시까지 개찰했었던 삼척 유성아파트

집행관 여러 명이 교대하면서 진행하였지만 한 물건에 입찰자가 적게는 서너 명에서 많게는 20~30여 명이 입찰하였기에 새벽 5시경에 이르러서야 모든 물건을 개찰하고 마무리하였습니다.

강릉지원 관내의 벤치와 복도에 주저앉기도 하고 차에서 대기하면서 입찰 물건을 개찰할 때마다 환호와 탄식이 교차했던 기억이 생생합니다.

대부분의 법원은 이렇듯 특별한 상황이 아니면 입찰 마감 시간을 준수해야 하고 마감 시간이 지나면 접수를 받지 않으니 꼭 마감 시간을 확인해야 합니다.

그럼 먼저 입찰서류를 접수하기 전에 입찰하려는 물건에 대해 변동사항이 있는지를 파악합니다.

매각공고 이후에도 채권자와 채무자의 합의나 채무자의 채권 변제로 매각이 취소되는 물건도 있고, 채권자의 요구로 매각기일이 연기되거나 변경되는 경우도 흔합니다. 법원으로 출발하기 전에 미리 해당 경매계에 문의하여 입찰하려는 물건의 진행 여부를 확인할 수 있습니다.

미리 확인하지 못했다면 경매법정 입구에 붙어 있는 '매각기일공고' 현황을 살펴보면 매각의 **취소**(채무의 변제 또는 경매원인의 소멸로 경매개시결정 자체를 취소), **변경**(경매 진행 절차상

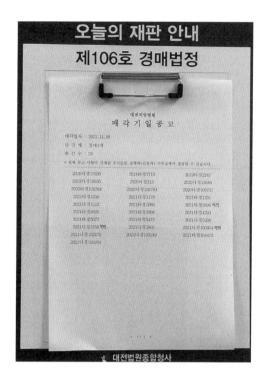

의 중요한 새로운 사항이 추가되거나 권리가 변동하여 지정된 매각기일에 경매를 진행시킬 수 없을 때 담당재판부가 직권으로 매각기일을 변경), **연기**(채무자·소유자와 이해관계인에 의하여 경매신청 채권자의 동의하에 매각기일을 지정) 등 상황을 파악할 수 있습니다.

이렇게 입찰 물건을 확인했다면 곧바로 집행관에게 입찰서류와 입찰봉투 그리고 입찰보증금봉투를 교부받아 작성합니다.

각 법원 경매법정에는 입찰표, 입찰봉투, 매각사건목록 및 매각물건명세서가 비치되어 있습니다. 매수희망자가 자유롭게 사용할 수 있고 서류 열람도 가능합니다.

입찰봉투는 매수보증금을 넣는 흰색의 작은 봉투(돈봉투) 및 입찰표를 함께 넣는 황토색 대봉투가 있는데 입찰을 하려면 두 가지 봉투가 모두 필요합니다.

매각 절차는 집행관이 진행하는데 집행관은 매각기일에 입찰을 개시하기에 앞서 매각물건명세서, 현황조사보고서 및 감정평가서의 사본을 입찰 참가자에게 열람하게 하고, 특별매각조건이 있으면 이를 고지합니다. 그 후 집행관이 입찰 마감 시각과 개찰 시각을 고지하면 입찰이 시작됩니다.

입찰 방법은

❶ 입찰표를 작성하여

❷ 매수신청보증금을 입찰보증금봉투에 넣고 1차로 봉한 다음

❸ 기재한 입찰표와 매수신청보증봉투(돈봉투)를 다시 큰 입찰봉투에 넣어 스테이플러로 찍어 봉하고

❹ 봉투의 지정된 위치에 날인하여

❺ 입찰표와 매수신청보증금이 들어 있는 봉투를 집행관에게 제출하고 확인 후

❻ 봉투를 투명한 입찰함에 넣으면 되는데 집행관에게 제출한 입찰표는 취소, 변경 또는 교환할 수 없습니다.

매수신청보증금은 최저매각가격의 10%인데 법원이 달리(재매각의 경우에는 입찰가격의 20~30%) 정할 수 있으므로 반드시 확인해야 합니다. 특히 매수신청보증금이 법원에서 정한 입찰보증금액보다 적으면 입찰이 무효 처리되므로 꼭 확인해야 합니다.

매수신청보증금은 현금 또는 자기앞수표, 일정액의 보증료를 지급하고 발급받은 경매보증보험증권을 제출하면 되는데 되도록 자기앞수표 1매로 하고, 매수신청보증금을 제출하지 않으면 무효로 처리됩니다.

입찰을 마감하면 집행관과 직원들은 개찰하기까지 약 10여 분 동안 입찰서류들을 분류하고 개찰을 준비합니다. 입찰 공정성을 확보하기 위하여 개찰 물건마다 입찰자가 집행관 앞으로 출석하도록 해서 입찰자가 보는 앞에서 개찰합니다.

입찰자가 출석하지 않을 때는 집행관은 법원사무관 등을 대신 참여하게 한 후 개찰하기도 하고, 법원에 따라서는 개찰을 나중으로 미루고 다른 물건부터 개찰하기도 합니다.

입찰서류 및 입찰표 작성 요령

그동안 고생해서 물건분석과 수익성 분석 그리고 권리분석, 현장답사까지 모두 마치고 입찰 결정을 하고 입찰 준비를 마쳤다면 입찰표를 작성하여 집행관에게 제출합니다. 만약 입찰표를 잘못 작성하면 자칫 입찰 자체가 무효 처리되고 원치 않는 낙찰이 되기도 합니다.

입찰 당일 경매법정은 수많은 입찰자와 관계인들로 시끌벅적하고 모두가 각자의 입찰봉투를 들고 눈치작전을 하는 등 정신이 없습니다. 내가 입찰하는 물건에 경쟁자가 많으면 어떡하지 하는 마음도 들고 심리적으로 조급해지는데 전혀 그럴 필요가 없습니다.

입찰자를 따라 함께 온 사람, 자신과 관련된 물건의 매각 여부가 궁금하여 온 매각물건의 채권자와 채무자 등 이해관계인과 임차인도 있습니다. 또한, 경매학원과 아카데미에서 법원 실습에 나선 이들도 많고 매각대금 대출을 알선하는 금융기관들의 대출상담사들과 각종 법원경매정보를 제공하는 회사 직원들도 있습니다. 이렇듯 경매법정의 많은 사람 중에 실질적인 입찰자는 30%도 채 안 됩니다.

만약 법원에서 직접 입찰서류를 작성하지 않고 느긋하게 미리 작성하려 할 때는 법원경매정보(www.courtauction.go.kr)에서 '기일입찰표' 양식을 내려받아 출력해서 사용할 수 있으니 되도록 입찰표는 미리 차분한 마음으로 작성하는 것을 권합니다.

기일입찰표를 작성할 때는 특히 주의해야 합니다. 예시에서 파란색으로 쓰인 부분은 모두 기재해야 하고, 입찰가격을 적을 때에는 흐릿하게 적어서 그 위에 덧붙여 쓰거나 50,000,000처럼 선으로 긋고 다시 정정하면 입찰이 무효 처리되므로 새로운 용지에 다시 작성해야 합니다.

본인이 직접 입찰할 때 입찰표 작성 방법

본인이 직접 입찰할 때는 신분증과 일반 도장 그리고 입찰보증금만 준비하면 됩니다. 특히 기일입찰표를 작성할 때는 경매사건번호와 물건번호를 정확하게 기재해야 합니다. 물건이 하나일 때는 물건번호는 쓰지 않아도 됩니다.

사건번호와 물건번호를 잘못 기재하면 자신이 입찰하려는 물건이 아닌 다른 경매 물건에 입찰하는 결과가 되어 원치 않은 낙찰이 될 수도 있습니다.

본인이 직접 입찰할 때 준비서류
① 신분증(주민등록증, 운전면허증, 여권, 공무원증)
② 도장(일반 도장)
③ 매수신청보증금

간혹 입찰가격을 잘못 기재하는 경우가 많은데, 특히 단위를 잘못 기재하는 실수가 발생합니다.

예컨대, 356,780,000원을 입찰가격으로 하여 기재해야 하는데 0을 하나 더 붙여 써서 3,567,800,000원으로 기재하는 단순 실수로 인해 타의 추종을 불허할 만큼의 높은 금액으로 입찰했기에 당연히 낙찰되고 경매법정은 모두가 놀라워서 순간 탄식으로 가득할 것입니다. 이러한 경우에도 법원은 최고가매수신고인으로 인정하고 입찰보증금은 반환하지 않습니다. 필자가 이렇게 강조하는 이유는 생각보다 많이 일어나는 실수이기 때문입니다.

입찰가격을 적을 때에는 항상 뒷자리 숫자부터 기재하는 습관을 들이면 이러한 실수는 하지 않을 것입니다. 그리고 확인 또 확인하는 길이 사고를 예방하는 최선의 길입니다.

(앞면)

기 일 입 찰 표

서울동부지방법원 집행관 귀하　　　　　　　입찰기일 : 2021 년 10 월 25 일

사건번호	2021 타경 12345 호	물건번호	1 ※물건번호가 여러 개 있는 경우에는 꼭 기재

입찰자	본인	성 명	김 철 수 （秀金印哲）	전화번호	010-1234-5678
		주민(사업자)등록번호	750522-1234567	법인등록번호	
		도로명주소	서울특별시 강남구 봉은사로 616 (삼성1동)		
	대리인	성 명		본인과의 관계	
		주민등록번호		전화번호	
		도로명주소			

입찰가격	천억	백억	십억	억	천만	백만	십만	만	천	백	십	일		보증금액	백억	십억	억	천만	백만	십만	만	천	백	십	일	
				3	5	6	7	8	0	0	0	0	원					3	0	5	1	0	0	0	0	원

보증의 제공방법	☑ 현금·자기앞수표 ☐ 보증서	보증을 반환 받았습니다. 입찰자(대리인) 김 철 수 （秀金印哲）

대리인이 입찰할 때 입찰표 작성 방법

① 입찰자 본인 인감증명서
② 위임장(입찰자의 인감 날인)
③ 대리인의 도장(일반도장) 및 대리인 신분증
④ 매수신청보증금

[전산양식 A3360] 기일입찰표(흰색)　　　　　　　　용지규격 210mm×297mm(A4용지)

(앞면)

기 일 입 찰 표

서울동부지방법원 본원 집행관 귀하　　　　　　입찰기일 : 2021 년　10 월　25 일

사건 번호			2021 타경 12345 호			물건 번호		1 ※물건번호가 여러 개 있는 경우에는 꼭 기재

입 찰 자	본인	성 명	김 철 수 (秀金印哲)		전화 번호	010-1234-5678
		주민(사업자) 등록번호	750522-1234567	법인등록 번 호		
		도로명주소	서울특별시 강남구 봉은사로 616 (삼성1동)			
	대리인	성 명	김 영 희 (英金印姬)	본인과의 관 계	지 인	
		주민등록 번 호	770123-2345678	전화번호	010-6789-1234	
		도로명주소	대전광역시 서구 둔산북로 123 (둔산동)			

입찰 가격	천억	백억	십억	억	천만	백만	십만	만	천	백	십	일		보증 금액	백억	십억	억	천만	백만	십만	만	천	백	십	일	
				3	5	6	7	8	0	0	0	0	원					3	0	5	1	0	0	0	0	원

보증의 제공방법	☑ 현금·자기앞수표 ☐ 보증서	보증을 반환 받았습니다. 　　입찰자(대리인)　김 영 희　(英金印姬)

위 임 장

대리인	성 명	김영희	직 업	주부
	주민등록번호	770123-2345678	전화번호	010-6789-1234
	주 소	대전광역시 서구 둔산북로 123 (둔산동)		

위 사람을 대리인으로 정하고 다음 사항을 위임함.

다 음

서울동부지방법원 2021 타경 12345 호 부동산
경매사건에 관한 입찰행위 일체

본인 1	성 명	김철수 ㊞	직 업	회사원
	주민등록번호	750522-1234567	전화번호	010-1234-5678
	주 소	서울특별시 강남구 봉은사로 616 (삼성동)		
본인 2	성 명	(인감도장)	직 업	
	주민등록번호	-	전화번호	
	주 소			
본인 3	성 명	(인감도장)	직 업	
	주민등록번호	-	전화번호	
	주 소			

* 본인의 인감증명서 첨부
* 본인이 법인인 경우에는 주민등록번호란에 사업자등록번호를 기재

서울동부지방법원 본원 귀중

입찰봉투(입찰보증금봉투) 작성 방법

입찰보증금봉투에도 입찰하는 경매사건번호와 물건번호를 기재하고, 자기앞수표를 넣을 때는 수표 뒷면에 경매사건번호와 물건번호를 이서합니다.

제출자란에는 입찰자 본인이 직접 입찰할 때는 본인의 이름을 기재하고, 대리인이 입찰할 때는 대리인의 이름을 적고 도장으로 날인합니다. 황토색 대봉투인 입찰봉투도 입찰보증금 봉투와 마찬가지로 작성합니다.

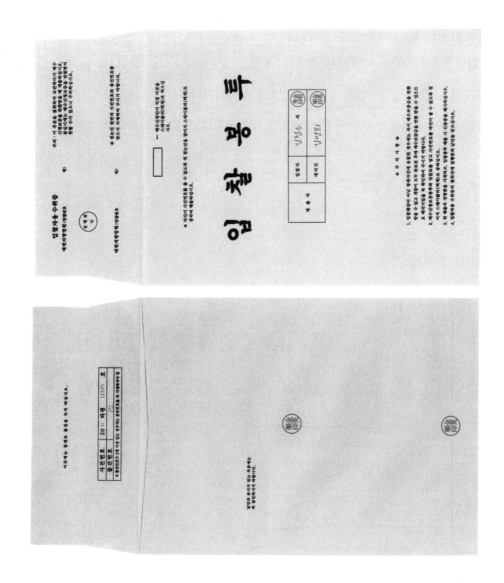

법인이 입찰할 때 입찰표 작성 방법

법인이 입찰자일 때도 크게 다른 점은 없습니다. 법인임을 증명하는 법인 등기부등본을 첨부하면 되는데 대표이사가 직접 입찰할 때는 대표자 본인의 신분증과 일반 도장 그리고 매수신청보증금을 준비하면 됩니다.

법인 대리인이 입찰할 때는 법인 인감증명서와 법인 인감도장을 날인한 위임장을 첨부하면 됩니다.

법인이 입찰할 때 준비서류	
• 법인 대표이사 직접 입찰	① 법인 등기부등본 ② 대표이사 본인 신분증 및 도장(일반 도장) ③ 매수신청보증금
• 법인 대리인 입찰	① 법인 등기부등본 ② 대리인의 도장(일반 도장) 및 대리인 신분증 ③ 매수신청보증금 ④ 법인 인감증명서 ⑤ 법인 인감도장이 날인된 위임장

[전산양식 A3360] 기일입찰표(흰색)　　　　　　　용지규격 210mm×297mm(A4용지)

(앞면)

기 일 입 찰 표

부산지방법원 서부지원 집행관 귀하　　　　　　입찰기일 : 2021 년 12 월 19 일

사건 번호	2021 타경 56789 호		물건 번호	2 ※물건번호가 여러 개 있는 경우에는 꼭 기재	

입찰자	본인	성 명	주식회사 대한민국 대표이사 김철수		전화 번호	02-1234-5678
		주민(사업자) 등록번호	사업자등록번호 기재	법인등록 번 호	법인등록번호 기재	
		도로명주소	서울특별시 강남구 봉은사로 616 (삼성동)			
	대리인	성 명	김 영 희　(印)	본인과의 관 계	지 인	
		주민등록 번 호	770123-2345678	전화번호	010-6789-1234	
		도로명주소	부산광역시 기장군 기장읍 동부산관광로 1234			

입찰 가격	천억	백억	십억	억	천만	백만	십만	만	천	백	십	일		보증 금액	백억	십억	억	천만	백만	십만	만	천	백	십	일	
				5	7	8	3	4	0	0	0	0	원					4	5	6	7	0	0	0	0	원

보증의 제공방법	☑ 현금·자기앞수표 ☐ 보증서	보증을 반환 받았습니다. 입찰자(대리인)　김 영 희　(印)

위 임 장

대리인	성 명	김영희	직 업	주부
	주민등록번호	770123-2345678	전화번호	010-6789-1234
	주 소	부산광역시 기장군 기장읍 동부산관광로 1234		

위 사람을 대리인으로 정하고 다음 사항을 위임함.

다 음

부산지방법원 서부지원   2021타경 56789 호 부동산 (2)번물건
경매사건에 관한 입찰행위 일체

본인 1	성 명	주식회사 대한민국 대표이사 김철수 (법인인감도장)	직 업	
	주민등록번호	사업자등록번호 기재	전화번호	02-1234-5678
	주 소	서울특별시 강남구 봉은사로 616 (삼성동)		
본인 2	성 명	(인감도장)	직 업	
	주민등록번호	-	전화번호	
	주 소			
본인 3	성 명	(인감도장)	직 업	
	주민등록번호	-	전화번호	
	주 소			

* 본인의 인감증명서 첨부
* 본인이 법인인 경우에는 주민등록번호란에 사업자등록번호를 기재

부산지방법원 서부지원 **귀중**

2인 이상 공동입찰 방법

하나의 물건에 2인 이상의 다수가 공동명의로 입찰하고자 할 때는 기일입찰표 이외에 공동입찰신고서와 공동입찰자목록을 작성하여 함께 제출해야 합니다.

가장 보편적인 형태로 부부가 2인의 공동명의로 부동산을 취득하거나 가족들과 지인들끼리 공동투자를 위해 공동명의로 입찰하는 경우가 많습니다. 이때에는 공동으로 소유권을 취득하려는 모든 사람 각각의 지분을 표시해야 합니다.

공동입찰할 때 준비서류
① 공동입찰신고서 및 공동입찰자목록
② 불참자 인감증명서 및 인감도장이 날인된 위임장
③ 참석자의 신분증 및 도장
④ 대리인이 입찰한 경우 대리인의 신분증 및 도장
⑤ 매수신청보증금

공동입찰의 경우 입찰표에는 입찰자 본인 성명란에는 '별첨 공동입찰자 목록 기재와 같음'이라고 기재하고, 공동입찰신고서 신청인에는 '김철수 외 1인'처럼 적으면 됩니다.

공동입찰자 목록에는 공동입찰자의 성명, 주소, 주민등록번호, 전화번호 등을 적고 반드시 인감도장으로 날인하고 개인 간의 공유지분을 기재합니다. 또한, 기일입찰표와 공동입찰신고서 사이에 기일입찰표를 접어서 공동입찰신고서에 겹쳐두고 공동입찰자 전원이 간인해야 합니다.

공동입찰은 경매법정에 전원이 출석해도 되지만, 대리입찰이 가능해 공동입찰자 중 한 명이 다른 입찰자를 대리할 수도 있습니다. 이때에는 기일입찰표 뒷면의 위임장을 작성하여 인감도장이 날인된 위임장과 최근 3개월 이내의 인감증명서를 반드시 첨부해야 합니다.

2인 이상 공동입찰은 공동명의로 인한 양도소득세와 재산세 등의 절세가 가능하고, 여럿이 함께 소유하므로 규모가 큰 물건도 소액투자가 가능하다는 장점이 있습니다.

또한, 공동명의자 중 한 명의 채무로 인하여 경매가 시작되어도 물건 전체가 매각되지 않고 채무자의 지분만 매각되는데, 채무자 이외의 다른 지분권자는 채무자의 지분을 우선하여 취득할 수 있는 공유자우선매수권이 주어져 적절히 활용할 수 있습니다.

이와 반대로 단점도 있습니다. 공동으로 여럿이 물건을 소유하던 중 일부 지분권자가 경제적 상황을 이유로 매각하려 할 때 소유자 전원이 동의해야 처분할 수 있습니다.

즉, 자신의 지분을 처분하는 것은 언제든 가능하지만 물건 전체를 처분하는 것은 지분권자 전원의 합의가 있어야 가능합니다. 아울러 공동입찰할 때는 지분권자 중 한 명이라도 입찰 자격이 없으면 안 되고 불허가 사유도 없어야 합니다.

김철수와 김영희가 공동입찰 시 김영희가 김철수를 대리하여 입찰할 때

(앞면)

기 일 입 찰 표

대구지방법원 본원 집행관 귀하　　　　　　　입찰기일 : 2022 년 5 월 9 일

사건번호		2022 타경 23456 호		물건번호		1 ※물건번호가 여러 개 있는 경우에는 꼭 기재
입찰자	본인	성 명	별지목록 기재와 같음	전화번호		
		주민(사업자)등록번호		법인등록번호		
		도로명주소				
	대리인	성 명	김 영 희 (印)	본인과의관계		지 인
		주민등록번호	770123-2345678	전화번호		010-6789-1234
		도로명주소	대전광역시 서구 둔산북로 123 (둔산동)			

입찰가격	천억	백억	십억	억	천만	백만	십만	만	천	백	십	일		보증금액	백억	십억	억	천만	백만	십만	만	천	백	십	일	
			2	8	1	4	5	0	0	0	0	원					2	0	5	1	0	0	0	0	원

보증의 제공방법	☑ 현금·자기앞수표 ☐ 보증서	보증을 반환 받았습니다. 입찰자(대리인) 김 영 희 (印)

120

주의사항.
1. 입찰표는 물건마다 별도의 용지를 사용하십시오, 다만, 일괄입찰 시에는 1매의 용지를 사용하십시오.
2. 한 사건에서 입찰물건이 여러 개 있고 그 물건들이 개별적으로 입찰에 부쳐진 경우에는 사건번호 외에 물건번호를 기재하십시오.
3. 입찰자가 법인인 경우에는 본인의 성명란에 법인의 명칭과 대표자의 지위 및 성명을, 주민등록란에는 입찰자가 개인인 경우에는 주민등록번호를, 법인인 경우에는 사업자등록번호를 기재하고, 대표자의 자격을 증명하는 서면(법인의 등기사항증명서)을 제출하여야 합니다.
4. 주소는 주민등록상의 주소를, 법인은 등기부상의 본점소재지를 기재하시고, 신분확인상 필요하오니 주민등록증을 꼭 지참하십시오.
5. 입찰가격은 수정할 수 없으므로, 수정을 요하는 때에는 새 용지를 사용하십시오.
6. 대리인이 입찰하는 때에는 입찰자란에 본인과 대리인의 인적사항 및 본인과의 관계 등을 모두 기재하는 외에 본인의 **위임장(입찰표 뒷면을 사용)**과 인감증명을 제출하십시오.
7. 위임장, 인감증명 및 자격증명서는 이 입찰표에 첨부하십시오.
8. 일단 제출된 입찰표는 취소, 변경이나 교환이 불가능합니다.
9. 공동으로 입찰하는 경우에는 공동입찰신고서를 입찰표와 함께 제출하되, 입찰표의 본인란에는"별첨 공동입찰자목록 기재와 같음"이라고 기재한 다음, 입찰표와 공동입찰신고서 사이에는 공동입찰자 전원이 간인 하십시오.
10. 입찰자 본인 또는 대리인 누구나 보증을 반환 받을 수 있습니다.
11. 보증의 제공방법(현금·자기앞수표 또는 보증서)중 하나를 선택하여 ☑표를 기재하십시오.

위 임 장

대리인	성 명	김 영 희	직 업	주부
	주민등록번호	770123-2345678	전화번호	010-6789-1234
	주 소	대전광역시 서구 둔산북로 123 (둔산동)		

위 사람을 대리인으로 정하고 다음 사항을 위임함.

다 음

대구지방법원 2022타경 23456 호 부동산
경매사건에 관한 입찰행위 일체

본인1	성 명	김 철 수 (秀金印)	직 업	회사원
	주민등록번호	750522-1234567	전화번호	010-1234-5678
	주 소	서울특별시 강남구 봉은사로 616 (삼성동)		
본인2	성 명	(인감도장)	직 업	
	주민등록번호	-	전화번호	
	주 소			
본인3	성 명	(인감도장)	직 업	
	주민등록번호	-	전화번호	
	주 소			

* 본인의 인감증명서 첨부
* 본인이 법인인 경우에는 주민등록번호란에 사업자등록번호를 기재

대구지방법원 본원 귀중

공 동 입 찰 신 고 서

대구지방법원 본원 집행관 귀하

사건번호   2022 타경 23456 호

물건번호   1번

공동입찰자   별지 목록과 같음

위 사건에 관하여 공동입찰을 신고합니다.

2022 년 5 월 9 일

신청인 김 철 수 외 1 (秀金印哲) (별지목록 기재와 같음)

※ 1. 공동입찰을 하는 때에는 **입찰표에 각자의 지분을 분명하게 표시하여야 합니다.**

2. 별지 공동입찰자 목록과 사이에 **공동입찰자 전원이 간인**하십시오.

공 동 입 찰 자 목 록

번호	성 명	주 소		지분
		주민등록번호	전화번호	
1	김 철 수 (秀金印哲)	서울특별시 강남구 봉은사로 616 (삼성1동)		2분의1
		750522-1234567	010-1234-5678	
2	김 영 희 (姬金印熙)	대전광역시 서구 둔산북로 123 (둔산동)		2분의1
		770123-2345678	010-6789-1234	
	☐			
		-		
	☐			
		-		

입찰표 잘못 써서 7,490만 원이 사라졌다

【사례해설】입찰가격에 '0'을 하나 더 써서 낙찰된 사례

도대체 무슨 일이 일어난 것일까요?

감정가 대비 772%에 낙찰된 상가입니다. 대전광역시 유성구 지족동 월드코아 상가 7층 전용면적 161평의 낙찰가입니다.

낙찰 결과를 보고 여러분은 어떤 생각이 드나요?

결론은 입찰표 기재를 잘못한 결과입니다. 입찰가격을 기재할 때 '0'을 하나 더 붙인 것이죠. 필자는 이런 일을 수없이 지켜보았습니다. 해마다 수많은 입찰자들이 똑같은 실수를 되풀이하곤 합니다. 지금 이 글을 읽고 계신 여러분께서도 의아해할 것입니다. 어떻게 이런 단순한 실수를 할 수 있는지를.

이러한 사례는 '낙찰받는 것이 아니라 낙찰 당하는 것'입니다. 한순간의 착오와 실수로 힘들게 모은 재산 7,490만 원을 되돌려 받지 못합니다. 입찰보증금은 본 물건의 배당금액에 합

2020타경8685   **대전지방법원 본원**

소재지	대전광역시 유성구 지족동 901-1, 월드코아 7층			회차	매각기일	최저매각가격	결과
물건종별	근린상가	감정가	1,070,000,000원	1차	2020-12-14	1,070,000,000원	유찰
대지권	170.38㎡(51.54평)	최저가	(70%)749,000,000원	2차	2021-01-18	749,000,000원	낙찰
건물면적	533.72㎡(161.45평)	보증금	(10%)74,900,000원	매각 8,262,000,000원(4명)			
매각물건	토지·건물 일괄매각	소유자	정○숙	감정가 대비 772.15% 낙찰			
개시결정	2020-07-21	채무자	정○숙	차순위금액		829,900,000원	
사건명	임의경매	채권자	국민은행	매각허가결정		2021-01-25	

산됩니다.

채권자와 채무자에게는 유리합니다. 채무자는 낙찰금액에 더해져 채무를 갚을 수 있고 채권자는 더 많은 채권을 회수할 수 있으니까요.

입찰가 829,900,000원을 쓴 차순위(2등)는 낙찰받을 수 있는 물건을 아쉽게도 받지 못하였습니다. 8,262,000,000원을 써낸 낙찰자가 금액을 제대로 826,200,000원으로 기재했다면 차순위가 낙찰받는 상황이니까요.

최저가 749,000,000원인 근린상가를 826,200,000원으로 입찰하려 했으나 "0"을 하나 더 써 결국 8,262,000,000원으로 입찰한 것입니다.

본 물건의 낙찰자는 이러한 이유로 매각불허가를 신청한다고 할지라도 법원은 금액을 잘못 기재한 입찰자의 실수는 인정하지 않습니다. 이로 인하여 입찰보증금 7,490만 원을 되돌려 받지 못합니다.

이렇게 하면 1등을 해도 입찰 무효

법원경매에 입찰하였으나 무효 처리되는 경우가 상당히 많습니다.

많은 시간 동안 고생하면서 입찰 준비를 했는데 사소한 실수로 무효 처리가 되면 허탈한 마음과 그동안의 노력이 물거품이 되기 때문에 주의해야 합니다. 더구나 최고가로 써냈다면 더욱더 안타까울 것입니다.

입찰이 무효 처리되는 경우는 다음과 같습니다.

❶ 채무자나 전 낙찰자가 입찰한 경우

채권자는 입찰할 수 있으나 채무자는 입찰할 수 없습니다. 또한, 재경매사건(낙찰된 후에 매수인이 매각대금을 지급하지 않은 부동산의 경우 입찰 일자를 재공고 후에 다시 입찰하는 경매)에서 전 낙찰자도 입찰 자격이 없기에 채무자나 전 낙찰자의 입찰은 무효 처리합니다.

❷ 매수신고가격(입찰가격)이 최저매각가격 미만일 때

매수신고가격은 법원이 매각기일에 공고한 최저매각가격 이상으로 입찰해야 합니다. 입찰자 중에서는 단순한 실수로 입찰가격을 최저매각가격보다 낮게 잘못 기재하여 무효가 되는 경우도 종종 있습니다.

❸ 매수신청보증금이 부족한 경우

매수신청보증금은 반드시 최저매각가격의 10%에 해당하는 금액이어야 합니다. 금융기관이 발행하는 자기앞수표 또는 현금 및 매수보증보험증권을 매수신청보증금 봉투에 넣어 매각 절차에 따라 집행관에게 제출합니다.

재경매사건에서 법원의 재량에 따라 특별매각조건으로 매수신청보증금을 최저매각금액의 20~30%로 정하기도 하는데 이때는 다시 정한 매수신청보증금을 준비해야 합니다.

개찰할 때 집행관은 최고가격 입찰자의 매수신청보증금봉투를 개봉하여 확인하는데, 단 1원이라도 금액이 모자라면 최고가격으로 입찰하였다 하더라도 그 입찰은 무효로 하고 차순위 입찰자가 최고가매수인이 됩니다.

❹ 입찰표에 기재한 입찰가격을 수정하거나 불명확한 경우

매수신고가격을 정정하거나 덧붙여 기재할 때는 무효로 처리합니다. 금액을 정정하거나 고칠 필요가 있을 때는 새 용지를 사용해야 하고, 숫자의 표기가 불명확하여 금액을 확인할 수 없을 때도 무효 처리하고 개찰에서 제외합니다.

❺ 자격을 증명하는 문서를 제출하지 않은 경우

대리인이 입찰하는 경우에 대리권을 증명하는 문서로써 입찰자 본인의 위임장과 인감증명을 제출하고, 법인이 입찰할 때 법인 대표자의 자격을 증명하는 법인 등기부등본을 제출해야 합니다. 만약 제출하지 않으면 대리권을 인정하지 않아 무효로 처리합니다.

❻ 입찰자이면서 동일 물건에 대하여 다른 입찰자의 대리인이 된 경우

하나의 경매 물건의 입찰자이면서 다른 입찰자의 대리인이 될 수 없으며, 누구든지 동일 물건에 대하여 2인 이상의 대리인이 될 수 없습니다.

이른바 민법상 '자기계약'(법률행위에 있어 자기 혼자서 본인의 대리인도 되고 계약의 나머지 일방의 당사자도 되는 것으로 '상대방대리'라고도 합니다. 자기계약은 본인의 이익이 침해될 위험이 있어 쌍방대리와 더불어 금지되어 있습니다.)과 '쌍방대리'(동일인이 동일한 법률행위에 계약 당사자 쌍방을 대리하여 계약을 체결하는 경우인데 부동산계약에서 매도인의 대리인이 매수인을 대리하여 매매계약을 체결하는 것은 금지되어 있습니다.)가 금지되는 것과 같이 이를 위반한 입찰은 무효 처리합니다.

❼ 1장의 입찰표에 여러 개의 사건번호나 물건번호를 기재한 경우

이 경우도 입찰을 무효로 처리합니다. 입찰표는 입찰하고자 하는 물건마다 1장의 용지를 사용해야 합니다. 다만, 일괄입찰을 하는 경우 1장의 용지를 사용해도 됩니다.

❽ 입찰표에 날인하지 않거나 무인(손도장, 지장)을 한 경우

입찰자 본인 또는 대리인은 입찰 관련 서류의 날인란에 도장으로 날인해야 하며 자필서명과 사인, 손도장은 인정하지 않습니다.

❾ 하나의 물건에 같은 사람이 여러 장의 입찰표 또는 입찰봉투를 제출한 경우

입찰자 한 사람이 하나의 물건에 입찰가격을 각각 달리하여 여러 장의 입찰표를 제출한다 해도 무효 처리합니다.

❿ 위임장은 붙어 있으나 위임장이 사문서로서 인감증명서가 붙어 있지 아니한 경우

대리하여 입찰할 때 반드시 위임장과 위임한 사람(혹은 법인)의 인감증명서를 첨부해야 합니다. 위임인의 자격문서를 제출하지 않으면 무효 처리합니다.

❶ 위임장과 인감증명서의 인명이 다른 경우

위임장에 기재된 사람이나 법인 인감증명서의 이름이 다르면 무효 처리합니다.

❷ 대리입찰의 경우 위임장과 함께 제출한 위임자의 인감증명서의 발행일이 입찰일 기준 6개월 이전인 경우에는 입찰에서 제외합니다.

입찰표 무효 처리 기준

기일입찰표를 작성하다 보면 기재할 사항들을 빠트리는 경우가 종종 있습니다. 만약 기재 해야 할 사항을 빠트린 채 입찰표를 제출했다면 무효일까요, 유효한 입찰일까요?

① 입찰기일을 적지 않거나 잘못 적은 경우에는 입찰봉투의 기재에 의하여 그 매각기일 임을 특정할 수 있으면 개찰에 포함합니다.

② 경매사건번호를 적지 않았을 경우에는 입찰봉투, 매수신청보증봉투(돈봉투), 위임장 등 의 첨부서류에 의해 사건번호를 알 수 있으면 개찰에 포함합니다.

③ 매각물건이 여러 개인데 물건번호를 적지 않았을 경우에는 개찰에서 제외합니다. 다 만, 물건의 지번, 건물의 호수 등을 적거나 매수신청 목적물을 특정할 수 있으면 개찰에 포 함합니다.

④ 입찰자 본인 또는 대리인의 이름을 적지 않았을 경우에는 개찰에서 제외합니다. 다만, 고무인, 인장 등이 선명하여 용이하게 판독할 수 있으면 개찰하고, 대리인의 이름만 기재되 어 있으면 위임장이나 인감증명서에 본인의 이름이 기재되어 있는 경우에는 개찰에 포함합 니다.

⑤ 입찰자 본인과 대리인의 주소·이름이 함께 적혀 있지만(이름 아래 날인이 있는 경우 포함) 위 임장이 없는 경우에는 개찰에서 제외합니다.

⑥ 입찰자 본인의 주소·이름이 적혀 있고 위임장이 있지만, 대리인의 주소·이름이 적혀 있지 않을 경우에는 개찰에서 제외합니다.

⑦ 위임장이 있고 대리인의 주소·이름이 적혀 있으나 입찰자 본인의 주소·이름이 적혀 있지 않을 경우에는 개찰에서 제외합니다.

⑧ 입찰자 본인 또는 대리인의 주소나 이름이 위임장 기재와 다른 경우에는 개찰에서 제외합니다. 다만, 이름이 같고 주소만 다르면 개찰에 포함합니다.

⑨ 한 사건에서 동일인이 입찰자 본인인 동시에 다른 사람의 대리인이거나 동일인이 2인 이상의 대리인을 겸하는 경우에는 쌍방의 입찰을 개찰에서 제외합니다.

⑩ 입찰자가 법인일 때 대표자의 이름을 적지 않았을 경우(날인만 있는 경우도 포함)에는 개찰에서 제외합니다. 다만, 법인등기부로 그 자리에서 자격을 확인할 수 있거나 고무인·인장 등이 선명하며 용이하게 판독할 수 있는 경우에는 개찰에 포함합니다.

⑪ 입찰자 본인 또는 대리인의 이름 다음에 날인이 없을 경우에는 개찰에 포함합니다.

⑫ 입찰가격의 기재를 정정한 경우에는 정정인 날인 여부를 불문하고 개찰에서 제외합니다.

⑬ 입찰가격의 기재가 불명확한 경우에는(예, 5와8, 7과9, 0과6 등) 개찰에서 제외합니다.

⑭ 보증금액을 기재하지 않았거나 기재된 보증금액이 매수신청보증액과 다른 경우와 보증금액을 정정하고 정정인이 없는 경우는 매수신청보증봉투 또는 보증서에 의해 정하여진 매수신청보증액 이상의 보증제공이 확인되는 경우에는 개찰에 포함합니다.

⑮ 하나의 물건에 대하여 같은 사람이 여러 장의 입찰표 또는 입찰봉투를 제출한 경우에는 입찰표 모두를 개찰에서 제외합니다.

⑯ 보증의 제공 방법을 기재하지 않고 기간입찰표를 작성·제출한 경우에는 개찰에 포함합니다.

⑰ 위임장은 있으나 위임자의 인감증명서가 없는 경우, 위임장과 인감증명서의 인영이 다른 경우에는 개찰에서 제외합니다.

경매 유찰, 몇 회까지 가능할까

매각 물건에 입찰 참여자가 없거나 입찰서류 미비 등의 사유로 입찰이 무효가 되어 낙찰자가 없을 때 '유찰'됩니다. 유찰된 물건은 약 4주 후 해당 경매계의 매각기일에 다시 경매에 들어갑니다.

이때의 입찰가격은 전 회차 매각가격이 아니라 전 회차 매각가격에서 20~30% 낮은 가격이 최저매각가격이 됩니다. 즉, 전 회차 매각가격의 80% 또는 70% 가격이 다음 회차의 최저매각가격입니다.

예컨대, 첫 매각가격이 4억 원이라면, 1회차 매각이 유찰되면 다음 2회차 매각에서는 4억 원의 70%인 2억 8,000만 원이 최저매각가가 되고, 2회차 매각에서도 유찰되면 다음 3회차 매각에서는 2억 8,000만 원의 70%인 1억 9,600만 원이 '최저매각가격'(가격저감률을 20% 적용하는 법원의 최저매각가격은 2회차 경매 진행 시 4억 원의 80%인 3억 2,000만 원, 3회차 매각 시 2회차 매각가격의 80%인 2억 5,600만 원)이 됩니다.

이렇게 유찰을 거듭하다 보면 감정가격 기준 100%에서 출발한 최저경매가격은 전 유찰가격의 30% 저감 시에는 감정가 대비 70%→49%→34%→24%→17%→12%→8%로 낮아지고, 전 유찰가격의 20% 저감 시에는 감정가 대비 80%→64%→51%→41%→32%→25%→20%로 낮아집니다.

권리관계나 물건에 특별한 하자가 없으면 첫 매각에 낙찰되거나 유찰되더라도 한두 차례 유찰된 후 새로운 주인을 찾아가겠지만, 그렇지 않은 하자가 있거나 권리관계가 복잡한 물건은 매각가격이 낮아질 수밖에 없습니다.

그렇다면 최저매각가격의 하한선에 대한 규제나 유찰 횟수를 제한해야 할까요? 아니면 무한정 낮아지는 가격으로 매각해야 할까요?

【사례해설】15회차에 감정가의 4.4%에 낙찰된 상가

부산의 한 복합상가의 일부 지분이 경매 물건으로 나왔는데 15회에 낙찰된 사례입니다. 감정가격이 351만 원인데 14회차 입찰에서 최저매각가격은 194만 원으로 떨어졌는데도 입찰자가 없어 15회차에 4.42%인 155,000원에 낙찰되었습니다.

2018타경105193(32)   **부산지방법원 본원**

소재지	부산 부산진구 범천동 1642 범일역풍림아이원 2층			회차	매각기일	최저매각가격	결과
물건종별	근린상가	감정가	3,510,000원	1차	2020-01-14	3,510,000원	유찰
대지권	전체2.291㎡(0.69평)	최저가	(4%) 155,000원	2차	2020-02-18	2,808,000원	유찰
	지분0.309㎡(0.09평)				2020-03-24	2,246,000원	변경
건물면적	전체11.103㎡(3.36평)	보증금	(10%) 15,000원	3차	2020-04-28	2,246,000원	유찰
	지분 1.5㎡(0.45평)			4차	2020-06-02	1,797,000원	유찰
매각물건	토지·건물 지분매각	소유자	중앙시장재건축조합	5차	2020-07-07	1,438,000원	유찰
개시결정	2018-10-10	채무자	중앙시장재건축조합	6차	2020-08-11	1,150,000원	유찰
사건명	강제경매	채권자	주택도시보증공사	7차	2020-09-15	920,000원	유찰
				8차	2020-10-20	736,000원	유찰
				9차	2020-11-24	589,000원	유찰
					2020-12-29	471,000원	변경
					2020-02-02	471,000원	변경
				10차	2021-03-09	471,000원	유찰
				11차	2021-04-13	377,000원	유찰
				12차	2021-05-18	302,000원	유찰
				13차	2021-06-22	242,000원	유찰
				11차	2021-07-27	194,000원	유찰
				15차	2021-08-31	155,000원	매각
				매각 155,000원(4.42%) 1명 입찰			
				매각허가결정		2021-09-07	
				대금지급기한		2021-10-15	
				대금납부		2021-06-16	
				배당종결			

경매를 진행하면서 몇 회까지 유찰 또는 감정가격 대비 몇 %까지 최저매각가격이 낮아지는 기준이나 하한선 규제, 그리고 유찰 횟수에 대한 제한은 없습니다. 다만, 법원에서 매각

하는 경매와 달리 한국자산관리공사(KAMCO)가 진행하는 공매는 최저매각가격이 감정가격의 50%까지 떨어지면 다시 처음부터 진행합니다.

그러나 법원에서 진행하는 경매는 잉여주의 원칙에 의해 최저매각가격이 무한정 낮아지지 않는 하한금액이 있음을 알 수 있습니다.

'잉여주의'란 경매를 신청한 채권자(압류채권자)에게 돌아갈 배당금액이 있어야만 경매를 속행하고, 그렇지 않을 때는 '무잉여금지원칙'(매각금액이 경매비용을 제하고 경매신청 채권자가 변제받을 수 있는 금액이 없을 때 법원은 경매를 진행하지 않습니다.)에 의거 법원이 직권으로 경매를 취소하게 됩니다.

잉여, 무잉여를 판단하는 기준은 당해 최저매각가격을 기준으로 경매비용과 압류채권자에 우선하는 채권액을 변제하고도 남는 금액이 없다고 판단할 때입니다. 법원은 채권회수를 위해 경매를 신청한 채권자에게 배당해야 할 금원이 없다면 채권자의 채권회수를 목적으로 하는 경매 본래의 목적을 이룰 수 없기 때문에 직권으로 경매를 취소합니다.

PART 03

드디어 낙찰!

제7장

낙찰 후에 해야 할 일

최고가매수신고인이 되었다면

1등으로 낙찰받으면

정성스레 준비한 입찰을 마치면 법원 집행관의 입찰 마감을 알리는 안내방송이 나오면서 입찰이 종료됩니다.

이후 입찰자가 없어 유찰된 물건을 분류하고 입찰자가 있어 개찰해야 할 물건들을 정리하여 개찰 준비를 합니다. 대부분의 법원은 사건번호 순으로 개찰을 하지만 대전법원 등 몇몇 법원에서는 10명 이상의 입찰자가 있는 사건부터 먼저 개찰한 후 다시 사건번호 순으로 개찰하기도 합니다.

개찰을 시작하면 개찰할 물건의 사건번호를 안내하고 입찰자 한 사람 한 사람 모두를 호명합니다. 입찰자들을 입회시킨 후 입찰봉투를 개봉하여 입찰표에 기재한 입찰가격 중 최고가격을 써낸 입찰자를 남기고 입찰보증금봉투를 돌려줍니다. 이때 최고가에 낙찰받은 사람이 바로 '최고가매수신고인'입니다.

개찰 결과 최고가격으로 매수신청을 하고 매수신청보증금을 제출, 확인된 사람을 최고가매수신고인으로 결정합니다. 만약 최고가로 매수신고를 하고 매수신청보증금도 제출한 사람이 2인 이상일 경우에는 그들만을 상대로 추가입찰을 실시합니다.

추가입찰의 입찰자는 종전의 입찰가격에 미달하는 가격으로는 입찰할 수 없고, 추가입찰

이후에도 또다시 최고가격으로 매수신고를 한 사람이 2인 이상일 때에는 그들 중에서 추첨으로 최고가매수신고인을 정합니다. 전원이 입찰하지 않은 경우에도 역시 추첨으로 최고가매수신고인을 정합니다.

<table>
<tr><td colspan="5" align="center">영 수 증</td></tr>
<tr><td colspan="5">주식회사   ○○○○ 대표이사 김○○   귀 하</td></tr>
<tr><td align="center">사건번호</td><td align="center">물건
번호</td><td align="center">부동산 매각 보증금액</td><td colspan="2" align="center">비 고</td></tr>
<tr><td align="center">2021타경104412</td><td align="center">1</td><td align="center">105,392,700원</td><td colspan="2"></td></tr>
<tr><td colspan="5">위 금액을 틀림없이 영수 하였습니다.

　　　　　　　　　　　　　2021.11.08

　　　　　　　대전지방법원 집행관사무소

　　　　　집 행 관 　 김주호</td></tr>
</table>

※ 사건에 대한 문의는 민사 집행과 담당 경매계에 문의하십시오.

입찰 결과 2등이라면

최고가매수신고인에 이어 두 번째 많은 금액으로 입찰한 사람은 차순위신고를 할 수 있습니다. 최고가매수신고인이 매각대금을 지급하지 않거나 매각불허가를 받을 경우에는 2등을 한 자기의 입찰에 대하여 매각을 허가하여 달라는 신고를 합니다.

'차순위매수신고'는 그 신고금액이 최저매각가격 이상이어야 하고, 최고가매수신고 금액에서 매수신청보증금액을 뺀 나머지 금액을 초과하는 경우에만 할 수 있습니다.

예컨대, 최고가매수신고 금액이 9,800만 원, 최저매각가격이 8,000만 원, 10%인 800만 원이 매수신청보증금이라면,

1순위 9,800만 원 낙찰 - 최고가매수신고인

2순위 9,500만 원 입찰

3순위 9,300만 원 입찰

4순위 8,500만 원으로 입찰이 진행되었다면

1순위인 9,800만 원 - 800만 원 = 9,000만 원 이상으로 입찰한 사람만 차순위매수신고를

할 수 있습니다. 즉, 2순위와 3순위만 차순위매수신고가 가능하고 4순위는 차순위매수신고를 할 수 없습니다.

차순위매수신고를 하면 입찰보증금을 돌려주지 않습니다. 1순위 최고가매수신고인이 매각대금을 지급하지 않을 때 2순위에게 매각대금을 지급할 기회가 주어집니다. 그러나 1순위 최고가매수신고인이 잔금을 지급하면 차순위매수신고인은 입찰보증금과 법정이자를 포함하여 되돌려 받습니다.

차순위매수신고를 한 사람이 2인 이상으로 입찰가격이 같으면 추첨으로 차순위매수신고인을 정합니다.

이후 집행관은 매각기일의 종결을 고지한 후에 최고가매수신고인과 차순위매수신고인 이외의 입찰자들에게는 제출한 입찰보증금을 즉시 반환합니다. 매수신청보증금으로 보증보험증권을 제출할 때는 입찰과 동시에 보증보험증권을 사용한 것으로 보기 때문에 보증보험증권을 반환하는 것은 아무런 의미가 없으나 실무에서는 입찰자들이 요청하는 경우에는 반환합니다.

매각불허가를 받으면

최고가매수신고인으로 낙찰을 받았으나 절차와 입찰 자격 등 매각에 하자는 없는지 법원은 지정된 매각결정기일에 이해관계인의 의견을 들은 후 직권으로 법이 정한 매각불허가 사유 유무를 조사한 후에 '매각허가결정' 또는 '매각불허가결정'을 선고합니다.

입찰일로부터 1주일 후에 매각허가결정 또는 매각불허가결정을 내리는데 매각허가결정기일에는 출석할 필요 없이 전화상으로 확인해도 됩니다.

매각허가결정이 되면 낙찰자에게 매각허가결정 정본을 송달하고, 매각불허가결정이 나면 해당 경매계에서 곧바로 통보합니다. 즉, 매각 절차와 집행이 적법하다고 판단되면 매각허가결정을, 그렇지 않다고 판단되면 매각불허가결정을 내립니다.

이때 매각허가 여부 결정에 불복하는 이해관계인은 즉시항고를 할 수 있고, 매각허가에 정당한 이유가 없거나 결정 이외의 조건으로 허가해야 한다고 주장하는 매수인 또는 매각허가를 주장하는 매수신고인도 즉시항고를 할 수 있습니다.

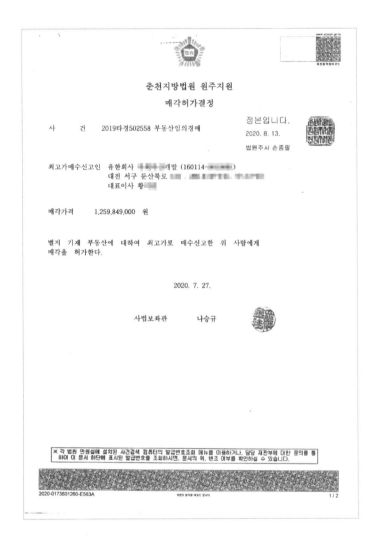

즉시항고를 하려는 항고인은 매각허가 여부 결정을 선고한 날부터 1주일 안에 항고장을 원심법원에 제출해야 하고, 항고장에 항고 이유를 적지 않았을 때는 항고장을 제출한 날부터 10일 이내에 항고이유서를 원심법원에 제출해야 합니다.

매각허가결정에 대하여 항고할 때는 보증금으로 매각대금의 10분의 1에 해당하는 금전 또는 법원이 인정한 유가증권을 공탁해야 합니다. 보증의 제공이 없으면 원심법원은 항고장을 접수한 날부터 7일 이내에 결정으로 즉시항고를 각하한 다음 경매 절차를 계속 진행합니다.

채무자나 소유자의 즉시항고가 기각된 때에는 항고인은 보증으로 제공한 금전이나 유가증권의 반환을 청구하지 못하고 배당재단에 편입되어 배당 대상이 됩니다.

2001년 민사집행법 개정 이전에는 경매 진행을 지연시킬 고의적, 악의적인 목적으로 성행하였으나 그 이후에는 항고인의 보증제도를 도입함으로써 실질적인 항고도 흔치 않습니다.

왜 매각불허가결정이 나올까

그럼 매각불허가결정이 나오는 이유가 무엇일까요?

입찰에 참여하여 최고가매수신고인이 되었어도 매각불허가결정이 되는 경우가 있는데 입찰자의 명백한 잘못도 있지만, 처음부터 경매 자체가 불가능한 물건이었거나 입찰자 입장에서 도저히 문제를 알 수 없는 경우도 있습니다. 그 사유는 다음과 같습니다.

❶ 농지에 입찰하여 낙찰받았으나 농지취득자격증명원(농취증)을 제출하지 못한 경우(①, ②번 내용은 매각물건명세서에 특별매각조건을 붙임)

입찰일로부터 통상 1주일 이내에 정해지는 매각허가기일 전까지는 농취증을 물건 소재지 지자체에서 발급받아 법원에 제출해야 합니다. 미제출 시에는 매각이 불허가되며 법원에 따라서는 입찰보증금까지 몰수합니다.

❷ 소유자 겸 채무자가 학교법인 또는 장학재단인 경매 사건의 경우

채권자가 매각허가기일 전까지 교육부장관 등 주무 관할청의 매각허가서를 제출하지 못하는 경우 「사립학교법」, 「공공법인의 설립·운영 등에 관한 법률」에 따라 매각이 불허가됩니다.

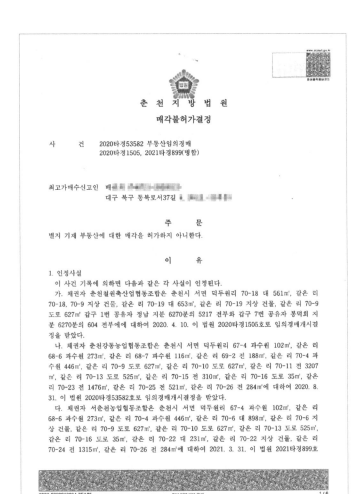

❸ 잉여의 가망이 없는 경우

입찰자가 없어 유찰이 거듭되어 경매를 신청한 채권자에게 배당이 불가능하다고 판단되면 재판부가 직권으로 경매진행을 정지시킵니다.[민사집행법 제161조] 다만, 경매신청 채권자에게 잉여의 가망이 없더라도 1순위 저당권자 등의 병합된 경매신청이 있다면 입찰은 속행됩니다.

❹ 과잉 매각되는 경우

여러 개의 부동산을 매각하는 경우 한 개의 부동산의 매각대금으로 모든 채권자의 채권액과 경매비용을 변제하기에 충분하면 다른 부동산의 매각을 허가하지 않습니다. 이때 채무자는 여러 부동산 가운데 매각할 부동산을 지정할 수 있습니다.

❺ 2순위 임차인이 매각허가일 전 또는 매각대금 납부 전까지 1순위 저당권을 대위변제함에 따라 최고가 입찰자 또는 낙찰자가 매각불허가신청 또는 매각허가결정취소신청을 하는 경우

대항력이 없는 2순위 임차인이 1순위 저당권을 대신 갚고 저당권을 소멸시키는 것을 '대위변제'라고 합니다. 대위변제가 이루어지면 뜻하지 않은 인수 부담이 생기는 것을 피하기 위해 낙찰자는 매각불허가신청을 하는데 재판부는 이를 타당한 사유로 보고 낙찰자를 보호하기 위하여 매각불허가결정 또는 매각허가결정을 취소합니다.

❻ 이해관계인에게 송달을 빠뜨리고 입찰을 진행한 경우

법원은 매각을 앞두고 상당 기일 이전에 해당 사건의 **이해관계인**(채권자, 채무자, 소유자, 압류권자, 임차인, 유치권자, 법정지상권자, 점유자, 공유자, 경매매시결정등기 이전에 등기한 지상권자, 전세권자, 임차권자, 저당권자, 질권자, 가등기권자 등)에게 매각기일 등의 송달을 합니다. 하지만 간혹 이해관계인에게 송달을 빠뜨리고 입찰을 진행하여 최고가매수신고인이 선정되고 난 후에 매각허가결정일 전에 하자 있는 매각임이 밝혀져 매각불허가결정이 되는 경우가 있습니다. 이때 매각허가결정이 되었다 하더라도 이해관계인의 항고가 받아들여지면 매각허가결정이 취소됩니다.

❼ 입찰일에 부정한 방법으로 최고가매수신고인이 된 경우에는 매각불허가뿐만 아니라 법원에 따라 입찰보증금이 몰수되기도 합니다.

❽ 입찰 당일 매각물건명세서에 하자가 있는 경우에도 매각불허가 사유가 됩니다.

매각허가결정도 이의신청을 할 수 있을까

매각 후에 최고가매수신고인으로 선정되어 1주일 후에 매각허가결정이 내려졌다고 해도 다음과 같은 사유가 있다면 이해관계인은 매각허가에 대한 이의신청을 할 수 있습니다.

① 강제집행을 허가할 수 없거나 집행을 계속 진행할 수 없는 경우

② 최고가매수신고인이 부동산을 매수할 능력이나 자격이 없는 경우

③ 매수할 자격이 없는 자가 최고가매수신고인을 내세워 매수신고를 한 경우

④ 최고가매수신고인, 그 대리인 또는 최고가매수신고인을 내세워 매수신고를 한 사람이 입찰에 참여할 수 없는 자에 해당할 경우

⑤ 최저매각가격의 결정, 일괄매각의 결정 또는 매각물건명세서의 작성에 중대한 흠이 있을 경우

⑥ 천재지변, 그 밖에 자기가 책임질 수 없는 사유로 부동산이 현저하게 훼손된 사실 또는 부동산에 중대한 권리관계가 변동된 사실이 경매 절차 진행 중에 밝혀진 경우

⑦ 경매 절차에 그 밖의 중대한 잘못이 있는 경우

매각허가에 대한 이의신청서

사건번호 : 20○○타경 ○○○○호
채 무 자(이의신청인) 주소 : ○○시 ○○구 ○○동 ○○번지
채 권 자(상대방)   주소 : ○○시 ○○구 ○○동 ○○번지

위 사건에 관하여 다음과 같이 이의 신청합니다.

신 청 취 지

별지목록 기재 부동산에 대한 매각은 이를 불허한다.
라는 재판을 구함.

신 청 이 유

1. 매각물건명세서에 기재되어 있는 별지목록의 부동산 중 그 지상에 창고가 존재한다고 기재되어 있습니다.

2. 20○○년 ○월에 태풍으로 인하여 토지상에 존재해야 할 창고가 멸실되고 심하게 파손되어 사용할 수 없으므로 철거해야 할 것입니다.

3. 이에 천재지변, 그 밖에 자기가 책임을 질 수 없는 사유로 부동산이 현저하게 훼손된 사실로 매각허가에 대한 이의사유가 되오니 신청인은 매각허가에 대한 이의를 신청합니다.

년   월   일

채무자(이의신청인)   ㊞

연락처(☎)

지방법원   귀중

매각대금(잔금) 납부 방법

　낙찰 후에는 매각대금을 지급하기 위하여 현금으로 준비할 것인지 혹은 금융대출을 활용하여 지급할 것인가를 결정해야 합니다. 요즈음에는 제1금융권 농협은행과 제2금융권 신협 그리고 새마을금고, 또는 보험회사나 저축은행 등에서 법원경매 물건의 매각대금을 대출받을 수 있습니다.

　모든 금융기관이 대출상품을 취급하지는 않으며 일부 금융기관만이 경매 매각대금 대출을 취급합니다. 입찰을 준비할 때부터 최소 2~3군데에 문의하여 알아봐야 합니다.

[경매6계]

대전지방법원 서산지원
대금지급기한통지서

사　　건	2020타경2552 부동산임의경매
채 권 자	경기남부수산업협동조합
채 무 자	신현금
소 유 자	채무자와 같음
매 수 인	유한회사 ████개발
매 각 대 금	148,840,000원
대금지급기한	2021. 4. 8.(목)　16:00　경매6계사무실(2층)

위와 같이 대금지급기한이 정하여졌으니 매수인께서는 위 지급기한까지 이 법원에 출석하시어 매각대금을 납부하시기 바랍니다.

해당물건번호 : 1(148,840,000원)

2021. 3. 17.

법원주사　김 동 호

주의 : 1.매수인이 매각대금을 납부한 후 소유권이전등기 등을 촉탁 신청할 때 매수인의 공유자 수인으로부터 지분의 전부 또는 일부를 이전받는 경우에는 등기촉탁신청서에 부동산별/등기권리자별로 각각의 이전받는 지분을 표시하여 주시기 바랍니다. (예) 매수인 갑 : 이전할 지분 공유자 ○○○의 지분 ○분의 ○(최종 이전할 지분), 공유자 □□□의 지분 ○분의 ○(최종 이전할 지분) 매수인을 : 이전할 지분 공유자 ○○○의 지분 ○분의 ○(최종 이전

입찰하는 법원의 경매법정 앞에서 출장 나온 금융기관의 대출상담사와 상의하는 것도 좋은 방법입니다. 금융사마다 조금씩 대출한도와 금리가 각기 다르니 자신에게 유리한 금융기관을 선택합니다.

입찰일로부터 2주일 후에는 법원에서 '대금지급기한통지서'가 발송됩니다. 일반적으로 매각허가결정 이후 1주일의 항고기간이 지나면 매각허가결정이 확정되는데 이때 대금납부기한통지서를 발송합니다. 납부기한은 법원마다 조금씩 다르나 매각허가결정일로부터 2~3주 정도 주어집니다.

매수인은 지정된 지급기한 내에는 언제든지 매각대금을 지급할 수 있습니다. 만약 지정된 지급기한까지 매각대금을 모두 지급하지 않으면 법원은 납부 의사가 없는 것으로 간주합니다.

납부하는 금액은 매각대금에서 입찰보증금액을 제외한 나머지 금액을 내면 되는데, 매수신청의 보증으로 경매보증보험증권이 제출된 경우에는 매각허가결정서에 적힌 매각대금 전액을 지급해야 합니다.

매각대금 납부 방법 중에는 '채무인수'를 통한 납부가 있습니다. 다만, 매수인은 배당표와 관련된 채권자들이 승낙하면 매각대금 한도 내에서 매각대금납부 대신 채무를 인수함으로

써 인수한 채무만큼 매각대금을 납부하지 않아도 됩니다.

또 다른 납부 방법으로는 '상계처리'가 있습니다. 상계신청(차액지급신고)을 하고자 할 때는 입찰기일 이후 1주일 이내에 해당 경매계에 상계신청서를 제출해야 합니다. 배당받을 채권자가 매수인일 때 매각결정기일이 끝날 때까지 법원에 신고하고 배당받아야 할 금액을 제외한 나머지 금액을 배당기일에 내면 상계처리를 할 수 있습니다.

매각대금을 지급하지 못하면

법원은 매수인이 대금납부기한까지 대금납부 의무를 이행하지 않을 때 차순위매수신고인이 정해져 있으면 차순위매수신고인에 대한 매각허가 여부를 결정합니다.

차순위매수신고인이 없을 때는 곧바로 '재매각' 준비를 하는데, 재매각은 매수인이 대금납부기한까지 매각대금을 모두 지급하지 않을 때 법원이 직권으로 다시 실시하는 매각입니다.

차순위매수신고인이 있는 경우에는 법원이 매각결정기일을 다시 지정하여 차순위매수신고인에 대하여 매각허가결정을 하고 대금납부기한을 지정합니다. 이후 차순위매수신고인이 대금납부기한까지 대금을 지급하지 않으면 재매각을 실시합니다.

재매각기일에는 종전의 매각기일에 적용되었던 최저매각가격, 그 밖의 매각조건이 그대로 적용되고 최저매각가격도 낮아지지 않습니다.

✅ **CHECK**

종전의 매수인은 재매각 절차에 참가하여 매수신청을 할 수 없으나 종전 매수인이 재매각기일 3일 전까지 매각대금과 연 2할의 지연이자, 재매각 절차에 소요된 비용을 납부하면 재매각 절차는 취소됩니다.

최고가매수신고인과 차순위매수신고인이 경합할 때는 매각대금을 먼저 지급하는 사람이 소유권을 취득합니다.

매수인이 매각대금을 내지 않았을 때 바로 재매각 절차에 들어가거나 차순위매수신고인에 대하여 매각허가결정이 내려지면 종전 매수인은 매수신청보증금을 반환받지 못하고 배당재단에 편입됩니다.

매수신청의 보증으로 보증보험증권이 제출된 경우라면 법원은 보증보험증권을 발급한 보증보험회사에 보증금 납부를 최고(상대편에게 일정한 행위를 하도록 독촉하는 통지)한 다음 납부된 보증금을 배당재단에 편입시킵니다.

이렇게 매수인은 대금을 납부기한 내에 해당 경매계에 가서 납부명령서를 수령하고 법원에 있는 은행에 잔금을 지급하면 입찰 물건에 대한 소유권을 취득하게 됩니다.

매각대금을 지급하면 실질적인 소유자가 되는데 법적인 절차가 남아 있습니다. 법원에 소

매각대금완납증명원

사   건   2019타경502558 부동산임의경매
채   권   자   충북원예농업협동조합
채   무   자   조■■
소   유   자   조■■ 외 1명

위 사건에 관하여 다음 사항을 증명합니다.

■ 다   음 ■

매 수 인 : 유한회사 ■■■■개발 (160114-■■■■■)
매각대금 : 금   1,259,849,000원
매각대금 완납일 :   2020. 8. 13.
매각물건의 표시 :   별지기재 부동산표시와 같음

2020. 8. 13.

춘천지방법원 원주지원

법원주사   손   종   필

유권이전등기를 촉탁신청하는데 일반 중개거래의 부동산 이전등기보다 경매로 낙찰받은 부동산의 촉탁등기는 조금 복잡하여 되도록 법무사나 변호사에게 의뢰하는 것을 권합니다.

법원은 매수인이 필요한 서류를 제출하면 관할등기소에 매수인 명의의 소유권이전등기와 매수인이 인수하지 않는 부동산권리에 대한 말소등기를 촉탁합니다.

다만, 등기비용은 매수인이 부담하고 주민등록표등본, 등록세영수필통지서와 영수필확인서, 국민주택채권매입필증 등 첨부서류를 제출하면 법원은 소유권이전등기를 촉탁합니다.

이는 전 소유자의 동의 없이 법원의 직권으로 강제집행한 부동산을 등기하는 것으로 인수할 권리와 말소할 권리를 제대로 파악하고 등기해야 추후 재산권 행사를 올바르게 할 수 있습니다.

[경매1계]

춘천지방법원 원주지원
등기촉탁서(이전)

춘천지방법원 원주지원 등기과 등기관 귀하

사 건	2019타경502558 부동산임의경매
부동산의 표시	별지와 같음
등기 권리자	유한회사 ███개발 (법인번호 : 160114-████████) 대전 서구 문산복로 ███ ██████ ███████) 대표이사 황██
등기 의무자	김███ (주민등록번호 : ███████-███████) 인천 남동구 도림로 ██ ███ ████████ █, ████████) [등기부상 주소 : 인천 남동구 도림동 ███ ██ ████ ██ █, ████████]
	조██ (주민등록번호 : ███████-███████) 제천시 신축하로 ███ ████████ [등기부상 주소 : 충청북도 제천시 신축하동 ████████]
등 기 원 인 과 그 년월일	2020.08.13 부동산임의경매로 인한 매각
등 기 목 적	1.소유권 이전등기 2.말소할 등기 : 별지와 같음
과 세 표 준	금 1,259,849,000 원
취 득 세	(이 전 등 기) 금 57,953,040 원 (지방교육세포함)
등 록 면 허 세	(말 소 등 기) 금 136,800 원 (지방교육세포함)
등 기 촉 탁 수 수 료	금 132,000 원
주 택 채 권	금 40,880,000 원
채 권 발 행 번 호	2007-10-1108-3417
첨 부	매각허가결정정본 1통

위 등 기 를 촉탁합니다. (등 본 작 성 :   2020.   8.   10.   )

2020. 8. 13.

이렇게 매수인이 매각대금을 지급하면 법원은 배당기일을 정하고 이해관계인과 배당을 요구한 채권자에게 배당기일을 통지합니다. 즉, 경매 부동산을 매각하여 받아야 할 채권자들에게 법이 정한 바에 따라 나눠주게 됩니다.

채권자는 배당요구의 종기까지 법원에 그 채권의 원금, 이자, 비용, 기타 채권계산서를 제출해야 합니다. 채권자가 계산서를 제출하지 않으면 법원은 배당요구서, 기타 기록에 첨부된 증빙서류에 의하여 채권액을 계산하고, 계산서를 제출하지 않은 채권자는 배당요구의 종기 이후에는 채권액을 보충할 수 없습니다.

집행법원은 미리 작성한 배당표 원안을 배당기일에 출석한 이해관계인과 배당요구한 채권자에게 열람시켜 추가·정정할 것이 있으면 반영하여 배당표를 완성해서 확정합니다.

배당에 대해서 이의가 있으면 배당에 참석하여 이의신청할 수 있습니다. 이렇게 배당까지 마무리되면 모든 경매 절차는 종결됩니다.

제8장

명도, 점유자 내보내기

버티는 점유자 쉽게 내보내기

입찰보다 명도가 어렵다

그동안 힘들게 고생해서 현장답사와 물건조사 그리고 입찰에 참여하여 낙찰을 받았습니다. 잔금을 지급하고 소유권까지 이전하면 법적으로 완전한 소유권을 행사할 수 있습니다. 하지만 그에 앞서 꼭 해결해야 할 일이 있습니다.

주거용 부동산의 채무자 혹은 소유자, 임차인 등과 상가건물에서 영업하고 있는 점유자를 상대로 건물의 인도, 즉 명도가 남아 있습니다.

경매로 낙찰받은 부동산을 사용·수익하기 위해 하루라도 빨리 현재 거주하고 있는 점유자를 원활하게 내보내야 합니다.

✔ CHECK

늦으면 늦을수록 기회비용은 증가하고 점유자에게는 점유의 기회를 주게 됩니다.

필자는 낙찰받는 날 오후에 점유자를 방문합니다. 매각허가를 받기 전에 현황이 달라진 부분이 있는지, 매각불허가를 신청해야 할 정도로 훼손되거나 멸실된 부분은 없는지 다시한번 확인합니다.

또한, 점유하고 있는 부동산의 소유자가 바뀌었다는 점을 알리고 점유자가 준비해야 할 사항이나 법원으로부터 배당과 관련한 이야기들을 합니다. 임차인은 자신의 임대차보증금을 받느냐 받지 못하느냐, 즉 유독 배당 여부에 민감하기 때문에 그들이 궁금한 점들을 설명하고 이사를 준비해 달라고 주문합니다.

이제는 내 소유의 부동산이기 때문에 당당하게 나서야 합니다. 그렇다고 너무 우쭐대거나 점유자를 함부로 대해선 안 됩니다.

임차인은 자신의 잘못도 없이 집주인 잘못 만나서 자신이 거주하는 집이 경매에 휩싸여 정신적으로 고통받고 경제적으로도 임대차보증금을 돌려받지 못하는 상황에 놓일 수 있습니다. 그런 점에서 어느 정도의 배려와 존중은 하되 막무가내식으로 나오는 점유자에게는 엄중한 경고를 해 둘 필요가 있습니다.

이미 낙찰을 받고 최고가매수신고인이 된 이상 특별한 사유가 없는 한 매각대금을 지급하고 소유권이전등기까지 마칠 것입니다. 물론 등기라는 요건을 통해 소유권이 바뀌지만, 매각대금 납부와 동시에 실질적인 소유권을 행사할 수 있는 법률적 효과가 발생합니다.

점유자는 결국 나가야 한다

먼저 낙찰받고 방문할 때는 낙찰받은 사실과 서로 원만한 명도를 위해서 합의해야 하는 당사자가 본인임을 알리고 최대한 협조를 해주는 방향으로 이야기합니다.

낙찰받은 날로부터 매각대금을 지급하고 배당까지 마치려면 약 2개월 정도의 시간이 있으므로 그 시점에 맞춰 이사할 집을 준비해야 하는 등 일련의 과정을 설명해 줍니다. 점유자도 이미 지인이나 변호사, 법무사 등으로부터 상담을 해 본바, 앞으로 전개될 진행 절차를 알고 있으므로 다시금 과정을 이야기하고 협조를 부탁한다면 추후 훨씬 부드럽게 명도 진행을 할 수 있습니다.

이미 입찰 전에 권리분석을 통해 점유자가 어떤 위치인지 파악했을 것입니다. 소유자인지 임차인인지, 아무런 권원도 없는 점유자인지 파악된 내용을 토대로 그들에게 배당받을 수 있는 예상 금액과 내용을 알리고 이사에 협조할 것을 당부합니다. 물론 임대수익이 목적이라면 현재의 임차인이 계속해서 거주할 수 있도록 다시 임대차계약을 맺는 것도 나쁘지 않습니다. 이런 경우는 임대차보증금 대부분을 배당받을 때 가능합니다.

　매각대금을 지급한 날로부터 약 4주 후에 배당이 되므로 배당받는 날부터 새로운 임대차계약을 맺기로 한다면 새로운 임차인을 구하는 데에 따른 비용을 절약할 수 있고 공실로 비워놓는 시간도 절약되므로 금상첨화라 하겠습니다. 물론 본인이 직접 입주할 주택이라면 명도를 택해야 합니다.

　임차인이 보증금 중 일부만 배당받는다면 새로운 임대차계약을 하고 부족한 금액은 월차임(월세)으로 받는 것도 고려해 볼 만합니다. 다수의 임차인은 자신의 임대차보증금을 못 받을까 봐 전전긍긍합니다.

　배당표가 나오는 배당기일 일주일 전에야 정확한 배당금액을 알 수 있지만, 권리분석을 통해 예상 배당금을 산출할 수 있기에 예상 금액을 조심스럽게 이야기하는 것도 나쁘지 않습니다.

명도확인서는 이사를 마친 후에

　임대차보증금에 대해 배당을 받고 이사하려는 임차인이라면 다른 그 어떤 점유자보다 명도가 쉽습니다. 이러한 임차인은 배당을 받음과 동시에 명도가 가능합니다.

　임차인이 법원으로부터 배당금을 받으려면 반드시 낙찰자의 인감증명서를 첨부한 '명도확인서'(낙찰받은 소유자의 인감도장이 날인된 이사를 완료했다는 증명서)를 제출해야 합니다. 매각대금을 지급하면 배당기일이 정해지는데 미리 이사할 집을 알아볼 수 있도록 과정을 설명하고 배당기일에 이사와 동시에 배당금을 받고 이사할 수 있도록 일정을 맞추면 명도를 단축할 수 있습니다.

명 도 확 인 서

사건번호 :
이　　름 :
주　　소 :

　위 사건에서 위 임차인은 임차보증금에 따른 배당금을 받기 위해 매수인에게 목적부동산을 명도 하였음을 확인합니다.

첨부서류 : 매수인 명도확인용 인감증명서 1통

년　　　월　　　일

매 수 인　　　　　　　　　　　　　　　㊞
연락처(☎)

○○ 지방법원　　귀중

　이사를 마치지 않았는데 명도확인서를 미리 주는 것은 권하지 않습니다. 간혹 명도확인서를 받아 법원으로부터 배당만 받고 이사를 차일피일 늦추며 낙찰자를 힘들게 하는 임차인도 있다는 점을 명심해야 합니다.

낙찰자에게 있어 명도확인서는 낙찰자를 괴롭히는 일부 부도덕한 임차인을 내보내는 데 가장 큰 무기입니다.

물론 배당기일 이전에 이사하면 이사하는 날 곧바로 명도확인서를 주어도 됩니다. 배당받는 날 아침 이사를 하면서 임차인과 함께 법원으로 가서 배당금을 찾으면 됩니다(동시이행의 원칙).

버티는 점유자에게는 더 강하게 법으로 해결하라

법원에서 받아야 할 배당금이 자신이 계약한 임대차보증금보다 적다며 받지 못한 임대차보증금을 낙찰자가 줘야 한다는 등의 억지를 부리는 임차인도 있습니다.

임차인들은 점유하고 있다는 사실을 무기 삼아 전 소유자에게 받지 못한 임대차보증금을 협상하려 합니다. 그러나 '대항력'(낙찰자가 인수해야 하는 권리)이 없는 임차인의 임대차보증금은 낙찰자가 인수해야 한다는 그 어떤 법적 근거도 없습니다. 임차인과 전 소유자가 맺은 임대차계약이기 때문이죠.

오히려 그러한 임차인에게는 매각대금을 지급한 날로부터 현 시점까지 점유하고 사용한 사실이 인정되기 때문에 법적으로 임대료를 청구할 수 있습니다.

이때의 임대료는 전 소유자와 계약한 임대차계약에 근거하여 월 차임으로 환산, 일일계산하여 청구할 수 있습니다. 이러한 내용 역시 임차인이나 소유자들은 대부분 잘 알고 있습니다.

자신의 집이 경매가 진행되는데 아무것도 알아보지 않고 두 손 놓을 사람은 없습니다. 어차피 언젠가는 이사를 해야 한다는 것도 알고 있고 낙찰자가 자신의 임대차보증금을 보전해 주지 않는다는 것도 잘 알고 있습니다.

실무에서는 통상 배당금을 받는 점유자에게는 배당기일까지는 무상으로 거주할 수 있도록 배려하고 있습니다. 하지만 이를 악용하여 배당기일 이후에도 차일피일 미루는 점유자에게는 매각대금납부일 이후부터 월 차임(월세)을 정하여 낙찰자의 통장에 입금하라는 내용과 배당금에 가압류를 할 수 있다는 내용증명을 보낸다면 효과를 볼 수 있습니다.

간혹 감정적인 태도로 분을 참지 못하는 임차인도 있습니다. 예컨대, 임대차보증금이 전 재산이라며 임대차보증금을 배당받지 못하자 살고 있던 주택 일부를 훼손하거나 유리창을 깨기도 하고 방문을 부수기도 합니다.

또한, 씽크대나 화장실의 거울, 변기 등 깨질 수 있는 부착물을 사용하지 못할 정도로 심하게 파손하는 경우도 있습니다. 이럴 상황을 대비하여 현관문과 창문, 화장실 변기와 거울, 전등, 씽크대 등 깨지거나 훼손되기 쉬운 부분을 스마트폰이나 카메라로 찍어두면 좋습니다. 벽이나 바닥에 고정된 모든 물건은 경매로 매각됨과 동시에 낙찰자 소유입니다.

임차인 자신이 비용을 들여 인테리어를 했다며 모두 뜯겠다고 주장한다면 임대차계약서에 명시된 원상복구해야 하는 이유를 설명하고, 원상복구를 하지 않고 지금 이대로 훼손하게 되면 '재물손괴죄'로 형사적 처벌을 받을 수 있음을 알립니다. 다음 내용증명은 필자가 명도를 앞두고 임차인에게 알려주었던 내용입니다.

내 용 증 명

사건번호 : 춘천지방법원 강릉지원 2022타경 ○○○

수신인 성　명 : 홍 길 동
　　　　주　소 : 강원도 삼척시 ○○아파트 ○동 ○○○호

발신인 성　명 : 성 춘 향
　　　　주　소 : 서울특별시 영등포구 여의도동 ○○○번지
　　　　연락처 : 010-123-4567

목적물 : 강원도 삼척시 ○○아파트 ○동 ○○○호

안녕하십니까?

귀하의 댁내에 평안을 기원합니다.

발신인 성춘향은 상기 목적물을 춘천지방법원 강릉지원 경매2계 2022타경○○○ 부동산 임의경매 경매절차에서 2022년 ○월 ○일 낙찰받아 잔금을 완납하고 정당하게 소유권을 취득한 진정한 소유자입니다.

수신인 홍길동은 강원도 삼척시 ○○아파트 ○동 ○호에 거주하며 생활하고 있습니다. 이에 발신인은 현재 목적물에 거주하고 있는 수신인의 편의를 최대한 배려해 드리고자 귀하께서 현 목적물을 계속해서 거주하기를 원하신다면 현 시세에 거래되는 매매, 전세, 월세 등 쌍방이 서로 협의하는 조건으로 계약을 할 것입니다.

수신인은 부동산 경매에 있어 임차인(세입자 혹은 소유자)들이 부정확한 지식과 오해로 인해 여러 가지 문제가 발생되는 경우가 많아 다음과 같이 주요 내용을 알려드리니 참고하시기 바랍니다.

1. 이사 가기 : 소유자나 임차인 모두 소유권이전과 동시에 주택을 비워야 하나 임차인인 경우 배당받기 이전에 새집을 구하기가 어려운 현실 때문에 통상 배당기일까지 집을 비우고 있습니다.

- 임차인이 배당금을 수령하려면 반드시 낙찰자(발신인)의 인감이 첨부된(집을 비웠다는 확인서) 명도확인서가 필요합니다. 이에 언제든지 이사를 하면 발신인은 즉시 이사 확인을 하고 수신인께서 법원으로부터 배당받을 수 있도록 발신인의 인감증명서가 첨부된 명도확인서를 교부할 것입니다.

2. 각종 공과금 부담 책임 : 모든 공과금은 수익자 부담의 원칙에 따라 사용한 사람의 책임이며 이사하는 날까지의 비용은 모두 거주하는 사람들이 부담하여야 합니다.

- 흔히 경매에 들어간 집의 경우 거주자들이 과도하게 사용하여 체납금액이 누적되는 경우가 많은데 낙찰자는 소유권이전을 받은 날 이후 사용분만 부담하므로 그 이전 사용분은 사용자의 책임으로 한전, 상수도관리사업소, 도시가스회사에서 계속 관리, 청구되고 재산이 있을 경우 압류되거나 향후 주택 소유 시 연체금액이 정리되지 않으면 가스, 전기, 수도가 공급되지 않게 됩니다. 이에 따라 수신인께서 그동안 사용하여 청구된 각종 공과금 및 관리비는 수익자 부담의 원칙에 따라 조속한 시일 내에 정산하여 주실 것을 촉구합니다.

3. 경매로 인수한 주택의 시설물이 파손, 훼손, 분실이 있는 경우 현 점유자는 이에 대한 민사적, 형사적 책임을 지게 됩니다.

- 정당하게 법원 매각으로부터 취득한 부동산에 관하여 내부에 귀속된 싱크대, 새시, 보일러, 신발장, 욕조, 변기(비데 포함), 현관문, 베란다, 전등, 마루바닥 등과 같이 벽이나 천정, 콘크리트에 부착되어 있던 것들은 종물 또는 부합물로서 민법 제358조 "저당권의 효력은 저당부동산에 부합된 물건과 종물에 미친다."라는 조항과 동법 제100조 "종물은 주물의 처분에 따른다."라는 조항과 대법원 판례 83마469 "등기부상의 표시 없는 부합물, 종물에 대한 경락허가결정에 따라 모두 적법하게 경락인이 소유권을 취득한다."는 조항에 근거하여 모두 낙찰자(발신인)의 소유입니다.

4. 이사비 여부 : 흔히 경매 당한 소유자나 임차인이 이사비를 언급하는 경우가 많은데 낙찰자가 이사비를 부담할 아무런 이유가 없습니다. 과거에 사람을 내보내려면 많은 시간(6개월~1년)과 비용이 들다 보니 소송보

다 당사자 간 합의를 통한 해결 과정에서 이사비라는 것이 발생하였는데 2002년 7월 새로운 민사집행법 시행으로 지금은 1개월이면 인도명령을 통한 강제집행이 가능하고 비용도 저렴하여 더 이상의 이사비를 통한 해결이 불필요하게 되었습니다.

- 정당한 권리 없는 불법 점유인(주택 소유권이전 이후에 거주하는 사람들/임차인도 소유권이 이전된 이후부터는 불법 점유인에 해당됨)이 소유자에 대하여 정당한 권원 없이 주택을 비워주지 않는 경우 "권리행사방해죄"에 해당되어 형사적으로 문제가 될 수 있습니다.

5. 명도 지연에 따른 책임 : 점유자(임차인 또는 전 소유자)가 정당한 권리 없이 집을 비워주지 않을 경우 형사 문제와 별도로 민사책임을 지게 됩니다. 강제집행이 있을 경우 잔금납부일 이후부터 그 비용 및 월세(주택점유사용료=임대료×연 20%/12개월)를 부담하여야 하고 명도 지연에 따른 별도의 손해를 배상할 책임을 지게 됩니다.

- 이러한 각종 비용은 점유인의 급여, 가재도구 등에 대한 차압이나 세입자의 배당금을 압류하여 충당하게 됩니다.

6. 부동산의 명도 인정 : 부동산을 명도함에 있어 완전하게 인정되려면
　① 제반 공과금의 정산
　② 해당 주택의 변경, 훼손, 분실비품의 원상복구
　③ 소유물의 완전한 반출
　④ 관련 쓰레기 및 폐기물 처리
　⑤ 주택 내, 외부 열쇠를 인도할 경우 유효하고 적법한 명도로 인정되는 것입니다.

- 낙찰자에게 연락 없이 임의로 집을 비우거나 열쇠를 제3자에게 맡기거나 일정 장소에 보관하는 경우 등은 적법한 인도로 인정받지 못합니다.

낙찰자와 소유자(임차인)의 원만한 협의가 이루어지기를 기원합니다.

2022.

소유자　성 춘 향　　인

진정성 있는 배려와 원칙을 지켜라

낙찰받은 부동산을 점유하고 있는 거주자 중에서 배당금을 한 푼도 받지 못하는 임차인과 소유자 및 채무자의 명도는 조금 신중하게 접근해야 합니다. 소유자는 경제적인 상황의 악화로 인해 가족의 삶의 터전인 자신의 집이 경매로 매각되는 아픔을 겪다 보면 심신이 지쳐 있고 신경이 날카로워질 수밖에 없습니다.

아무런 배당도 받지 못하는 임차인 또한 경매를 당하는 소유자에게 돌려받을 권리가 있

으나 현실적으로 소유자에게 임대차보증금을 돌려받기 어렵습니다. 그야말로 아무것도 받지 못하고 나와야 하는 처지가 됩니다.

소유자보다도 더 안타까우나 낙찰자가 어찌할 도리가 없지요. 진심으로 위로하고 배려하는 것 이외에 해줄 것이 없습니다. 그렇다고 해서 마냥 그들의 이야기를 들어줄 수는 없습니다.

명도를 해야 하는 낙찰자는 매각대금납부와 동시에 '인도명령'(법원경매를 통해 부동산을 낙찰받은 사람이 낙찰대금을 완납한 후 정당한 권리가 없는, 즉 대항력이 없는 점유자가 해당 부동산의 인도를 거부할 경우, 부동산을 인도받기 위해 법원으로부터 받아내는 집행권원)과 '점유이전금지가처분'(명도소송을 진행하는 동안 채무자가 부동산에 대한 점유를 다른 이에게 이전하거나 점유 명의를 변경하려는 위험을 원천적으로 방지) 신청을 하고 점유자에게 송달이 되면 점유자는 압박을 느끼게 됩니다.

향후 진행될 절차를 설명하면서 매각대금납부일로부터 1개월 이내에 이사하면 소정의 이사비용을 줄 수도 있다는 견해를 피력하여 점유자로 하여금 어차피 나가야 할 상황이라면 이사비용이라도 받고 나가는 것이 현명하다는 생각이 들게 유도합니다. 그리고 그 기간 이후에도 이사하지 않으면 강제집행을 진행한다는 사실도 주지시키면서 협의를 하는 것이 좋습니다.

오래전 여름에 있었던 일입니다.

필자가 가르치던 경매아카데미 원생 중 결혼한 지 1년 된 한 신혼부부가 제법 알려진 브랜드의 고급 아파트를 낙찰받고 싶다며 상담 요청을 하였습니다. 39평형으로 지은 지 얼마 되지 않은 깨끗하고 관리가 잘된 대단지 아파트였고, 이제 막 결혼하여 신혼의 단꿈을 꾸며 인생을 설계할 부부에게는 더없이 좋은 보금자리가 될 물건이었습니다.

신혼부부가 선택한 아파트는 권리분석상 별다른 하자가 없었습니다. 말소기준등기가 되는 최선순위 근저당권 설정이 금융기관으로부터 있었고, 그 뒤에는 신용카드사의 압류 2건이 전부였습니다. 근저당권자인 ○○은행과 ○○카드에서 경매를 신청한 중복경매(이중경매)였지요.

감정가가 2억 8,000만 원으로 평가되었고 1순위 근저당의 채권최고액이 1억 5,600만 원이니 실제 채권금액은 1억 2,000만 원이 채 안 되었으며, 2순위 카드사의 청구금액이 720만 원, 3순위 카드사가

450만 원 등 채권금액 합이 총 1억 3,170만 원 정도였습니다.

입찰하려는 이 아파트는 매각잉여금이 발생하는 우량물건이었습니다. 즉, 경매를 신청한 물건과 관련한 채권을 모두 충족시키고도 배당금이 남아 잉여금액은 소유자에게 지급하는 물건이었습니다.

그 외에 권리분석상 별다른 문제점이 발견되지 않아 본격적으로 입찰 준비를 하기로 하고, 먼저 등기부등본을 발급받아 확인하고 곧바로 해당 주민센터로 이동했습니다. 전입한 거주자를 확인하기 위해서 전입세대 열람 내역서를 확인해 본 결과 등기상 건물 소유자인 동시에 채무자인 사람과 가족 이외에는 없었습니다.

별다른 문제점이 없다는 것을 확인하고 아파트로 가서 초인종을 누르자 아무런 대답이 없었고, 필자가 방문했을 때 점심시간이 조금 지난 터라 외출이라 생각하고 저녁 무렵 다시 방문하기로 하고 발걸음을 옮겼습니다.

남은 시간에 아파트 관리사무소를 방문해서 여러 가지를 알아보았습니다. 경매 때문에 왔다고 하자 우리가 조사하려 했던 호수를 말하며 구체적인 질문을 하기도 전에 이런저런 이야기들을 했습니다.

준공 후 처음 입주할 때부터 지금까지 살았는데 가끔 부부싸움이 심해 그동안 관리사무소로 여러 번 신고가 들어오긴 했지만 관리비도 연체된 것이 없는데 경매로 나와서 많이 궁금하다고 했습니다.

경매와 관련하여 문의한 사람이 몇 명인지 묻자 요사이 부쩍 많아졌다며 관리사무소까지 찾아온 사람은 필자를 포함하여 여섯 명이라고 했습니다. 이는 입찰경쟁률을 예측하는 데 도움이 됩니다. 물론 여섯 명이 모두 입찰하는 것은 아니지만 추후 더 많은 사람들이 방문할 것이고 실제 입찰자수는 최소 열 명은 넘을 것 같다는 생각을 했습니다.

4시간 후에 다시 해당 아파트로 가서 초인종을 누르자 인터폰 소리가 들렸습니다. 아이가 응석부리는 소리도 들렸습니다.

"누구세요?"

"네 사모님 뵈려고 낮에 2시쯤에 왔다가 안 계셔서 기다렸다가 다시 왔습니다."

"누구신데요? 근데 무슨 일로 오셨는데요?"

"네 저는 ○○○입니다."

"됐어요. 경매 때문에 오셨으면 그냥 돌아가세요."

싸늘한 말투로 자세한 이야기도 하기도 전에 단번에 인터폰을 끊었습니다. 제법 목소리가 카랑카랑했고 집안에서 들리는 말소리를 보아 유치원에 다니는 5~6세 정도 아이를 둔 젊은 주부인 것 같았습니다. 다시 초인종을 누르고 본격적인 이야기를 했습니다.

"할 이야기가 없다는데 자꾸 왜 그러세요?"

"네. 다름이 아니라 이 아파트가 경매에 나와 몇 가지 도움이 될까 해서 찾아뵈었는데 잠시 이야기를 나눌까 해서요. 제가 경매를 자주 하다 보니 집주인 입장에서 아시면 도움될 만한 것이 많이 있는데 대부분이 몰라서 손해 보는 경우가 많거든요. 오랜 시간 안 걸리니 한 10분 만 이야기하고 나면 궁금하신 점들 제가 많이 해소해드리겠습니다."

그때서야 현관문이 열리면서 초췌한 모습으로 바라보는 채무자의 얼굴이 보였습니다.

"그렇지 않아도 궁금한 게 많았는데 잠깐 들어오세요."

혼자가 아닌 예비 입찰자인 신혼부부와 함께 방문했기에 별 어려움 없이 들어갈 수 있었습니다. 대개는 남자 혼자 방문을 하면 여자 입장에서 선뜻 거실로 안내하지 못할 것이라는 점을 처음부터 알고 있었기에 가능했죠. 거실 전경이 한눈에 들어오고 메인 커튼이며 식탁보며, 심지어 식탁과 의자에서 소리 나지 말라고 테니스공을 잘라 식탁과 의자 다리를 감싼 모습을 보며 어느 정도 집주인의 성격을 확인할 수 있었습니다. 나름대로 정성을 다해서 집을 꾸미고 인테리어를 한 것으로 보아 집 꾸미기를 좋아하는 성격이었습니다. 신발을 벗고 소파에 앉자 잠시 후에 커피를 내왔습니다.

"집을 참 예쁘게 꾸미셨네요. 정성을 많이 들인 집이네요."

"실은 저도 경매를 처음 당하다 보니 뭐가 뭔지 정신이 하나도 없네요. 많은 사람이 초인종 누르고 해서 요새 낮에는 별로 집에 없어요. 귀찮기도 하고 마음도 뒤숭숭해서. 궁금한 것도 있긴 한데…"

하며 말끝을 흐리며 뭔가 알고 싶은 부분이 있는 것 같았습니다.

"어떻게 보면 서로가 잘 만났네요. 여기 두 분은 신혼부부인데 이 집이 맘에 들어서 낙찰받았으면 해서 함께 왔습니다. 제가 가르치고 있는 경매아카데미 원생들인데 경매를 잘 알지 못해서 제가 도와주려고 동행을 했습니다."

먼저 방문하게 된 상황을 설명하였습니다.

"딸을 예쁘게 키우셨어요. 저도 딸만 둘이랍니다. 한창 예쁠 때이네요."

"몇 살?"

"다섯 살."

"이름이 뭐예요?"

"정다빈."

"다빈이구나. 엄마 닮아서 다빈이도 예쁘네."

"지금 유치원 다니겠네?"

"아니요? 지금은 안 다녀요."

형편이 어려워지자 아이 유치원마저 끊은 것 같았습니다. 그리고 남편 이야기를 전혀 하지 않더 군요. 어쩌면 남편과의 문제로 인해 수입이 끊기고 별다른 일을 하지 않는 것 같았습니다. 낮에 아이 와 함께 외출할 수 있으니 직장에 다니지는 않아 고정수입은 없는 것 같았습니다. 이럴 경우 대부분 은 친정이나 지인들의 도움으로 생활하고 있을 것이라고 나름대로의 경험으로 짐작해 보았죠.

처음 만난 이날은 이렇듯 무거운 이야기보다 아이 이야기, 살아가는 이야기만 하다가 돌아왔습 니다. 다음번에 만나서는 구체적인 이야기를 해야 합니다. 채무자 입장에서도 많은 사람들 앞에서 자신의 치부를 드러내고 싶지 않다는 것을 알고 있어 다음 약속을 쉽게 할 수 있었습니다.

이번엔 예비 입찰자는 따라 나서지 않고 혼자서 갔습니다. 집보다 밖에서 만나는 것이 나을 듯해 서 카페로 약속 장소를 잡았습니다. 두 시간이 넘도록 많은 이야기를 했지요. 궁금한 것도 많고 필자 가 짐작했던 것처럼 남편과의 문제로 인해 집안 상황은 생각보다 심각한 상태였습니다.

가정폭력으로 인해 도저히 결혼 생활을 지속할 수 없어 이혼소송 중이라며 협의이혼을 해 주지 않아 아무런 조건 없이 재산 한 푼도 바라지 않고 딸 양육권만 원한다는 것이었습니다. 얼마나 힘들 었으면 그랬을까 하는 생각에 마음이 아팠습니다.

소송비용조차 없어 대한법률구조공단의 무료법률상담소에서 도와준다고 했습니다. 정식으로 변 호 의뢰를 한 것이 아니기에 이혼소송이 그리 쉽지는 않을 것이라는 생각에 필자가 변호사는 아니 지만 오랫동안 법률 공부를 한 경험으로 알고 있는 부분에 대해서 많은 이야기를 해주었습니다. 궁 금한 것을 모두 이야기했고, 후배 변호사에게 자문을 구할 생각으로 메모해 두었습니다. 후에 채무 자가 몰랐던 부분들과 소송 진행에 대해 후배 변호사의 자문을 통해 자세하게 알려주었습니다.

채무자의 신변 이야기로 시작된 대화는 살고 있는 아파트로 옮겨 갔고, 현 상황에서 채무자에게 최대한 도움이 될 수 있는 여러 가지 이야기를 해주었습니다. 채무자를 통해 해당 아파트의 시세도 확인할 수 있었습니다.

감정가가격이 2억 8,000만 원인데 지금 시세는 3억 원 정도 한다고 했습니다. 감정평가를 하는 시 점보다 약 6개월여 흐른 현재 2,000만 원 정도 상승하였습니다.

인근 부동산에 가서 다시 확인하겠지만 현 시세를 3억 원으로 가정하고 모든 채권액과 경매비용, 배당시점까지의 지연이자 등을 대략 계산해 보니 매각잉여금이 약 1억 5,000만 원 이상 될 것 같다는 이야기를 해주었습니다. 그러니 어차피 지금 경매 취하가 어려우면 차라리 하루라도 빨리 낙찰되어 매각되는 것이 한 푼이라도 더 건질 수 있는 상황이라는 것과 입찰자의 낙찰가격이 최대한 높게 나와야 그 매각잉여금이 많아지면서 채무자에게 유리하다는 이야기도 해주었습니다.

대부분의 경매는 매각잉여금이 발생하기 어렵습니다. 배당해야 할 배당금조차 현저하게 모자라는 경우가 많고 후순위 권리자들은 경매가 진행되어도 배당금을 받지 못하게 되는 경우가 대부분이죠.
이런 케이스는 그리 흔한 경우가 아니지만 다행스럽게 현재 채무자의 경제 상황에 비추어 볼 때 경매로 살던 집이 매각된다고 해도 잉여금이 발생하기에 그 돈으로 아이와 함께 살 수 있는 작은 집 하나 마련할 수 있을 것 같아 마음이 놓였습니다. 보편적으로 경매를 당하는 채무자들은 살던 집에서 한 푼도 건지지 못합니다. 대부분의 경매 물건은 채권금액이 매각금액보다 많기 때문이니까요.
채무자의 얼굴이 조금 밝아졌습니다. 그리고 지난번에 만났던 신혼부부가 낙찰을 받게 되면 채무자에게 작은 도움이라도 될 수 있도록 하겠다고 했습니다. 물론 우리가 낙찰받는다는 보장은 없죠. 단지 남들보다 더 많은 정보를 토대로 정확한 입찰가격을 산정할 수 있어 유리한 측면은 있었습니다. 더구나 실수요자가 입찰하기에 입찰가격도 남들보다 더 높게 쓸 수 있었습니다.

결국 우리가 차순위와 근소한 차이로 낙찰받았고, 이후 매각잔금 납부와 동시에 소유권이전등기를 하여 그 후로부터 한 달도 안 되어 입주하였습니다. 그 어렵다는 명도까지 아무런 불편 없이 일사천리로 진행하였고, 워낙 인테리어를 잘해놓고 깨끗하게 사용해서 별다른 수리도 하지 않고 입주할 수 있었습니다.
낙찰자도 대만족이었습니다. 시세보다 4천여만 원 이상 저렴하게 낙찰받고 인테리어 비용도 2~3천만 원 아꼈다며 고마워했습니다. 아픈 기억을 지워버리고 어린 딸과 새 인생을 찾아 떠나는 채무자에게 이사비용으로 300만 원을 낙찰자로부터 받아줬습니다. 적지 않은 금액이지만 낙찰자도 흔쾌히 응했고, 오히려 낙찰자는 500만 원을 주려고 했다고 하더군요.
이후에도 연락하여 이혼소송을 도왔고, 결과는 양육권과 살고 있던 아파트 매각잉여금을 받는 것으로 마무리되어 필자에게 고마움을 전했습니다.

이사비용을 달라고 할 때

점유자와 대화를 하다 보면 마지막으로 하는 대부분의 이야기는 "이사비용을 얼마를 줄 것이냐?"입니다.

낙찰자가 점유자를 위해 이사비용을 줘야 한다는 근거는 없습니다. 다만 하루라도 빨리 명도를 마무리하여 사용·수익으로 얻을 수 있는 이익과 대출금 등 기회비용을 줄일 수 있다는 장점이 있습니다. 또한, 강제집행을 해야 하는 상황이 되면 강제집행비용을 부담해야 합니다. 물론 법적으로는 강제집행비용까지도 상대방에게 부담시킬 수 있으나 현실적으로 많은 시간과 비용이 들어 추천하지는 않습니다.

그래서 시간과 비용을 줄이기 위해서 이사비용을 주는 방법으로 명도를 하는 것입니다.

그럼 이사비용으로 얼마를 책정하면 좋을까요? 원칙적으로 이사비용이란 것은 없지만 낙찰자가 점유자를 원활히 내보내기 위해서 선택한 방법이지 의무사항은 아닙니다.

필자는 이사비용을 책정할 때 강제집행비용보다 적은 금액을 기준으로 합니다.

예를 들면 32평형 아파트에 거주하는 점유자에 대한 강제집행 시 소요되는 비용은 대략 3백여만 원 정도입니다. 물론 집안의 가구나 집기의 양과 강제집행 때 동원되는 노무자의 수, 법원으로부터의 거리 등 여러 가지 요인이 있으나 평균적으로 아파트 기준 약 평당 10만 원 내외입니다.

그 기준 내에서 이사비용으로 제시하게 되는데 처음에는 적은 금액부터 제시해서 조금씩 더 늘려 가는 방법을 취합니다. 이런 경우 임차인들은 처음에는 못 받은 보증금 전액을 이사비용으로 달라며 억지를 쓰기도 하지요.

그렇다면 왜 강제집행비용을 기준으로 책정하는지에 대한 의문이 들 것입니다. 점유자가 명도를 거부하면 최종적으로 강제집행에 앞서 집행관이 1차로 물건 현장에 가서 계고장을 붙이고 옵니다.

집행관이 방문하여 거실 등 잘 보이는 곳에 계고장을 붙이는데 1차 계고에 사용된 비용(약 10만 원 내외)은 얼마 되지 않으므로 본 집행을 피하면 비용이 많이 들지 않습니다. 1차 계고장을 붙인 후에 본 집행날짜가 잡히는데 보통 2~4주 정도 시간이 있습니다. 본 집행 이전에 명도가 이루어지지 않으면 강제집행을 하는데 이때는 비용이 꽤 소요됩니다.

통상 일반적인 주택의 본 집행비용은 노무자(32평 아파트의 경우 약 10명 정도가 동원됨) 한 명당 약 10~12만 원 정도의 비용이 소요되고 운반해야 할 가구의 특성에 따라 크레인이나 사다리차(약 10~15만 원), 열쇠 교체(약 10~15만 원), 운반(약 50만 원), 보관(1개월 약 30만 원) 등의 비용이 소요됩니다. 옮겨야 할 짐이 많고 고가의 물품이나 다루기 어려운 물건들이라면 그 비용이 더 늘어날 수 있습니다. 이러한 이유로 협상이 최고의 명도입니다.

한편, 주택이 아닌 상가나 공장 등 특수장비들을 동원해야 할 경우라면 상상 이상의 강제집행비용이 발생할 수도 있습니다.

1차 계고장을 붙이면서 강제집행에 필요한 노무자 수, 각종 집기류의 크기와 규모, 현장특성, 동원해야 할 운반 차량 등을 파악하여 집행비용을 추산하여 견적서를 작성합니다.

이렇게 점유자를 내보내고 나면 별도로 보관하는 짐이 문제입니다. 일정 기간 내에 세입자가 보관된 짐을 찾아가지 않는다면 매수인은 '경매기일지정신청서'를 법원에 제출해서 집행비용을 예납하면 지정된 기일에 유채동산경매(호가경매로 매각할 물건 소재지에서 집행관이 매각조건을 정하고 매각하는데 입찰자가 있으면 당일 매각대금을 지급하고, 입찰자가 없으면 신청자가 매수하여 종결)가 이루어지고 매각이 되면 조속히 마무리할 수 있습니다.

그동안 필자는 아파트와 다가구주택, 그리고 상가 음식점 등 몇 번의 강제집행을 실시한 경험이 있습니다. 수백 건의 낙찰을 받으면서 인도명령 이후 협의를 통해 명도를 마쳤지만, 일부는 강제집행 1차 계고장을 붙이는 상황에서 합의하는 경우도 있었습니다.

강제집행 계고를 하기 위해 집행관과 동행하여 살펴보면 낙찰자나 점유자 모두 정신적으로 육체적으로 힘들어집니다. 험악한 상황이 연출되기도 하고 온갖 욕설이 난무하기도 합니다. 절대로 맞받아쳐서는 안 되고 못 들은 척하며 되도록 집행관들이 할 수 있도록 나서지 않는 것이 좋습니다. 그리고 예고를 마친 이후에 대화하면 한결 부드러워진 모습을 볼 수 있습니다. 서로가 조금씩 양보하여 원활한 명도가 될 수 있도록 하는 것이 중요합니다.

'강제집행은 최후의 수단이다. 대화로 합의한 명도가 최선이다.'라는 생각으로 점유자와의 관계 설정에 노력하다 보면 그리 어렵지 않을 것입니다.

명도합의이행확인서

발신인 소유자(낙찰자)
      성 명 :
      연락처 :
수신인 점유자(임차인)
      성 명 :
      연락처 :
목적물의 표시 :

발신인은 춘천지방법원 강릉지원 경매사건 2022타경 ○○○에 의거 매각대금을 납부하고 소유권을 취득한 바, 동 사건의 부동산을 점유하고 있는 점유자(임차인) ○○○은(는) 소유자와 다음과 같은 내용으로 합의하기로 한다.

1. 수신인은 목적 부동산을 타인에게 이전하거나 점유 명의를 변경하지 않는다.
2. 수신인은 본 목적 부동산에서 2022년 ○월 ○일까지 이사하기로 하며 목적 부동산과 열쇠를 인도한다. 또한 수신인은 목적 부동산을 인도하는 날까지 기 계약한 임대료를 소유자 월○○원의 임대료를 매월 ○일에 지급하며 첫 달에는 월 임대료 2개월에 해당하는 금○○원을 소유자(낙찰자)에게 지급한다.
3. 수신인은 이사 당일에 주민등록(전출)을 이전한다. 만일 주민등록을 이전하지 않을 시에는 발신인이 수신인의 주민등록 말소신청에 이의가 없음을 확인한다.
4. 수신인은 목적 부동산에 부착된 각종 시설물은 현 상태를 유지하며 파손 시에는 원상복구 및 원상복구에 소요된 비용은 수신인이 부담키로 한다.
5. 수신인은 이사 시에 깨끗이 정리하고 쓰레기는 없도록 하며 이사일 이후 잔존물은 발신인이 임의로 폐기처분 등을 하여도 민, 형사상 책임을 묻지 않는다.
6. 수신인은 각종 공과금(전기세, 수도세, 도시가스비 등) 및 모든 관리비는 이사일을 기준으로 정산 완료한다.
7. 수신인이 발신인과 합의한 명도를 이행할 시에는 이사비용으로 ○○원을 지급하기로 한다. 그러나 약정한 날짜에 이사를 하지 않을 경우 소유권 이전일(2022년 ○월 ○일)로부터 이사일까지 현 임대료에 해당하는 월 임대료의 1.5배를 지급하기로 한다.
8. 위 사항을 성실히 이행하지 않을 경우 발신인은 강제집행을 할 수 있으며 강제집행비용은 물론 기타 소요되는 모든 비용은 수신인이 부담하고 발신인은 수신인에게 모든 비용을 청구할 수 있으며 모든 민, 형사상 책임은 수신인에게 있음을 확인한다.

2022년 ○ 월 ○ 일

소유자 성 명   인
점유자 성 명   인

체납관리비는 누가 내야 할까

건축한 지 2년 남짓, 관리가 잘된 대단지의 깨끗해 보이는 아파트에 입찰하기 위해 조사를 하던 중 꽤 많은 금액의 관리비가 연체된 것을 발견했습니다. 49평형으로 제법 알려진 H브랜드 아파트였는데, 관리비가 8개월분이 연체되어 있었고 금액으로는 4백만 원 남짓 되었습니다.

구체적인 사실 관계를 알아보기로 하고 아파트 관리사무소로 가서 관리소장이라고 하면서 명함을 건네는 중년 여성분과 구체적인 얘기를 나누었습니다. 지금이야 여성 관리소장이 많지만, 예전에는 그리 흔치 않았던 시절이었죠.

이야기를 정리해 보니 입주하기 시작한 지 채 2년도 안 된 아파트인데, 경매로 나온 집은 건설사의 하도급을 맡은 회사에서 건축자재 납품을 하고 현금 대신 대물(代物, 시행사가 자금난에 봉착하면 공사비 대신 건축물로 대신 지급하는 물건)로 받은 아파트 중 하나였습니다.

하도급을 받은 회사가 자금을 결제받지 못하고 대물로 받은 터라 서둘러서 매매하려 했으나, 당시 분양가보다 시세가 떨어진 상태였고 매매도 쉽게 되지 않자 아파트가 팔릴 때까지 하도급 회사 직원이 가족과 함께 관리비만 내면서 거주하고 있었습니다.

관리비가 연체되는 동안 관리사무소는 여러 차례 납부를 독촉했으나 매매할 때 모두 정산할 것을 구두로 약속했다고 합니다.

그러나 회사의 경영 상태가 악화되어 급여도 받지 못하자 월세는커녕 매월 50만 원 정도 되는 관리비마저 정산하지 못하고 있던 상황에서 더 이상 견디지 못한 회사의 부도로 인하여 경매에 나온 것입니다.

그러면서 이 아파트를 낙찰받아도 밀린 관리비를 모두 정산하지 않으면 이삿짐을 옮길 수 없다는 협박성 멘트까지 하며 필자를 압박했습니다. 그 말에 더 이상 묻지 않고 관리비 내역을 자세하게 알려 달라고 하고 프린트 된 내역서를 들고 관리사무소를 나왔습니다.

관리사무소에서 건네준 관리비 내역을 보면서 동행했던 지인과 쾌재를 불렀습니다. 전체 금액은 4백여만 원이었으나 실제로 정산해야 할 금액은 불과 60만 원이 채 되지 않았기 때문이었죠.

필자에게 엄포를 놓은 것처럼 관리비 문의차 관리사무소를 방문한 다른 입찰 예정자들에게도 그랬을 것이라 생각하여 예상보다 경쟁자가 많지 않을 것이라는 판단하에 평소보다 낮은 가격으로 입찰했는데도 불구하고 저렴하게 낙찰받고 본격적인 명도 준비를 했습니다.

그럼 이렇게 물건에 관리비가 상당 금액 연체되어 있다면 입찰해야 할까요? 아니면 입찰하면 안 될까요? 연체한 관리비를 낙찰자가 부담해야 하는지 혹은 부담하지 않아도 되는지 구체적으로 알아봅시다.

아파트의 전 입주자가 체납한 관리비가 아파트 관리규약에 따라 특별승계인(낙찰자)의 승계 여부를 정확히 알아야 합니다.

공유부분 관리비

공유부분 관리비에는 집합건물의 공유부분 그 자체의 직접적인 유지·관리를 위해 지출되는 비용뿐만 아니라, 전유부분을 포함한 집합건물 전체의 유지·관리와 입주자 전체의 공동이익을 위하여 필요한 비용은 그것이 입주자 각자의 개별적인 이익을 위하여 사용되는 비용이 아니라면 모두 포함됩니다.

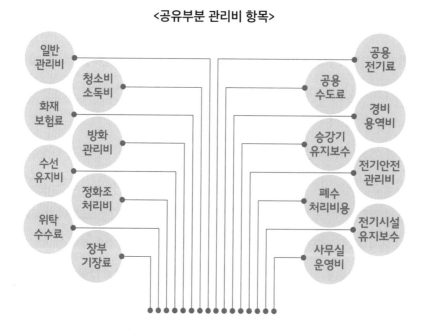

<공유부분 관리비 항목>

집합건물 구분소유자의 특별승계인(낙찰자)에게 승계되는 공유부분 관리비에는 일반관리비, 청소비, 방화관리비, 화재보험료, 수선유지비, 정화조처리비, 장부기장료, 위탁수수료, 소독비, 층별 공동전기료, 승강기 유지·보수비, 경비용역비, 전기안전관리비, 사무실 운영비, 대기 및 폐수처리시설 유지·보수비, 전기 기본요금, 전기시설 유지·보수비, 공용전기·수도요금 등이 있습니다.

그러나 관리비를 미납할 때 발생한 연체료(이자)에 대해서는 특별승계인에게 승계되지 않습니다. 관리비를 연체하면 부과되는 연체료는 위약벌의 일종이고, 집합건물의 특별승계인이 전 입주자가 체납한 공유부분 관리비를 승계한다고 하여 전 입주자가 관리비를 연체하여 이미 발생하게 된 법률효과까지 그대로 승계하는 것은 아닙니다. 따라서 공용부분 관리비에 대한 연체료는 집합건물의 특별승계인에게 승계되는 공유부분 관리비에 포함되지 않습니다[대법원 2004다3598,3604 판결].

전유부분 관리비

전유부분은 세대별 전용 전기료, 세대별 수도료, 중앙난방식 아파트의 세대별 난방비 등 각각의 세대가 전용으로 사용한 부분입니다. 전유부분 관리비 중 가장 많이 차지하는 것은 전기료입니다.

<전유부분 관리비 항목>

미납한 전기료는 한국전력에 확인하면 되는데 이때 해당 주택을 경매로 낙찰받았다고 하면 낙찰받아 소유권이전을 한 사실을 증명하는 서류(경매로 낙찰받아 소유권이전된 등기부등본)를 보내주면 소유권을 이전한 날 이전까지의 연체된 전기료는 모두 납부하지 않아도 됩니다.

수도요금 역시 마찬가지로 각 지역 상수도사업소에 확인하여 같은 방법으로 처리하면 기존 점유자가 납부하지 않은 요금은 부담하지 않아도 됩니다.

이후 필자는 프린트해 준 관리비 내역을 분석하여 전유부분과 공유부분의 연체료를 제외한 실질적인 인수금액을 계산하고 판례를 첨부하여 재차 방문해서 관리비 문제를 해결하였습니다.

실질적인 공유부분의 관리비는 전체 미납된 관리비에서 차지하는 비율은 얼마 되지 않습니다. 통상 전체 관리비 중 10~20% 정도이고 아파트별로 조금씩 차이는 있지만 크게 걱정하지 않아도 될 수준입니다.

그렇다고 해서 모든 명도 과정에서 공유부분의 관리비를 인수할 필요는 없습니다. 즉, 매각대금에서 배당받는 임차인의 공유부분의 관리비도 굳이 낙찰자가 인수할 필요가 없습니다.

임차인이 배당받기 위해서는 낙찰자의 인감증명서가 첨부된 '명도확인서'를 법원에 제출해야 하므로 명도확인서는 반드시 모든 공과금의 미납 여부를 확인하고 완납이 되었을 때 주어야 합니다.

✅ CHECK

통상 관리비는 수익자 원칙에 따라 사용자가 납부해야 합니다.

또한, 배당금을 받지 못하는 임차인이나 건물 소유자, 채무자 등 명도 과정에서 보증금 변제를 요구하거나 이사비용을 달라며 버티기 전략으로 나오는 사람들에게는 유용하게 활용할 수 있습니다. 이사비용 대신 관리비 미납금을 낙찰자가 해결하는 '딜(deal)'을 할 수도 있고, 이와 반대로 임차인이 관리비 미납금을 해결할 때는 이사비용을 지급할 수도 있는 것입니다.

허위(가짜)임차인을 찾아라

아파트나 연립, 다세대, 다가구 등 주택 경매에 입찰 준비를 하다 보면 흔히 겪는 일입니다. 모럴 해저드(moral hazard 부도덕한 행위, 도덕적 해이)가 만연되어 일부 허위임차인들의 도덕적 해이로 인해 선의의 피해자가 발생하고 다른 임차인이 배당을 받지 못하는 등 낙찰자가 예상치 못한 부담을 떠안아야 하는 경우가 발생합니다.

실질적인 임대차계약을 맺지 않고 점유하고 있는 사람의 전입일이 말소기준등기일보다 빠른 경우에는 허위로 만든 임대차계약서에 적힌 보증금을 꼼짝없이 인수해야 할 경우도 있습니다. 허위임차인은 그 점을 노리고 낙찰자를 괴롭히죠.

말소기준등기(권리분석을 할 때 낙찰자가 인수하는 권리와 소멸하는 권리의 기준이 되는 권리)보다 늦은 경우라면 주택·상가건물임대차보호법(제11장 참조)상의 소액임차인의 자격을 얻어 최우선변제액(제13장 참조)을 배당받을 목적으로 허위로 권리신고를 하고 배당요구를 합니다.

낙찰자가 부담하지 않아도 될 임차인의 가짜 보증금을 부담해야 할 상황이 될 수도 있습니다. 법원으로부터 배당받으면 낙찰자가 부담하지 않으니 무슨 상관이냐 하겠지만 허위임차인으로 인해 진정한 임차인이나 채권자의 배당이 줄어들거나 받지 못하는 경우가 발생하고, 결국 명도의 어려움이 가중되어 그 피해는 낙찰자에게 돌아옵니다.

이런 사람이 허위임차인

❶ 건물의 소유자나 채무자의 친·인척 관계에 있는 자

가장 많은 유형으로 이들이 내미는 임대차계약서는 중개사의 날인이 없으면 대부분 허위로 작성한 것이 많습니다. 실질적인 임대차보증금 및 월 차임을 지급한 금융 기록까지 확인되면 진정한 임차인으로 판단해도 됩니다.

그러나 금융 기록을 제시하지 못한다면 허위임차인으로 보고 강력하게 대응해야 합니다. 경매개시결정 이전부터 함께 거주한 자녀나 친·인척이 주요 허위임차인으로 둔갑하는 경우가 많습니다. 말소기준등기일 이전에 전입신고를 하고 소유자나 채무자와 함께 거주하는 가족 중에 허위계약서(임의로 작성하기 때문에 공인중개사의 날인이 없음)를 만들어 권리신고를 하여 배당을 받거나 대항력을 행사하여 낙찰자를 힘들게 합니다.

❷ 고액의 임대차보증금에 확정일자가 없는 계약서로 권리신고를 하지 않은 임차인

수천만 원 혹은 수억 원을 보증금으로 임대차계약을 한 진정한 임차인이라면 전입신고를 하면서 임대차계약서에 확정일자를 받지 않았다는 것은 명백한 허위라는 증거입니다. 누구나 자신의 보증금을 지키려 하는데 일부러 하지 않았거나 깜빡 잊었다는 말은 진정성이 없는 핑계에 불과합니다.

또한, 허위임차인은 아파트에도 방 1칸을 임대차한 것처럼 꾸며 임차인 행세를 하고 집행관 현황조사에도 임대차한 것처럼 진술합니다. 이미 가족은 집이 경매가 시작되리라는 것을 어느 정도 알기 때문에 가능한 것이죠.

이때 허위임차인은 두 가지 부류로 나뉘는데, 권리신고를 적극적으로 하여 배당을 받으려는 자와 임대차계약 내용을 밝히지 않고 배당요구도 하지 않아 낙찰자가 인수하게 하려는 사람으로 나뉩니다.

❸ 아파트 등 집합건물의 경우 관리비 고지서의 명의가 소유자인 경우

정상적인 임대차계약이 이루어지면 집합건물의 경우 관리비 고지서의 명의가 임차인으로 바뀌게 됩니다. 주택 소유자 명의로 관리비 고지서가 발부되었다면 의심해 봐야 합니다.

또한, 계약 당시의 주변 임대료보다 터무니없이 낮거나 높으면 허위임차인일 가능성이 매우 높습니다.

❹ 시세 대비 최대치에 이르는 근저당이 설정되어 있는데도 근저당권보다 앞서 전입한 자가 임대차계약을 근거로 임차인임을 주장할 경우

등기부에 근저당이 설정되어 있는지 확인하고, 근저당이 설정되어 있다면 해당 금융기관에 문의하여 설정 당시에 임차인이 존재하였는지를 파악하면 허위임차인의 존재를 쉽게 알

아낼 수 있습니다.

해당 건물로 받을 수 있는 최대치의 근저당권이 설정되어 있음에도 불구하고 건물매매가액을 넘어서는 고액의 임대차계약이 이루어졌으면 이는 허위라고 판단해도 됩니다.

이미 임차인이 거주하고 있다면 금융기관은 건물 가치에서 임대차보증금을 제외한 매우 적은 금액을 설정하기도 하나, 보편적으로 근저당설정 후에 임차인의 전입을 요구하여 선순위임차인(말소기준등기일보다 전입일이 빠른 임차인)을 두지 않습니다.

이러한 허위임차인들은 실제로 배당을 받는 경우도 종종 있습니다. 이렇게 되면 다른 임차인들이 받아야 할 배당금액이 줄어들게 되어 그만큼 명도가 어려워집니다.

허위임차인을 가려내는 일이야말로 무엇보다 중요합니다. 허위임차인은 돈이 목적이기 때문에 명도도 그만큼 어렵습니다. 하지만 허위임차인임을 밝혀낸다면 그만큼 명도도 쉬워집니다.

허위임차인이 확실하다는 판단이 들면 낙찰받고 나서 허위임차인에게 법률적으로 경매(입찰)방해죄, 형법상 강제집행면탈죄(강제집행을 면할 목적으로 재산을 은닉·손괴·허위양도 또는 허위의 채무를 부담하여 채권자를 해하는 죄[형법 327조]), 사기죄, 사문서위조 등으로 처벌받을 수 있음을 알립니다. 우체국 내용증명을 발송하여 근거를 남겨두는 것도 좋은 방법입니다.

> **허위(가짜) 선순위 임차인의 경매방해죄**
>
> 경매의 목적이 된 주택의 실질적 소유자인 피고인이 전처 명의로 허위임대차계약서를 작성하고 이를 첨부하여 경매법원에 전처가 「주택임대차보호법」상 대항력 있는 주택 임차인인 것처럼 권리신고를 하였다면 대항력 있는 주택 임차인의 외관을 갖추고 그 사실을 권리신고를 통하여 입찰자에게 나타내어 그 보증금액만큼 입찰가를 저감시킴으로써 공정한 경매를 방해한 것이므로, 형법 제 315조의 위계의 방법에 의한 '경매방해죄'가 성립한다[인천지법 부천지원 2001고단23 판결].

대부분이 허위계약서를 만들고 친·인척이나 가족의 경우에는 소유자와 통모하는 경우가 많으므로 임대인(전 소유자)까지도 함께 형사고소한다는 내용의 취지로 내용증명을 보내고 그 이후에 만나서 대화를 시도하면 의외로 쉽게 풀리는 경우가 많습니다.

허위임을 밝히고 더 이상 임차인이라 주장하지 않는다면 형사고소도 하지 않고 이쯤에서 마무리하겠다고 이야기하면 대부분 수긍하고 일단락됩니다. 그들에게는 형사고소가 무서운 압박으로 다가오기 때문입니다.

인도명령신청은 왜 하나

많은 시간과 비용을 들여 어렵게 낙찰받았으나 해당 부동산에 거주하는 여러 점유자로부터 각종 불합리한 요구를 받는 경우가 종종 있습니다. 대항력이 있어 낙찰자가 인수해야 하는 임차인을 제외한 다른 점유자들은 새로운 소유자에게 점유 부동산을 인도해야 합니다.

하지만 현실은 그렇지 않습니다. 점유자들은 여러 이유를 들며 경매를 당한 전 주인에게서 받지 못한 임대차보증금이나 이사비용 등 금전을 요구합니다. 이때 매수인은 이들의 불합리한 요구를 마냥 들어줄 수도 없고 낙찰받은 부동산이 자신의 소유라고 해서 함부로 점유자를 물리적으로 강제로 끌어내고 폭력을 행사할 수 없습니다.

법의 도움을 받아 원활한 명도를 해야 합니다. 더구나 매월 금융 이자를 부담하고 입주도 못 하며 시간만 흐른다면 매수자는 여간 힘든 일이 아닐 수 없지요. 이런 경우를 대비해 법원의 인도명령 제도를 적극적으로 활용하면 낙찰자에게 매우 유용합니다.

'인도명령'이란 매각대금을 지급하고 소유권을 취득한 낙찰자의 매각부동산으로부터 퇴거를 거부한 채무자, 소유자, 점유자 등 인도명령 대상자를 상대로 경매법원에 인도명령을 신청하면 법원이 심사하여 결정함으로써 집행관으로 하여금 해당 점유자를 매각부동산으로부터 퇴거시킬 수 있도록 하는 법원의 명령을 말합니다.

누가 인도명령 대상일까

경매로 낙찰받은 부동산을 점유하고 있는 모든 사람이 인도명령의 대상이 되는 것은 아닙니다. 점유자가 낙찰자에게 대항할 수 있는 권원에 의하여 점유하고 있을 때(보증금 중 일부라도 반환받지 못한 선순위 대항력 있는 임차인)는 인도명령의 대상이 아닙니다.

인도명령 대상이 아니면 신청을 해도 받아들여지지 않습니다. 입찰하기 전부터 파악하여 대상이 아닌 점유자들은 협상과 권리인수를 통해 해결해야 합니다.

그렇다면 인도명령의 대상은 어떤 사람들일까요?

❶ 채무자 및 동거가족과 피고용인
❷ 소유자 및 물상보증인의 동거가족과 피고용인
❸ 경매개시결정 이후 점유 개시자의 동거가족과 피고용인
❹ 대항력이 없는 임차인(후순위 임차인)

이들이 인도명령의 대상입니다.

낙찰받은 부동산의 점유자가 인도명령의 대상이라면 인도명령신청서를 작성하여 법원에 제출하면, 법원은 채무자·소유자 또는 부동산 점유자에 대하여 부동산을 매수인에게 인도하도록 명할 수 있고, 매수인은 집행관을 통해 부동산을 강제적인 방법으로 인도받을 수 있습니다.

점유자가 임의로 부동산을 인도하지 않는 경우 매수인은 소유권이전등기 이전이라도 매각대금을 완납한 후로부터 6개월 이내에 법원에 인도명령을 신청할 수 있습니다. 낙찰자는 반드시 이 기간을 넘겨서는 안 되며 매각대금 납부 후 6개월이 지나면 인도명령 신청권을 상실합니다.

따라서 인도명령의 상대방도 잔금 납부 후 6개월이 지나면 인도명령에 기한 강제집행을 받지 않습니다. 이때부터는 명도소송의 상대방이 됩니다. 명도소송은 오랜 시간이 필요하므로 매각대금 납부 이후에 반드시 인도명령을 신청해야 합니다.

또한, 인도명령에 기한 강제집행이나 채무자와 소유자 또는 점유자로부터 낙찰자가 부동산을 인도받은 이후에 이들이 다시 점유하거나 제3자가 불법으로 이를 점유해도 제3자를

대상으로 인도명령을 신청할 수 없습니다. 무단침입으로 간주하여 점유한 자를 고소하거나 명도소송을 해야 하므로 인도 후에는 즉시 시건장치를 통해 다른 이의 출입을 통제해야 합니다.

인도명령을 신청하면 법원은 인도명령 대상자에게 심리 및 심문을 합니다.

부동산인도명령 신청

사건번호
신청인(매수인)
　　○○시 ○○구 ○동 ○○번지
피신청인(임차인)
　　○○시 ○○구 ○동 ○○번지

　위 사건에 관하여 매수인은　　년　월　일에 매각대금을 완납한 후 채무자(소유자, 부동산점유자)에게 별지 매수부동산의 인도를 청구하였으나 채무자가 불응하고 있으므로 귀원 소속 집행관으로 하여금 채무자의 위 부동산에 대한 점유를 풀고 이를 매수인에게 인도하도록 하는 명령을 발령하여 주시기 바랍니다.

20　년　　　월　　　일

매 수 인　　　　　　　　　　　　　　　　　　　㊞
연락처(☎)

지방법원 귀중

☞유의사항
1) 낙찰인은 대금완납 후 6개월 내에 채무자, 소유자 또는 부동산 점유자에 대하여 부동산을 매수인에게 인도할 것을 법원에 신청할 수 있습니다.
2) 신청서에는 1,000원의 인지를 붙이고 1통을 집행법원에 제출하며 인도명령정본 송달료(2회분)를 납부하셔야 합니다.

채무자와 소유자, 일반승계인(상속인)은 심문하지 않고 인도명령을 내립니다. 하지만 그 이외의 임차인이나 전세권자, 유치권자 등이 점유하고 있는 경우에는 심문 후 인도명령을 내리는데, 필요에 따라 서면심리로 인도명령의 가부를 결정할 수 있고 당사자를 심문하거나 변론할 수 있습니다.

인도명령 신청 후 약 2주 이내에 부동산 인도명령 결정이 내려지고 인도명령 대상자와 낙찰자에게 결정문을 송달합니다.

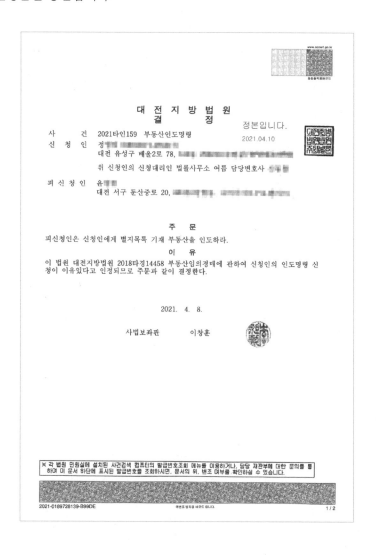

점유이전금지가처분도 해야 한다는데

주거용 부동산이 아닌 상가나 건물은 매각대금 납부 후 인도명령과 '점유이전금지가처분'도 함께 신청하는 것이 좋습니다. 인도명령 결정을 받은 점유자가 임의로 제3자에게 점유를 넘겨주게 되면 매수인은 새로운 점유자에게 또다시 인도명령을 해야 하는 등 시간과 비용이 소요되기에 점유자 이외의 제3자의 점유에 대비하기 위함입니다.

가령, 전입신고도 없고 임차인도 아닌 임차인의 친·인척이나 소유자의 인척관계에 있는 자가 명도에 응하지 않는다면 다시 인도명령을 신청해야 하는 등 번거롭기 때문입니다.

점유자가 다른 사람에게 일정한 돈을 받고 일시적으로 사용하게 하는 등의 상황이 발생할 수도 있어 이를 막는 데 매우 유용한 수단이지요.

낙찰받은 물건에 거주하거나 영업하는 점유자를 상대로 점유이전금지가처분 결정을 받아두면 이후에 제3자가 점유해도 그 사람에게까지 효력이 미치기 때문에 곧바로 강제집행을할 수 있습니다.

낙찰받은 부동산의 점유자를 상대로 점유이전금지가처분을 실행하면 제3자의 개입에 의한 집행 상태의 침해를 방지하고 형법상 처벌될 수 있음을 알리는 내용의 집행문을 주택의거실이나 상가의 잘 보이는 곳에 붙입니다. 그러면 점유자는 상당한 심리적 부담을 받고 제3자가 점유할 수 있도록 하는 점유의 이전이 어렵게 됩니다.

점유이전금지가처분을 신청할 때는 목적 부동산을 특정해야 하는데 부동산 전체가 아닌일부일 때는 도면이나 사진 등으로 표시하여 첨부합니다. 등기가 필요 없는 집행이므로 미등기부동산이나 무허가건축물도 가능합니다. 그러나 건물의 인도를 목적으로 하기에 토지나 대지 부분에 대해서는 신청할 필요가 없습니다.

다음은 필자가 유치권자가 점유하고 있는 부동산을 낙찰받은 물건으로 유치권자를 상대로 인도명령 신청과 함께 점유이전금지가처분을 신청하여 법원으로부터 가처분 인용 결정을 받아 집행한 내용입니다.

고　　시

사　　건 : 2020가82 (1부)
채 권 자 : (주)미래　▨▨▨▨
채 무 자 :
집행권원 : 대전지방법원 홍성지원 2020카합5131

　　위 집행권원에 기한 채권자 (주)미래▨▨▨▨의 위임에 의하여 별지표시 부동산에 대하여 채무자의 점유를 해제하고 집행관이 이를 보관합니다.
　　그러나 이 부동산의 현상을 변경하지 않을 것을 조건으로 하여 채무자가 사용할 수 있습니다.
　　채무자는 별지표시 부동산에 대하여 그 점유를 타인에게 이전하거나 또는 점유명의를 변경하지 못합니다.
　　누구든지 집행관의 허가없이 이 고시를 손상 또는 은닉하거나 기타의 방법으로 그 효용을 해하는 때에는 벌을 받을 수 있습니다.

2020. 12. 23
대전지방법원 홍성지원
집 행 관　　이정열

※ 문의전화 : 대전지방법원 홍성지원 집행관사무소 (041)632-5700,633-5700 팩스번호 041-633-5701

강제집행은 어떻게 하나

인도명령 결정을 받았다 해도 점유자가 끝내 부동산을 비워주지 않는다면 강제집행을 할 수밖에 없습니다. 강제집행을 하려면 앞서 받은 인도명령 결정문과 송달증명원이 필요합니다.

신청인(낙찰자)과 피신청인(점유자) 모두에게 결정문이 송달되어야 강제집행을 신청할 수 있습니다. 신청인, 피신청인 모두 송달이 확인되었다면 낙찰자는 본인의 신분증, 도장, 인도명령 결정문을 가지고 해당 법원의 담당 경매계를 찾아가서 송달증명원을 발급받아 강제집행에 필요한 서류를 작성하고 집행비용을 예납하면 됩니다.

집행비용은 집행해야 할 대상의 면적, 지역에 따른 차등수수료, 여비 등의 명목이 발생합니다. 예납 방식은 법원에 따라 다르며, 소정의 예납금을 미리 받고 본 집행 때 추가금액을 받는 곳이 있는가 하면 예납 시 예상되는 본 집행비용까지 납입해야 하는 곳도 있습니다.

강제집행예고장 발부로 압박

집행비용을 예납하면 법원은 강제집행 신청 후 일주일 이내에 집행 대상자에게 강제집행 예고를 하는데, 법원에서 강제집행을 할 것이라는 마지막 최후통첩을 합니다.

법원의 집행관 두 명과 낙찰자 본인(혹은 위임받은 자), 증인(낙찰자의 지인) 두 명이 참관하여 강제집행 대상 부동산을 방문하는데, 아무도 없이 부재중이라면 집행대상자(점유자)의 동의 없이 열쇠 수리공을 불러 잠금장치를 해제하여 문을 열고 들어가서 강제집행예고장을 붙입니다.

집에 사람이 없으면 잘 보이는 곳에 붙이고, 사람이 있는 경우에는 집행관이 강제집행을 하는 경위와 일시를 알리고 강제집행예고장을 잘 보이는 곳에 붙입니다.

이때 집행관은 창문, 씽크대, 화장실 변기 등에 부착된 부착물이나 부동산이 훼손되면 형사처벌까지 받는다는 것을 고지합니다. 이런 경우 점유자는 강제집행예고장을 받으면 강한 압박을 받아 버티지 못하고 강제집행일 이전에 낙찰자와 합의하려 합니다.

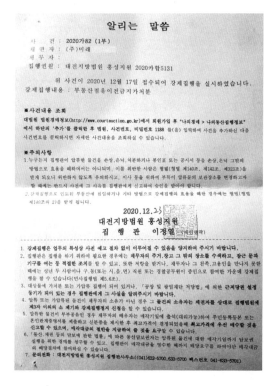

부동산 인도 강제집행 예고

사건번호 : 2022본○○○
채 권 자 :
채 무 자 :

위 당사자 간 수원지방법원 성남지원 2022타인○○○○ 집행력 있는 판결(결정)에 기하여 채권자로부터 부동산 인도 강제집행 신청이 있으니 2022년 ○○월 ○○일까지 자진하여 이행하시기 바랍니다.

위 기일까지 자진하여 이행하지 않을 때에는 강제로 집행되고 그 비용을 부담하게 됩니다.

2022년 ○○월 ○○일

수 원 지 방 법 원 성 남 지 원

집 행 관 ○ ○ ○

※ 문의 사항은 수원지방법원 성남지원 집행관 사무소(031-734-7007)로 연락하시기 바랍니다.

이렇듯 막무가내로 떼쓰는 점유자의 명도를 위해 강제집행을 신청하면 예고장을 붙인 이후 점유자들과 강제집행일 이전에 합의할 가능성이 높습니다.

필자가 오래전에 강제집행을 신청하여 명도를 마무리한 사건이 있었습니다. 당시 유명 관광지에 소재한 꽤 규모가 있는 가든(음식점)을 낙찰받았는데, 산속에서 흐르는 계곡과 가든 부지와 맞닿아 있어 평소에도 많은 등산객이 찾는 곳이어서 곧바로 영업을 개시해도 될 만한 곳이었습니다.

건물 소유자와 임대차 관계를 맺은 임차인이 가든 영업을 중단한 지 약 6개월이 지난 상태이고 임차인과 연락이 닿지 않아 특별송달까지 진행하며 강제집행을 하게 되었지요.

건물 현관 출입구를 쇠사슬로 봉쇄한 채 방치되어 있었는데, 강제집행 전날까지도 아무런 연락이 없자 강제집행을 하기로 하고 이른 아침 집행관 및 십여 명의 노무자들과 함께 도착했습니다.

쇠사슬이 워낙 두꺼워 준비한 절단기로도 자르지 못해 다시 새로운 커다란 절단기로 자른 후 가든 안에 있던 테이블과 의자, TV와 대형냉장고 등 가전제품들과 무거운 주방 집기류까지 트럭 5대에 나누어 실을 수 있었습니다.

영업점 안에 있던 모든 집기 비품들을 하나도 빠짐없이 트럭에 옮겨 싣고 반나절 만에 모든 집행을 끝낸 후 다른 열쇠로 모두 바꿔 시공하고 마무리하였습니다.

그리고 누구도 새로운 소유자의 허락 없이 시건장치를 훼손하거나 무단침입하게 되면 형사처벌을 받을 수 있다는 내용의 안내문을 붙이고 강제집행을 끝냈습니다. 수개월이 지나서야 나타난 임차인에게 강제집행비용 및 컨테이너 보관비용을 받고서 물품들을 돌려주었습니다.

PART 04

쉽게 하는
권리분석

제9장
권리분석 잘못하면 경매도 실패한다

권리분석을 쉽게 하는 방법

법원에서 매각하는 물건에 입찰하려면 법적인 권리관계를 먼저 분석하고 나서 물건분석을 하고 수익성 분석과 현장답사를 통해 입찰 여부를 결정합니다.

그만큼 경매의 모든 기초가 된다는 의미로 제아무리 수익성이 좋은 부동산이라 할지라도 권리관계에 하자가 있음을 발견하지 못한다면 예기치 못한 함정에 빠질 수 있고 추가 인수 권리로 인한 수익성 악화는 막을 수 없습니다.

부동산의 권리관계를 제대로 파악하는 일이야말로 성공적인 경매의 출발점이라 할 수 있습니다.

'권리분석'이란 부동산의 법률적 권리관계를 규명하는 일로 낙찰받은 후 소유권이전을 하더라도 낙찰자가 추가로 인수해야 하는 권리와 금액을 확인하는 법률적 판단입니다.

경매를 시작하는 단계에서 법률관계를 규명하는 권리분석을 어렵게만 생각하고 지레 겁먹고 포기하는 경우가 많습니다. 때로는 전문가라 칭하는 이들도 어려워 하지만 대부분은 어려움보다 쉽고 명확한 경우가 많으니 너무 주눅 들지 않기를 바랍니다.

최대한 쉽게 설명하고 이해가 될 수 있도록 사례를 통해 설명하고자 하니 따라 하면 권리분석에 자신감이 생길 것이라 확신합니다.

【사례해설】5,100만 원인 아파트 205만 원에 낙찰

소재지	강원도 태백시 황지동 662외 2필지 태백황지○○아파트			회차	매각기일	최저매각가격	결과
물건종별	아파트	감정가	51,000,000원	1차	2020-06-02	51,000,000원	유찰
대지권	23.018㎡(6.96평)	최저가	(3%)1,441,000원	2차	2020-07-07	35,700,000원	유찰
건물면적	38.365㎡(11.61평)	보증금	(20%)288,200원	3차	2020-08-18	24,990,000원	유찰
매각물건	토지·건물 일괄매각	소유자	박○남		2020-09-15	17,493,000원	변경
개시결정	2019-11-26	채무자	박○남	4차	2020-10-27	17,493,000원	유찰
사건명	임의경매	채권자	원주농협	5차	2020-12-01	12,245,000원	유찰
					2021-01-05	8,572,000원	변경
				6차	2021-02-09	8,572,000원	유찰
				7차	2021-03-16	6,000,000원	유찰
				8차	2021-04-20	4,200,000원	유찰
					2021-05-25	2,940,000원	유찰
				9차	2021-06-01	2,940,000원	매각
				매각 3,930,900원(7.71%) 2명 입찰 / 대금미납 (A)			
				10차	2020-10-13	2,940,000원	유찰
				11차	2021-09-14	2,058,000원	유찰
				12차	2021-10-26	1,441,000원	매각
				매각 2,050,000원(4.02%) 2명 입찰 (B)			
				매각허가결정	2021-11-02		
				대금지급기한	2021-12-10		
				대금납부	2021-12-03		
				배당종결	2021-01-26		

등기부현황

NO	접수	권리종류	권리자	채권금액	내용	비고
1	2014-04-30	소유권이전	박○남		거래가액 51,000,000원	
2	2019-10-01	전세권(전부)	사회복지법인 강원랜드 복지재단	40,000,000원	존속기간 2019.09.25.~2021.09.24.	인수
3	2019-10-08	근저당	원주농협	30,000,000원	말소기준등기	소멸
4	2019-11-26	임의경매	원주농협	청구금액 26,714,492원	2019타경302884	소멸
5	2020-01-16	가압류	서울보증보험(주)	13,140,000원	2020카단800691	소멸

임차인	점유부분	전입/확정/배당	보증금/차임	배당예상금액	기타
사회복지법인 강원랜드 복지재단	주거용 전부	전입일자 미상 확정일자 미상 배당요구 없음	보증금 40,000,000원	매수인 인수	선순위전세권등기자 점유 2019.09.25.

도대체 무슨 문제가 있었던 것일까요? 이렇게까지 낙찰가격이 떨어진 이유가 무엇일까요?

감정가격 5,100만 원인 아파트가 11번 유찰된 끝에 205만 원에 낙찰되었습니다.

본 물건의 권리분석 핵심은 선순위 전세권자인 강원랜드 복지재단입니다.

권리분석의 결론은 2019년 10월 08일자 원주농협의 근저당보다 빠른 등기인 전세권은 낙찰자가 인수해야 하는 권리입니다.

이 때문에 입찰 예정금액에서 전세보증금 4,000만 원을 제한 나머지 금액으로 입찰해야 합니다.

춘천지방법원 영월지원

2019타경302884

매각물건명세서

사 건	2019타경302884 부동산임의경매	매각 물건번호	2	작성 일자	2021.10.19	담임법관 (사법보좌관)	한동명	
부동산 및 감정평가액 최저매각가격의 표시	별지기재와 같음	최선순위 설정	2019.10.8. 근저당권			배당요구종기	2020.02.17	

부동산의 점유자와 점유의 권원, 점유할 수 있는 기간, 차임 또는 보증금에 관한 관계인의 진술 및 임차인이 있는 경우 배당요구 여부와 그 일자, 전입신고일자 또는 사업자등록신청일자와 확정일자의 유무와 그 일자

점유자 성 명	점유 부분	정보출처 구 분	점유의 권 원	임대차기간 (점유기간)	보증금	차 임	전입신고 일자. 사업자등록 신청일자	확정일자	배당 요구여부 (배당요구일자)
사회복지법인 강원랜드복지재단	전부	등기사항 전부증명서	주거 전세권자	2019.9.25.~20 21.9.24.	40,000,000				
▓▓		현황조사	주거 임차인				2019.11.06		

〈비고〉
사회복지법인강원랜드복지재단:2019.10.1. 전세권등기설정

※ 최선순위 설정일자보다 대항요건을 먼저 갖춘 주택·상가건물 임차인의 임차보증금은 매수인에게 인수되는 경우가 발생 할수 있고, 대항력과 우선변제권이 있는 주택·상가건물 임차인이 배당요구를 하였으나 보증금 전액에 관하여 배당을 받지 아니한 경우에는 배당받지 못한 잔액이 매수인에게 인수되게 됨을 주의하시기 바랍니다.

등기된 부동산에 관한 권리 또는 가처분으로 매각으로 그 효력이 소멸되지 아니하는 것

을구 순위 7번 전세권설정등기(2019.10.1.등기)는 말소되지 않고 매수인에게 인수됨.

매각에 따라 설정된 것으로 보는 지상권의 개요

비고란

을구 순위 7번 전세권설정등기(2019.10.1.등기)는 말소되지 않고 매수인에게 인수됨. 매수신청보증금은 최저매각가격의 20%.

토지와 건물 감정가격이 5,100만 원으로 여덟 차례 유찰되어 9차에 2명이 입찰하여 감정가격 대비 7.71%인 393만 원에 낙찰되었습니다. 매우 낮은 가격으로 낙찰받았는데도 불구하고 낙찰자 A는 매각대금을 지급하지 못하였습니다. 또한, 세 차례 더 유찰되어 감정가 대비 4.02%인 205만 원에 매각되었습니다.

결론은 전세권을 설정한 강원랜드 복지재단의 전세금 4,000만 원은 낙찰자가 인수해야 하는 권리로 정상적으로 낙찰받으려면 일반거래에서 매매가 5,100만 원의 아파트를 매수할 때 전세금 4,000만 원을 떠안고 사는 것으로 이해하면 됩니다.

즉, 최소 1,100만 원보다 낮은 가격으로 매수해야 하는데 낙찰가격이 그 이하로 더 떨어진 것을 보면 현 시세는 감정가격보다 훨씬 낮다는 것을 알 수 있습니다. 최종낙찰자인 B는 205만 원에 매수한 결과, 인수하는 전세금 4,000만 원을 지급하면 총 4,205만 원에 매수한 셈이죠.

인수할 권리를 알지 못하여 정상적인 가격으로 입찰했다면 어떻게 하겠습니까? 매각대금을 지급하기 이전에 이러한 권리관계를 알았다면 그나마 입찰보증금만 포기하고 매각대금을 지급하지 않겠지만 납부한 이후에는 아주 비싼 대가를 치러야 하지요.

많은 이들이 경매가 어렵다거나 잘못하면 큰일 난다는 이야기가 이를 두고 하는 말입니다.

권리분석은 원하는 목표를 달성하고 수익률을 재고하기 위한 필수 요소입니다. 특히 경매에 처음 입문하는 분이라면 혼자서 모든 분석을 결정하지 말고 꼭 멘토나 전문가에게 확인하고 입찰하길 권합니다. 입찰에 필요한 가장 기본이 되는 분석이기에 소홀하지 않고 정확히 분석할 수 있도록 법률적 지식을 쌓는 일도 중요합니다.

권리분석을 해야 하는 이유

채무를 갚지 못해 경매로 나오는 물건은 매년 십만여 건 이상 쏟아져 나오고 물건마다 특성과 미래가치를 지니고 새로운 주인을 기다립니다. 낙찰자가 매각대금을 지급하고 소유권이전과 동시에 등기부상 설정되었던 각종 이전의 권리들은 채권의 회수 여부와 관계없이 말끔하게 말소되어 새로운 주인을 맞이합니다.

만약, 경매로 낙찰받은 부동산과 관련한 매각 이전의 권리들이 말소되지 않고 낙찰자가 승계(인수)해야 한다면 굳이 어려운 경매로 낙찰받을 이유가 없을 것입니다.

복잡한 권리들과 물건의 경제적 가치보다 더 많은 채권으로 인해 가치가 떨어진 부동산을 하자 없는 정상적인 물건으로 만드는 작업의 시작이 권리분석인 만큼 낙찰자가 인수하는 몇몇 권리를 찾아내고 그에 따른 대처방안을 세우는 것이 권리분석의 핵심입니다.

경매로 부동산을 취득한다는 것은 목표수익의 극대화를 추구하고 안전취득이 목적이므로 낙찰 후에 말소되지 않는 권리와 물건상의 이해관계를 파악하여 사용·수익 및 처분가치를 분석해야 합니다.

낙찰받은 부동산의 재산권 행사에 제약을 주는 요소 등을 입찰 전에 파악하여 입찰 참가 여부는 물론 입찰금액 결정과 수익성을 파악하는 중요한 일입니다.

권리분석을 해야 할 권리의 종류

그럼 권리분석을 할 때 파악해야 할 것들은 무엇일까요?

먼저, 등기부상 등기된 근저당권, 압류, 가압류, 가처분, 가등기, 예고등기, 공유지분 및 지상권, 지역권, 전세권, 임차권, 질권 등 낙찰자가 인수해야 할 등기권리를 확인해야 합니다. 그리고 등기부상에 등기되어 있지 않은 임대차계약, 유치권, 법정지상권, 분묘기지권 등 미등기권리의 존재 여부를 파악해야 합니다.

소유권	소유자가 그 소유물을 사용·수익·처분할 수 있는 권리	등기
점유권	물건을 사실상 지배하는 권리로 권원의 유무와는 관계없이 오직 점유 사실에 의해서만 인정되며 사실상의 지배를 상실하면 소멸하는 권리	미등기

그럼 물권에는 어떤 권리들이 있을까요? 앞으로 해야 할 권리분석에서 자주 나오는 권리들로 소유권은 등기되지만, 점유권은 등기되지 않아도 인정하는 권리입니다.

용익물권은 부동산을 사용·수익하기 위한 물권으로 등기부에 등재됩니다. 임대차계약은 채권이지만 등기를 하여 전세권을 설정하면 물권과 같은 효력을 인정합니다.

용익 물권	전세권	전세금을 지급하고 타인의 부동산을 사용·수익하는 권리	등기
	지상권	타인의 토지 위에 건물, 기타 공작물이나 수목을 소유하기 위해 그 토지를 사용할 수 있는 권리	등기
	지역권	일정한 목적을 위하여(통행, 농수로) 타인의 토지를 자기 토지의 편익에 이용하는 권리	등기

임대차계약은 등기부에 나타나지 않아 통상 주민등록상 전입한 날짜를 권리분석의 기준일로 합니다, 그러나 전세권의 기준일은 등기부에 등재된 전세권 설정일입니다.

물권에는 담보를 제공하는 담보물권이 있습니다. 대표적으로 근저당권인데 우리가 흔히 부동산을 담보로 제공하고 대출을 받을 때 설정하는 물권입니다.

근저당권이 부동산을 담보로 하는 '물권'이라면 채권을 담보로 설정하는 권리가 '질권'(권리질권)입니다. 등기부에 등기된 대부분의 질권은 근저당권을 담보로 제공하고 설정하는 근저당권부 질권입니다.

담보 물권	저당 근저당	채권자가 채무자 또는 제3자(물상보증인)로부터 점유를 옮기지 않고 그 채권의 담보로 제공된 부동산에 대하여 일반 채권자에 우선하여 변제받을 수 있는 약정담보물권	등기
	유치권	타인의 물건을 점유한 자가 그 물건에 관해 생긴 채권으로 변제를 받을 때까지 그 물건을 유치(점유)할 수 있는 권리	미등기
	질권	채권자가 채무담보로써 채무자나 제3자(물상보증인)로부터 인수한 물건을 채무변제가 있을 때까지 유치하여 채무변제를 간접적으로 강제하다가 채무자가 변제하지 않을 때 그 물건을 현금화하여 우선적 변제를 받을 수 있는 권리	등기

또한, 등기부에 나타나지 않은 담보물권 중에는 유치권이라는 권리가 있는데 입찰할 때 매각물건명세서 혹은 현황조사서에 '유치권신고 있음, 성립 여부는 불분명'이라는 용어가 등장하면 유치권의 진위 여부를 막론하고 유치권 해결을 전제로 권리분석을 해야 합니다.

일반적으로 유치권은 해당 부동산과 관련해서 발생한 채권을 결제받지 못해 행사하는 권리입니다.

법으로 정하지 않아도 관습적으로 인정되는 권리로 분묘기지권과 법정지상권이 있습니다. 이는 타인의 토지에 자신의 건물이나 분묘가 있어도 건물의 사용, 수익 활동을 할 수 있고 분묘에 제사 지낼 수 있는 권리를 말합니다.

일반적으로 부동산을 사고팔 때 토지와 건물을 같이 매매합니다. 경매에서도 마찬가지로 일괄매각을 합니다.

그러나 일부 물건들은 '토지만 매각' 혹은 '건물만 매각'을 하는데, 일괄매각을 하지 않고 건물과 토지만을 각각 따로 매각할 때 매각물건명세서에 '법정지상권 성립 여지 있음'이라는 문구가 있으면 주의해야 합니다.

이러한 유치권, 법정지상권, 분묘기지권 등 미등기 물권이 존재하는 물건은 권리분석이 어렵고 법적인 처리 방법을 알지 못해 수차례 유찰되어 반값 이하로도 떨어집니다.

돈이 되는 우량물건으로 수익성이 좋아도 권리분석이 어려운 물건들은 입찰자들도 극소수에 불과해 입찰 경쟁률이 낮은 것은 물론 매우 낮은 가격으로 매수할 수 있어 경매 고수가 선호합니다.

관습법상 물권	분묘 기지권	타인의 토지에 분묘를 설치한 자가 그 분묘를 소유하기 위해 기지 부분의 타인 소유의 토지를 사용할 수 있는 권리	미등기
	법정 지상권	토지와 건물이 동일인에 속했다가 그중 어느 하나가 매매 및 기타의 원인으로 각각 소유자를 달리한 때, 그 건물을 철거한다는 특약이 없으면 건물 소유자가 관습상 당연히 취득하는 권리	미등기

등기부에 등재한 각종 권리에는 물권과 채권이 있습니다. '물권'(物權)이란 특정한 물건을 직접 지배하여 배타적 이익을 얻는 권리를 말하는데 타인의 행위를 거칠 필요 없이 물건을 직접 지배하는 권리입니다.

반면, '채권'(債權)은 재산권의 하나로 특정인에 대하여만 급부를 청구할 수 있는 권리입니다.

물권은 부동산 자체가 권리의 대상이 되고 채권은 특정한 사람의 행위를 대상으로 합니다. 물권은 채권에 항상 우선하는 권리입니다.

【실무분석】 물권과 채권의 법적 지위

> A는 쇼핑몰을 운영하던 중 사업에 필요한 부족한 자금 1억 원을 평소 잘 알고 지내던 B에게 빌렸습니다. 개인 간의 돈거래이긴 하지만 B는 A의 아파트를 담보로 근저당권을 설정하기로 하고 빌려주기로 하였습니다. 또한, A는 추가자금이 필요하여 C에게도 5,000만 원을 빌렸는데 C는 A에게 돈을 빌려주면서 차용증을 받았습니다.

A가 사업이 잘되어 B와 C에게 빌린 원금과 이자를 갚으면 아무런 문제가 없으나 일이 뜻대로 되지 않아 원금과 이자를 갚지 못하는 상황이 되었을 때, B와 C는 채권자로서의 위치는 같으나 빌려준 돈을 회수하는 방법은 크게 달라집니다.

B는 약속한 날짜까지 되돌려 받지 못하면 A의 아파트에 설정한 근저당권으로 경매를 신청하여 법원으로부터 배당을 받아 회수할 수 있습니다.

하지만 C가 5,000만 원을 돌려받기 위해서는 A의 재산(부동산)을 찾아 그 재산을 가압류하고 대여금반환소송을 통해 집행권원을 얻은 다음 A의 재산에 경매를 신청(압류)해서 회수해야 하는 등 매우 복잡한 법적인 절차를 거쳐야 합니다. C는 A의 재산을 경매로 처분하였다 하더라도 5,000만 원을 회수할 수 있을지도 의문입니다.

한 사람에게 같은 시기에 돈을 빌려주었는데 B와 C의 다른 결과로 이어집니다. 이는 바로 물권과 채권의 차이에서 비롯됩니다.

> ☑ **CHECK**
>
> A의 아파트에 설정한 B의 근저당권은 부동산을 목적으로 하는 물권이고, C의 차용증은 A라는 사람에 대한 권리인 채권입니다.

등기로써 효력이 생기는 물권은 부동산에 대한 권리여서 부동산의 소유자가 바뀌어도 그 권리가 계속해서 유지됩니다. A가 아파트를 처분하더라도 매수자에게 근저당의 효력이 미친다는 뜻입니다. 반면, C가 A로부터 받은 차용증은 아파트를 처분하더라도 새로운 매수자와는 전혀 관계가 없이 A에게만 유효합니다.

동일한 물건에 대하여 물권과 채권이 성립할 때 물권은 항상 채권에 우선(물권우선주의)하고, 여러 개의 물권이 있다면 물권 상호간의 순위는 먼저 성립한 시간 순서입니다.

즉, 등기접수일 기준, 등기접수일이 같으면 접수번호 순으로 우선합니다. 권리분석을 할 때 항상 적용하는 원칙이므로 꼭 기억해야 합니다.

입찰가격을 결정하는 권리분석

부동산을 거래할 때 부동산과 관련된 모든 권리를 매매와 동시에 매수자가 인수하거나 매도자가 권리를 말소시킵니다.

3억 원에 거래되는 아파트에 전세로 입주한 임차인의 전세보증금이 1억 원이라고 가정하면 매수자는 1억 원을 제외한 나머지 실질적인 매매대금은 2억 원입니다.

일반적으로 전세금을 떠안고 거래합니다(일명 갭투자). 이후에 임차인의 전세보증금은 매수자가 책임지는 거래 형태이고 보편적으로 많이 활용합니다.

이러한 갭투자가 성행하는 이유는 3억 원이라는 매매금액 전부를 준비하지 않아도 임대차보증금 1억 원을 제외한 2억 원만 준비하면 소유권을 이전할 수 있기 때문입니다. 부동산 상승기에 주로 활용하는 방법입니다. 이런 방법에는 반드시 조건이 필요합니다. 부동산 거래가격(3억 원)보다 인수금액(1억 원)이 적어야 합니다.

만약 3억 원에 거래할 아파트에 임대차보증금이 1억 원, 금융기관 근저당권이 1억 5,000만 원, 세금미납으로 인한 국세 압류와 개인 채무인 가압류가 1억 원이라면 채무의 총합이 3억 5,000만 원이 됩니다.

이러한 부동산을 매수하려 한다면 매도인은 5,000만 원을 준비해서 매매가격인 3억 원을 초과하는 나머지 채무를 상환해야 거래가 이루어집니다.

등기부에 등재된 권리 중에 소유권이 이전된다 해도 '예고등기'(등기 원인의 무효나 취소로 등기의 말소 또는 회복의 소송이 제기된 경우에 이를 제3자에게 경고하기 위한 등기) 등 말소되지 않고 매수인이 인수하는 권리가 존재하고, 등기부에는 나타나지 않는 분묘기지권이나 유치권, 법정지상권 등도 매매와 더불어 매수인에게 인수되는 권리입니다.

이러한 권리가 존재하는 부동산은 이 역시 정상적으로 거래가 성사되지 않습니다.

예컨대, 건물과 토지 중 어느 한쪽만 거래하는 경우는 없고 매수하려는 토지에 타인의 분묘가 있다면 매도인이 분묘를 이장하거나 분묘만큼의 토지를 분필(등기부에 한 필지로 되어 있는 토지를 여러 필로 나누는 행위)하여 매도합니다.

이렇듯 매수하고자 하는 부동산과 관련된 각종 권리의 금액이 부동산의 가치보다 크면 모든 권리를 떠안고 매수할 사람은 없습니다. 즉, 매각 후 낙찰자에게 소유권이 이전될 때 부동산에 설정된 각종 권리를 어떻게 처리할 것인가 하는 문제가 대두됩니다. 경매에 나온 대부분의 부동산은 일반매매를 할 수 없을 정도의 많은 물권과 채권이 존재합니다.

부동산 소유자나 채무자가 매매나 정상적인 변제 방법으로는 채무를 상환할 수 없어서 채무자의 부동산이 경매에 나오기 때문에 입찰자가 그 모든 권리를 인수하게 되면 그 누구도 낙찰받으려 하지 않을 것입니다.

이에 법적으로 인수할 권리와 말소시킬 권리를 구분하여 낙찰로 인한 매수인의 부담을 최소화하게 되었습니다. 즉, '인수주의'와 '소멸(소제)주의'를 적용하여 인수권리와 말소권리를 구분합니다.

'인수주의'란 압류채권자의 채권에 우선하는 부동산에 대한 제한권리를 낙찰자에게 인수하도록 하는 강제 조건입니다. 낙찰로 모든 권리가 소멸하지 않고 매수인이 부담해야 하는 소멸주의가 원칙이지만 예외적으로 인수주의도 함께 적용하고 있습니다.

이와 대치되는 개념으로 '소멸주의'란 말소기준등기보다 후순위 채권은 매각대금의 배당 여부와 관계없이 모두 매각으로 인해 말소되어 낙찰자가 부담하지 않는 원칙을 말합니다.

이때 경매법원의 매각으로 강제로 말소되는 권리는 원칙적으로 말소촉탁의 대상이 됩니다.

만약 말소되지 않고 남아 있는 등기부상의 부담을 그대로 낙찰자가 인수해야 한다면 인수권리의 가치를 계산해서 그보다 더 낮은 가격으로 입찰해야 합니다.

이러한 인수권리와 말소권리를 찾아내고 입찰가격을 정하는 것이 바로 권리분석의 핵심입니다.

권리분석의 핵심은 말소기준등기

경매 사고에는 낙찰가 외에 예측하지 못한 권리인수와 입찰가격 외 추가 비용이 발생하는 경우가 있습니다. 등기부에 나타나지 않는 임차인의 임대차보증금 인수 여부도 권리분석을 하는 이유입니다.

주거용 부동산이나 상가 등 점유자가 있는 물건을 낙찰받으면 매각대금을 지급하더라도 누구도 피할 수 없는 것이 명도입니다. 법적으로 소유권이 바뀌었지만 전 임차인이나 전 소유자 등은 낙찰자와 이해관계가 없는 사람들입니다.

어떤 점유자는 임대차보증금 전액을 배당받고 어떤 점유자는 한 푼도 배당받지 못하고 발만 동동 구르는 상황도 찾아옵니다. 어떤 점유자는 인도명령만으로도 명도가 가능하고 어떤 점유자는 명도소송을 통한 판결이 있어야 가능합니다.

임차인의 임대차보증금이 매각대금에서 배당될 것으로 예상하고 입찰했으나 실제로는 배당에서 제외되어 낙찰자가 추가로 부담하지 않으면 부동산을 인도받지 못하는 경우가 발생하는데, 임차인의 임대차보증금을 누가 부담하느냐를 판단하는 기준이 되는 것이 '말소기준등기'입니다.

예컨대, 말소기준등기 설정일보다 임차인의 전입 일자가 빠르면 임차인의 임대차보증금은 낙찰자가 인수해야 하고, 말소기준등기일보다 늦으면 금액에 상관없이 임차인의 권리는 낙찰자가 인수하지 않고 소멸하여 부동산을 인도받을 수 있습니다.

부동산 경매가 일반매매에 비해 좋은 점 가운데 하나가 이러한 인수주의와 소멸주의로 인하여 등기부상에 설정된 부채가 제아무리 많다 하더라도 채권자의 배당 여부와 상관없이 낙찰 후 전부 또는 일부 소멸하여 일반매매보다 저렴하게 매입할 수 있다는 것입니다.

일반매매에서는 부동산과 관련한 부채보다 부동산 가치가 높아야 거래가 성사되지만, 경매에서는 부채가 부동산의 실질적 가치보다 많은 악성 물건도 말소되어 깨끗한 물건으로 바뀔 수 있습니다.

말소기준등기의 역할

법원경매는 물건 소유자의 뜻과는 상관없이 법에서 정한 절차에 의해 경제적 가치가 있는 유·무형의 자산을 강제로 법원의 주관하에 매각하는 법률적 행위입니다.

매도자와 매수자 간에 얼굴을 맞대고 거래 조건을 논의하기조차 불가능하고 낙찰자는 소유자의 얼굴 한번 보지 못하고 매수합니다.

민사집행법에서는 거래 대상의 물건 가치를 가늠할 수 있도록 감정평가를 하고 매수자(낙찰자)가 추가로 부담해야 하거나 해결해야 할 것과 매각대금납부와 동시에 소멸하는 이해관계인의 권리를 규정하고 있는데 말소와 인수의 기준이 되는 것이 '말소기준등기'입니다.

말소기준등기가 하나 이상이면 등기부상 갑구와 을구를 포함하여 가장 빠른 날의 등기가 해당 물건의 말소기준등기가 되며, 같은 날짜라면 접수번호가 가장 빠른 등기가 말소기준등기가 됩니다.

말소기준등기의 종류	말소기준등기의 인정 여부
저당·근저당	항상 말소기준등기
압류·가압류	말소되는 경우에만 말소기준등기
담보가등기	배당요구를 한 경우에만 말소기준등기
경매개시결정	다른 말소기준등기가 없을 때
선순위 전세권	경매신청자일 때

말소기준등기 종류 중에서 시간상으로 가장 빠른 등기가 말소기준등기입니다. 실무에서는 전체 경매 물건 중 저당·근저당권이 약 85%, 압류·가압류가 약 10%, 나머지가 약 5% 정도 됩니다.

경매개시결정등기가 종종 말소기준등기가 될 수 있으나 담보가등기가 말소기준등기가 되는 경우는 흔치 않습니다. 또한, 예외적으로 선순위 전세권이 말소기준등기가 될 수가 있는데 반드시 경매를 신청한 채권자인 경우에만 해당합니다.

말소기준등기보다 앞서 설정된 권리는 낙찰자가 인수하고, 이후에 설정된 권리는 그 금액이 얼마이든 배당 유무와 관계없이 소멸하여 낙찰자가 인수하지 않습니다.

담보물권은 소멸주의가 원칙이고 용익물권은 인수주의가 원칙입니다. 담보물권은 담보를 잡고 돈을 빌려준 것이 목적이었기에 법원은 경매 절차에서 그 돈을 배당할 수 있게 해주면 그 목적이 충족되었기에 충분합니다. 반면 용익물권은 그 대상물의 사용·수익이 목적이므로 원칙적으로 그 목적을 이루도록 인수해주고 예외적으로 자신보다 순위가 빠른 담보권이 있으면 소멸합니다.

이처럼 말소기준등기를 기준으로 다른 권리들의 인수와 소멸 등 운명이 결정되고 경매의 대상이 된 부동산의 등기부에 표시된 모든 권리와 표시되지 않은 권리를 포함해서 낙찰자가 인수 여부를 결정하는 매우 중요한 권리입니다.

한편, 예외적으로 등기부에 설정된 전세권도 말소기준등기가 되는 경우가 존재하는데, 구분건물 전체에 대하여 설정된 최선순위 전세권은 경매신청자일 때 소멸을 전제로 말소기준등기가 됩니다.

【실무분석】 인수권리와 말소권리

• 전 소유자 A와 맺은 B의 임대차계약을 현 소유자 C가 임차인 B의 4,000만 원을 보증금으로 하는 임대차계약을 인수하고 소유권을 이전하면서 홍길동으로부터 2억 원을 빌려 현 부동산을 매수하였습니다. 하지만 경제적 상황이 어려워져 홍길동과 약속한 날짜에 갚지 못하자 근저당권자인 홍길동은 임의경매를 신청하였습니다.

• 가압류권자 D는 C에게 사업자금으로 빌려준 1억 5,000만 원을 되돌려 받지 못하자 C의 아파트에 가압류를 하였고, 경매가 진행되는지 모른 채 E는 보증금 2,000만 원으로 임대차계약을 하고 전입신고와 확정일자를 받아 배당요구까지 하였습니다.

등기부권리 및 임대차현황

등기목적	접수일자	권리자	청구금액	기타	비고
소유권이전	2018-03-26	A		거래가액 210,000,000원	
임차인	2018-05-12	B	40,000,000원	전입일자 2018-05-12 확정일자 2018-07-22 배당요구 없음	인수
소유권이전	2019-02-16	C		거래가액 270,000,000원	
근저당	2019-02-16	홍길동	채권최고액 240,000,000원	말소기준등기	소멸
가압류	2019-06-20	D	150,000,000원		소멸
임의경매	2020-11-13	홍길동		2020타경12345	소멸
임차인	2021-03-02	E	20,000,000원	전입/확정/배당요구	소멸

입찰하려는 물건의 등기부에 위와 같이 권리들이 있다면 어떤 권리를 인수 부담해야 하고 어떤 권리가 말소되는지 알아봅시다.

권리분석을 할 때 가장 먼저 확인해야 할 것이 말소기준등기입니다. 위 사례에서 말소기준등기가 될 수 있는 권리는 홍길동의 2019년 02월 26일자 근저당권과 2019년 06월 20일자 D의 가압류, 2020년 11월 13일자 임의경매개시결정등기입니다. 이 가운데 가장 빠른 홍길동의 근저당이 말소기준등기입니다.

낙찰자는 말소기준등기인 홍길동의 근저당권 설정일보다 전입이 빠른 임차인 B가 행사하는 대항력을 인정하고 임대보증금 4,000만 원을 인수해야 하며(배당요구종기 내에 적법하게 배당요구를 하면 낙찰자가 인수하지 않고 매각대금에서 우선하여 배당받음), 말소기준등기를 비롯하여 그보다 늦은 순위의 권리들은 모두 낙찰로 인하여 소멸하므로 금액에 상관없이 더 이상의 추가 인수권리는 없습니다.

즉, 인수권리가 있느냐 없느냐, 있다면 그 금액은 얼마나 되는지 그 금액에 따라 입찰가격은 어떻게 정할 것인지, 점유자들의 명도대책은 어떻게 세울 것인가에 대한 해답이 바로 권리분석에 있는 것입니다.

인수권리와 말소권리의 분류

등기권리와 미등기권리를 낙찰자가 인수하느냐 말소시키느냐에 따라 권리분석이 달라집니다. 인수해야 할 권리를 말소되는 권리로 잘못 분석하게 되면 입찰금액 이외에 추가로 부담해야 하는 비용이 발생합니다.

예컨대, 시세가 3억 원인 물건을 2억 원에 낙찰받았다고 가정할 때, 인수권리가 소유권을 다투는 권리라면 낙찰받아 소유권을 이전한다고 해도 다시 소유권을 빼앗길 상황도 올 수 있습니다.

또한, 임대차보증금이 1억 5,000만 원인 선순위 임차인을 간과한 채 소멸권리로 파악하고 낙찰받았다면 낙찰대금 2억 원과 추가로 인수해야 할 임대차보증금 1억 5,000만 원을 합하면 총 3억 5,000만 원이 됩니다. 시세보다 5,000만 원을 더 비싸게 매수한 것이죠.

이렇게 권리분석을 잘못하여 낙찰받으면 소유권을 잃기도 하고 추가로 비용이 들기도 합니다. 인수권리와 인수금액 그리고 말소되는 권리들을 정확하게 파악하는 것이야말로 성공적인 재테크를 위한 지름길입니다.

이제 등기부에 나타난 권리들과 등기부에는 없지만 인수해야 하는 권리들을 알아봅시다.

낙찰자가 인수하는 권리와 소멸하는 권리의 종류

등기부에 기재된 **경매개시결정**(강제경매개시결정/임의경매개시결정), 저당, 근저당, 압류, 가압류 권리는 말소기준등기가 되기 때문에 무조건 말소됩니다. 금융기관의 근저당 금액이 얼마이든, 가압류와 국세청의 국세나 시·군·구청의 지방세 체납에 따른 압류금액이 얼마이든 금액에 상관없이, 그리고 배당을 받든 받지 못하든 무조건 말소되어 낙찰자가 인수하지 않습니다.

입찰하고자 하는 물건의 등기부 갑구에 '**소유권이전청구권가등기**'(이전등기(본등기)를 하기 전에 소유권을 넘기는 것으로 가등기를 한 날짜로 소급해서 본등기의 효력이 발생)가 있다면 **주의해야 합니다.** 말소기준등기보다 늦으면 말소되지만 앞선 순위이면 낙찰자가 인수하게 됩니다.

경매로 낙찰받은 물건을 자신의 명의로 이전하더라도 가등기권자가 본등기를 실행하면 다시 소유권이 가등기권자 명의로 바뀌게 됩니다. 이 말은 곧 소유권을 빼앗긴다는 뜻입니다.

즉, 소유권이전청구권가등기가 말소기준등기보다 선순위라면 절대 입찰하면 안 되는 물건입니다.

또한, 가등기 중 소유권을 이전하는 가등기가 아닌 '담보가등기'라는 권리가 있습니다. 등기부에는 통상 소유권이전청구권가등기라는 명칭으로 등재되나 경매가 시작되어 배당요구를 하면 소유권을 이전하는 가등기가 아닌 담보로 제공한 가등기로 판단하면 됩니다.

이때 배당요구한 담보가등기는 순위에 상관없이 말소됩니다. 배당요구를 했는지 혹은 하지 않았는지는 법원의 해당 경매사건의 접수내역을 확인해보면 알 수 있습니다.

낙찰자가 무조건 인수해야 하는 권리 중에 '예고등기'라는 권리가 있습니다. 이는 선순위든 후순위든 낙찰자가 무조건 인수해야 하는 권리입니다. 예고등기는 해당 부동산과 관련하여 등기원인의 무효 혹은 취소에 의한 등기의 말소나 회복의 소송이 제기된 경우인데 제3자에게 주의를 주는 경고의 의미가 있습니다. 즉, 해당 부동산과 관련하여 소송 중이니 소송 결과에 따라 소유권이 바뀔 수도 있어 원칙적으로 입찰하면 안 됩니다.

'가처분'(금전채권 외 집행을 보전하기 위해 다툼이 있는 권리관계를 위해 내리는 법원의 일시적인 명령)은 원칙적으로 선순위 가처분은 낙찰자가 인수하고 후순위 가처분은 소멸하나 예외적으로 선순위 가처분도 말소 대상이 될 수 있고 후순위 가처분도 낙찰자가 인수할 수 있어 권리분석할 때 매우 주의해야 하는 권리입니다.

등기부에 나타난 '환매등기'(환매특약등기, 매도한 부동산을 매도인, 즉 이전 소유자가 다시 매수할 수 있는 권리)와 '지역권'(일정한 목적을 위해 타인의 토지를 자신의 토지의 편익에 이용할 수 있는 권리), 그리고 '지상권'(타인의 토지에 건물, 공작물, 수목 등을 소유하기 위해 그 토지를 사용할 수 있는 권리)은 예외 없이 모두 말소기준등기보다 빠른 선순위 권리는 인수하고 후순위는 말소 대상입니다.

전세권과 등기된 임차권은 원칙적으로 선순위는 인수하고 후순위는 말소됩니다. 그러나 선순위 전세권과 선순위 임차권은 법원에 배당요구를 하여 배당받는다면 낙찰자가 인수하

각종 권리의 인수 및 소멸

구분	권리종류	선순위	후순위	내용
등기부 갑구	압류	말소		말소기준등기
	가압류			
	경매개시결정			
	담보가등기			
	소유권이전 청구권가등기	인수	말소	선순위만 인수
	가처분	인수/말소	인수/말소	예외 존재
	예고등기	인수		순위에 상관없이 무조건 인수
	환매등기	인수	말소	환매특약등기
등기부 을구	저당/근저당	말소		말소기준등기
	지역권	인수	말소	선순위만 인수
	지상권			
등기부 을구	전세권	인수/말소	말소	배당요구 여부에 따라 달라짐
	등기된 임차권			
미등기 권리	임차인	인수		무조건 인수
	유치권			
	법적지상권			
경매개시결정등기 이후의 모든 권리는 말소				

지 않습니다. 그러므로 선순위라 해서 무조건 인수하지 않으니 배당 여부를 확인하고 입찰 금액 산정과 입찰 여부를 결정해야 합니다.

권리분석에서 등기하지 않은 임대차계약(임대차보증금)을 한 임차인의 보증금은 어떻게 권리분석을 해야 할까요?

말소기준등기일보다 늦은 임대차계약(통상 전입일 기준)은 임차인이 배당을 받든 받지 못하든 상관없이 무조건 말소 대상입니다. 선순위 임대차계약은 임차인이 배당요구를 했느냐 하지 않았느냐에 따라 인수 여부를 판단하면 됩니다.

임차인이 배당요구를 하여 배당을 받는다면 인수하지 않고 배당요구를 하지 않아 법원으로부터 배당받지 못한다면 임대차보증금 전액을 낙찰자가 인수해야 합니다.

물론 배당요구를 하여 배당을 받았으나 보증금 중 일부를 배당받지 못했다면 배당받지 못한 부분만 인수합니다.

등기부에 나타나지 않는 권리가 있는데 그중 '유치권'(타인의 물건이나 유가증권을 점유한 자가 이와 관련해서 생긴 채권을 변제받을 때까지 유치할 수 있는 권리)과 '법정지상권'(토지와 건물의 소유자가 각각 다를 때 토지 소유자로부터 건물을 보호하기 위해 성립되는 권리)은 순위를 가리지 않고 무조건 낙찰자가 인수해야 합니다.

유치권이 신고된 물건은 일반적으로 특정 물건과 관련해서 공사대금을 받지 못해 해당 부동산을 점유하고 있는 만큼 낙찰자가 매각대금을 지급하고서도 인도받기 쉽지 않은 이유로 초보자들이 기피합니다.

법정지상권 성립 여지 있는 물건은 토지와 건물을 일괄매각이 아닌 토지만 매각한다든지 건물만을 매각하기 때문에 수요자가 많지 않아 유찰을 거듭합니다. 통상 공유지분 물건과 더불어 3대 특수물건(유치권, 법정지상권, 공유지분)이라고 부릅니다.

제10장

말소기준등기를 찾아라

근저당권은 무조건 말소

권리분석에는 등기부에 기재된 등기권리와 등기부에 없어도 입찰자가 꼭 알아야 하는 미등기권리가 있습니다. 권리분석에서 모두 중요한 권리인 만큼 그 의미와 실무에서의 법적으로 인정되는 범위를 알아봅시다.

등기부에 자주 나오는 각종 권리에는 어떤 것이 있을까요? 그 권리의 의미는 무엇이고 어떤 법적 지위를 갖는지 그리고 실무에서 권리행사는 어떻게 이루어지는지 알아야 합니다.

'저당권'이란 채권자가 채무자 또는 제3자로부터 점유를 옮기지 않고 채권의 담보로 제공된 목적물(부동산)에 대하여 일반 채권자에 우선하여 변제받을 수 있는 약정담보물권을 말합니다.

저당권을 설정해 놓으면 추후 돈을 받지 못했을 때 저당권에 의해 법원에 경매를 신청할 수 있고, 채권자가 다수일 경우에는 다른 후순위 채권자들보다 우선하여 배당받을 수 있는 우선변제권을 갖고 있습니다.

저당권이 확정채권을 담보로 설정하는 것이라면 '근저당권'은 채무자와의 지속적인 거래로 발생할 수 있는 장래의 채권을 일정 한도 내에서 담보하는 것입니다.

금융기관에서 대출을 실행할 때 대부분 대출 원금보다 많은 채권최고액을 설정하는데 원금의 120~130%를 한도로 원금 이외에 연체된 이자까지도 담보할 수 있는 포괄근저당을 설정합니다.

　돈을 빌려주는 대신 담보로 제공된 부동산에 대해 후순위 채권자보다 먼저 돈을 돌려받을 수 있는 권리인 저당권과 채무자와의 지속적 거래계약 등에 의해 발생하는 불특정 채권을 일정액의 한도에서 담보하는 근저당권은 경매 실행과 더불어 순위에 상관없이 모두 소멸합니다.

　이렇게 근저당권이 있는 부동산에 경매가 진행되면 부동산의 등기부에 최선순위로 금융기관의 근저당권이 설정된 경우가 대부분이고, 금융기관의 채무변제를 위한 담보권 실행에 따른 임의경매사건으로 경매로 매각되는 물건 중에서 가장 많은 보편적인 사례입니다.

　부동산 담보의 경우, 금융기관은 담보권인 근저당권보다 앞서는 다른 물권이나 채권, 그리고 임대차계약이 있을 때는 대출을 해주지 않습니다. 혹시 모를 채무자의 채무불이행에 따른 경매가 진행되더라도 대출금을 모두 회수할 수 있는 금액만큼만 대출을 해주는데, 이는 금융기관의 향후 담보권 확보를 위한 자구책이라고 볼 수 있습니다.

【사례해설】근저당권 말소 사례

　서울 강북구 미아동의 한 아파트가 경매로 나온 사례입니다. 등기부를 정리한 등기부 현황을 살펴보면 소유권 다음으로 가장 빠른 우선순위가 2016년 05월 26일자 동소문새마을금고의 근저당권입니다.

　3년 후인 2019년에 같은 새마을금고에서 추가로 대출을 받았습니다. 금융기관의 대출이자 등 상환이 정상적으로 이루어졌으나 이○비의 채무를 갚지 못해 가압류에 의한 강제경매가 진행되었습니다.

소재지	서울 강북구 미아동 1353 에스케이북한산시티아파트			회차	매각기일	최저매각가격	결과
물건종별	아파트	감정가	675,000,000원		2021-04-26	675,000,000원	변경
대지권	26.72㎡(8.08평)	최저가	(100%)675,000,000원	1차	2022-01-19	675,000,000원	매각
건물면적	59.98㎡(18.14평)	보증금	(10%)67,500,000원				
매각물건	토지·건물 일괄매각	소유자	김○희		매각 721,000,000원		
개시결정	2020-08-24	채무자	김○희		감정가 대비 106.81% 낙찰		
사건명	강제경매	채권자	이○비				

입찰자수	2명
차순위금액	685,100,000원

매각허가결정	2022-01-26
대금지급기한	2022-03-24
대금납부	2022-02-04
배당기일	2022-03-23

경매 절차가 종결되었습니다.

등기부현황

NO	접수	권리종류	권리자	채권금액	내용	비고
1	2004-11-10	소유권보존	김○희			
2	2016-05-26	근저당	동소문새마을금고	286,000,000원	말소기준등기	소멸
3	2019-12-30	근저당	동소문새마을금고	156,000,000원		소멸
4	2020-02-12	가압류	이○비	114,000,000원	2020카단230	소멸
5	2020-08-24	강제경매	이○비	청구금액 114,000,000원	2020타경5464	소멸
6	2021-04-23	근저당	김○호	20,000,000원		소멸

본 물건에서는 2016년 05월 26일자 새마을금고의 근저당권이 말소기준등기이므로 이후에 설정된 근저당과 가압류 및 강제경매개시결정등기 그리고 김○호의 근저당은 배당 여부, 금액과 권리의 종류에 상관없이 낙찰자가 인수하지 않습니다.

금융기관이 최선순위로 근저당 설정한 물건은 본 사례처럼 인수하는 권리나 금액이 없고 모든 권리가 말소되기에 하자 없는 깨끗한 물건이라고 표현합니다.

압류 및 가압류는 순위에 상관없이 말소

'가압류'가 소 제기 전에 권리관계 또는 법률관계에 관한 본안소송이 있을 것을 전제하여 채권자가 확정판결이 있을 때까지 손해 방지의 목적으로 취하는 일시적, 잠정적 조치라면, '압류'는 소 제기 후에 승소판결 또는 판결에 준하는 공정증서 등에 의한 재산보전처분인 점에서 차이가 있습니다.

압류는 채권자의 신청을 받은 국가기관이 강제로 다른 사람의 재산처분이나 권리행사 등을 하지 못하게 압류한 물건을 처분하여 환가하더라도 비용을 공제하고 잉여를 얻을 가망이 없으면 강제집행을 하지 못합니다.

등기부상의 압류등기는 국세청과 지자체의 조세채권, 국민건강보험공단의 건강보험료, 국민연금, 근로복지공단의 임금채권 및 퇴직금 채권, 그리고 한국자산관리공사의 압류가 대부분입니다.

「국세징수법」에 의한 체납처분은 국세가 체납되어 독촉장을 보냈는데도 지정한 기한까지 국세와 가산금을 납부하지 않을 때 납세자의 재산을 압류하고 이를 환가하여 그 대금으로 체납한 국세에 충당하는 강제징수 절차입니다.

✔ CHECK

가압류는 금전채권이나 금전으로 환산할 수 있는 채권에 대하여 장래에 실시할 강제집행을 할 수 없게 될 때 미리 채무자 현재의 재산을 압류하여 채권을 확보함으로써 강제집행을 보전함을 목적으로 하는 명령 또는 그 집행처분을 말하는데, 현실적으로는 채무자에게 압박을 가하여 채무변제를 촉진하기 위한 수단으로 활용되기도 합니다.

모든 가압류 등기는 순위에 상관없이 매각으로 소멸합니다. 다만, 매각으로 소멸하지 않고 낙찰자가 인수해야 하는 전(前) 소유자의 가압류는 경매법원의 특별매각조건이 부여될 때 한해서 낙찰자가 인수하는데 실무에서는 드문 경우로 통상 모든 가압류는 매각으로 소멸하는 것이 원칙입니다.

【사례해설】압류 및 가압류 말소 사례

2021타경33034 　　　　　　　　　　　　　　　　　　　　　　　　　　　　　　**전주지방법원 본원**

소재지	전북 김제시 하동 501			회차	매각기일	최저매각가격	결과
물건종별	농지	감정가	19,654,000원	1차	2021-11-29	19,654,000원	유찰
대지권	634㎡(191.79평)	최저가	(70%)13,758,000원	2차	2022-01-17	13,758,000원	매각
건물면적		보증금	(10%)1,375,800원				
매각물건	토지매각	소유자	민○영	매각 14,099,000원			
개시결정	2021-05-17	채무자	민○영	감정가 대비 71.74% 낙찰			
사건명	강제경매	채권자	한국자산관리공사				

본건

입찰자수	2명
매수인	김제시 차○식
매각허가결정	2022-01-24
대금지급기한	2022-02-24
대금납부	2022-02-08
배당기일	2022-03-02
경매 절차가 종결되었습니다.	

등기부현황
　　　　　　　　　　　　　　　　　　　　　　　　　　　　　　　　　　　　　　2021타경33034

NO	접수	권리종류	권리자	채권금액	내용	비고
1	1990-02-10	소유권이전(매매)	민○영			
2	1999-06-03	가압류	하나은행	5,723,746원	말소기준등기	소멸
3	2000-11-01	가압류	하나은행	33,224,246원	2000카단94748	소멸
4	2001-04-26	강제경매	하나은행		2001타경9644 각하	소멸
5	2006-10-04	가압류	한국자산관리공사	26,383,132원	2006카단86426	소멸
6	2010-12-15	압류	김제시			소멸
7	2012-08-21	압류	서울특별시 동작구			소멸
8	2018-04-05	압류	서울특별시 영등포구			소멸
9	2021-05-17	강제경매	한국자산관리공사	청구금액 55,906,904원	2021타경33034	소멸

1999년 06월 03일자 하나은행의 가압류가 말소기준등기입니다. 말소기준등기를 포함한 하나은행 가압류를 비롯하여 모든 가압류와 압류채권은 매각으로 말소되어 낙찰자가 인수

하는 권리는 없습니다.

본 사례에서는 모든 가압류 및 압류등기는 배당 여부를 불문하고 말소되기 때문에 낙찰자의 인수 대상이 아닙니다.

담보가등기는 매각으로 소멸

돈을 빌려주고 약정한 시일 내에 변제하지 못하면 부동산을 넘겨받겠다는 담보계약을 맺고 소유권이전을 전제로 미리 가등기를 하면 그 이후에 설정된 물권에 우선하는 권리가 '담보가등기'(소유권이전청구권가등기)입니다.

가등기의 형식을 갖춘 담보 형태로 소유권을 이전받기보다 채권을 보전받기 위한 것으로 채무자가 채권자에게 변제를 하기 전에 제3자에게 먼저 담보 부동산을 매도하거나 경매가 진행되어도 채권자가 미리 가등기를 해둠으로써 담보 부동산에 대한 우선순위를 보전하고자 하는 것이 주된 목적입니다.

이에 반해 '소유권이전청구권가등기'는 장래에 부동산의 소유권을 이전받기로 약정하고 그 약정 내용을 보전하기 위해 설정하는 것으로 이전등기는 나중에 하고 실질적인 소유권은 넘겨받아 사용·수익합니다. 보통 본등기의 효력은 가등기를 한 날짜로 소급해서 발생하고 가등기 이후에 설정된 물권과 채권에 우선하는 권리입니다.

담보가등기도 등기부에 소유권이전청구권가등기로 표시되어 실질적인 소유권이전청구권가등기와 구별이 되지 않아 주의가 필요합니다. 소유권이전청구권가등기와 담보가등기 구별법은 경매개시결정 이후 가등기권자가 채권계산서를 제출하여 배당요구를 했다면 담보가등기로 판단하면 됩니다.

실무에서 법원은 등기부상의 가등기권자에게 어떤 종류의 가등기인지, 담보가등기면 그 내용과 채권의 금액을 법원에 신고하라고 최고하여 매각물건명세서에 기재합니다.

즉, 소유권이전청구권가등기라고 신고하면 낙찰자가 그 등기를 인수할 수도 있다는 것을 입찰기록에 기재하여 입찰자에게 알리고, 통상 채권신고를 하지 않은 가등기면 법원에서는 소유권이전청구권가등기로 판단합니다.

다만, 1984년 01월 01일 이전에 설정된 가등기는 무조건 소유권이전청구권가등기이며 순위보전의 효력만 있고 배당요구 등 우선변제권은 없습니다.

【사례해설】담보가등기 말소 사례

2021타경3115 **청주지방법원 영동지원**

소재지	충청북도 옥천군 이원면 원동리 839 외 3필지			회차	매각기일	최저매각가격	결과
물건종별	임야	감정가	21,973,078원	1차	2021-12-14	21,973,078원	유찰
토지면적	총 46768㎡(14147평)	최저가	(80%) 17,578,000원	2차	2022-01-18	17,578,000원	매각
	지분15589㎡(4715평)	보증금	(10%) 1,757,800원				
매각물건	토지지분매각	소유자	김○성		매각 17,690,000원		
개시결정	2021-02-09	채무자	김○성		감정가 대비 80.51% 낙찰		
사건명	강제경매	채권자	충북신용보증재단				

입찰자수	1명
매수인	권○현

매각허가결정	2022-01-25
대금지급기한	2022-03-03
대금납부	2022-02-08
배당기일	2022-03-17

경매 절차가 종결되었습니다.

등기부현황

2021타경3115

NO	접수	권리종류	권리자	채권금액	내용	비고
1	2017-06-27	김○복지분 전부이전	김○성		협의분할에 의한 상속, 1/3	
2	2018-03-05	김○성지분 전부 소유권이전청구권가등기	정○점		말소기준등기 매매예약, 1/3	소멸
3	2019-10-16	김○성지분 가압류	충북신용보증재단	13,800,000원	2019카단127	소멸
4	2020-10-16	김○성지분 압류	영동세무서장			소멸
5	2021-02-09	김○성지분 강제경매	충북신용보증재단	청구금액 16,064,651원	2021타경3115	소멸

본 사례는 소유권이전청구권가등기권자(2018.03.05.)인 정○점 이 배당요구를 하였으므로 담보가등기로 보고 정○점의 가등기는 말소기준등기가 되어 소멸합니다.

법원의 문건기록을 살펴보면 2021년 02월 21일자 정○점이 배당을 받고자 채권계산서를 제출하였으므로 담보가등기로 판단하면 됩니다. 즉, 정○점의 소유권이전청구권가등기는 채무자인 김○성의 소유권을 이전하려는 가등기가 아닌 담보가등기임이 확인되지요.

하지만 가등기권자의 배당요구 기록이 없다면 소유권이전청구권가등기로 판단하고 입찰하지 말아야 합니다. 낙찰받는다고 하더라도 가등기권자가 본등기를 하게 되면 낙찰자의 소유권은 박탈당하기 때문입니다.

문건처리내역

접수일	접수내역
2021.02.09.	등기소 옥○○○○ 등기필증 제출
2021.02.22.	교부권자 영○○○○ 교부청구서 제출
2021.02.23.	집행관 윤○○ 현황조사보고서 제출
2021.02.25.	가등기권자 정○점 채권계산서 제출
2021.03.15.	감정인 중○○○○○○○ 감정평가서 제출

경매개시결정등기는 무조건 말소

채권자가 채무자의 부동산에 경매신청을 하면 적법 여부를 심사하여 법원이 채무자의 재산에 압류의 효력이 발생하는 경매개시결정등기를 촉탁하는데, 이때 경매가 시작됨을 알리는 등기가 '경매개시결정등기'입니다.

경매에는 저당·근저당권을 설정하고 담보권 실행을 위한 임의경매와 집행권원으로 신청하는 강제경매가 있습니다.

강제경매기입등기는 채무자와 채권자가 부동산 담보가 없는 채권·채무 관계로 채무자가 채무이행을 하지 않을 때 채권자는 법원에 채무변제에 관한 판결문을 받거나 확정된 지급명령, 화해·조정조서, 공증된 금전채권문서 등으로 강제경매를 신청하여 채무자의 부동산을 압류한 후 매각합니다.

이때 채무자 부동산에 저당권, 근저당, 담보가등기, 압류, 가압류 등의 등기상의 권리관계가 설정되어 있지 않을 때 채무자가 신청한 강제경매기입등기는 말소기준등기가 됩니다.

경매개시결정등기 이외에 다른 말소기준등기가 없을 때만 말소기준등기가 되고 모두 소멸합니다.

아래 사례는 경매가 시작되기 이전까지는 그 어떤 채무도 없고 그 흔한 근저당조차 없던 우량한 물건이었습니다. 그러나 채권자 안○진은 채무자 송○만에게서 받아야 할 임대차보증금 7,500만 원을 반환받지 못하자 임대인(채무자)의 재산에 직접 경매를 신청하였습니다.

2020타경60945 수원지방법원 안산지원

소재지	경기도 안산시 상록구 본오동 844-5, 다세대주택 204호			회차	매각기일	최저매각가격	결과
물건종별	다세대(빌라)	감정가	62,000,000원		2021-07-15	62,000,000원	변경
대지권	19.41㎡(5.87평)	최저가	(24%) 14,886,000원	1차	2021-08-26	62,000,000원	유찰
건물면적	38.16㎡(11.54평)	보증금	(10%) 1,488,600원	2차	2021-10-07	43,400,000원	유찰
매각물건	토지건물일괄매각	소유자	송○만	3차	2021-11-11	30,380,000원	유찰
개시결정	2020-11-04	채무자	송○만	4차	2021-12-16	21,266,000원	유찰
사건명	강제경매	채권자	안○진	5차	2022-01-27	14,886,000원	매각

매각 14,886,000원 (감정가 대비 24.01%)	
입찰 1명 (매수인 안○진)	
매각허가결정	2022-02-03
대금지급기한	2022-03-22
대금납부	2022-03-22
배당기일	2022-03-22
경매 절차가 종결되었습니다.	

등기부현황 **2020타경60945**

NO	접수	권리종류	권리자	채권금액	내용	비고
1	2011-10-13	소유권이전(매매)	송○만		거래가액 58,000,000원	
2	2020-11-04	강제경매	안○진	청구금액 75,000,000원	말소기준등기 2020타경60945	소멸

임차인현황

임차인	점유부분	전입/확정/배당	보증금/차임	기타
안○진	주거용 전부	전입일자 2017.10.25. 확정일자 2017.10.25. 배당요구 2021.01.18.	보증금 75,000,000원	미배당보증금 매수인인수/경매신청인

본 물건의 등기부에는 강제경매개시결정등기 이외에는 다른 등기는 없습니다. 말소기준등기가 되는 강제경매개시결정등기보다 전입일이 빨라 임차인은 임대차보호법에 의해 선순위 임차인으로서 대항력을 취득하였고, 낙찰자는 임차인의 보증금 7,500만 원을 인수해야 하지만 안○진은 배당요구를 하였기에 매각대금에서 배당을 받습니다.

만약 배당요구를 하지 않았다면 보증금 전액을 낙찰자가 인수해야 하며, 배당요구를 하였다 하더라도 임대차보증금 전액을 배당받지 못하면 부족분은 낙찰자가 인수해야 합니다. 이러한 임차인의 권리분석은 다음 PART 05 '임차인 분석은 어떻게 하나' 편에서 자세하게 설명하겠습니다.

본 물건은 임차인이 직접 입찰에 참여하여 낙찰받았습니다. 건물이 지어진 시기가 1992년이어서 노후화되고 감정평가금액이 6,200만 원, 당시 시세는 5,000~6,000만 원 정도임을 고려할 때 임차인의 보증금 7,500만 원을 인수해야 하는 가치가 없다고 판단하여 계속해서 유찰되었던 것입니다.

이처럼 경매기입등기가 말소기준등기가 되는 경우는 반드시 등기부에 다른 말소기준등기가 없는 경우, 즉 '나 홀로 등기'일 때만입니다.

경매개시결정등기는 매각과 더불어 소멸되므로 낙찰자가 인수하지 않습니다. 설령 경매신청자가 배당을 받거나 혹은 받지 않더라도 그에 상관없이 낙찰자의 인수 대상이 아닙니다.

경매를 신청한 선순위 전세권은 조건부 인수

원칙적으로 말소기준등기가 아니지만 예외적으로 말소기준등기가 되는 권리입니다. 선순위 전세권자가 전세권(물권적 채권)에 기인한 임의경매를 신청한 경우에는 배당요구를 한 것으로 보고 전세권이 말소기준등기가 되어 소멸합니다.

여기에서 중요한 것은 경매를 신청한 선순위 전세권자가 전액 배당을 받느냐 혹은 일부만 배당을 받았을 때 낙찰자의 인수 부담이 있느냐 없느냐의 문제입니다.

> ☑ **CHECK**
>
> 전세권자(임차인)의 대항력은 전입일이 기준이고 확정일자(우선변제권)는 전세권 설정일로 판단합니다. 경매를 신청한 전세권자의 전입일이 전세권 설정일 이후에 설정된 말소기준등기보다 늦다면 신청한 채권금액 전액을 배당받지 못한다 할지라도 미배당액에 대하여 낙찰자에게 대항할 수 없습니다. 반면, 전입일이 빠르면 미배당액은 낙찰자가 인수해야 합니다.

【사례해설】선순위 전세권 말소 사례

선순위 전세권자인 김○득이 전세금을 받기 위해 임의경매를 신청한 사례입니다.

김○득이 경매를 신청하지 않았다면 2018년 03월 02일자 유○영의 가압류가 말소기준등기가 됩니다. 그리고 2017년 12년 20일자 전세권은 배당요구를 하지 않았으므로 낙찰자가 전세보증금 1억 4,000만 원 전액을 인수해야 합니다.

2021타경53794 서울서부지방법원 본원

소재지	서울 서대문구 연희동 194-30 브라운스톤연희			회차	매각기일	최저매각가격	결과
물건종별	다세대 (빌라)	감정가	179,000,000원	1차	2021-12-14	179,000,000	유찰
대지권	7.226㎡(2.19평)	최저가	(80%)143,200,000원	2차	2022-01-18	143,200,000원	매각
건물면적	16.62㎡(5.03평)	보증금	(10%)14,320,000원				
매각물건	토지건물 일괄매각	소유자	조○배		매각 143,210,000원		
개시결정	2021-07-02	채무자	조○배		감정가 대비 80.01% 낙찰		
사건명	임의경매	채권자	김○득				

		입찰자수	1명
		매수인	대구시 김○규
		매각허가결정	2022-01-25
		대금지급기한	2022-03-30
		대금납부	2022-03-30
		배당기일	2022-03-30
		경매 절차가 종결되었습니다.	

임차인현황

말소기준등기 2017-12-20, 배당요구종기일 2021-09-14

임차인	점유부분	전입/확정/배당	보증금/차임	기타
김○득	주거용 비214호	전입일자 2021.08.09. 확정일자 미상 배당요구 없음	보증금 140,000,000원	선순위 전세권등기자/경매신청인

등기부현황

2021타경3115

NO	접수	권리종류	권리자	채권금액	내용	비고
1	2012-01-20	소유권이전(매각)	조○배		임의경매로 인한 매각	
2	2017-12-20	전세권(비214호)	김○득	140,000,000원	말소기준등기 존속기간 2017.12.20.~2019.12.19.	소멸
3	2018-03-02	가압류	유○영	120,000,000원	2018카단218	소멸
4	2019-04-18	가압류	이○형	170,000,000원	2019카단50944	소멸
5	2021-07-02	임의경매	김○득	청구금액 140,000,000원	2021타경53794	소멸

선순위 전세권자로서의 전세권 설정일을 우선변제권의 확정일자로 보아 가장 먼저 배당받지만, 만약 배당금이 부족하여 전액 배당받지 못해도 나머지 미배당금은 낙찰자가 인수하지 않습니다.

앞서 설명한 바와 같이 전세권자의 전입일이 전세권 이후의 말소기준등기가 될 수 있는 유○영의 가압류보다 늦기 때문입니다.

그러나 전세권자인 김○득의 전입일이 유○영의 가압류 설정일인 2018년 03월 02일보다 빠르다고 가정한다면 배당받지 못한 미배당금은 낙찰자가 인수해야 합니다.

본 사례에서는 감정가 대비 80.01%인 1억 4,320만 원에 낙찰되었기 때문에 경매신청인의 청구금액 1억 4,000만 원에 대하여 전액을 배당받고, 전세권 설정일 이후의 말소기준이 되는 가압류 설정일보다 늦으므로 낙찰자가 인수해야 할 금액은 없습니다.

PART 05

임차인 분석은
어떻게 하나

제11장

주택임대차보호법과 대항력

임차인의 법적 지위를 알면 쉽다

주택임대차보호법이란

상대적으로 소유자보다 사회적 약자의 지위에 있는 임차인을 보호하고 국민 주거생활의 안정을 위해 1981년 03월에 제정된 특별법으로 주택 소유자보다는 임차인에게 유리한 법입니다.

경매에 입찰하고자 할 때 알아야 할 임대차보호법의 내용은 임차인의 대항력과 최우선변제액, 우선변제권과 적용 범위입니다. 입찰하려는 물건에 점유하고 있는 임차인의 권리관계로 인해 권리분석이 어렵다고 하지만 임대차보호법을 모르면 권리분석을 할 수 없습니다.

필자가 그동안 쌓아온 노하우를 토대로 나름대로 패턴과 공식을 만들었으니 어렵지 않게 습득할 수 있을 것입니다.

주거용으로 사용하면 OK

주택임대차보호법은 주택에 적용되는 법입니다. 주택인지 상가인지 구분하기 쉽지 않을 때도 있지만 상가, 점포, 사무실, 공장, 창고 등 비주거용 건물에는 적용되지 않습니다.

상가 안에 거주하는 방과 거실이 있다면 주택으로 볼 것이냐, 상가로 볼 것이냐에 따라 적용하는 법도 다릅니다. 주택임대차보호법의 적용 대상이 되는 주거용 건물은 등기 기록, 건축물대장 등 공부상 표시만이 아니라 사실상 주거로 사용하는지 여부를 기준으로 결정합니다.

여기에는 등기·미등기건물, 허가·무허가건물, 불법건축물, 부속건물 등을 불문하고, 연립주택이나 아파트와 같은 집합건물의 공유부분인 지하실도 실질적으로 주거시설로 사용되고 있다면 주택임대차보호법의 적용을 받습니다.

주택임대차보호법의 적용 대상 - 실거주 목적이라면 대부분 적용

- 공부상에 표기된 형식보다 실질적인 이용 상황을 기준으로 판단
- 주거용 건물인지 여부는 임대차계약 체결 시점으로 판단
- 상가, 공장, 창고, 업무용 오피스텔을 주거용으로 개조하여 사용해도 적용
- 다가구주택의 옥탑방, 지하실, 부속건물도 주거용이면 적용
- 비주거용 건물을 임대인의 동의하에 주거용으로 개조하여 사용해도 적용
- 주거용 건물의 일부를 주거 이외의 목적으로 사용해도 적용

따라서 공부상 용도가 상가, 공장, 업무용 오피스텔로 되어 있어도 이미 건물의 내부구조 및 형태가 주거용으로 용도 변경된 건물을 임차하여 그곳에서 일상생활을 영위하면서 사실상 주거로 사용하고 있다면 주택임대차보호법이 적용됩니다.

오피스텔을 임차하여 실질적으로 주거생활을 하는 경우와 다가구주택의 옥탑방을 주거용으로 무단으로 용도 변경하여 임대된 경우에도 주택임대차보호법의 적용을 받을 수 있으며 실거주 목적으로 사용하고 있다면 대부분 적용받습니다.

다만, 비주거용 건물을 계약 체결 후에 임차인이 임대인의 동의 없이 임의로 개조한 경우와 기숙사 등 일시적인 거주를 위한 시설은 주택임대차보호법의 적용 대상이 아닙니다.

하지만 계약 체결 당시에는 비주거용이었으나 체결 시에 임대인과 주거용으로 개조하기로 합의하거나 주거용으로 개조한 후에 계약을 체결하면 주택임대차보호법의 적용을 받습니다. 즉, 주거용 건물 여부는 임대차계약 체결 시점을 기준으로 판단합니다.

상가주택 적용 여부

「주택임대차보호법 제2조」에는 '이 법은 주거용 건물의 전부 또는 일부의 임대차에 관하

여 이를 적용한다. 그 임차주택의 일부가 주거 외의 목적으로 사용되는 경우에도 또한 같다.'라고 규정하고 있습니다.

그리고 건물 일부가 임대차의 목적이 되어 주거용과 비주거용으로 겸용할 때는 구체적인 사실에 따라 그 임대차의 목적, 전체건물과 임대차 목적물의 구조와 형태 및 임차인의 임대차 목적물 이용관계 그리고 임차인이 그곳에서 일상생활을 영위하는지 여부 등을 고려하여 결정됩니다.

예컨대, 공부상으로는 소매점으로 표시되어 있으나 실제로 그 면적의 절반은 방 2칸, 나머지는 소매점 등 영업 장소로 이루어져 있을 때 임차인이 이를 임차하여 가족과 함께 거주하면서 음식점 영업을 하며, 방은 영업 시에 손님을 받는 곳으로 사용하고 그때 외에는 주거용으로 사용했을 경우에도 주택임대차보호법의 대상으로 주거용 건물에 해당합니다.

또한, 주택에 딸린 가게에서 소규모 영업을 하는 경우 그곳이 임차인의 유일한 주거라면 주택임대차보호법의 대상이 될 수 있습니다.

다만, 건물 중 주택과 점포의 구조와 점유면적, 건물의 주된 용도 등을 참작할 때 오히려 비주거용 건물의 일부를 주거로 사용하고 있는 경우라고 판단되면 주택임대차보호법이 적용되지 않을 수도 있습니다.

예컨대, 방 2개와 주방이 있는 상가를 임차하여 그곳에서 살면서 상가를 운영할 때 전체 면적 중 상가 영업을 위한 부분이 방과 부엌을 합한 주거면적보다 현저히 클 때는 주택임대차보호법의 적용을 받을 수 없습니다. 이런 경우에는 비주거용 건물 중 일부인 방과 주방을 어디까지나 상가 영업에 부수하여 주거 목적으로 사용하는 것에 불과하기 때문입니다.

미등기, 무허가건물을 임대하면

주거용 건물이란 사실상의 용도를 기준으로 사회 통념상 건물로 인정하기에 충분한 요건을 구비하고 주거용으로 사용하고 있는 것을 말합니다. 건축물대장의 용도란에 '주거용'으로 기재되어 있지 않아도 주택임대차보호법의 적용을 받습니다.

실질적인 주거용으로 사용할 때 적용 대상의 범위

- 소유권보존등기가 되지 않은 미등기주택의 임대차
- 관할 관청의 허가 없이 건축한 무허가 위법건축물의 임대차
- 사용승인을 받지 못한 미승인 건물의 임대차
- 건축물관리대장 등 공부상에 없는 불법 증축된 건물의 임대차

관할 관청으로부터 허가를 받지 않고 건축한 무허가건물이나 건축허가를 받았으나 사용 승인을 받지 못한 건물도 역시 이 법의 적용을 받는 것이므로 무허가나 사용승인을 받지 못한 주택에 관하여 임대차계약을 체결해도 이 법의 보호를 받습니다.

계약 기간이 종료되었어도 임대인이 보증금을 반환하지 않는 경우에도 주택임대차보호법에 따라 대항력과 우선변제권의 요건을 갖춘 임차인이 단독으로 '임차권등기명령'에 의한 임차권등기 신청을 할 수 있습니다.

임차권등기를 마친 후 주택의 점유를 풀고 주민등록을 옮겨도 종전의 대항력과 우선변제권이 존속되어 경매를 통해 배당받을 수 있는 등 임대차보호법이 적용됩니다.

한국토지주택공사(LH)가 임차인이라면

임차인을 보호하는 목적으로 제정된 임대차보호법은 자연인(自然人)인 무주택자의 주거 안정이 입법 목적인 만큼 법인(法人)은 건물을 인도받고 임대차계약서상 확정일자를 받았더라도 우선변제권을 행사할 수 없어 보호받을 수 없습니다[대법원 96다 7236판결].

예컨대, 일반적인 법인이 사원들의 주거를 위해 주택을 임차하고 사원을 입주시킨 후 입주한 사원 명의로 주민등록을 마쳤다 하더라도 주택 임차인으로서 보호받을 수 없습니다.

다만, 서민임대주택을 지원하는 법인인 LH(한국토지주택공사) 등과 「중소기업기본법 제2조」에 해당하는 중소기업 관련 임대차계약은 예외로 임대차보호법이 적용됩니다.

그래서 법인회사가 사원들의 복지를 위하여 주택을 임차할 때는 전세권을 설정하여 우선 변제를 받는 방법을 택합니다. 하지만 이러한 일반적인 법인 이외에 예외적으로 주택임대차보호법이 적용되는 법인이 있습니다.

첫째, 「주택임대차보호법 제3조 제2항」에 따라 주택도시기금을 재원으로 하여 저소득층 무주택자에게 주거생활 안정을 목적으로 서민임대주택을 지원하는 법인, 즉 LH 등이 주택을 임차한 후 지방자치단체장 또는 그 법인이 선정한 입주자가 그 주택을 인도받고 전입신고를 한 경우와

둘째, 「중소기업기본법 제2조」에 중소기업 법인이 직원의 주거용으로 임차한 후 그 법인이 선정한 직원이 그 주택을 인도받고 전입신고를 한 경우입니다.

> ☑ CHECK
>
> 특별법인이 주택임대차보호법의 적용을 받아 경매에서 배당을 받기 위해서는 입주한 임차인이 아닌 반드시 법인 명의로 배당요구를 해야 합니다.

【사례해설】LH가 임차인이라면

2021타경53411　　　　　　　　　　　　　　　　　　　　　　　　**서울서부지방법원 본원**

소재지	서울 서대문구 남가좌동 5-320 원앙 2층		회차	매각기일	최저매각가격	결과
물건종별	다세대 (빌라)	감정가	243,000,000원	1차	2021-12-14	243,000,000원	유찰
대지권	38.57㎡(11.67평)	최저가	(70%) 194,400,000원	2차	2022-01-18	194,400,000원	매각
건물면적	69.42㎡(21평)	보증금	(10%) 19,440,000원				
매각물건	토지건물 일괄매각	소유자	유○균	매각 235,323,000원			
개시결정	2021-06-14	채무자	유○균	감정가 대비 96.84% 낙찰			
사건명	강제경매	채권자	서울보증보험				

매수인	전남 손○애
입찰자수	2명
차순위금액	210,999,990원
매각허가결정	2022-01-25
대금지급기한	2022-03-02
대금납부	2022-02-07
배당종결	2022-03-30
경매 절차가 종결되었습니다.	

임차인현황

말소기준등기 2020-11-26, 배당요구종기일 2021-08-24

임차인	점유부분	전입/확정/배당	보증금/차임	기타
한국토지 주택공사	주거용 2층 1호	전입일자 2015.01.20. 확정일자 2014.12.08. 배당요구 2021.06.24.	보증금 100,000,000원	임차권등기자 입주자 : 정○림

등기부현황

2021타경53411

NO	접수	권리종류	권리자	채권금액	내용	비고
1	2020-11-13	소유권이전(매매)	유○균		거래가액 230,000,000원	
2	2020-11-26	근저당	㈜라임자산대부	75,000,000원	말소기준등기	소멸
3	2021-03-08	주택임차권	한국토지주택공사	100,000,000원	전입일자 2015-01-20 확정일자 2014-12-08	소멸
4	2021-06-14	강제경매	서울보증보험	청구금액 6,689,460원	2021타경53411	소멸

본 사례는 한국토지주택공사가 임차인으로 계약한 물건입니다. 앞서 설명한 바와 같이 일반법인은 주택임대차보호법의 보호를 받지 못하나 서민의 주거 안정을 위한 목적으로 설립된 공적 영역을 담당하는 법인이기에 예외적으로 주택임대차보호법이 적용됩니다.

LH는 실질적으로 거주하는 임차인을 선정하여 그 임차인으로 하여금 전입신고와 확정일자를 받습니다. 그리고 LH는 임차권등기나 전세권을 설정하고 경매 진행 시 반드시 LH 법인으로 배당요구를 해야 합니다.

서 울 서 부 지 방 법 원

2021타경53411

매각물건명세서

사 건	2021타경53411 부동산강제경매		매각물건번호	1	작성일자	2021.11.17	담임법관 (사법보좌관)	김세경	
부동산 및 감정평가액 최저매각가격의 표시	별지기재와 같음		최선순위 설정		2020.11.26. 근저당		배당요구종기	2021.08.24	

부동산의 점유자와 점유의 권원, 점유할 수 있는 기간, 차임 또는 보증금에 관한 관계인의 진술 및 임차인이 있는 경우 배당요구 여부와 그 일자, 전입신고일자 또는 사업자등록신청일자와 확정일자의 유무와 그 일자

점유자 성 명	점유 부분	정보출처 구 분	점유의 권 원	임대차기간 (점유기간)	보 증 금	차 임	전입신고 일자, 사업자등록 신청일자	확정일자	배당 요구여부 (배당요구일자)
한국토지주택공사	제2층 1호 전부	등기사항 전부증명서	주거 임차권자	2015.01.19.점유개시	100,000,000		2015.01.20.	2014.12.08.	
	2층 1호	권리신고	주거 임차권자	2015.01.19.~2023.01.18.	100,000,000		2015.01.20.(정○○)	2014.12.08.	2021.06.24

〈비고〉
한국토지주택공사:입주자 정○○

※ 최선순위 설정일자보다 대항요건을 먼저 갖춘 주택·상가건물 임차인의 임차보증금은 매수인에게 인수되는 경우가 발생 할 수 있고, 대항력과 우선변제권이 있는 주택·상가건물 임차인이 배당요구를 하였으나 보증금 전액에 관하여 배당을 받지 아니한 경우에는 배당받지 못한 잔액이 매수인에게 인수되게 됨을 주의하시기 바랍니다.

등기된 부동산에 관한 권리 또는 가처분으로 매각으로 그 효력이 소멸되지 아니하는 것

매수인에게 대항할 수 있는 을구10번 임차권등기 있음(임대차보증금: 100,000,000원, 전입일: 2015.01.20., 확정일자: 2014.12.08.). 배당에서 보증금이 전액 변제되지 않으면 잔액을 매수인이 인수함.

매각에 따라 설정된 것으로 보는 지상권의 개요

비고란

2020년 11일 13일자 라임자산대부의 근저당권이 말소기준등기입니다. 주택임차권은 이후에 설정하여 후순위 임차인으로 분석하기 쉽습니다.

그러나 LH가 선정한 임차인 정○림의 전입일이 2015년 01월 20일이고 확정일자가 2014년 12월 08일로 모두 말소기준등기보다 앞선 선순위로 분석해야 합니다.

만약 LH가 배당요구를 하지 않았다고 가정할 때, 자칫 임차권 등기일로 생각하여 후순위 임차인으로 판단하고 인수금액이 없는 임차인으로 분석하여 정상적으로 입찰한다면 이후에 LH의 임대보증금 1억 원을 인수해야 하는 함정에 빠지게 됩니다.

본 물건에서는 선순위 임차인이지만 적법하게 배당요구를 하였기에 매각대금에서 우선하여 배당받기에 정상적으로 입찰하여 감정가의 96.84%에 낙찰되었습니다.

외국인이 임차인이라면

외국인이 주택을 임차하여 입주하였으나 주민등록법상의 전입신고를 할 수 없어 주택 소재지를 신체류지로 하는 전입신고를 하였다면 주민등록을 갖추지 못했다 하더라도 주택임대차보호법상 주택 임차인으로서 보호받을 수 있습니다.

외국인이 90일을 초과하여 국내에 체류할 때에는 외국인등록을 해야 하는데 등록을 한 외국인이 그의 체류지를 변경한 때에는 전입한 날부터 14일 이내에 시·군·구 또는 출입국관리사무소장에게 전입신고를 해야 합니다[출입국관리법 제31조 제1항].

또한, 법령에 규정된 각종 절차와 거래관계 등에 있어서 주민등록증 또는 주민등록증·초본을 요구하는 경우 '외국인등록증' 또는 '외국인등록사실증명'으로 대항요건인 주민등록을 갖추었다고 볼 수 있어 주택임대차보호법의 적용 대상입니다.

【사례해설】임차인이 외국인일 때 주택임대차보호법 적용 여부

중국 국적의 임차인 Luhaijun이 임대보증금 2,200만 원의 임대차계약을 하고 외국인등록과 함께 신체류지 신고를 통하여 전입신고를 한 사례입니다.

임대차계약서에 확정일자를 받고 배당요구종기 내에 정상적으로 권리신고도 마쳐 주택임대차보호법상 보호받을 수 있습니다.

2016타경3807　　　　　　　　　　　　　　　　　　　　　　　　　　　　　**인천지방법원 본원**

소재지	인천광역시 계양구 계산동 983-4 은광빌라 1층			회차	매각기일	최저매각가격	결과
물건종별	다세대 (빌라)	감정가	80,000,000원	1차	2017-03-20	80,000,000원	유찰
대지권	28.49㎡(8.62평)	최저가	(70%) 56,000,000원	2차	2017-04-24	56,000,000원	매각
건물면적	43.08㎡(13.03평)	보증금	(10%) 5,600,000원				
매각물건	토지건물 일괄매각	소유자	박○월		매각 76,626,000원		
개시결정	2016-01-27	채무자	박○월		감정가 대비 95.78% 낙찰		
사건명	임의경매	채권자	계산새마을금고				

매수인	인천 ㈜GCI
입찰자수	21명
차순위금액	72,375,000원
매각허가결정	2017-05-01
대금지급기한	2017-06-05
대금납부	2017-05-23
배당종결	2017-06-29

경매 절차가 종결되었습니다.

임차인현황

말소기준등기 2011-02-11, 배당요구종기일 2016-04-18

임차인	점유부분	전입/확정/배당	보증금/차임	기타
노해군 LUHAIJUN	주거용 전부	전입일자 2015.01.20. 확정일자 2015.01.20. 배당요구 2016.02.15.	보증금 22,000,000원	소액임차인

부동산의 현황 및 점유관계조사서

소재지	인천광역시 계양구 계산동 983-4 은광빌라 1층
점유관계	임차인 본인과의 통화에 의하면 본인은 중국 국적의 외국인이며 어느 식당에서 일한다고 함 소유자는 이곳에 거주하지 않는다고 함

대항력이란

'대항력'이란 임차한 주택의 매매(일반승계인)나 경매(특별승계인)로 인해 소유자가 바뀌어도 기존의 임대차계약을 새로운 소유자에게 주장할 수 있는 권한을 말합니다.

임차인이 임차한 부동산에 대하여 제3자에게 임차권을 주장할 수 있는 효력으로 임대차계약 기간 동안 부동산을 사용·수익할 수 있고, 계약 기간이 종료되더라도 새로운 소유자에게 보증금을 반환받을 때까지는 계속해서 점유, 사용할 수 있습니다.

주택 임차인의 대항력은 반드시 3가지 요건을 갖추어야 합니다.

❶ 임대차계약을 맺고

❷ 임차한 건물을 점유(입주)하며

❸ 주민등록 전입신고를 마쳐야 비로소 대항력을 취득합니다.

대항력 발생 시점은 주민등록 전입일 다음 날 오전 '0'시가 기준이며 반드시 이 세 가지 요건이 모두 충족되어야 합니다.

그런데 왜 대항력의 기준일이 전입일 다음 날 0시일까요?

등기권리 상호간에는 등기접수일이 같아도 등기에 기재된 접수번호로 순위를 가리지만, 등기권리인 근저당 설정일과 임차인의 전입일이 같은 날일 때는 임차인의 대항력 기준일인 전입일은 날짜만 확인되고 접수번호가 없어 등기권리와의 순위를 정할 수가 없습니다.

예컨대, 입주하는 주택의 근저당 설정일이 05월 07일이고 임차인의 전입일도 05월 07일 이라고 가정하면, 근저당 설정일은 05월 07일이고 임차인의 대항력 발생시점은 다음 날 오전 '0'시가 되므로 05월 08일이 되어 근저당 설정일보다 늦습니다. 이때는 대항력을 상실하여 낙찰자 등 제3자에게 대항하지 못합니다.

✅ **CHECK**

임차인의 대항력은 낙찰자에게 대항할 수 있는 권리로 적법하게 배당요구종기 내에 배당을 요구한 임차인은 매각대금에서 배당받고 전액 배당받지 못한 경우 미배당금액은 낙찰자가 인수합니다.

대항력 있는 임차인이 배당요구종기 내에 배당요구를 하지 않았거나 배당요구종기 이후에 배당요구를 한 경우에는 배당요구를 하지 않은 것으로 간주하여 임대차보증금 전액을 낙찰자가 인수합니다.

실무에서는 대항력 있는 임차인의 존재와 그 사실관계를 규명하는 일이 매우 중요합니다. 입찰하기 이전에 충분한 현장 방문과 관련 서류 확인을 통해 임차인의 존재와 대항력의 취득 여부, 그리고 허위임차인을 가려내는 일은 매주 중요합니다.

임차인 분석을 통해 임차인의 배당 여부와 인수금액 등을 파악하여 정상적인 입찰을 해야 하는지, 임대차보증금 인수를 전제로 입찰해야 하는지를 판단할 수 있어야 합니다.

임차인의 대항력도 소멸

임차인이 임대차계약을 맺고 주민등록 요건인 전입신고와 더불어 실질적으로 거주하는 등 대항력을 취득하였으나 여러 가지 사유로 인하여 대항력도 소멸합니다.

임차인의 대항력 소멸 사유
• 임대차계약서에 특정 동·호수를 표시하지 않은 경우 • 주민등록상 동·호수와 실제 거주하는 곳이 다를 경우 • 주민등록상 건물의 동·호수 표시가 공부와 다를 경우 • 실제로 건물이 소재한 지번이 아닌 다른 지번에 주민등록을 한 경우

임차인의 대항력이 소멸하면 낙찰자에게 임대차보증금을 요구할 수 없고 법원으로부터 우선변제도 어려울 수 있습니다. 따라서 임차인의 대항력 유지가 중요한 만큼 대항력이 소멸하는 사례를 살펴보아야 합니다.

【실무분석】 1. 주민등록과 임차한 실제 지번이 다르면

임차인이 착오로 전입신고를 잘못하여 다른 지번에 주민등록이 된 경우에는 주민등록이 실제 지번과 일치하지 않아 주택임대차보호법상의 유효한 공시방법을 갖추었다고 볼 수 없으므로 보호받을 수 없고, 말소기준등기보다 앞서 대항력을 갖추었다고 해도 낙찰자에게 대항할 수 없습니다.

따라서 제3자가 임차주택을 양수받거나 근저당권, 압류, 가압류의 등기 전에 실제 지번에 맞도록 주민등록을 신속하게 정정해야 그때부터 비로소 보호받을 수 있습니다.

임차인이 주민등록 전입신고를 하면서 착오로 임차주택의 소재지 지번을 잘못 기재하여 주민등록표에 다른 지번이 기재되었을 경우 주택임대차보호법의 보호를 받을 수 없고 대항력을 행사할 수 없습니다.

다만, 공동주택이 아닌 다가구용 단독주택(통상 원룸처럼 1동의 주택에 출입문을 별도로 설치하여 2가구 이상이 독립된 생활을 할 수 있도록 건축되었으나 아파트처럼 각 호실마다 구분등기를 할 수 없는 단독 주택)의 층·호수는 편의상 구분한 것에 불과하고 주민등록법시행령에 기재하도록 규정하지 않아 임차인이 전입신고 후 주택 소재지의 지번만 기재해도 주택임대차보호법의 보호를 받을 수 있습니다.

또한, 임차한 건물 소재지 지번으로 전입신고를 올바르게 하였는데 담당 공무원의 착오로 주민등록표에 지번이 다소 틀리게 등재되었을 때는 주택임대차보호법상 보호를 받을 수 있습니다[대법원 91다18118 판결].

【사례해설】전입신고 잘못하여 임대차보증금 못 받아

2017타경1662						수원지방법원 성남지원	
소재지	경기도 광주시 오포읍 양벌리 629-8 현성아름빌			회차	매각기일	최저매각가격	결과
물건종별	다세대 (빌라)	감정가	170,000,000원	1차	2017-11-13	170,000,000원	유찰
대지권	61.75㎡(18.68평)	최저가	(49%)83,300,000원	2차	2017-12-18	119,000,000원	유찰
건물면적	76.95㎡(23.28평)	보증금	(10%)8,330,000원	3차	2018-01-22	83,300,000원	매각
매각물건	토지건물 일괄매각	소유자	최○				
개시결정	2017-01-16	채무자	최○		매각 137,990,000원		
사건명	임의경매	채권자	국민은행		감정가 대비 81.17% 낙찰		

입찰자수	15명
차순위금액	130,000,000원
매각허가결정	2018-01-29
대금지급기한	2018-03-06
대금납부	2018-03-06
배당종결	2018-04-19
경매 절차가 종결되었습니다.	

임차인현황

말소기준등기 2010-04-22, 배당요구종기일 2017-03-22

임차인	점유부분	전입/확정/배당	보증금/차임	기타
오○철	주거용 301호	전입일자 2013.05.27. 확정일자 2013.05.02. 배당요구 2017.01.26.	보증금 110,000,000원	실질적인 301호 점유자 주민등록은 302호로 전입신고 공부상 불일치로 인한 추가 비용 및 소송제기 위험부담 있음

부동산의 현황 및 점유관계조사서

소재지	경기도 광주시 오포읍 양벌리 629-8 3층
점유관계	거주자(현관문 표시 301호)의 부 오○용과 면담 결과 오○철이 세대주로 전입되어 있으며 현관문 표시 302호는 폐문부재하여 만나지 못했으나 주민등록상 김○훈, 김○숙이 거주자로 되어 있어 임차인으로 등록하고 주민센테에서 전입세대 열람 내역 및 주민등록표 등본을 발급받아 첨부함. 위 부동산 건축물 현황도의 301호는 현황이 현관문에 302호로 표기되어 있음

경기도 광주에 있는 한 다세대주택 임차인 오○철이 공부상 호수인 301호로 계약한 후 입주하여 거주하였으나 주민등록을 302호로 전입신고를 한 사례입니다.

임대차계약서상 301호에 거주하는 실질적인 임차인 오○철의 임대차보증금은 1억 1,000만 원으로 전입신고와 확정일자까지 받고 배당요구종기 내에 배당요구까지 마쳤으나 안타깝게도 주민등록의 유효하지 않은 공시방법으로 인해 주택임대차보호법의 적용을 받을 수 없습니다.

이렇게 잘못된 전입신고로 자신의 임대차보증금 전액을 지키지 못하는 상황이 된 것입니다.

【실무분석】 2. 주민등록상 동·호수가 공부와 다를 때

주민등록이 공부상의 동 표시와 일치하지 않을 경우에는 주택임대차보호법이 요구하는 유효한 공시방법인 주민등록에 해당하지 않습니다. 따라서 주민등록을 공부상 표시와 일치하게 정정한 시점부터 비로소 주택임대차보호법의 보호를 받을 수 있습니다.

예컨대, 실제 동 표시가 'A동'인 신축 다세대주택 101호를 임차하여 사전 입주하면서 전입신고도 'A동 101호'로 마쳤지만, 준공검사 후 건축물대장이 작성되면서 '가동'으로 등재되고 그에 따라 등기기록도 '가동 101호'로 소유권보존등기됨으로써 주민등록이 공부상의 동 표시와 불일치하게 되었을 때는 주택임대차보호법의 보호를 받을 수 없습니다.

따라서 주민등록을 공부상 표시와 일치하게 정정한 시점부터 비로소 주택임대차보호법의 보호를 받을 수 있습니다[대법원 87다카1573판결, 2003다10940 판결].

이처럼 현황과 다른 동·호수로 전입신고를 하면 적법한 대항력을 갖춘 임차인으로 볼 수 없어 임차한 주택이 경매가 진행된다면 임대차보증금을 지키지 못하는 경우가 생길 수 있으므로 건축물대장과 현황상의 주소와 동·호수가 일치하는지 확인해야 합니다.

【사례해설】건물의 실제 표시와 공부상 호수가 다른 임대차

등기부상으로 102호가 매각 대상이지만 실제 현황은 101호로 되어 있어 건물의 실제 표시와 공부상 호수가 다르게 표시된 사례입니다.

2016타경32430   인천지방법원 본원

소재지	인천광역시 남구 주안동 414-17 부일빌라 102호			회차	매각기일	최저매각가격	결과
물건종별	다세대 (빌라)	감정가	87,000,000원	1차	2017-05-24	87,000,000원	유찰
대지권	17.66㎡(5.34평)	최저가	(70%)60,900,000원	2차	2017-06-28	60,900,000원	유찰
건물면적	47.74㎡(14.44평)	보증금	(10%)6,090,000원				
매각물건	토지건물 일괄매각	소유자	황○연		매각 73,899,000원		
개시결정	2016-09-01	채무자	황○연		감정가 대비 84.94% 낙찰		
사건명	임의경매	채권자	농협자산관리회사				

본건물 내
제1층 제102호

매수인	인천 이○정
입찰자수	2명
차순위금액	67,800,000원
매각허가결정	2017-07-05
대금지급기한	2017-08-08
배당기일	2017-09-07
배당종결	2017-09-07
경매 절차가 종결되었습니다.	

임차인현황   말소기준등기 2009-08-03, 배당요구종기일 2016-11-07

임차인	점유부분	전입/확정/배당	보증금/차임	기타
박○현	주거용 전부	전입일자 2011.11.28. 확정일자 2011.11.28. 배당요구 2016.01.08.	보증금 15,000,000원 월 250,000원	임차권등기자 소액임차인

부동산의 현황 및 점유관계조사서

소재지	인천광역시 남구 주안동 414-17 부일빌라
점유관계	본건 매각 대상인 부동산은 공부(집합건축물관리대장, 부동산 등기부)상 1층 102호(전유부분 면적 47.74㎡, 대지지분 17.66㎡), 현황은 1층 101호이나 실제 점유현황은 공부상 1층 101호(전유부분 면적 45.74㎡, 대지지분 16.91㎡, 현황은 1층 102호)로 공부상 표시와 실제 점유현황의 위치와 면적이 서로 상이함

102호를 임대차계약을 한 박○현은 현황표시 102호에 거주하여 주택임대차보호법의 보호를 받지 못합니다. 즉, 공부상 102호는 현황표시 101호이므로 101호에 거주해야 보호받을 수 있습니다.

소유권보존등기 당시 제출된 도면상에는 다세대주택 지하층 및 1, 2층의 입구에서 오른쪽 세대인 각 층 01호 전유부분 면적은 50.44㎡이고, 왼쪽 세대인 각 층 02호 전유부분 면적은 52.03㎡로 기재되었습니다. 그러나 실제 현관문에는 각 층 입구 오른쪽 세대가 02호로, 왼쪽 세대가 01호로 표시되어 있고 매수인이 임의경매 절차에서 등기부상 지층 02호, 면적 52.03㎡인 부동산을 낙찰받은 사안에서 갑은 입구 왼쪽에 있는 지층 02호를 낙찰받은 것으로 보아야 한다는 사례입니다.

현황상의 표시가 바뀐 호수라 해도 실질적인 매각은 공부상의 호수를 기준으로 삼아야 한다는 의미로 등기부상 주택의 표시와 부동산의 현황이 다른 경우에는 원칙적으로 등기부상 표시를 기준으로 판단합니다.

본 경매 사건과 관련하여 당시 대법원은 01호와 02호가 동일성이 인정되지 않을 때 등기부에 기재된 대로 경매 절차가 진행된 01호에 관한 낙찰은 유효하고 인도명령은 적법하다고 판시하였습니다[대법원 2014다13082 판결].

이러한 사례는 오래된 소규모 빌라나 연립주택, 다세대주택에서 상당수 발견되며 입찰하고자 할 때는 보다 정확한 분석이 필요합니다.

【실무분석】3. 동거가족만 전입신고를 하면

임대차 계약자 A가 주택을 임차하여 가족과 함께 입주하였으나 사정이 있어 A의 가족만 주민등록 전입신고를 하고 임차인 계약자 A가 전입신고를 하지 못한 경우에도 A는 대항력을 취득할 수 있을까요?

주택 임차인이 가족과 함께 그 주택에 대한 점유를 계속하고 있으면서 그 가족의 주민등록을 그대로 둔 채 임차인만 주민등록을 일시적으로 다른 곳으로 옮긴 경우라면 주민등록의 이탈이라고 볼 수 없는 만큼 임대차의 제3자에 대한 대항력은 상실하지 않고 유지됩니다[대법원 95다30338 판결].

임차인과 공동생활을 영위하는 가족만이 주민등록 전입신고를 해도 주택임대차보호법상의 대항요건인 주민등록을 마친 것으로 볼 수 있습니다.

이에 임차인의 가족 등이 전입신고를 한 다음 날부터 대항력을 인정받을 수 있습니다. 그후 경매 절차에서 배당요구를 하면 저당권을 설정한 채권자보다 낙찰대금으로부터 우선변제를 받을 수 있고, 임대차보증금 전액을 배당받지 못할 때는 낙찰자가 그 잔액을 인수해야 합니다.

【실무분석】 4. 일시적으로 주민등록을 이전하면

> 임차인 A가 주택을 임차하여 전입신고까지 마치고 거주하던 중 사정이 생겨서 가족 전원이 주민등록만을 다른 곳으로 일시 이전을 하였다가 다시 전입하였는데, 그 사이에 근저당권이 설정되고 그에 따른 경매가 실시되어 낙찰자가 임차인 A에게 집을 비울 것을 요구했을 때 임차인 A는 대항력을 주장할 수 있을까요?

임대 기간 중 주민등록을 옮기면 비록 그 집에서 가족과 함께 계속 거주하고 있었다고 하여도 대항력을 상실합니다. 근저당권이 설정된 이후에 다시 전입신고를 해도 그때부터 새로운 대항력이 다시 발생하므로 그에 기한 경매 절차에서의 매수인에 대하여 대항력을 주장할 수 없습니다.

즉, 선순위 임차인이었는데 근저당보다 늦은 후순위 임차인으로 위치가 바뀐 것입니다. 다만 가족의 주민등록은 그대로 둔 채 본인의 주민등록만을 일시적으로 옮겼다면 대항력을 상실하지 않습니다.

주택 임차인에게 주택의 인도와 주민등록을 요건으로 명시하여 등기된 물권에 버금가는 강력한 대항력을 부여하고 있는 취지에 비추어 볼 때, 달리 공시방법이 없는 주택임대차에 있어서 주택의 인도 및 주민등록이라는 대항요건은 그 대항력 취득 시에만 구비하면 되는 것이 아니고 그 대항력을 유지하기 위하여서도 계속 존속하고 있어야 합니다[주택임대차보호법 제3조 제1항].

그리고 주택의 임차인이 그 주택 소재지로 전입신고를 마치고 입주함으로써 일단 임차권의 대항력을 취득한 후 어떤 이유에서든지 그 가족과 함께 일시적이나마 다른 곳으로 주민등록을 이전하였다면 이는 주민등록의 이탈이라고 볼 수 있습니다.

이에 따라 그 대항력은 전출 당시 이미 대항요건의 상실로 소멸하는 것이고, 그 후 임차인이 얼마 있지 않아 다시 원래의 주소지로 주민등록을 재전입하였다고 하더라도 이로써 소멸하였던 대항력이 당초에 소급하여 회복되는 것이 아니라 다시 전입한 때부터 그와는 동일성이 없는 새로운 대항력이 재차 발생하는 것입니다[대법원 2002다20957 판결].

【실무분석】 5. 두 필지 위에 축조된 주택의 유효한 전입신고 방법

> 신축한 다가구용 단독주택 중 방 하나를 임차한 A는 입주한 후 등기기록을 열람하여 보니 위 주택이 효자동 3-1과 3-2 두 필지 위에 축조된 사실을 발견했습니다. 주민등록표에 주택 소재지 위 양 지번 중 하나인 3-1만 기재했을 때 주택임대차보호법의 보호를 받을 수 있을까요?

한 채의 건물이 2필지 이상에 걸쳐 건축된 경우에는 이를 하나의 대지로 보도록 규정하고 있습니다[건축법 제2조 제1항 제1호, 건축법 시행령 제3조 제1항].

행정관서에서도 주민등록상에 한 필지의 지번만을 기재하고 있으므로 주택의 대지인 여러 필지 지번 중 하나만 기재한 주민등록도 유효한 공시방법이라고 할 수 있습니다.

다가구용(원룸) 단독주택의 경우 이를 단독주택으로 보는 이상 임차인이 전입신고를 하는 경우 지번만 기재하는 것으로 충분하고, 건물 거주자의 편의를 위해 편의상 구분하여 호수까지 기재할 필요는 없습니다[대법원 97다47828 판결].

【실무분석】 6. 주민등록은 유지한 채 이사한 임차인의 대항력

임차인 A는 임차주택의 매각기일 이전에 주민등록만 그대로 둔 채 이사하였고, 집을 구하는 사람에게 보여주기 위해 출입문의 열쇠를 소지한 채 주택의 출입문을 잠그지 않았다면 임차인 A는 주택임대차보호법상 보호를 받을 수 있을까요?

임차인 A가 임차주택의 매각기일 전에 주민등록만 그대로 둔 채 시설이나 집기를 남겨두지 않고 이사하여 집을 구하는 사람에게 보여주기 위하여 출입문의 열쇠를 소지한 채 임차주택의 출입문을 잠그지 않았을 때는 '점유의 상실'이 되어 보호받을 수 없습니다.

주택임대차보호법이 임차인의 대항력과 우선변제권의 요건으로 주민등록과 함께 주택에 대한 점유를 요구하고 있고, 출입문 열쇠의 소지 사실만으로 사회 통념상 임차주택을 사실상 지배하고 있었다고 단정하기 어려워 주택임대차보호법상 우선변제권의 요건인 '주택의 점유'를 상실한 것입니다[대구지법 2005나10249 판결].

【실무분석】 7. 무상거주확인서의 효력

근저당권자가 담보로 제공된 건물에 대한 담보가치를 조사할 당시 대항력을 갖춘 임차인이 임대차 사실을 부인하고 건물에 관하여 임차인으로서의 권리를 주장하지 않겠다는 내용의 '무상임대차확인서'를 작성해 주었습니다. 그 후 진행된 경매 절차에서 무상임대차확인서가 제출되어 매수인이 인수금액이 없다고 판단하여 입찰하여 낙찰을 받았습니다. 그렇다면 실질적으로 대항력을 갖춘 임차인으로서의 권리 행사를 할 수 있을까요?

'무상임대차확인서'나 '무상거주확인서' 등 임대차계약이 존재하지 않는다는 사실을 확인하는 문서에서 비롯된 매수인의 신뢰가 매각 절차에 반영되면 임차인이 매수인의 인도명령 등 건물인도청구에 대하여 대항력 있는 임대차를 주장하여 임대차보증금반환을 요구하는 것은 허용되지 않습니다.

실질적으로 선순위 임차인이라 할지라도 무상거주확인서가 존재한다면 임차인의 권리를 포기한 것이므로 대항력행사 등 임차인으로서 권리를 주장할 수 없습니다. 이런 물건의 경우 정상적으로 판단하고 입찰하면 됩니다[대법원 2019다228215 판결].

【실무분석】8. 임대차계약이 무효인 경우

일반적으로 임대차보증금과 월 차임을 전제로 맺은 임대차계약은 유효합니다. 그러나 정상적으로 계약을 했어도 법적으로 인정하지 않는 임대차계약이 있습니다.

대법원 판례에 따르면 부부 사이에 맺은 임대차계약 및 부모와 미성년 자녀 사이에 맺은 임대차계약 그리고 자녀의 부동산에 부모가 임차인으로 계약한 임대차계약에 대해서는 인정하지 않습니다. 재산의 상속이나 증여에 따른 편법이 난무할 수 있기 때문입니다.

다만 형제간, 부자간(부모가 임대인이고 자녀가 임차인일 경우), 기타 친인척 간의 임대차계약은 실체적 진실에 따라 판단합니다. 여기서 실체적 진실은 실질적인 임대차계약 관계가 성립하기 위한 객관적인 증빙자료들을 말합니다.

예컨대, 당사자 간의 계약서 작성, 임대차보증금의 통장 입·출금 내역, 월세 등의 입금기록, 전입과 실거주 여부 및 객관적인 자료증빙을 하지 못한다면 진정한 임차인으로 인정받기 어려울 뿐만 아니라 허위임차인일 가능성이 매우 높습니다.

【실무분석】9. 점유보조자 대항력을 인정받을까

대학생 A가 방 1칸을 임차하여 전입신고 후에 자취를 하고 있으나 아직 미성년자이기 때문에 시골에 거주하는 아버지 명의로 임대차계약을 체결하였을 경우 대항력을 취득할 수 있을까요?

미성년자의 단독적인 임대차계약은 효력이 없습니다. 이에 대항력도 취득할 수 없고 주택임대차보호법의 보호도 받지 못합니다. 따라서 미성년자의 후견인인 부친이 자녀를 통하여 점유하는 것으로 되기 때문에(대학생 A는 부친의 점유보조자) 점유와 주민등록이라는 대항요건을 갖춘 이상 임차인인 부친이 대항력을 취득합니다.

임대차계약, 주택 인도, 그리고 주민등록을 통한 전입신고가 되었을 때 임차인은 대항력을 구비하는데 임차인뿐만 아니라 임차인의 가족 등 점유보조자를 통해 주민등록을 하고 주택을 점유할 때에도 마찬가지입니다.

입찰 전에 확인해야 할 사항 중 하나는 임대차 관계가 없는 사람이 점유하고 있을 경우의 권리분석은 더욱 조심스럽게 해야 한다는 것입니다. 실제로 임대차계약을 한 세대주는 살고 있지 않고 실질적으로 점유하고 있는 임차인의 가족이나 점유보조자의 전입신고 날짜만을 기준으로 대항력을 판단해서는 안 됩니다.

또한, 점유하지는 않아도 점유보조자를 통해 세대주나 계약자의 전입일이 말소기준등기 보다 빠른 경우 대항력을 취득할 수 있습니다.

주민등록을 통해 임차인 본인뿐만 아니라 그 배우자나 자녀 등 가족이나 전차인 등 점유 보조자의 주민등록을 포함하며 점유보조자를 통해서도 대항력을 갖출 수 있습니다.

그동안 배우자나 자녀 등 법률상 혈연관계에 있는 경우에만 점유보조자로서 대항력을 인정해 왔는데 2007년 법원판결로 사실혼 관계에 있어도 인정받고 있습니다.

임대인의 지위 승계와 대항력

임차인에게 대항력은 임차주택의 양수인(상속, 증여, 교환, 매매, 경매 등으로 소유권을 새롭게 취득한 사람)이 임대인의 지위를 당연히 승계하므로 임대 기간 동안 계속 거주할 수 있고, 임대차 기간이 만료되면 양수인으로부터 보증금을 반환받을 때까지 임차주택을 비워주지 않아도 됩니다.

대항력이 있으면 임대인의 지위가 양수인에게 당연히 승계되므로 임차인은 양수인에 대하여만 '임대보증금반환청구'를 할 수 있습니다.

이는 미등기인 무허가건물이나 불법건축물의 소유권을 양도·양수한 경우도 마찬가지입니다. 대항력을 갖춘 임차인은 여러 사유로 보증금 중 일부라도 반환받지 못한 경우 그 금액은 새로운 양수인, 경매에서는 낙찰자가 직접 자신의 책임으로 반환해야 하고, 반환받지 못하면 그 집에서 퇴거하지 않을 권리가 있습니다.

【실무분석】1. 제3자에게 주장할 수 있는 대항력

임차인 B가 주택을 임차하여 입주 후 주민등록을 마쳤는데 임대인 A가 임차주택을 C에게 양도했을 때 임차주택의 양수인 C에게 임차권을 주장할 수 있나요? 또한 임대 기간이 끝난 후 임대차보증금을 반환받지 못하고 있는 사이에 주택이 양도되었을 때 임차인 B가 보호받을 수 있는 방법은 무엇일까요?

권리일	권리	권리자	내용
2019-04-12	소유권이전	양도인 A	매매
2020-02-25	계약/전입/점유	임차인 B	임대차
2021-09-08	소유권이전	양수인 C	매매

임차인 B는 양수인 C에게 임차권을 주장할 수 있습니다. 주택 임차인이 대항요건을 갖춘 후 주택이 양도되면 양수인은 임대인의 지위를 당연히 승계하기 때문입니다.

따라서 양수인과 다시 임대차계약을 체결할 필요 없이 나머지 임대 기간 동안 계속 거주하다가 임대차 기간이 끝나면 양수인으로부터 임대차보증금을 반환받으면 됩니다.

임대차 기간이 끝난 경우에도 임대차보증금을 반환받을 때까지 임대차 관계는 계속하는 것으로 보게 됩니다. 그 상태에서 임차주택을 양수한 자는 임대인의 지위를 승계하게 되므로 설사 양수인이 명도를 청구할 경우에도 임대차보증금을 반환받을 때까지는 임차주택을 비워 줄 의무가 없습니다. 통상 중개거래에서 전 소유자와 계약한 임차인의 임대차보증금을 떠안고 매수하는 것과 마찬가지입니다.

【실무분석】2. 임차권 양도와 대항력

임대인 A의 동의하에 임차인 C는 대항력 있는 임차인 B로부터 임차권을 양도받았습니다. 원래의 임차인 B가 대항력을 취득한 후 임차권을 양도받기 전에 임차주택에 관하여 근저당권이 설정되고 그 근저당권에 기한 경매 절차가 진행 중일 때 매수인에 대하여 임차인 C는 임대차보증금을 반환받을 때까지 임차주택을 비워주지 않아도 될까요?

권리일	권리	권리자	내용
2018-05-02	소유권이전	임대인 A	매매
2019-01-09	계약/전입/확정	임차인 B	양도자(전대인)
2019-08-23	근저당	대한은행	말소기준등기
2020-06-17	계약/전입/확정	임차인 C	양수자(전차인)
2021-11-22	임의경매	대한은행	

임차인 C는 임대인 A의 동의를 얻어 대항력을 갖춘 임차인 B로부터 적법하게 임차권을 양도받은 경우, 임차인 B의 주민등록 퇴거일로부터 주민등록법상의 전입신고 기간인 14일 이내에 전입신고를 마치고 주택에 입주하였다면 원래의 임차인 B가 갖고 있던 대항력을 주장할 수 있습니다.

따라서 이러한 요건을 갖추었다면 임차권을 양도받기 전에 근저당권이 설정되었어도 그 실행을 위한 경매 절차에서 매수인에게 임대차보증금을 반환받을 때까지 임차한 주택을 비워주지 않아도 됩니다[대법원 94다3155 판결].

등기된 전세권자의 경우에는 전세권설정계약에서 전세권의 양도를 금지하지 않는 한 전세권 설정자의 동의 없이도 전세권을 양도할 수 있고 전세권 등기의 부기등기로 그 우선순위를 유지할 수 있습니다.

이와 반대로 임대인의 동의 없이 임차권을 양도·양수했다면 어떨까요? 전차인 C는 임대차계약 체결 시 임차주택에 살고 있던 B를 소유자로 알고 계약을 체결하고 입주하여 주민등록을 마쳤는데, 이후 소유자는 A였고 B는 임차인으로서 소유자의 동의 없이 전대차를 한 것을 알았습니다.

이때 주택 소유자 A가 임차주택을 비워달라고 요구할 때 C는 명도를 거부할 수 없고 즉시 인도해야 하며 경매로 낙찰받은 매수인의 명도에도 대항할 수 없습니다. 즉, 임차인이 임대차 기간 중에 임차주택을 다른 사람에게 전대(재임대)하였더라도 임대인의 동의가 없으면 전차인은 임대인에게 자신의 전차권을 주장할 수 없습니다.

【실무분석】3. 가압류된 주택을 임대한 임차인의 대항력

임차인 D는 가압류된 주택을 양수한 소유자 C로부터 가압류가 해제될 것이라는 말을 믿고 주택을 임차하여 입주 후 주민등록을 마치고 확정일자까지 받았습니다. 그 이후 가압류 채권자인 B가 본안소송에서 승소판결을 얻어 위 주택에 대한 강제경매를 신청하였을 때 임차인 D는 주택임대차보호법의 보호받을 수 있을까요?

권리일	권리	권리자	내용
2019-05-13	소유권이전	전 소유자 A	매매
2019-11-28	가압류	B	말소기준등기
2020-02-19	소유권이전	소유자 C	매매
2020-10-22	계약/전입/확정	임차인 D	임대차
2021-09-20	강제경매	B	

임차인 D는 주택임대차보호법에 따른 법적인 보호를 받지 못합니다.

본 사례에서는 전 소유자 A를 상대로 한 가압류권자의 강제경매 절차로 경매법원에서는 매각대금에서 가압류 채권자의 채권을 지급하고 남은 금액은 현 소유자에게 지급합니다. 즉, 임차인 D가 현 소유자 C와 임대차계약을 한 만큼 현 소유자 C에게 지급된 금액에 대해 채권 가압류를 신청하여 회수해야 합니다.

현 소유자 C에게 지급될 금원이 없는 경우에는 소액임차인이라 해도 보호를 받지 못합니다.

따라서 가압류권자 B에게 배당하고 잉여금이 있는 경우에는 제3취득자(현 소유자 C)에게 교부될 잉여금을 가압류 한 후 압류 및 '추심명령'(금전채권의 환가방법의 하나로 집행채무자의 제3채무자에 대한 금전채권을 민법상 대위절차에 의하지 않고 집행채무자에 대신하여 채권자에게 추심할 수 있는 권한을 부여하는 집행법원의 명령) 또는 '전부명령'(채무자가 제3채무자에게 갖고 있는 금전채권을 집행채권과 집행비용청구권의 변제에 갈음하여 압류채권자에게 이전시키는 집행법원의 결정)을 받아 임대차보증금을 회수할 수도 있으나 실무에서는 그 가능성은 매우 적습니다.

제12장

확정일자

우선변제권이란

우선변제권의 성립 요건

임대차계약을 하고 난 이후에 행정복지센터에서 임대차계약서에 확정일자를 받으면 우선변제권이 부여됩니다.

일반적인 거래에서는 임차권이나 임대차계약이 매수인에게 승계되어 임대차보증금을 받을 수 있으나 임대차 기간이 종료된 이후에도 임대차보증금을 돌려받지 못할 때, 임대차계약을 한 부동산이 경매로 매각될 때 등 임대인으로부터 임대차보증금 회수가 어려울 때 확정일자를 받은 우선변제권은 임대차보증금을 지킬 수 있는 임차인의 권리입니다.

우선변제권은 임차한 주택이 경매로 매각될 때 임차주택의 환가대금에서 후순위 권리자와 기타 채권자보다 우선하여 임차보증금을 변제받을 수 있는 권리로 근저당과 같은 물권과 동등하게 효력 발생일의 선후를 따져 순위대로 매각대금에서 배당받을 수 있습니다.

임대차계약서에 확정일자를 받은 임차인의 우선변제권은 담보물권에 준하는 순위에 따라 배당되는데, 일반채권에 대해서는 항상 우선하며 근저당권과 같은 물권끼리는 순위를 다툽니다.

다만, 소액임차인의 최우선변제액, 최종 3개월 임금 및 최종 3년간의 퇴직금 채권과 당해세보다는 후순위로 배당받습니다.

확정일자부 우선변제권과 소액임차인의 최우선변제권을 동시에 갖는 임차인은 최우선변제액을 먼저 배당받고, 전액 배당받지 못하였다면 모자란 보증금은 우선변제권의 지위에서 배당받을 수 있습니다.

토지와 건물을 포함한 매각대금의 전부에서 우선변제를 받을 수 있고, 건물에 대해 경매가 취하되어 토지만 낙찰되었다 하더라도 임대차보증금 전액에 대해서 우선변제를 받을 수 있습니다. 건물과 토지가 동시에 경매가 되거나 시기를 달리하여 매각되어도 임차인은 우선변제를 받을 수 있습니다.

우선변제권을 행사하여 배당을 받기 위해서는 배당요구종기까지 반드시 배당요구를 해야 합니다.

특히 대항력이 없는 후순위 임차인이라면 우선변제권의 요건이 성립된다 해도 배당요구 없이는 배당에서 제외되어 법원으로부터 배당받을 수 없습니다.

선순위 임차인이 배당요구를 해서 법원에서 배당을 받아도 임대차보증금 전액을 배당받지 못할 때는 임차인의 대항력으로 인해 낙찰자는 부족한 부분만큼 인수해야 할 것이기에 선순위 임차인에게 얼마만큼의 임대차보증금이 배당되는지를 파악하는 일 또한 권리분석의 중요한 부분입니다.

임대차계약의 갱신과 더불어 임대차보증금 증액이 이루어졌을 때는 증액한 부분에 대해 새로운 확정일자를 받아야만 증액 부분에 대해 우선변제권을 행사할 수 있고, 새롭게 확정일자를 받은 시점이 증액 부분에 대한 우선변제권이 성립하는 시점이 됩니다.

임차인의 우선변제권 행사 절차 및 방법

① 배당요구 신청

임차인이 거주하는 부동산에 경매가 진행되면 법원은 임차인에게 권리신고서를 등기우편으로 보내고 배당요구종기까지 제출하면 됩니다. 이때 필요한 서류는 임대차계약서(확정일자 받은 계약서) 사본, 주민등록등본(임차인 본인의 전입일자 및 임차인의 동거가족이 표시된 것) 및 연체된 차임 등이 있을 때는 이를 공제한 보증금 잔액에 관한 계산서를 첨부합니다.

② 배당요구신청서 제출 시한

우선변제권을 가진 임차인과 소액임차인은 경매법원이 정한 배당요구종기까지 제출하면 됩니다. 그리고 임차인이 주택임대차보호법에 의한 대항력과 우선변제권을 인정받기 위해서는 배당요구종기까지(배당요구종기가 연기되면 연기한 날까지) 주택의 인도와 주민등록이라는 요건이 계속 유지되어야 합니다[대법원 2001다70702 판결].

즉, 주택임대차보호법의 보호를 받아 우선변제권과 최우선변제권, 대항력을 행사하려면 배당요구종기까지 주민등록을 유지하고 계속해서 거주하고 있어야 합니다.

③ 임차주택의 명도

우선변제권 있는 주택 임차인이 경매법원으로부터 자신에게 우선 배당된 배당금을 수령하기 위해서는 임차주택을 명도받았다는 매수인의 인감이 날인된 '명도확인서'를 경매법원에 제출해야 합니다. 다만 대항력이 있는데 임대차보증금 중 일부만 배당을 받는다면 나머지 금액을 반환받을 때까지 매수인에게 임차주택을 비워주지 않아도 됩니다.

우선변제권의 존속 기간

우선변제권을 행사하기 위해서는 주택의 인도(점유)와 주민등록 전입신고를 하고 매각결정기일까지 존속시켜야 합니다. 하지만 실무에서는 매각결정기일보다 더 늦은 매각대금 납부 시까지 대항력을 존속시키는 것이 안전합니다.

다만 임대차 기간이 종료된 후에 임차권등기를 마친 경우에는 대항력을 유지하지 않아도 됩니다.

이는 낙찰자의 매각대금 미납으로 재매각을 하거나 항고로 인해 신경매가 실시되면 그보다 앞서 매각결정기일까지 유지했던 대항력 요건을 되돌릴 수 없어 대항력을 유지하지 못해 우선변제권이 소멸하여 배당을 받지 못하기 때문입니다.

임차인의 우선변제권 기준시점

권리일	권리	내용
2019-11-12	임대차 계약일	
2020-09-24	주민등록 전입일	대항력 기준시점 (09월 25일 0시)
2020-09-25	확정일자	우선변제권 기준시점
2020-09-25	근저당 설정일	말소기준등기

권리일	권리	내용
2019-11-12	임대차 계약일	
2020-09-25	근저당 설정일	말소기준등기
2020-09-25	주민등록 전입일	대항력 기준시점(09월 26일 0시)
2021-03-17	확정일자	우선변제권 기준시점

우선변제권의 발생시점은 확정일자와 전입일(대항력 기준일) 중에서 나중의 시점입니다. 임차주택에 입주하고 주민등록 전입신고를 마친 후에 확정일자를 받았다면 확정일자 받은 날이 우선변제권의 발생 기준시점이 됩니다.

확정일자를 받은 날짜가 저당권 등기일과 같을 때는 임차인과 저당권자는 동 순위로 비율 배당을 받습니다.

또한, 입주와 전입신고를 마친 당일 혹은 그 이전에 확정일자를 받았다 해도 입주와 전입신고, 확정일자 중 가장 늦은 날이 기준시점이 됩니다.

우선변제권의 경우의 수

임차인의 대항력은 대항요건(주민등록과 점유)을 갖춘 다음 날 발생한다고 규정[주택임대차보호법 제3조 제1항]하고 있지만, 확정일자에 의한 우선변제권은 '대항력'이 아니라 '대항요건'을 전제로 발생한다고 규정[주택임대차보호법 제3조의 제2항]하고 있습니다.

임차인이 대항요건을 갖춘 날 확정일자도 함께 받았다면, 대항력은 그다음 날 0시에 발생하더라도 우선변제권은 당일에 즉시 발생합니다[서울고법 1997.4.16.선고 96나50393 판결].

우선변제권은 경매로 인한 매각과 한국자산관리공사(www.onbid.co.kr)가 진행하는 공매로 매각될 때만 행사할 수 있습니다. 일반거래, 즉 매매와 교환 등의 거래에서는 우선변제권을 인정하지 않기 때문입니다.

대항력은 경우의 수가 오직 두 가지뿐입니다. 대항력이 있는 경우와 대항력이 없는 경우로 나누어집니다. 그러나 확정일자부 우선변제권에서는 대응 방법이 여덟 가지가 있으나 어느 경우이든 우선변제권의 경우의 수는 세 가지 뿐입니다.

첫째, 임차인이 우선 - 우선변제권 있음

둘째, 근저당권자가 우선 - 우선변제권 없음

셋째, 우열을 가릴 수 없을 때 - 같은 날 - 안분배당합니다.

확정일자의 우선순위

❶ 전입 > 근저당권 > 확정일자

근저당권자 우선배당, 단 임차인은 대항력이 있으므로 배당에서 부족분은 낙찰자가 인수합니다.

예컨대, 말소기준등기일(근저당권)은 2020년 06월 15일이고 임차인의 전입일은 2020년 01월 08일, 확정일자는 2021년 02월 16일에 받았습니다. 이때 대항력 기준일은 2020년 01월 09일 0시로 임차인은 대항력이 있습니다. 그러나 확정일자가 근저당권보다 늦어 우선변제권 기준일은 2021년 02월 16일입니다. 따라서 배당순위는 근저당권자가 우선합니다.

권리일자	권리	내용
2020-01-08	전입	임차인 A
2020-06-15	근저당권	말소기준등기
2021-02-16	확정일자	임차인 A

❷ 전입 > 확정일자 > 근저당권

말소기준등기인 근저당권보다 임차인의 전입일자와 확정일자가 앞선 경우입니다. 이때는 임차인이 대항력이 있어 근저당보다 우선 배당받으며 임차인의 미배당금액은 전액 낙찰자가 인수합니다.

❸ 전입 > 확정일자 = 근저당권

확정일자와 근저당 설정일이 같은 날인 경우입니다. 배당은 안분하나 임차인은 대항력이 있으므로 배당 부족분은 낙찰자가 인수합니다.

예컨대, 임차인은 2019년 05월 20일 임대차보증금 5,000만 원에 임대차계약을 체결했습니다. 06월 22일 확정일자를 받았는데 공교롭게도 같은 날 근저당권 설정 등기(5,000만 원)가 이루어졌습니다.

이 경우는 전입일자는 빠르나 확정일자와 근저당권 설정등기일이 같은 경우로 말소기준 등기는 2019년 06월 22일입니다.

대항력의 기준일은 2019년 05월 21일 0시로 임차인은 대항력이 있습니다. 그러나 확정일자가 늦어 우선변제권 기준일은 2019년 06월 22일입니다. 이 경우 말소기준등기일인 근저당 설정일과 확정일자가 같으면 상호간 우열을 가릴 수 없어 안분배당합니다.

낙찰가가 6,000만 원이라면 임차인 3,000만 원, 근저당권자 3,000만 원씩 각각 배당됩니다. 임대차보증금 5,000만 원에서 배당부족분 2,000만 원은 낙찰자가 인수해야 합니다.

권리일자	권리	내용
2019.05.20	전입	임차인 B
2019.06.22	근저당권	말소기준등기
2019.02.22	확정일자	임차인 B

❹ 전입 = 확정일자 = 근저당권

근저당권이 우선 배당을 받고 임차인은 대항력 없으므로 배당순위에서 늦습니다.

예컨대, 임차인은 2021년 09월 23일 전입과 동시에 확정일자를 받았습니다. 역시 같은 날 근저당권이 동시에 설정되었습니다. 이때 임차인의 대항력은 어떻게 될까요?

말소기준등기일은 2021년 09월 23일입니다. 대항력 기준일은 09월 24일 0시이며 우선변제권 기준일은 확정일자일(9월 23일)과 대항력 기준일 중 늦은 날이 되므로 05월 24일 0시입니다.

따라서 임차인은 배당순위에서도 밀릴 뿐만 아니라 대항력도 없어 낙찰 시 인도명령 대상입니다. 임차인으로서는 가장 서러운 경우가 아닐까 합니다.

❺ 전입 = 근저당권 > 확정일자

임차인은 대항력이 없고 근저당권은 확정일자부 우선변제권보다 우선배당을 받습니다.

예컨대, 2020년 04월 19일 전입과 동시에 근저당권이 설정되었고, 확정일자는 06월 30일에 받았으며 말소기준등기는 2020년 04월 19일입니다. 대항력 기준일은 04월 20일 0시로 임차인은 대항력이 없고 확정일자도 늦어 배당순위에서도 근저당권자보다 늦습니다.

권리일자	권리	내용
2020.04.19	전입	임차인 C
2020.04.19	근저당권	말소기준등기
2020.06.30	확정일자	임차인 C

❻ 근저당권 > 전입(확정일자)

대부분의 매각물건이 이 경우입니다. 근저당권이 우선하여 임차인은 대항력도 없고 우선변제권도 늦어 임차인의 배당 여부와 상관없이 낙찰자는 인수하지 않습니다.

❼ 확정일자 > 전입 > 근저당권

임차인의 전입일자 및 확정일자가 말소기준등기일인 근저당 설정일보다 빠른 경우입니다. 임차인은 대항력이 있고 우선변제권 있어 미배당금은 낙찰자가 전액 인수합니다.

❽ 확정일자 > 근저당권 > 전입

확정일자는 근저당권보다 빠르나 전입일자가 늦어 대항력이 없습니다. 경매 물건 중 간혹 확정일자가 말소기준권리보다 빠른 경우입니다.

예컨대, 확정일자는 2021년 08월 23일이고 이어 근저당권 설정일은 09월 08일이며 전입일은 이보다 늦은 09월 27일이라면 임차인의 대항력은 어떻게 될까요?

말소기준등기일은 09월 08일입니다. 반면 대항력 기준일은 09월 28일 0시로 임차인은 대항력이 없습니다. 우선변제권은 확정일자일과 대항력 기준일 중 늦은 날이 되므로 비록 확정일자가 빠를지라도 근저당권보다 우선하여 배당받을 수 없습니다.

권리일자	권리	내용
2021.08.23	확정일자	임차인 C
2021.09.8	근저당권	말소기준등기
2021.09.27	전입	임차인 C

확정일자 받는 방법

임대차계약서상의 확정일자란 그 날짜 현재 그 문서가 존재하고 있었다는 사실을 증명하기 위하여 임대차계약서의 여백에 기부번호를 기입하고 확정일자인을 찍어 주는 것을 말하는데 우선변제권을 행사하기 위해서는 계약서에 확정일자가 반드시 있어야 합니다.

매각결정기일까지는 받아야 하나 다른 물권과의 순위 경쟁에서 밀려나 배당금을 확보하지 못하는 경우가 많으므로 되도록 임대차계약과 동시에 확정일자를 받는 것이 좋습니다. 확정일자를 받는 방법은 다음과 같습니다.

- 공증기관에서 임대차계약서에 확정일자인을 받는 방법(수수료 1,000원)
- 법원등기소의 공무원에게 임대차계약서에 확정일자를 받는 방법
- 인터넷등기소(http://www.iros.go.kr)의 '확정일자 신청하기'에서 받는 방법(주택임대차계약서만 가능, 상가임대차계약서는 온라인 신청 불가능, 수수료 500원)

- 가장 많이 이용하는 읍·면·동 행정복지센터의 공무원이 확정일자인을 찍어 주는 방법 (수수료 600원)

확정일자를 받지 않으면 선순위 담보권자(근저당) 등이 있는 경우 매각으로 임차권이 소멸하여 매수인에게 대항하지 못하고 소액임차인이 아닌 한 배당받을 수 없으나, 확정일자를 받아두면 후순위 담보권자나 일반 채권자에 우선하여 배당받을 수 있습니다.

확정일자는 임차인에게 우선변제권을 인정하는데, 그 절차가 간단하고 비용도 거의 들지 않기 때문에 받아두면 편리합니다. 전세권 설정을 하고 싶지만 임대인이 동의하지 않을 때 확정일자를 받으면 등기된 전세권과 같은 효과를 볼 수 있습니다.

임대차계약서의 확정일자는 임대인의 동의 없이 임차인 또는 계약서 소지인이 언제든지 계약서 원본을 제시하고 구두로 청구하면 받을 수 있습니다.

또한, 공증인사무소, 법무법인 또는 공증인가합동법률사무소 등 공증기관에서 임대차계약서를 공정증서로 작성하여도 확정일자를 받은 것과 동일한 효력이 있고, 통상 임대차계약서에 받지만 사서증서의 인증을 받아도 됩니다.

확정일자 받은 계약서를 분실했다면

확정일자를 받은 임대차계약서를 분실하여 제출하지 못할 때는 우선변제권이 없어 자칫 임대차보증금을 배당받지 못할 수도 있습니다. 이런 경우에는 다음과 같은 방법으로 구제받을 수 있으니 적극적으로 활용하기 바랍니다.

- 2014년 01월 01일 이후에 확정일자를 받은 경우에는 행정복지센터에서 '임대차정보제공요청서'를 신청하여 발급받습니다(확정일자 부여일, 임대차 목적물, 임대인과 임차인의 인적사항, 월 차임, 보증금액, 임대차 기간 등 입증 가능).
- 인터넷등기소에서 2014년 01월 01일 이후 법원, 등기소, 읍·면 행정복지센터, 시·군·구 출장소에서 부여한 확정일자 정보를 열람할 수 있으며, 2014년 07월 01일 이후에 인터

넷등기소에서 확정일자를 받은 경우에만 가능합니다.

- 2014년 01월 01일 이전에 확정일자를 받은 경우에는 중개업소나 임대인의 동의하에 다시 계약서를 작성하여 확정일자를 받는 방법이 있으나 확정일자는 그 이전의 확정일자를 받은 날로의 소급적용은 되지 않으며 다시 받은 날이 확정일자가 됩니다.
- 공중사무실이나 사서인증을 받은 경우에는 확정일자를 받은 사실을 증명하는 증명서와 임대인이나 중개사가 보관하고 있는 계약서 사본을 첨부하여 권리신고를 할 수 있습니다.

확정일자부 임대차와 전세권의 비교

확정일자와 입주 및 전입신고 3가지 요건을 갖춘 임차인은 전세권을 설정한 전세권자와 큰 차이가 없습니다. 그러나 전세권을 설정하면 집주인의 동의를 받지 않고 전세권을 양도하거나 전대차(임차인이 임차한 물건을 제3자에게 임대하는 계약)를 활용할 수 있으나, 단순히 확정일자를 받을 때는 임차권의 양도나 전대차에 집주인의 동의를 얻어야 합니다.

이 밖에도 전세권과 임대차 사이에는 다음과 같은 구체적인 차이가 있습니다.

❶ 확정일자는 행정복지센터 등에서 저렴한 비용으로 계약서만 있으면 임대인의 동의 없이 간편하게 받을 수 있으나, 전세권 등기는 임대인의 동의 없이는 불가능하고 확정일자를 받는 것보다 많은 비용(전세권 설정비용, 전세보증금×0.2%+지방교육세, 등록세의 20%+등기신청수수료 15,000원+법무사 수수료 등)이 소요됩니다.

❷ 확정일자가 주택임대차보호법상 보호를 받으려면 행정복지센터 등에서 확정일자를 받는 이외에 전입신고와 실질적인 거주가 그 요건이지만, 전세권은 등기만 설정해 두면 그 설정 순위에 따라 당연히 순위가 보호됩니다. 따라서 확정일자는 전입신고만 해두고 실제 거주는 다른 곳에서 한다거나 실제 거주는 하면서 전입신고를 하지 않은 경우에는 보호받지 못한다는 단점이 있으나, 전세권 설정등기는 전입신고나 실제 거주가 그 요건이 아니어서 편리합니다.

❸ 계약기간이 끝나 이사를 하려고 해도 임대인이 임대차보증금을 반환하지 않는 경우, 확정일자를 갖춘 임차인은 별도로 '임대차보증금반환청구소송'을 제기하여 승소 판결을 받아 강제집행을 신청할 수 있으나, 전세권 설정등기를 한 전세권자는 판결 절차 없이도 직접

경매신청을 할 수 있습니다.

❹ 확정일자만 갖춘 경우에는 경매 절차에서 별도의 배당요구를 하여야 하지만, 전세권 설정등기를 한 경우에는 별도의 배당요구 없이도 순위에 의한 배당받을 수 있습니다.

❺ 확정일자를 받으면 임차주택 외에 그 대지의 매각대금에서도 우선배당을 받을 수 있으나, 대지를 포함하지 않고 주택만 전세권 등기한 경우에는 대지의 매각대금에서 우선하여 배당받을 수 없습니다. 다만, 아파트 등 집합건물의 대지권을 건물의 종된 권리로 보아 대지권의 매각대금에서도 배당받을 수 있습니다.

주택임대차보호법에 따른 임차인의 대항력

사례	권리성립순위					매수인 대항력	우선 변제권	임차인의 보호내용 ※ 모든 경우 배당요구를 할 것으로 가정
	1	2	3	4	5			
A	인도점유	전입일자	**말소기준**	-	기입등기	○	×	계약 만료 시까지 거주할 수 있고, 임대차보증금은 매수인 전액 인수
B	인도점유	전입일자	확정일자	**말소기준**	기입등기	○	○	매수인에게 반환받거나 매각대금에게 배당받는 것 중 택일, 미배당금 전액 매수인 인수
C	인도점유	전입일자	**말소기준**	확정일자	기입등기	○	○	매수인에게 반환받거나 매각대금에서 배당받는 것 중 택일, 배당을 선택할 경우 확정일자 순서가 담보권에 밀려 전액 배당받지 못할 경우 미배당금은 매수인 인수
D	인도점유	**말소기준**	전입일자	-	기입등기	×	×	대항력 없으며, 소액임차인일 경우 최우선변제액 배당. 확정일자 없어 우선변제 순위배당 불가
E	인도점유	**말소기준**	전입일자	확정일자	기입등기	×	○	소액임차인일 경우 최우선변제액 배당 후 우선변제권 순으로 나머지 배당 가능
F	전입일자	확정일자	**말소기준**	재전입	기입등기	×	○	순위4 재전입일 다음 날 기준이므로 대항력 잃게 됨(소액임차인이면 최우선 변제 후 우선변제)
G	전입일자	**말소기준**	인도점유	-	기입등기	×	×	원칙적으로 임차인은 매수인에게 대항력이 없음 법원은 서류상 대항력 인정, 이해관계인이 이의제기 후 점유일이 확인되면 대항력 없음
H	전입일자	**말소기준**	인도점유	확정일자	기입등기	×	○	대항력에 관한 사항은 G와 같고 확정일자 순서대로 배당 가능
I	**말소기준**	전입일자	확정일자	인도점유	기입등기	×	○	확정일자를 기준으로 순서에 따라 배당, 담보권자 이의제기 후 사실 확정되면 점유 다음 날 기준으로 순서에 따라 배당
J	**말소기준**	인도점유	전입일자	-	기입등기	×	×	대항력 없으며 D 경우와 같음
K	**말소기준**	인도점유	전입일자	확정일자	기입등기	×	○	확정일자 순서대로 배당 가능(소액임차인이면 최우선변제액 배당받고 나머지는 확정일자 순서대로 배당)
L	**말소기준**	인도점유	기입등기	전입일자	확정일자	×	×	경매개시결정등기 이후 전입한 임차인은 소액임차인이라도 배당 없음
M	**말소기준**	인도점유	전입일자	기입등기	확정일자	×	○	소액임차인이면 소액보증금 중 일정액 우선 배당 확정일자부 임차인으로 확정일의 순서로 배당 실무에서는 배당금 부족으로 배당 가능성 없음

우선변제권 실무 사례 분석

【실무분석】1. 근저당보다 확정일자가 빠르면

임차인 B가 주택을 임대차보증금 2억 원으로 하는 임대차계약 후 이사하여 주민등록을 마치고 계약서에 확정일자도 받았습니다. 그 후 임대인 A가 대한은행에 근저당을 설정하고 사업자금을 대출받았으나 경영상태가 호전되지 않고 대출금을 갚지 못해 경매가 진행 중일 때 임차인 B는 주택임대차보호법상 어떠한 보호를 받을 수 있을까요?

권리일	권리	권리자	내용
2019-04-11	소유권	A	매매
2020-03-04	계약/전입/인도/확정	임차인 B	보증금 100,000,000원
2021-10-16	근저당	대한은행	채권최고액 60,000,000원
2022-03-04	보증금증액/확정일자	임차인 B	보증금증액 20,000,000원
2022-04-17	임의경매	대한은행	경매개시결정

임차인 B는 임대차보증금 1억 원에 근저당권보다 빠른 대항요건(계약, 전입, 점유)과 우선변제권 취득요건(확정일자)을 모두 갖추었으므로 매수인에게 대항하여 임대차보증금을 반환받을 때까지 임차주택의 반환을 거부할 수 있고, 경매 절차에서 배당요구를 하여 타 권리보다도 우선하여 임대차보증금을 변제를 받을 수도 있습니다.

두 가지 권리 중 어느 것을 행사할 것인가는 배당요구종기 내에 권리신고를 하느냐 하지 않느냐 등 자유롭게 결정할 수 있습니다. 우선변제권을 행사한 경우에는 임대차보증금 전액을 배당받지 못하더라도 나머지 임대차보증금을 반환받을 때까지 매수인에게 임차주택을 비워주지 않아도 됩니다.

다만 근저당권 설정 이후에 임대인과 계약을 갱신하면서 인상 전 임대차보증금은 매수인에게 대항할 수 있지만, 인상된 2,000만 원 부분에 대하여는 대항력이나 우선변제를 주장할 수 없습니다.

【실무분석】2. 경매개시결정 이후에 확정일자를 받았으면

임차인 B는 2019년 10월 20일 가족과 함께 대전에서 소형 빌라를 임대차보증금 8천만 원에 전세로 2년 계약을 하고 전입신고를 마친 뒤 거주하던 중 집주인 A에게 선순위 근저당을 설정했던 대한은행이 신청한 경매가 진행된다는 소식을 듣고 부랴부랴 전세계약서를 갖고 행정복지센터로 가서 확정일자를 받았습니다. 이때 임차인 B가 보호받을 수 있는 범위는?

권리일	권리	권리자	내용
2019-02-06	소유권	A	매매
2019-02-06	근저당	대한은행	채권최고액 120,000,000원
2019-10-20	전입/인도	임차인 B	보증금 80,000,000원
2020-09-21	임의경매	대한은행	경매개시결정
2020-10-26	확정일자	임차인 B	

일반적으로 매각대금에서 확정일자부 임차인으로서 우선변제를 받기 위해서는 반드시 경매개시결정의 등기 이전에 확정일자를 받아야 합니다.

그러나 경매개시결정의 등기 이후에 확정일자를 받은 경우에도 별도의 집행권원 없이 배당요구를 할 수 있고, 선순위 담보권자나 압류·가압류 채권자에게 우선할 수 없지만 후순위 담보권자나 기타 일반 채권자보다는 우선하여 배당받을 수는 있습니다[대법원 92다30579 판결].

하지만 경매사건에서는 1순위 근저당권자의 채권을 만족시키고 남은 미배당금이 존재하기 어려운 경우가 많아 대부분 받지 못합니다.

【실무분석】3. 확정일자 받은 선순위 임차인이 많으면

다가구주택을 임차인 A는 1억 원, B는 4천만 원, C는 6천만 원의 임대차보증금으로 임대차계약을 하여 입주와 동시에 전입신고와 확정일자를 받고 거주하던 중 홍길동이 근저당권을 설정하였을 때 각각의 임차인들의 권리는?

확정일자	권리	권리자	내용
2020-10-05	소유권		매매
2020-12-04	계약/전입/인도/확정	임차인 A	보증금 100,000,000원
2021-02-22	계약/전입/인도/확정	임차인 B	보증금 40,000,000원
2021-05-16	계약/전입/인도/확정	임차인 C	보증금 60,000,000원
2021-11-07	근저당	홍길동	채권액 100,000,000원

다수의 임차인이 있고 모두 입주와 전입신고를 마친 후 확정일자도 갖추었는데 대항요건 및 확정일자를 갖춘 최종시점이 모두 근저당권자보다 빠를 때 임차인 간의 우선순위는 각각의 임차인별로 근저당권자에 대한 우선변제권을 인정하되 임차인 상호간에는 대항요건 및 확정일자를 최종적으로 갖춘 순서대로 우선순위가 결정됩니다[대법원 97다28650 판결].

이에 따라 임차인 A, B, C는 모두 근저당권자인 홍길동보다 우선하여 변제받을 수 있고 A, B, C 상호간에는 확정일자의 순서에 따릅니다.

【실무분석】4. 확정일자 받은 임차인이 다시 전입했으면

임차인 A는 임대차보증금 1억 원으로 하는 임대차계약을 체결하고 전입신고와 확정일자를 받고 입주하여 거주하던 중 짐은 그대로 둔 채 직장 문제로 잠시 전출하였다가 4개월 후에 다시 전입신고를 하였습니다. 돌아와 보니 대한은행이 건물에 근저당을 설정하였고 이후 새마을금고의 근저당이 설정되었습니다. 얼마 지나지 않아 대한은행으로부터 담보권 실행을 위한 임의경매가 진행되었을 때 임차인 A의 대항력은?

권리일	권리	권리자	내용
2019-03-16	소유권		매매
2019-09-23	계약/전입/점유/확정	임차인 A	보증금 100,000,000원
2020-02-09	전출	임차인 A	
2020-06-14	근저당	대한은행	채권액 60,000,000원
2020-11-07	재전입	홍길동	
2021-05-21	근저당	새마을금고	채권액 30,000,000원
2021-12-08	임의경매	대한은행	

A는 대한은행 근저당 설정일보다 앞선 대항력 있는 임차인이었으나 주민등록을 일시적으로 옮겼다가 재전입한 날짜인 2020년 11월 07일을 기준으로 대항력을 행사할 수 있고, 우선변제권은 재전입일을 기준으로 행사할 수 있습니다.

확정일자는 2019년 09월 23일이나 우선변제권의 기준일은 전입일과 확정일자 중 늦은 날이기 때문입니다.

우선변제권에 기한 배당순위를 살펴보면 대한은행의 근저당권, 임차인 A의 확정일자부 우선변제권, 새마을금고 근저당권 순으로 배당을 받습니다.

주택을 임차하여 입주 및 주민등록을 마치고 계약서에 확정일자를 받았으나 임대차 기간 중 개인 사정 때문에 일시적으로 다른 곳으로 주민등록을 이전하였다가 최근에 다시 전입신고를 한 경우, 계약서에 확정일자를 다시 부여받을 필요는 없으나 주민등록을 전출한 시점에 우선변제권을 상실하였다가 재전입신고를 한 때에 다시 취득하게 됩니다.

결론은 주민등록을 다시 전입한 때를 기준으로 후순위 담보권자에 대해서는 우선하지만, 일시적으로 주민등록을 이전한 사이에 설정된 근저당권자 등 다른 담보권자에 대하여는 후순위로 밀리게 됩니다.

【실무분석】 5. 대지만 매각되어도 임대차보증금을 받을 수 있을까

> 단독주택을 임차하여 계약을 체결하고 전입신고와 확정일자를 받아 거주하던 중 건물은 매각이 제외되고 토지만 매각되었습니다. 이런 경우 임차인은 우선변제권을 행사할 수 있을까요?

대항요건 및 확정일자를 갖춘 임차인과 소액임차인은 임차주택과 대지가 함께 경매될 경우뿐만 아니라 임차주택과 별도로 토지만 매각되어도 토지의 환가대금에 대하여 우선변제권을 행사할 수 있습니다[대법원 2012다45689 판결].

우선변제권은 이른바 법정담보물권의 성격으로 임차주택 및 토지의 가액을 기초로 임차인을 보호하고자 인정되는 것입니다. 임대차 성립 당시 임대인의 소유였던 토지가 타인에게 양도되어 임차주택과 토지의 소유자가 서로 달라진 경우에도 임차인은 토지의 매각대금에 대하여 우선변제권을 행사할 수 있습니다.

여러 필지의 임차주택 토지 중 일부가 타인에게 양도되어 일부 토지만 경매되는 경우도 마찬가지입니다.

제13장

소액임차인의 최우선변제권

소액임차인의 기준 및 최우선변제액

최우선변제권의 성립 요건

경매로 인하여 임차인들이 주택 소유자(임대인)로부터 임대차보증금을 반환받지 못한 채 엄동설한에 갈 곳이 없어 길거리로 나앉는 등 사회적인 문제로 대두되었습니다. 이에 사회적 약자인 서민을 보호하고 최소한의 주거생활이 지속될 수 있도록 특별법으로 주택임대차보호법을 제정하였습니다.

주택임대차보호법에서 '소액임차인'이란 임대인 소유의 주택이 경매 등으로 강제 처분되어 임대차보증금을 반환받지 못할 때, 임차인에게 최소한의 주거생활을 영위할 수 있도록 일정 금액이 최우선으로 변제 대상이 되는 임차인을 말합니다.

소액임차인을 보호하는 최우선변제권의 성립 요건
• 임대차보증금이 소액이어야 하고
• 경매개시결정등기 전에 주택인도와 전입신고를 마치고 배당요구종기까지 대항요건을 유지해야 하며
• 반드시 배당요구종기 내에 배당요구를 마쳐야 성립

소액임차인의 임대차보증금의 범위와 이에 따른 최우선변제액은 지역적인 임대료의 차이, 화폐가치, 부동산 가격의 상승 등 사회·경제적 여건의 변화에 따라 여러 차례 개정되었습니다.

소액임차인의 '최우선변제권'이란 임차인의 소액보증금 중 일정액을 선순위 담보물권보다도 우선하여 배당하는 제도로 채권이 물권보다 앞서는 효력을 인정받고 있습니다. 최우선변제권이 위 세 가지 요건 중 하나라도 충족시키지 못한다면 배당받지 못합니다.

최우선변제권은 주택임대차보호법에 따라 임차인이 거주하는 주택이 경매 또는 공매로 매각될 때 소액임차인의 임대차보증금 중 일정액(시행령으로 정함)을 등기부상의 다른 채권은 물론 담보물권자(근저당)보다 우선하여 변제받는 강력한 권리입니다.

또한, 하나의 주택을 여러 명이 공동으로 소유한 경우 그중 1인의 공유지분이 경매로 나오면 임대차보증금 전액을 기준으로 소액임차인 여부를 판단하며 우선변제권에 따른 배당요구에서도 임대차보증금 전액에 대하여 배당됩니다.

최우선변제액 배당 범위

임차인이 있는 물건을 권리분석할 때 말소기준등기보다도 최우선으로 배당받는 소액임차인이 몇 명이며, 그 금액이 얼마나 되는지를 판단해야 합니다. 임차인마다 배당받는 금액이 얼마이고, 전액을 배당받는지 일부를 배당받는지 또는 전혀 배당을 받지 못하는지를 파악하는 일이 임차인 명도를 쉽게 하는 길입니다.

소액임차인의 기준시점은 등기사항증명서에 선순위의 담보물건(근저당)이 설정된 시점입니다.

매각으로 인하여 소액임차인이 최우선으로 얼마의 배당금을 받을 수 있는가는 「주택임대차보호법 시행령」에서 정하고 있습니다.

소액보증금 중 일정액에 관하여 선순위 담보권자보다도 우선하여 임차주택(대지 포함) 매각대금의 1/2의 범위 내에서 배당하는데 이는 담보물권자를 보호하기 위함입니다. 소액임차인의 최우선변제액 합이 배당금액의 1/2을 초과할 때는 그 소액보증금 중 일정액의 합산금액에 대한 각각의 일정액 비율로 매각가의 1/2에 해당하는 금액을 안분하여 배당합니다.

또한, 주택과 대지가 따로 경매가 진행될 때 임차인은 각각의 절차에 참여하여 먼저 매각되는 주택매각대금의 1/2 한도에서 먼저 배당받고, 이후 매각되는 대지 매각대금의 1/2 내에서 다시 최우선변제액을 배당받을 수 있습니다.

주택임대차보호법 소액보증금 범위 및 최우선변제액

담보물권설정일	지역	소액보증금범위	최우선변제액
1984.06.14. ~ 1987.11.30.	서울특별시 및 직할시	300만 원 이하	300만 원
	기타의 지역	200만 원 이하	200만 원
1987.12.01. ~ 1990.02.18.	서울특별시 및 직할시	500만 원 이하	500만 원
	기타의 지역	400만 원 이하	400만 원
1990.02.19. ~ 1995.10.18.	서울특별시 및 직할시	2,000만 원 이하	700만 원
	기타의 지역	1,500만 원 이하	500만 원
1995.10.19. ~ 2001.09.14.	서울특별시 및 광역시 (군지역 제외)	3,000만 원 이하	1,200만 원
	기타의 지역	2,000만 원 이하	800만 원
2001.09.15. ~ 2008.08.20.	서울특별시 및 수도권정비계획법에 의한 수도권 중 과밀억제권역	4,000만 원 이하	1,600만 원
	광역시(군지역과 인천광역시지역 제외)	3,500만 원 이하	1,400만 원
	그 밖의 지역	3,000만 원 이하	1,200만 원
2008.08.21. ~ 2010.07.25.	서울특별시 및 수도권정비계획법에 의한 수도권 중 과밀억제권역	6,000만 원 이하	2,000만 원
	광역시(군지역과 인천광역시지역 제외)	5,000만 원 이하	1,700만 원
	그 밖의 지역	4,000만 원 이하	1,400만 원
2010.07.26 ~ 2013.12.30.	서울특별시	7,500만 원 이하	2,500만 원
	수도권정비계획법에 따른 과밀억제권역(서울특별시 제외)	6,500만 원 이하	2,200만 원
	광역시(수도권정비계획법에 따른 과밀 억제권역에 포함된 지역과 군 지역 제외) 안산시, 용인시, 김포시 및 광주시	5,500만 원 이하	1,900만 원
	그 밖의 지역	4,000만 원 이하	1,400만 원
2014.01.01. ~ 2016.03.30.	서울특별시	9,500만 원 이하	3,200만 원
	수도권정비계획법에 따른 과밀억제권역(서울특별시 제외)	8,000만 원 이하	2,700만 원
	광역시(수도권정비계획법에 따른 과밀 억제권역에 포함된 지역과 군 지역 제 외) 안산시, 용인시, 김포시 및 광주시	6,000만 원 이하	2,000만 원
	그 밖의 지역	4,500만 원 이하	1,500만 원
2016.03.31. ~ 2018.09.17.	서울특별시	1억 원 이하	3,400만원
	수도권정비계획법에 따른 과밀억제권역(서울특별시 제외)	8,000만 원 이하	2,700만 원
	광역시(수도권정비계획법에 따른 과밀 억제권역에 포함된 지역과 군 지역 제외) 세종시, 안산시, 용인시, 김포시, 광주시	6,000만 원 이하	2,000만 원
	그 밖의 지역	5,000만 원 이하	1,700만 원

2018.09.18. ~ 현재	서울특별시	1억 1,000만 원 이하	3,700만 원
	수도권정비계획법에 따른 과밀억제권역 (서울특별시 제외), 세종시, 용인시, 화성시	1억 원 이하	3,400만 원
	광역시(수도권정비계획법에 따른 과밀억제권역에 포함된 지역과 군 지역 제외), 안산시, 용인시, 김포시, 광주시	6,000만 원 이하	2,000만 원
	그 밖의 지역	5,000만 원 이하	1,700만 원
2021.05.11. ~ 현재	서울특별시	1억 5,000만 원 이하	5,000만원
	수도권정비계획법에 따른 과밀억제권역 (서울특별시 제외), 세종시, 용인시, 화성시, 김포시	1억 3,000만 원 이하	4,300만 원
	광역시(수도권정비계획법에 따른 과밀억제권역에 포함된 지역과 군 지역 제외), 안산시, 광주시, 파주시, 이천시, 평택시	7,000만 원 이하	2,300만 원
	그 밖의 지역	6,000만 원 이하	2,000만 원

	과밀억제권역	광역시승격일	
	서울특별시 전체 포함	지역	승격일
인천광역시 중 제외지역	• 강화군·옹진군·연수구 송도매립지·남동유치지역 • 중구(운남동·운북동·운서동·중산동·남북동·덕교동·을왕동·무의동) • 서구(대곡동·불로동·마전동·금곡동·오류동·왕길동·당하동·원당동)	부산광역시	1963/01/01
		인천광역시	1963/07/01
기타지역 중 포함지역	• 의정부시·구리시·하남시·고양시·수원시·성남시 • 안양시·부천시·광명시·과천시·의왕시·군포시 • 남양주시(오평동·평내동·금곡동·일패동·이패동·삼패동·가운동·수석동·지금동·노동동에 한함) • 시흥시(반월특수지역 제외)	대구광역시	1981/07/01
		광주광역시	1986/11/01
		대전광역시	1989/01/01
		울산광역시	1997/07/15

상가건물의 임차인 분석

상가건물임대차보호법과 대항력

상가건물임대차보호법(상가임대차법)은 대표적인 '갑을관계'라 할 수 있는 건물주와 상가임차인 사이에서 경제적 약자인 임차인의 권리를 보호하고 과도한 임대료 인상을 억제하여 국민 경제생활의 안정을 보장하기 위해서 2002년에 제정된 특별법입니다.

상가건물임대차보호법과 주택임대차보호법은 그 차이점만 알면 어렵지 않습니다. 상가건물임대차보호법은 사업자등록의 대상이 되는 영업 목적의 상가건물 임대차계약에 적용되는데 비영업용 건물이나 종친회 사무실이나 동창회 사무실, 교회나 사찰 등 종교시설과 향

우회, 자선단체 등 친목 단체가 임차한 사무실, 그리고 일시적인 사용을 위한 임대차한 계약은 적용 대상이 아닙니다. 즉, 부가가치세법에 따라 사업자등록 대상이 되는 상가건물 임대차에만 적용됩니다.

상가건물임대차보호법의 적용 범위
• 공부상 용도보다 실제 객관적 이용 여부로 적용 판단 • 타 용도건물, 미등기, 무허가건물도 영업 목적으로 사용한 경우 • 상가와 주택이 공존할 때 임대차의 주목적이 영업 행위인 경우

또한, 공장과 창고는 사업자등록을 하여도 제품을 제조하고 보관하는 목적으로 임대차한 것이므로 영업을 위한 임대차계약으로 보기 어려워 보호 대상에서 제외됩니다. 다만, 육가공업체의 경우 제조 및 도·소매업으로 허가를 받아 판매 행위가 있을 때는 보호받은 사례가 있습니다.

점유와 사업자등록을 하고, 세무서장으로부터 상가임대차계약서에 확정일자를 받은 임차인은 상가건물임대차보호법에 따라 우선변제권을 행사할 수 있습니다.

> ✔️ **CHECK**
>
> 상가건물임대차보호법의 대항력은 사업자등록과 점유로 발생하고 사업자등록일의 다음 날 오전 '0'시가 대항력의 기준시점입니다.

경매개시결정등기 이전에 대항력을 구비한 소액임차인은 배당금의 1/3 범위 내에서 최우선변제액을 배당받을 수 있습니다. 2019년 04월 02일 「상가건물임대차보호법 시행령」이 개정되면서 보호 대상이 전체 상가임대차의 95% 정도가 되어 대부분의 임차인이 보호받을 수 있습니다.

환산보증금을 초과하지 않는 임대차

주택임대차보호법과 달리 상가건물임대차보호법은 보증금 제한이 있습니다. 임대차보증금이 일정 금액 이상(지역별로 차등 적용)이면 보호를 받지 못합니다. 예컨대, 서울을 기준으로 환산보증금의 합이 9억 원이면 이 법의 보호를 받지 못합니다.

대부분의 상가건물임대차계약은 매월 차임(월세)을 지급하는데 보증금 이외의 차임도 월 기준금액의 100배를 임대차보증금에 합산한 금액(환산보증금)을 기준으로 최우선변제권 유무를 판단합니다. 예컨대, 임대차보증금 5,000만 원에 월차임이 100만 원이라고 하면, 5,000만 원 + 1억 원(1,000,000 × 100) = 1억 5,000만 원이 최종 환산보증금이 됩니다.

이때 1억 5,000만 원을 기준으로 최우선변제권의 유무를 판단합니다. 임대차가 종료된 후 임대차보증금을 반환받지 못한 임차인은 임차건물의 소재지를 관할하는 지방법원·지방법원지원 또는 시·군 법원에 임차권등기명령을 신청할 수 있으며, 임대 기간을 정하지 않거나 1년 미만으로 정한 임대차 기간은 1년으로 간주합니다.

환산보증금을 초과하지 않는 상가건물임대차계약의 주요 내용	
계약갱신청구권	• 10년까지 가능(2018년 10월 16일 이후 최초 계약 및 갱신되는 임대차) • 임대인은 정당한 이유 없이 계약갱신을 거절할 수 없음 • 임차인은 계약 만료시점 6~1개월 전까지 계약갱신 요청
계약갱신청구권 거절 사유	• 임차인이 3기의 차임을 연체했을 경우 • 임차인이 임대인의 동의 없이 전대했을 경우 • 서로 합의하여 임대인이 임차인에게 상당한 보상을 한 경우 • 임차인이 고의나 중대한 과실로 파손한 경우 • 건물이 노후, 훼손, 멸실되어 안전사고의 우려가 있는 경우 • 다른 법령에 따라 철거 또는 재건축이 이루어질 경우
묵시적 갱신	• 임대인이 임대기간 만료일 6~1개월 전까지 임차인에게 갱신, 거절 및 조건변경의 통지를 하지 않을 때는 재임대로 인정
우선변제권	• 사업자등록 및 확정일자
임차권등기명령	• 소재지 관할 법원에 임차권등기명령 신청
임대인증액청구	• 임대료 증액은 연 5%로 제한

상가건물임대차보호법 소액임차인 기준 및 최우선변제액

담보물권설정일	지역	적용 대상(환산보증금)	소액보증금범위	최우선변제액
2002.11.01. ~ 2008.08.20.	서울특별시	2억 4,000만 원 이하	4,500만 원	1,350만 원
	과밀억제권역(서울특별시 제외)	1억 9,000만 원 이하	3,900만 원	1,170만 원
	광역시(군 지역, 인천광역시 제외)	1억 5,000만 원 이하	3,000만 원	900만 원
	기타지역	1억 4,000만 원 이하	2,500만 원	750만 원
2008.08.21. ~ 2010.07.25.	서울특별시	2억 6,000만 원 이하	4,500만 원	1,350만 원
	과밀억제권역(서울특별시 제외)	2억 1,000만 원 이하	3,900만 원	1,170만 원
	광역시(군 지역, 인천광역시 제외)	1억 6,000만 원 이하	3,000만 원	900만 원
	기타지역	1억 5,000만 원 이하	2,500만 원	750만 원
2010.07.26. ~ 2013.12.31.	서울특별시	3억 원 이하	5,000만 원	1,500만 원
	과밀억제권역(서울특별시 제외)	2억 5,000만 원 이하	4,500만 원	1,350만 원
	광역시(수도권 정비계획법에 따른 과밀억제권역에 포함된 지역, 군 지역은 제외) 안산시, 용인시, 김포시, 광주시	1억 8,000만 원 이하	3,000만 원	900만 원
	기타지역	1억 5,000만 원 이하	2,500만 원	750만 원
2014.01.01. ~ 2018.01.25.	서울특별시	4억 원 이하	6,500만 원	2,200만 원
	과밀억제권역(서울특별시 제외)	3억 원 이하	5,500만 원	1,900만 원
	광역시(수도권 정비계획법에 따른 과밀억제권역에 포함된 지역, 군 지역은 제외)안산시, 용인시, 김포시, 광주시	2억 4,000만 원 이하	3,800만 원	1,300만 원
	기타지역	1억 8,000만 원 이하	3,000만 원	1,000만 원
2018.01.26. ~ 2019.04.01.	서울특별시	6억 1,000만 원 이하	6,500만 원	2,200만 원
	과밀억제권역, 부산(서울특별시 제외)	5억 원 이하	5,500만 원	1,900만 원
	광역시(부산, 인천 제외) 안산시, 용인시, 김포시, 광주시, 세종시, 파주시, 화성시	3억 9,000만 원 이하	3,800만 원	1,300만 원
	기타지역	2억 7,000만 원 이하	3,000만 원	1,000만 원
2019.04.02. ~ 현 재	서울특별시	9억 원 이하	6,500만 원	2,200만 원
	과밀억제권역(서울특별시 제외)	6억 9,000만 원 이하	5,500만 원	1,900만 원
	광역시(수도권 정비계획법에 따른 과밀억제권역에 포함된 지역, 군 지역은 제외)안산시, 용인시, 김포시, 광주시	5억 4,000만 원 이하	3,800만 원	1,300만 원
	기타지역	3억 7,000만 원 이하	3,000만 원	1,000만 원

과밀억제권역		광역시승격일	
서울특별시 전체 포함		지역	승격일
인천광역시 중 제외지역	• 강화군·옹진군·연수구 송도매립지·남동유치지역 • 중구(운남동·운북동·운서동·중산동·남북동·덕교동·을왕동·무의동) • 서구(대곡동·불로동·마전동·금곡동·오류동·왕길동·당하동·원당동)	부산광역시	1963/01/01
		인천광역시	1963/07/01
기타지역 중 포함지역	• 의정부시·구리시·하남시·고양시·수원시·성남시 • 안양시·부천시·광명시·과천시·의왕시·군포시 • 남양주시(오평동·평내동·금곡동·일패동·이패동·삼패동·가운동·수석동·지금동·노동동에 한함) • 시흥시(반월특수지역 제외)	대구광역시	1981/07/01
		광주광역시	1986/11/01
		대전광역시	1989/01/01
		울산광역시	1997/07/15

환산보증금을 초과하는 임대차

환산보증금을 초과하는 임대차일 경우에는 많은 혜택이 사라집니다. 대항력, '계약갱신요구권' 10년, 3기 차임 연체 시 계약해지만 적용됩니다.

그럼 환산보증금 이내의 임대차계약과 다르게 적용되는 내용을 살펴봅시다.

첫째, 임대차 기간이 만료되었는데도 임대차보증금을 돌려주지 않았을 때 활용할 수 있는 임차권등기명령 신청이 불가능합니다.

둘째, 환산보증금 이내의 임대차는 임대 기간을 정하지 않았거나 1년 미만으로 했을 때 1년으로 본다고 규정하고 있어 임대인은 1년의 임대 기간을 보장해줘야 하지만 환산보증금을 초과하는 임대차일 경우는 민법에 따라 기간이 없는 임대차로 적용을 받습니다.

셋째, 묵시적 갱신이 적용되지 않습니다. 즉, 기간 만료 6~1개월 사이에 임대인이 별다른 거절 의사가 없고 임차인이 갱신 요구를 하지 않아도 기존 임대차와 같은 조건으로 자동 계약연장이 됩니다. 하지만 환산보증금을 초과하는 임대계약은 임대인이 임차인의 의사와 상관없이 임대계약을 해지할 수 있습니다. 영업이 잘되는 상가의 임대인이 임대료를 올리기 위하여 악의적으로 계약을 해지하는 경우입니다.

넷째, 환산보증금 이내의 계약은 임대차보증금과 차임의 5% 금액을 초과하는 임대료 인상은 불가하나 환산보증금을 초과하는 계약은 이러한 제약 없이 인상할 수 있습니다.

상가권리금도 보호받을 수 있을까

일반적으로 임대차계약에서 전 임차인과 새로운 임차인 간에 관례상 지급하던 상가권리금도 상가건물이 경매로 매각될 때 보호받을 수 있을까요?

권리금이란 임대차 목적물인 상가건물에서 영업을 하는 자가 영업시설 및 비품, 거래처, 신용, 영업상의 노하우, 상가건물의 위치에 따른 영업상의 이점 등 유·무형의 재산적 가치의 양도 또는 이용 대가로서 임대인, 임차인에게 임대차보증금과 차임 이외에 지급하는 금전 등의 대가를 말합니다.

임차한 건물이 경매가 진행되면 건물의 인도와 사업자등록을 갖추고 임대차계약서에 확정일자를 부여받은 상가 임차인이 배당요구를 통해 임대차보증금을 건물매각대금에서 우선변제를 받을 수 있을 뿐 말소기준등기보다 앞선 선순위 상가 임차인이 아닌 이상 낙찰자에게 대항할 수 없습니다.

낙찰자가 매각대금을 지급하면 상가임차권은 소멸하고, 임차인은 임차한 상가건물을 낙찰받은 낙찰자에게 임대차계약의 효력을 주장할 수 없게 되어 상가건물임대차보호법의 권리금 보호 규정도 적용이 어렵습니다. 즉, 임차인은 경매로 인해 건물소유권을 취득한 낙찰자에게 새롭게 주선한 임차인과의 계약 체결을 요구할 수 없고 매수인이 거절하더라도 권리금에 대한 손해배상청구권도 행사할 수 없습니다.

하지만 말소기준등기보다 앞선 선순위 상가 임차인은 배당요구 여부와 관계없이 낙찰자에게 대항력을 행사할 수 있어 임대차보증금 전액을 법원으로부터 배당받거나 낙찰자가 인수해야 합니다.

임차인의 대항력이 유지되고 있다면 낙찰자에게 임대차 관계의 존속을 주장할 수 있습니다. 낙찰자는 전 임대인의 지위를 승계받게 되는 것이어서 상가건물임대차보호법상 권리금 회수기회의 보호 규정 또한 적용되어 임대차 기간 종료까지 임차인의 권리금 회수를 위한 영업을 방해할 수 없습니다.

주택·상가건물임대차 실무분석

【실무분석】1. 임대차보증금 증액 시 소액임차인 판단 기준과 배당

> 서울특별시 양천구의 주택에 임대차계약을 한 임차인 A는 임대차보증금 9,000만 원으로 2년 계약을 하였습니다. 이후 대한은행으로부터 근저당이 설정되었음에도 2,000만 원을 증액하여 1억 1,000만 원으로 재계약을 하였습니다. 이후 대한은행의 임의경매가 진행되었으나 임차인 A는 배당요구를 하지 않았습니다. 임차인 A가 소액임차인에 해당되는지, 그리고 낙찰자가 인수해야 할 금액은 얼마인가요?

권리일	권리	권리자	내용
2016-03-03	소유권이전(매매)		
2016-05-24	계약/전입/점유	임차인 A	보증금 9천만 원
2017-10-06	근저당	대한은행	
2017-05-24	보증금 증액	임차인 A	보증금 1억 1000만 원
2018-07-12	임의경매		

본 사례의 쟁점은 임차인 A가 소액임차인에 해당하는지 여부와 낙찰자가 인수해야 하는 금액이 얼마인가입니다. 말소기준등기인 대한은행의 근저당 설정일은 2017년 10월 06일이며, 서울특별시 소액임차인의 보증금 범위는 1억 원 이하에 최우선변제액은 3,200만 원입니다.

임차인 A가 계약했을 당시에는 분명 1억 원 이하로 소액임차인에 해당합니다. 그러나 최초 계약 이후 임대차보증금을 증액하거나 감액한 것은 소액임대차의 범위에 해당하는지 여부를 판단할 때 전혀 고려 대상이 아닙니다.

소액임차인에 해당하는지 여부는 오로지 매각시점 당시의 금액(배당일)으로 판단하고 배당 순서와 배당액이 결정됩니다.

대한은행이 저당권을 설정할 당시에 선순위의 소액임대차가 있음을 알 수 있으므로 임차인에게 최우선변제를 먼저 해주더라도 불측의 피해가 발생하지는 않는다는 주장도 있지만, 극히 일부의 주장일 뿐만 아니라 법리적으로도 인정받지 못합니다.

임차인 A는 소액임차인 자격이 되지 않아 최우선변제액을 배당받을 수 없으나 대항력 요건이 되어 배당요구를 하지 않은 선순위 임차인 A의 최초 임대차보증금은 낙찰자가 인수해야 합니다.

그러나 등기상 최선순위 설정 권리인 새마을금고의 근저당권이 설정된 후 증액된 2,000만 원은 낙찰자의 인수 대상이 아닙니다. 따라서 입찰하려는 금액에서 최초 계약한 임대차보증금 9,000만 원을 제한 금액으로 입찰해야 합니다.

반면, 임대차계약 당시는 소액임대차의 범위에 있지 않았지만, 이후 소액임대차 금액 이하로 임대차보증금을 감액했다면 최우선변제권이 인정될까요? 이에 대해서도 대법원은 경매개시결정 전에 감액되었다면 소액임차인으로서 최우선변제권을 인정하고 있습니다.

임대차계약 기간 동안 임대차보증금의 증감·변동이 있는 경우, 소액임차인에 해당하는지는 원칙적으로 배당시점으로 판단합니다.

따라서 처음 임대차계약을 체결할 당시 임대차보증금의 액수가 적어서 소액임차인에 해당한다고 하더라도 그 후 갱신 과정에서 증액되어 그 한도를 초과하면 더 이상 소액임차인에 해당하지 않게 됩니다. 반대로 처음에는 임대차보증금의 액수가 많아 소액임차인에 해당하지 않는다 하더라도 그 후 갱신 과정에서 감액되어 한도 이하로 되었다면 소액임차인에 해당합니다.

실제 임대차계약의 주된 목적이 상가건물을 사용·수익하려는 것인 이상, 처음 임대차계약을 체결할 당시에는 임대차보증금이 많아 상가건물임대차보호법상 소액임차인에 해당하지 않습니다. 하지만 그 후 새로운 임대차계약에 의해 정당하게 임대차보증금을 감액하여 소액임차인에 해당하게 되었다면, 그 임대차계약에 의해 통정허위표시에 의한 계약이어서 무효라는 등의 특별한 사정이 없으면 소액임차인으로 보호받을 수 있습니다.

【실무분석】 2. 소액임차인이 다수일 때 최우선변제액

> 세종특별자치시 소재 주택에 임차인 A는 임대차보증금 5,000만 원, B는 3,000만 원, C는 1,000만 원으로 임차하여 거주하다 그 후 임차주택이 경매로 8,000만 원에 매각되었을 때 A, B, C 모두 대항요건을 갖추었을 경우 최우선변제액은 얼마인가요?

권리일	권리	권리자	내용
2017-11-17	근저당	대한은행	채권액 50,000,000원
2019-03-05	계약/전입/점유/확정	임차인 A	보증금 50,000,000원
2020-07-23	계약/전입/점유/확정	임차인 B	보증금 30,000,000원
2021-01-20	계약/전입/점유/확정	임차인 C	보증금 10,000,000원
2021-11-04	임의경매	대한은행	매각금액 8,000만 원

주택임대차보호법에서 규정한 소액임차인의 보증금은 담보물권 설정일 2017년 11월 17일 기준으로 세종특별자치시는 6,000만 원 이하로 최우선변제액은 2,000만 원입니다.

최우선변제를 받을 임대차보증금은 A와 B는 각각 2,000만 원, C는 1,000만 원입니다. 다만, 최우선변제액 합산총액(5천만 원)이 매각가액의 1/2(4천만 원)을 초과할 때는 최우선변제를 받을 합산금액에 대한 각 임차인의 최우선변제를 받을 금액의 비율로 배당총액의 1/2(최우선변제액은 배당금액에서 최고 1/2 한도 내에서 배당)에 해당하는 금액을 분할한 금액으로 최우선변제액을 받습니다.

$$\text{A/B의 최우선변제액} = \frac{\text{A/B의 최우선변제액(2,000만 원)}}{\text{최우선변제액총액 (5,000만 원 = A+B+C)}} \times \text{배당총액(4,000만 원)} = 1,600\text{만 원}$$

즉, A와 B는 각각 1,600만 원, C는 800만 원을 최우선변제액으로 배당받고, 경매신청자인 대한은행은 채권금액 5,000만 원 중 매각금액의 1/2인 4,000만 원을 배당받습니다.

$$\text{C의 최우선변제액} = \frac{\text{C의 최우선변제액(1,000만 원)}}{\text{최우선변제액총액 (5,000만 원 = A+B+C)}} \times \text{배당총액(4,000만 원)} = 800\text{만 원}$$

【실무분석】3. 임대차보증금 증액에 따른 대항력 및 우선변제권

임차인 B는 2020년 02년 16일에 임대차보증금 5,000만 원에 임대차계약을 체결하고, 2020년 05월 10일 입주와 전입신고를 마침과 동시에 계약서상에도 확정일자를 받았습니다. 그 후 2021년 01월

30일 소유자인 A 앞으로 임차주택에 대한은행으로부터 1억 원의 근저당권이 설정되었고 2022년 02월 16일에 위 임대차계약을 갱신하면서 임대차보증금을 6,000만 원으로 인상하였습니다.

만약에 위 근저당권 실행을 위한 임의경매가 개시되는 경우 인상된 임대차보증금 6,000만 원을 받을 때까지 매수인에게 주택을 비워 주지 않아도 되는지, 또한 경매 절차에서 근저당권자에 우선하여 인상된 임대차보증금 6,000만 원을 배당받을 수 있을까요?

권리일	권리	권리자	내용
2019-04-12	소유권	A	
2020-02-16	계약	임차인 B	보증금 50,000,000원
2020-05-10	전입/점유/확정	임차인 B	
2021-01-30	근저당	대한은행	보증금 100,000,000원
2022-02-16	임대차계약 갱신(증액)	임차인 B	보증금 60,000,000원

임대인 A와 임차인 B가 임대차계약을 갱신하면서 임대차보증금을 5,000만원에서 6,000만원으로 인상하기로 합의한 경우, 인상된 금액은 인상되기 전에 설정된 근저당권에 기한 경매 절차의 매수인에 대하여 대항할 수 없을 뿐만 아니라 근저당권자에 우선하여 배당받지 못합니다.

왜냐하면, 근저당권자는 인상 전의 임대차보증금을 전제로 근저당권을 취득하는 것이고 장래 임대차보증금이 얼마나 인상될지도 예상할 수 없기에 인상된 임대차보증금 전액에 대하여 대항력과 우선변제권을 인정한다면 근저당권자의 이익을 너무 침해하기 때문입니다.

따라서 근저당권 설정 이전의 임대차보증금 5,000만 원에 대해서만 매수인에게 대항력을 행사할 수 있고, 배당 절차에 참가하더라도 역시 5,000만 원에 대해서만 근저당권자에 우선하여 변제받을 수 있습니다.

다만 인상된 임대차보증금 6,000만 원에 대하여 재계약서를 작성하고 이에 대하여 확정일자를 받았다면 증액된 1,000만 원 부분은 이보다 후순위 담보권자나 일반채권자에 대하여는 우선변제권을 주장할 수 있습니다.

【실무분석】 4. 임대차보증금 감액 청구와 대항력

임차인 B가 2019년 02월 17일 대전에서 소유자 A와 처음 주택임대차계약 체결 당시에는 소액임차인
이 아닌 임대차보증금이 8,000만 원이었는데, 2021년 02월 17일 임대계약을 갱신하면서 임대인과
합의하여 임대차보증금을 6,000만 원으로 감액하여 B가 소액임차인으로서의 지위를 확보하였습니
다. 이때 B의 소액임차인의 지위는 언제부터일까요? (대한은행의 최초 근저당권 설정일을 기준으로 이 기간의
대전광역시의 소액임차인 임대차보증금의 범위는 6,000만 원 이하)

권리일	권리	권리자	내용
2018-10-21	소유권	A	
2018-10-21	근저당	대한은행	채권액 200,000,000원
2019-02-17	전입/점유/확정	임차인 B	보증금 80,000,000원
2021-02-17	임대차갱신	임차인 B	보증금감액 60,000,000원

약정한 차임 또는 임대차보증금은 임차주택에 관한 조세·공과금, 기타 부담의 증감이나
지난 코로나19로 인하여 경제상황이 악화가 될 때 증감을 청구할 수 있습니다.

기간을 2년으로 하는 임대차계약을 체결한 후 주택 가격 및 임대차보증금이 큰 폭으로
하락했을 때 임차인은 임대인에게 임대 기간 만료 전에 임대차보증금의 감액을 청구할 수
있고, 감액으로 인하여 소액임차인이 된 경우에는 감액한 시점부터 적용받습니다.

따라서 임차인은 경제상황의 변화로 주택 가격과 임대차보증금이 급락함에 따라 당초 약
정한 임대차보증금이 인근 주택과 비교할 때 부당하게 과다할 때에는 임대인에게 장래를
위하여 객관적으로 적정한 임대차보증금으로 감액하여줄 것을 청구할 수 있습니다.

하지만 아직 법원에 이에 관한 선례가 없어 임대차보증금이 하락하면 감액 청구가 인정된
다고 단정적으로 말할 수는 없습니다.

위 사례에서는 2019년 02월 17일에 계약을 체결할 당시 소액임차인의 임대차보증금이
6,000만 원을 넘어선 8,000만 원이었기에 임대차보증금을 감액한 시점인 2021년 02월 17일
을 기준으로 소액임차인의 지위를 확보합니다.

임대차보증금을 감액할 당시에 임차주택에 관하여 경매개시결정의 등기가 되지 않았다면 앞

으로 경매 절차가 개시되더라도 소액임차인으로서 우선변제권을 행사할 수 있지만, 경매개시결정 이후에 감액이 이루어져 소액임차인의 지위를 확보하였다면 최우선변제액은 받을 수 없습니다.

【실무분석】5. 공유자 중 일부와 한 임대차계약

공유자 A, B, C 3인이 각 1/3의 지분 비율로 공유하고 있는 주택에 A와 B 2인이 임대차계약을 체결하고 거주하고 있는데, 공유주택에 관한 임대차계약은 공유자 전원과 체결하여야 유효할까요? 또 다른 공유자 C에 대하여 임차권을 주장할 수 있을까요?

임대차계약은 임대인이 반드시 주택의 등기부상 소유자여야 하는 것이 아니므로 다른 임대차계약을 체결할 수 있는 권한을 가진 자와도 계약을 체결할 수 있습니다.

임대인이 주택의 등기 기록상 소유자가 아니라고 하더라도 주택의 실제 소유자로서 사실상 이를 제3자에게 임대할 권한을 가지는 이상 임차인은 등기 기록상 소유명의자에 대하여도 임차권을 주장할 수 있습니다.

「민법 제265조」 본문에 공유물의 관리에 관한 사항은 지분의 과반수로써 결정하도록 규정하고 있으므로 공유주택의 임대행위는 관리행위에 해당합니다.

이 경우 2/3의 공유지분을 보유한 A와 B 사이에 임대차계약을 체결하였기 때문에 비록 C가 임대인에서 제외되었다고 하여도 C에 대하여 유효한 임차권을 가지고 대항할 수 있습니다.

【실무분석】6. 대지에만 근저당권이 설정된 이후에 계약한 임차인의 대항력

대지에만 근저당권이 설정되어 있으며 그 위에 새롭게 신축한 다세대주택 소유자와 임대차계약을 맺고 주민등록과 확정일자를 받아 입주하여 살고 있던 중 근저당권자의 담보권 실행에 따른 임의경매가 신청되었을 때 임차인의 대항력은 인정받을 수 있을까요?

건물을 건축하기 이전에 대지에 근저당권이 설정되었고 그 후 건물이 건축된 경우에 대지의 근저당권자는 대지뿐만 아니라 건물에 대하여도 일괄경매를 청구할 수 있습니다. 그러나 근저당권은 대지에만 설정된 것일 뿐 건물에 대해 설정된 것은 아니기에 일괄경매가 되더라도 건물에 대해 근저당권의 효력을 주장할 수는 없습니다.

따라서 건물에 아무런 근저당권이 설정되지 않은 상태에서 입주 및 주민등록의 대항요건을 마친 건물 임차인은 건물 매수인에 대해 대항력을 가지므로 매수인으로부터 임대차보증금을 반환받을 때까지 임차주택을 비워 주지 않아도 됩니다.

PART 06

배당을 알면
경매가 쉽다

제14장
배당 원칙과 배당 사례 분석

배당의 기본 원칙

배당은 법원에서 부동산을 매각하여 각종 법률에 규정된 순위에 따라 나누어 주는 절차이며, 일정한 원칙과 대상이 정해져 있습니다.

대부분의 경매 배당금은 채권자들이 나누어 가져야 할 채권액보다 부족하고, 일부 물건은 경매를 신청한 채권자마저 채권액 일부밖에 받지 못하며 전혀 배당받지 못하는 '무잉여 경매'(법원은 경매신청을 한 채권자에게 배당금이 한 푼도 배당이 되지 않는, 즉 잉여 가망이 없는 경매사건의 경우 민사집행법의 규정에 따른 절차대로 채권자에게 매수신고 기회를 주고 매수 의사가 없으면 경매개시결정을 취소)가 되는 상황이 발생하기도 합니다.

특히, 신청채권자에게 배당액이 1원이라도 지급되지 않을 때는 '무잉여금지원칙'에 따라 경매법원은 직권으로 해당 경매 절차를 중지·취소시킬 수 있습니다. 담보권 실행 및 채권 회수의 목적으로 신청한 경매 절차에서 채권자의 채권 회수가 달성되지 않는 등 경매의 목적이 상실되었기 때문입니다.

권리분석에서 배당분석의 핵심은 법원의 배당 결과 낙찰자가 인수해야 하는 부분이 얼마인지를 파악하는 일입니다. 낙찰자가 인수해야 하는 금액을 모른 채 입찰금액을 정할 수 없고 수익률을 산출할 수도 없습니다. 때론 물건의 적정가치보다 더 많은 금액을 지출해야 하는 상황이 발생할 수 있습니다.

배당은 순위가 빠른 선순위 권리자 우선원칙과 물권의 흡수배당, 채권의 안분배당원칙에 따라 배당됩니다.

배당의 기본원칙		
• 선순위 우선원칙	• 물권 우선주의	• 물건 상호간 순위배당
• 물권의 흡수배당	• 채권의 안분배당	• 특별법 우선주의(임대차보호법)
• 압류 선착주의	• 교부청구 선착원칙	

물권(근저당)은 채권(가압류)에 항상 우선하고 물권 상호간에는 선순위원칙이 적용되며 특별법(임대차보호법)에 따른 최우선변제액은 물권에 우선합니다.

흡수배당은 저당권, 근저당권, 전세권 등의 물권은 우선변제권이 있어 물권의 채권액을 만족할 때까지 후순위 채권의 배당액을 흡수하여 배당하고 남은 금액을 채권에 배당하는 것을 말합니다.

채권의 안분배당은 채권자 평등조건으로 채권 상호간에는 순위에 상관없이 공평하게 각각의 채권의 비율에 따라 나누는 것을 말하고, 서민들의 주거 안정과 최소한의 생계를 위해 특별법으로 제정된 주택·상가건물임대차보호법에 따른 소액임차인의 최우선변제액은 일반법인 민법상 물권보다 우선하여 배당합니다.

꼭 알아야 할 배당 순서

채권자들에게 배당해야 할 배당금 총액은 매각대금에서 경매집행비용과 경매 부동산의 관리비용 및 수리비용을 제외한 금액입니다. 또한 재매각에 따라 반환하지 않고 몰수한 전 낙찰자의 입찰보증금과 매각 후 소유자와 채무자의 즉시항고가 기각될 때의 항고자의 공탁금 중 몰수금액도 모두 배당금 총액에 합산합니다.

배당 순위		
변제 방법	**순위**	**권리 종류**
비용변제	0	• 경매 진행에 따른 비용 • 경매 목적 부동산에 투입한 필요비, 유익비
최우선변제	1	• 임대차보호법 - 소액임차인의 보증금 중 일정액 • 근로기준법 - 최우선임금채권 및 퇴직금
	2	• 당해 재산에 부과된 당해세 　- 국세(상속세, 증여세, 재평가세, 토지초과이득세) 　- 지방세(재산세, 자동차세, 종합토지세, 도시계획세, 공동시설세)
시간순 우선변제	3	• 확정일자부 임차인의 보증금 및 등기한 임차권 • 담보물권보다 늦은 조세(국세, 지방세) • 전세권, 저당권, 담보가등기 등 담보물권에 의한 담보채권
우선변제	4	• 일반 임금채권
	5	• 담보물권보다 늦은 조세채권
	6	• 의료보험료, 고용보험료, 국민연금, 산업재해보상보험료
일반변제	7	• 일반 채권 • 확정일자 없는 임차권

❶ 집행비용(경매비용채권)

집행채권보다 우선하여 변제받을 수 있으며 신청채권자가 경매 진행을 위해 지출한 비용과 등록세, 인지세, 서기료, 송달비용, 등본수수료, 집행관의 현황조사비용, 감정평가비용, 경매수수료, 신문공고비용, 광고비용 및 송달료, 법무사·변호사 보수 등이 포함됩니다.

❷ 경매 부동산에 지출한 필요비 및 유익비

저당권설정 이후 목적 부동산의 제3취득자, 즉 전세권자, 지상권자, 대항력 있는 임차인 등이 경매 부동산에 지출한 필요비 및 유익비는 집행채권보다 우선하여 배당받습니다.

❸ 임대차보호법에 의한 소액임차인의 최우선변제액

주택·상가건물임대차보호법 시행령에서 정한 일정 금액을 최우선변제액(매각가액의 1/2 이내) 한도 내에서 변제하고, 근로자의 최종 3개월분의 임금 및 최종 3년분의 퇴직금, 재해보상금은 최우선으로 변제받을 수 있습니다.

❹ 당해세인 상속세, 증여세, 재평가세, 토지초과이득세 및 재산세, 자동차세, 종합토지세, 도시계획세, 공동시설세 등의 세금

당해세는 일반 담보물권보다도 우선하여 배당받습니다. 그러나 임차인의 확정일자보다 늦은 당해세는 우선하여 배당받지 못합니다. 즉, 임차인은 임대차 계약을 하고 확정일자를 받았다면 그 이후에 발생한 세금보다 우선하여 배당받을 수 있습니다(2023년 4월 1일 시행).

❺ 담보권자의 우선변제채권 및 조세

전세권, 질권, 저당권, 가등기담보권, 양도담보권의 설정일자, 임차권자는 등기일을 기준으로 하고 확정일자부 임차인은 확정일자를 기준으로 하며, 조세는 납기 기준으로 빠른 날짜 순으로 우선변제를 받습니다. 다만, 확정일자와 임차권등기가 된 때에는 등기부에 기재된 확정일자를 기준으로 합니다.

❻ 일반 조세채권(당해세를 제외한 조세)

일반 채권에 우선하여 교부되나 국세 및 지방세의 납기가 저당권보다 후순위이거나 저당권이 설정되지 않은 때는 임금채권보다 후순위로 배당됩니다. 국세와 지방세는 동 순위이나 체납처분에 의해 압류한 조세가 교부청구한 조세보다 우선하여 배당받고(압류선착주의), 다수의 교부청구한 조세의 경우 교부청구 선착의 원칙이 적용되어 먼저 교부청구한 조세가 우선하여 배당됩니다(교부청구 선착주의).

❼ 공과금(의료보험료, 고용보험료, 국민연금, 산업재해보상보험료)

근저당, 전세권 등 여타 우선변제 채권보다 후순위로 배당받고 일반 채권보다 우선하여 배당받습니다.

❽ 집행력 있는 정본을 가진 채권자와 경매개시결정등기 이후에 가압류한 채권자

일반 채권자는 동 순위로 안분배당하는데 확정채권이 아니므로 배당하지 않고 배당금을 공탁합니다.

❾ 담보권 이전에 가압류한 최선순위 가압류권자

확정채권자가 아니므로 후순위 담보권자 및 후순위 가압류권자와 동 순위로 안분 비례하여 배당합니다.

경매가 진행되어 매수인이 지급한 매각대금으로 각각의 채권자에게 위와 같은 원칙과 순서에 의해 배당을 하는데 과연 채권자 모두가 배당받을 수 있을까요?

극히 일부 물건만이 모든 채권을 만족시키며 배당이 되고 잉여금이 발생하여 채무자에게 지급하지만, 대부분 물건은 3순위 우선변제 배당권자들도 배당금이 부족하여 모두 배당하지 못합니다.

춘천지방법원 원주지원
배 당 표

사 건   2019타경502558 부동산임의경매 (경매1계)

배 당 할 금 액	금	1,259,955,912	
명 세 배 당 할 금 액	매 각 대 금	금	1,259,849,000
	지연이자 및 절차비용	금	0
	전경매보증금	금	0
	매각대금이자	금	106,912
	항고보증금	금	0
집 행 비 용	금	9,002,489	
실제배당할 금액	금	1,250,953,423	

매각부동산	별지 기재와 같음		
채 권 자	원주시	충북원예농업협동조합	
채권금액 원 금	4,242,600	1,200,000,000	
이 자	0	132,594,671	
비 용	0	0	
계	4,242,600	1,332,594,671	
배 당 순 위	1	2	
이 유	교부권자(당해세)	신청채권자(근저당권자)	
채 권 최 고 액	0	1,440,000,000	
배 당 액	4,242,600	1,246,710,823	
잔 여 액	1,246,710,823	0	
배 당 비 율	100 %	93.56 %	
공 탁 번 호 (공 탁 일)	금제 호 (. . .)	금제 호 (. . .)	

2020. 9. 17.

사법보좌관   나승규

1-1

다양한 배당 유형과 사례

【실무분석】1. 물권 상호간의 배당 방법

> 임차인 B는 주택 소유자 A와 임대차보증금 8,000만 원으로 하는 전세계약을 하고 입주와 동시에 전
> 입신고와 확정일자를 받아 전세권 설정을 하였습니다. 이미 집주인이 대한은행으로부터 1억 2,000
> 만 원, 저축은행으로부터 7,000만 원을 대출받은 후였습니다.
> 입주한 지 6개월이 채 되기도 전에 대한은행의 담보권 실행을 위한 임의경매가 진행되어 2억 3,000
> 만 원에 낙찰되었습니다. 이 경우 집행비용으로 400만 원을 먼저 배당하면 각각의 권리자들에게 배
> 당될 금액은 얼마나 될까요?

권리일	권리	권리자	내용	배당금액
2019-04-08	소유권	A	소유권이전(매매)	
2019-04-08	근저당	대한은행	채권액 1억 2,000만 원	1억 2,000만 원
2020-08-23	근저당	저축은행	채권액 7,000만 원	7,000만 원
2021-03-21	전세권	임차인B	보증금 8,000만 원	3,600만 원
2021-08-29	임의경매	대한은행	대한은행	
2022-03-16	매각	낙찰자	매각금액 2억 3,000만 원	

물권 상호간의 우선순위 원칙에 따라 배당합니다. 등기된 전세권과 확정일자부 임대차는 저당·근저당과 같은 물권과 함께 동 순위로 다른 채권보다 우선변제를 받으므로 물권 상호간에는 등기부에 설정된 순위에 따라 배당받습니다.

먼저 집행비용 400만 원을 제외하고 배당해야 할 금액은 2억 2,600만 원으로 대한은행의 채권액 전액과 저축은행의 채권액 전액을 배당하고 남은 금액 3,600만 원은 전세권자인 B에게 배당됩니다.

순위에 따라 임차인 B는 배당금액 부족으로 4,400만 원은 받지 못하고, 이후 미배당금액은 소유자 A에게 청구할 수 있으나 현실적으로 미배당금액을 받기란 쉽지 않습니다.

【실무분석】2. 소액임차인이 확정일자를 받았을 때

2018년 10월 12일 임차인 B는 김포로 이사하기로 하고 임대차보증금 6,000만 원에 13평형 주택을 임차하여 전입신고와 확정일자를 받고 거주하였습니다. 그 후 소유자 A가 대출받은 대한은행의 임의경매가 진행되어 8,000만 원에 매각되었습니다. 경매집행비용이 300만 원이라면 근저당권자 대한은행과 임차인 B가 받아야 할 예상 배당금액은 얼마일까요?

권리일	권리	권리자	내용	배당금액
2018-10-12	소유권	A	소유권이전(매매)	
2018-10-12	근저당	대한은행	채권액 4,000만 원	4,000만 원
2019-08-05	전입/점유/확정	임차인 B	보증금 6,000만 원	3,700만 원
2020-12-16	임의경매	대한은행	대한은행	
2021-09-23	매각	낙찰자	매각금액 8,000만 원	

앞서 설명한 바와 같이 물권보다 우선하는 배당금이 존재하는 사례입니다. 임차인 B가 임대차계약을 체결할 당시 이미 대한은행의 근저당이 설정되어 있어 B는 후순위 임차인으로 낙찰자가 인수해야 할 부담은 없습니다.

다만 여기서 임차인 B가 소액임차인의 자격이 되는지 살펴보아야 하는데 대한은행의 근저당설정 당시 2018년 10월 경기도 김포시의 소액임차인의 임대차보증금 범위는 6,000만 원 이하, 2,000만 원의 최우선변제액을 받을 수 있습니다.

즉, 매각금액 8,000만 원에서

❶ 집행비용으로 300만 원을 먼저 배당하고,

❷ 다음으로 임차인 B에게 최우선변제액 2,000만 원이 배당되며,

❸ 근저당권과 확정일자부 우선변제권은 순위배당을 하는 만큼 우선순위인 근저당권자 대한은행이 4,000만 원을 먼저 배당받습니다.

❹ 이어 우선변제권을 가진 임차인 B가 앞서 최우선변제액으로 2,000만 원을 받고 미배당한 4,000만 원을 배당받아야 하나 잔여 배당금액이 1,700만 원밖에 남지 않아 이를 배당

하고 나면 2,300만 원이 부족하여 더 이상 배당받지 못합니다.

【실무분석】 3. 소유권-가압류-근저당-임의경매 순서일 때 배당

화장품 도매업을 하는 A는 사업이 어려워져 물품대금을 지급하지 못하자 제품을 공급하던 B가 가압류
를 하였습니다. 그 뒤 홍길동으로부터 4,000만 원을 빌려 밀린 임금 지급과 사업자금으로 활용하였습니
다. 그러나 사업은 점점 더 어려워져 홍길동과 약속한 변제일을 넘기자 임의경매신청으로 경매가 진행되
었습니다. 이때 배당해야 할 금액이 6,000만 원이라면 각각의 권리자들의 배당금액은 얼마일까요?

권리일	권리	권리자	내용	배당금액
2016-08-17	소유권	A	소유권이전(매매)	
2017-11-09	가압류	B	채권액 6,000만 원	3,600만 원
2019-06-26	근저당	홍길동	보증금 4,000만 원	2,400만 원
2020-09-18	임의경매	홍길동	청구금액 4,000만 원	
2021-06-21	매각	낙찰자	매각금액 6,000만 원	

물권 우선원칙이 적용되어 가압류가 근저당권보다 앞서 등기하였다 할지라도 가압류가
우선하여 배당받지 못합니다. 즉, 가압류가 후순위 근저당보다 선순위라 해도 우선하여 변
제받지 못합니다. 배당에서 선순위 가압류는 후순위 물권과 채권자 평등원칙이 적용되어
채권액에 비례하여 안분배당을 받습니다. 다만, 가압류 채권은 확정판결이 나올 때까지 법
원에 공탁됩니다.

❶ 가압류 B의 배당금은 3,600만 원,

❷ 홍길동의 배당금은 2,400만 원입니다.

$$\text{B의 배당금} = \frac{\text{B의 채권액(6,000만 원)}}{\text{채권총액(1억 원 = B+홍길동)}} \times \text{배당총액(6,000만 원)} = 3,600만 원$$

$$\text{홍길동의 배당금} = \frac{\text{홍길동의 채권액(4,000만 원)}}{\text{채권총액(1억 원 = B+홍길동)}} \times \text{배당총액(6,000만원)} = 2,400만 원$$

【실무분석】 4. 가압류 상호간의 배당

동네 슈퍼를 운영하는 A는 인근에 대형마트가 들어서자 매출이 줄면서 폐업을 하기에 이르렀고 물품대금을 지불하지 못하자 살고 있던 주택에 가압류가 들어왔습니다. 이후 가압류권자 중 B가 법원으로부터 확정판결을 받아 강제경매가 진행되었습니다. 이때 가압류권자인 B, C, D의 배당금액은 어떻게 될까요?

권리일	권리	권리자	내용	배당금액
2017-08-17	소유권	A	소유권이전(매매)	
2019-10-23	가압류	B	채권액 1억 원	7,500만 원
2020-03-09	가압류	C	채권액 2,000만 원	1,500만 원
2020-12-08	가압류	D	채권액 4,000만 원	3,000만 원
2021-05-23	강제경매	B	청구금액 2,000만 원	
2022-01-14	매각	낙찰자	매각금액 1억 2,000만 원	

가압류권자인 B가 주택 소유자 A를 상대로 한 강제경매에 3건의 가압류가 설정되어 있습니다. 가압류 상호간의 배당은 순위에 따라 배당하는 물권과 달리 우선변제권도 없고 순위배당도 하지 않아 자신의 채권액에 비례하는 안분배당을 받습니다. 즉, 본 사례에서는

❶ 가압류권자 B의 배당금 7,500만 원,

❷ 가압류권자 C의 배당금 1,500만 원,

❸ 가압류권자 D의 배당금은 3,000만 원입니다.

$$\text{B의 배당금} = \frac{\text{B의 채권액(1억 원)}}{\text{채권총액(1억 6,000만 원 = B+C+D)}} \times \text{배당총액(1억 2,000만 원)} = \text{7,500만 원}$$

$$\text{C의 배당금} = \frac{\text{C의 채권액(2,000만 원)}}{\text{채권총액(1억 6,000만 원 = B+C+D)}} \times \text{배당총액(1억 2,000만 원)} = \text{1,500만 원}$$

$$\text{D의 배당금} = \frac{\text{D의 채권액(4,000만 원)}}{\text{채권총액(1억 6,000만 원 = B+C+D)}} \times \text{배당총액(1억 2,000만 원)} = \text{3,000만 원}$$

【실무분석】 5. 다수의 권리가 혼재할 때

김철수는 수원으로 이사하면서 대출을 일부 받아 2층 주택을 매수하였습니다. 그 후 가압류가 등기되고 뒤이어 거래하던 업체로부터 가압류가 들어왔습니다. 다시 C에게 근저당설정과 함께 8,000만 원을 차용하고 2층을 8,000만 원 임대차보증금으로 전세권을 설정했습니다. 이후에도 가압류가 들어오고 경매가 진행되었을 때 각각의 권리자들의 배당금액은 얼마일까요?

권리일	권리	권리자	내용	배당금액
2016-08-06	소유권	김철수	소유권이전(매매)	
2016-08-06	근저당	대한은행	채권액 1억 원	1억 원
2017-03-23	가압류	A	채권액 4,000만 원	2,000만 원
2018-07-15	가압류	B	채권액 6,000만 원	3,000만 원
2019-11-03	근저당	C	채권액 8,000만 원	8,000만 원
2020-03-24	전세권	D	보증금 8,000만 원	5,000만 원
2021-01-14	가압류	E	채권액 1억 원	0원
2022-01-08	임의경매	대한은행	배당총액 2억 8,000만 원	

❶ 대한은행이 가장 앞선 근저당권으로 채권금액 1억 원을 모두 배당받고 난 뒤 가압류권자 A와 B는 근저당권자인 C를 비롯해 모든 후순위 채권자들과 안분비례 배당을 받습니다. 이때 앞선 대한은행의 배당금을 제외한 1억 8,000만 원이 배당총액이 됩니다.

❷ A의 배당금 = $\dfrac{\text{A의 채권액(4,000만 원)}}{\text{채권총액(3억 6,000만 원 = A+B+C+D+E)}}$ × 배당총액(1억 8,000만 원)=2,000만 원

❸ B의 배당금 = $\dfrac{\text{B의 채권액(6,000만 원)}}{\text{채권총액(3억 2,000만 원 = B+C+D+E)}}$ × 배당총액(1억 8,000만 원)=3,000만 원

이렇게 가압류권자 A와 B가 안분배당을 받고 난 이후,

❹ 근저당권자 C와

❺ 전세권자 D는 순위에 따라 순차적으로 배당받아 임차인 D는 8,000만 원 중 5,000만

원만 배당받고 배당 잔액이 부족하여 3,000만 원은 배당받지 못하며 이후의 가압류권자인 E는 한 푼도 배당받지 못합니다.

【실무분석】6. 다가구주택(원룸)의 임차인 배당

최초의 근저당권이 설정될 당시 청주시의 소액임차인 임대차보증금 범위는 4,500만 원 이하, 최우선변제액은 1,500만 원이며, 경매비용을 제외하고 배당해야 할 총 금액은 2억 1,000만 원입니다. 모든 임차인이 배당요구종기 내에 적법하게 배당요구했을 때 각각의 순위와 금액은 어떻게 될까요?

권리일	권리	권리자	내용	배당금액	미배당액
2015-02-21	소유권		소유권이전		
2015-11-23	전입/점유	A	보증금 4,000만 원	1,500만 원	
2016-01-27	근저당	대한은행	채권액 9,000만 원	9,000만 원	
2016-07-08	확정일자	A		2,500만 원	
2017-10-20	전입/점유	B	보증금 4,000만 원	1,500만 원	2,500만 원
2018-03-04	전입/점유/확정	C	보증금 6,000만 원	5,000만 원	1,000만 원
2019-06-15	가압류	D	채권액 4,000만 원	0원	4,000만 원
2020-01-24	전입/점유/확정	E	보증금 3,000만 원	1,500만 원	1,500만 원
2021-06-05	임의경매	대한은행	청구금액 9,000만 원		
2022-01-08	전입/점유/확정	F	보증금 2,000만 원	0원	2,000만 원

본 사례 핵심은 대항력 있는 임차인, 근저당권과 최우선변제권, 우선변제권의 경합으로 본 배당금액입니다. 가장 먼저 말소기준등기를 찾고 배당을 요구한 소액임차인들을 찾아 최우선변제액을 확인합니다.

점유와 전입신고가 되어 있는 임차인 중에서 소액임차인은 A, B, E, F입니다. 이들은 배당 총액의 1/2인 1억 500만 원 이내에서 최우선변제액을 배당받고, 이후 확정일자를 받은 임차인 A, C, E, F는 근저당권과 순위에 따라 우선변제를 받습니다.

여기에서 소액임차인 F도 확정일자를 받았으나 경매개시결정 이후 전입한 임차인은 주택이 경매가 시작되었음을 알고도 입주하였기에 그 금액에 상관없이 배당에서 제외합니다.

대항력 있는 임차인의 존재부터 확인해 봅시다. 대한은행의 근저당권이 말소기준등기이므로 이보다 앞서 전입한 A가 대항력 있는 임차인입니다. 만약 A가 배당요구를 하지 않았거나 배당요구종기 이후 배당요구를 하였다면 A의 임대차보증금은 전액 낙찰자가 인수해야 합니다.

❶ 임차인 A, B, E는 소액임차인이므로 각각 최우선변제액 1,500만 원씩 우선하여 4,500만 원을 배당하고 나면 1억 6,500만 원이 배당할 수 있는 금액입니다.

❷ 다음 근저당권자 대한은행이 9,000만 원 전액 배당받으면 7,500만 원으로 줄어듭니다.

❸ 근저당권 다음으로 우선변제권이 있는 권리자는 임차인 A와 C, E인데 A는 먼저 최우선변제액을 배당받았기에 남은 금액에서 우선변제액으로 2,500만 원을 배당받습니다.

❹ 우선변제 대상은 임차인 C로 임대차보증금이 6,000만 원으로 소액임차인에 해당하지 않아 최우선변제액은 배당받지 못하였으나 순위에 따라 6,000만 원을 배당받을 수 있는데 남은 배당금액이 5,000만 원이어서 1,000만 원은 받지 못합니다.

❺ 임차인 E는 소액임차인으로 임대차보증금 3,000만 원 중 최우선변제액 1,500만 원 이외에 나머지 금액 1,500만 원은 배당 재원의 부족으로 확정일자에 따른 순위에 밀려 우선변제를 받지 못합니다.

❻ 가압류권자 D는 채권금액이 4,000만 원임에도 배당금이 부족해 전혀 배당을 받지 못하고, 임차인 B 역시 최우선변제액을 받고 난 후에 임차인 C보다 앞서 우선변제를 받을 수 있었으나 확정일자를 받지 않았기에 우선변제권이 없어 임대차보증금 4,000만 원 중 2,500만 원은 배당받지 못합니다.

지금까지 대항력과 소액임차인의 지위에 따른 최우선변제액의 배당과 우선변제권에 따른 배당 방법을 살펴보았습니다. 이처럼 대부분의 경매 물건은 배당 재원이 부족하여 모든 채권을 만족시킬 만큼 배당을 하지 못합니다.

위 사례처럼 전입신고와 확정일자의 유무에 따라 임차인들의 희비가 엇갈리고 전액 배당을 받거나 일부 배당을 받은 임차인들은 그나마 다행일 것입니다.

그러나 전혀 배당을 받지 못한 임차인 F의 경우 재산의 손실은 물론 명도가 어려울 수 있으나 인도명령 대상이므로 걱정할 필요는 없습니다.

【사례해설】 대항력 있는 다가구 권리분석 및 배당 사례

소재지	대전광역시 서구괴정동 74-10			회차	매각기일	최저매각가격	결과
물건종별	다가구(원룸)	감정가	1,003,939,200원	1차	2000-12-08	1,003,939,200원	유찰
대지권	264.8㎡(80.1평)	최저가	(49%)491,930,000원	2차	2021-01-12	702,757,000원	유찰
건물면적	529.15㎡(160.07평)	보증금	(10%)49,193,000원	3차	2021-02-23	491,930,000원	매각
매각물건	일괄매각	소유자	최○근				
개시결정	2020-01-02	채무자	최○근		매각 673,100,000원		
사건명	임의경매	채권자	문창신협		감정가 대비 67.05%		

입찰자 수	5명
매수인	김○현 외 1명
차순위금액	611,251,000원
매각허가결정	2021-03-02
대금지급기한	2021-04-07
대금납부	2021-04-05
배당종결	2021-05-20
경매 절차가 종결되었습니다.	

말소기준등기보다 앞서 전입한 대항력을 구비한 임차인과 후순위 임차인, 확정일자를 받아 우선변제권을 행사하는 임차인, 전세권 그리고 근저당과 당해세 압류가 혼재한 권리분석입니다.

문창신협은 다른 선순위 임차인이 모두 진정한 임차인으로 확인되어 대출 가능 금액에서 채권담보가 확보되는 금액의 일부만 대출한 것으로 판단됩니다. 본 사례에서는 말소기준등기인 문창신협의 근저당보다 앞선 선순위 임차인이 다수 존재하기 때문에 낙찰자가 인수하는 금액이 얼마나 되는지를 파악해야 합니다.

장○민, 김○애, 권○현, 박○숙, 추○숙 등은 선순위 임차인으로 이들 모두 적법하게 배당요구를 하였기에 법원으로부터 전액 배당을 받을 수 있으나 배당 재원이 부족하여 배당받지 못한 금액은 낙찰자가 인수해야 합니다.

그럼 배당조건은 매각가격인 6억 7,310만 원이 기준이며 경매비용은 매각가격의 1%를 산정하였습니다. 또한 당해세인 대전 서구청의 압류(종합부동산세)금액은 100만 원입니다.

등기부현황
2019타경17690

NO	접수	권리종류	권리자	채권금액	내용	비고
1		소유권이전(매매)	김○봉			
2	2018-04-27	근저당	문창신협	364,000,000원	말소기준등기	소멸
3	2019-01-21	소유권이전(매매)	최○근			
4	2019-01-21	근저당	문창신협	43,000,000원		소멸
5	2019-04-22	전세권(304호)	이○숙	70,000,000원	존속기간 2019.04.19.~2021.04.18.	소멸
6	2020-01-02	임의경매	문창신협	청구금액 379,426,162원	2019타경17690	소멸
7	2020-07-03	압류	압류(대전광역시)			소멸

임차인현황
말소기준등기일 2018-04-27. 배당요구종기일 2020-04-06

호수	임차인	전입일	확정일자	배당요구일	보증금	비고
101	장○민	2016-09-30	2016-09-30	2020-01-30	3500만 원	소액임차인/대항력 있음
201	송○영(LH)	2018-06-28	2018-06-18	2020-02-19	7000만 원	
202	권○원	2017-12-27	2018-01-15	2020-02-25	3500만 원	소액임차인/대항력 있음
203	김○애(LH)	2017-09-20	2017-08-31	2020-02-19	4000만 원	소액임차인/대항력 있음
204	추○순(LH)	2017-10-26	2017-10-10	2020-02-19	7000만 원	대항력 있음
301	박○숙	2012-03-30	2012-03-30	2020-01-21	6500만 원	500만원 증액(2018. 05.16) 대항력 있음
302	천○정	2018-05-14	2018-05-14	2020-02-04	3500만 원	소액임차인
303	김○주	2019-05-14	2019-05-07	2020-01-16	3000만 원	소액임차인
304	이○숙	2019-04-22		2020-01-13	7000만 원	
401	이○(LH)	2018-08-14	2018-07-27	2020-02-19	1억 1000만 원	
402	최○일	2018-10-05	2018-10-05	2020-01-17	8000만 원	

❶ 가장 먼저 경매비용으로 6,731,000원을 배당합니다.

❷ 주택임대차보호법상 소액임차인의 최우선변제액을 배당합니다. 소액임차인을 판단하는 기준일은 담보물권(근저당) 설정일인 2018년 04월 27일이므로 대전광역시 소액임차인의 기준금액은 6,000만 원 이하, 최우선변제액은 2,000만 원이고 총 배당금액의 1/2 한도 내에서 배당할 수 있습니다.

배당분석

(매각대금 673,100,000원 기준)

배당순위	배당자	기준일자	배당액	배당잔액	미배당액	비고
경매비용			6,731,000원	666,369,000원	0원	경매비용 1%
최우선 변제액	장○민	2016-09-30	20,000,000원	646,369,000원	15,000,000원	소액임차인
	김○애(LH)	2016-09-20	20,000,000원	626,369,000원	20,000,000원	소액임차인
	권○원	2017-12-27	20,000,000원	506,369,000원	15,000,000원	소액임차인
	천○정	2018-05-14	20,000,000원	586,369,000원	15,000,000원	소액임차인
	김○주	2019-05-14	20,000,000원	566,369,000원	10,000,000원	소액임차인
당해세(압류)	대전서구청		1,000,000원	565,369,000원		체납액
확정일자부 우선변제	박○숙	2012-03-30	60,000,000원	505,369,000원	5,000,000원	
	장○민	2016-09-30	15,000,000원	490,369,000원	0원	전액배당
확정일자부 우선변제	김○애(LH)	2017-08-31	20,000,000원	470,369,000원	0원	전액배당
	추○순(LH)	2017-10-26	70,000,000원	400,369,000원	0원	전액배당
	권○원	2018-01-15	15,000,000원	385,369,000원	0원	전액배당
근저당	문창신협	2018-04-27	364,000,000원	21,369,000원	0원	채권최고액 배당
확정일자부 우선변제	천○정	2018-05-14	15,000,000원	6,369,000원	0원	전액배당
	박○숙	2018-05-16	5,000,000원	1,369,000원	0원	전액배당
	송○영(LH)	2018-06-18	1,369,000원	0원	68,631,000원	일부미배당/소멸
	이○(LH)	2018-08-14	0원	0원	110,000,000원	전액미배당/소멸
	최○일	2018-10-05	0원	0원	80,000,000원	전액미배당/소멸
근저당	문창신협	2019-01-21	0원	0원	15,426,126원	경매신청 후 지연이자 미포함
전세권	이○숙	2019-04-22	0원	0원	70,000,000원	전액미배당/소멸
확정일자부 우선변제	김○주	2019-05-14	0원	0원	10,000,000원	일부미배당/소멸

이에 따라 장○민, 김○애, 권○현, 천○정, 김○주는 소액보증금 중 2,000만 원씩 최우선변제액을 먼저 배당받습니다. 이때 소액임차인의 임대차보증금 중 최우선변제액으로 배당받은 후 나머지 임대차보증금은 확정일자를 받은 순위에 따라 우선변제권으로 받을 수 있습니다.

❸ 다음 순위는 당해세인 대전서구청의 압류입니다. 당해세는 본 해당 부동산에 부과한 세금으로 상속세, 증여세, 종합부동산세, 재산세, 자동차세, 도시계획세, 공동시설세, 지방교육세 등이며 취등록세는 당해세에 해당하지 않습니다.

❹ 당해세 배당 이후 순위는 우선변제권(우선변제권의 기준일은 확정일자와 전입일 중 늦은 날)과 물권 배당입니다. 확정일자를 받은 임차인과 근저당 설정일을 기준으로 순위대로 배당합니다. 이에 따라 박○숙, 장○민, 김○애, 추○순, 권○현, 문창신협, 천○정, 박○숙(임대차보증금 증액분) 순으로 배당합니다. 여기서 문창신협은 청구금액과 법정 지연이자 등을 고려하여 채권최고액을 배당받습니다.

❺ 이후 확정일자를 받았지만 배당 재원이 부족하거나 순위에 밀려 배당받지 못하는 임차인들의 임대차보증금과 근저당은 낙찰자가 인수하지 않습니다. 즉, 송○영, 이○, 최○일, 문창신협(2019년 01월 21일자 근저당), 전세권자 이○숙, 김○주의 미배당금은 금액에 상관없이 인수하지 않습니다.

❻ 위 사례에서 보듯이 전입일과 확정일자가 늦은 일부 임차인들은 임대차보증금 일부 또는 전액을 배당받지 못하였습니다. 임차인들은 집주인을 잘못 만나 어렵게 모은 임대차보증금을 회수하지 못하고 힘겨운 시간을 보내야 할지도 모릅니다.

다가구(원룸)처럼 다수의 임차인이 거주하는 주택에 임대차계약을 할 때는 반드시 담보권 설정 금액과 앞서 전입한 임차인들의 임대차보증금을 확인해야 합니다.

본 물건은 말소기준등기보다 앞선 선순위 임차인들이 다수 존재하나 모두 법원으로부터 배당받아 낙찰자가 인수하는 금액은 없습니다. 실무에서도 선순위 권리가 있는 물건에 입찰할 때에는 정확한 권리분석을 하고 대책을 마련한다면 아무런 문제가 되지 않습니다.

PART 07

경매함정에서
탈출하자

제15장

쪽박을 대박으로 바꾸는 권리분석

숨어 있는 대항력, 세대합가

보이지 않는 대항력을 찾아라

레이더에 잘 잡히지 않는 스텔스기처럼 눈에 띄지 않아 경매함정에 빠지기 쉬운 권리인 '세대합가'(世代合家)는 주민등록상 각각 독립되어 있던 별도의 세대가 하나로 합쳤다는 의미입니다. 겉으로는 드러나지 않는 대항력 있는 세대합가가 존재하는 경매 물건은 흔치 않지만 대위변제와 더불어 입찰자들의 실수가 많은 유형에 속합니다.

대항력 있는 세대합가를 만나면 임차인의 임대차보증금을 인수해야 할 수도 있어 낙찰되어도 매각대금을 지급하지도 못하고 입찰보증금도 반환받지 못하는 등 경매함정에 빠지게 됩니다.

결국 입찰보증금을 포기하게 되면서 경매의 쓴맛을 보고, 경매는 어렵다는 푸념과 함께 부정적인 시각으로 바라보게 됩니다.

그럼 보이지 않는 세대합가를 어떻게 파악해야 할까요?

세대합가 여부를 확인하기 위해서는 '전입세대 열람 내역'을 살펴봐야 하는데, 세대주의 전입일자 이외에 최초 전입한 세대원의 전입일자가 기재되어 있어 세대주의 전입일자보다 세대원의 전입일자가 앞설 때 세대합가로 판단하면 됩니다.

경매에서 임차인의 대항력은 세대주를 포함하여 세대원 전원의 전입일자 중 가장 빠른 사람을 기준으로 판단합니다.

전입세대 열람 내역은 '동거인 포함'해서 신청하면 세대주가 아닌 다른 세대원들의 전입일까지 모두 확인이 가능하므로 세대주보다 먼저 전입한 세대원들의 최초 전입일도 확인할 수 있습니다.

임차인이 가족과 함께 그 주택에 대한 점유를 계속하고 있으면서 가족의 주민등록은 그대로 둔 채 임차인만 주민등록을 일시적으로 다른 곳으로 옮긴 경우라면 주민등록의 이탈이라고 볼 수 없는 만큼 임대차의 제3자(낙찰자)에 대한 대항력을 상실하지 않습니다.

【실무분석】 일시적 전출 이후 재전입

권리일	권리	내용
2017년 01월 20일	소유권이전	매매가격 2억 원
2017년 02월 13일	계약/전입/점유/확정	임차인 A(보증금 1억 원)
2017년 09월 13일	A 전출	
2018년 02월 26일	근저당권	대한은행
2018년 11월 07일	A 재전입	
2019년 01월 24일	경매개시결정	대한은행
2019년 09월 26일	매각	낙찰자 C(1억 7,000만 원)

임차인 A가 아내 B와 함께 세대를 구성하고 거주하다가 직장 문제 등 특별한 사유로 인하여 B가 세대주가 되고 A만 일시적으로 전출하였다가 일정 기간 경과 후에 재전입을 하면서 다시 세대주가 A가 되는 경우인데 세대합가의 전형적인 사례입니다.

이런 경우 전세계약자 및 세대주 A의 전입일자를 기준으로 권리분석을 하게 되는데, 전입세대 열람 내역에도 A의 전입일자는 2018년 11월 07일로 나타나고 말소기준등기가 되는 대한은행의 근저당보다 후순위이기에 대항력이 없다고 판단하고 입찰하게 됩니다. 하지만 비극은 이렇게 시작됩니다.

A는 낙찰자에 대하여 대항력이 있고 낙찰자는 A의 전세금을 인수해야 하는데 다행히 배

당요구를 한 경우라면 전입, 점유, 확정일자가 근저당보다 앞서므로 경매신청자보다도 우선하여 배당받게 됩니다. 하지만 만약 A가 배당요구를 하지 않았다면 낙찰자 C는 2억 원인 아파트를 1억 7,000만 원에 낙찰받고 A의 임대차보증금 1억 원을 추가로 인수해야 합니다.

결국 낙찰자 C는 합계금액 2억 7,000만 원에 매수하게 됩니다. 낙찰 후에 A와 명도 문제를 협의하다 이 같은 세대합가 된 사실을 알고서 매각대금 납부를 포기하게 되는 사례입니다. 물론 입찰보증금도 반환받지 못합니다.

【사례해설】보이지 않는 대항력

본 사례의 권리분석 핵심은 한국자산관리공사의 말소기준등기일과 임차인 최○영의 전입일입니다. 최○영의 전입일은 2009년 08월 31일로 말소기준등기일 2007년 9월 17일보다 늦습니다.

이렇게 권리분석을 하면 임차인 최○영은 전입신고 외에 확정일자도 없어 우선변제권도 없고 배당요구도 하지 않았기 때문에 소액임차인이 아니어서 최우선변제액도 배당받을 수 없으며 낙찰자가 인수해야 할 권리도 아니어서 정상적으로 입찰할 것입니다. 배당요구를 하지 않은 후순위 임차인은 인도명령 대상이기 때문입니다.

그러나 최○영의 아내 송○빈의 최초의 전입일자는 2007년 8월 22일로 말소기준등기보다 앞서 선순위입니다.

즉, 배당요구를 하지 않은 선순위 임차인 최○영의 임대차보증금 1억 1,100만 원은 낙찰자가 추가로 인수해야 합니다.

이런 경우가 세대합가에 해당하는데 세대원 모두의 전입일을 확인하지 않고 계약자 임차인 최○영의 전입일만 확인하면 예기치 않았던 함정에 빠지게 됩니다.

소재지	경기도 용인시 수지구 풍덕천동 신정마을 623동			회차	매각기일	최저매각가격	결과
물건종별	아파트	감정가	380,000,000원	1차	2010-08-17	380,000,000원	유찰
대지권	46.99㎡(14.2평)	최저가	(51%) 194,560,000원	2차	2010-09-28	304,000,000원	유찰
건물면적	84.99㎡(25.7평)	보증금	(30%) 58,370,000원	3차	2010-10-22	243,200,000원	유찰
매각물건	일괄매각	소유자	신○근	4차	2010-11-18	194,560,000원	매각
개시결정	2009-10-15	채무자	신○태	낙찰 226,000,000원(59.47%) 1명 미납			
사건명	임의경매	채권자	한국자산관리공사	5차	2011-03-11	194,560,000원	매각

낙찰 210,770,000원 (4명 입찰)	
감정가 대비	55.47%
차순위금액	198,765,000원
매각허가결정	2011-03-18
대금지급기한	2011-04-20
대금납부	2011-04-18
배당종결	2011-05-27
경매 절차가 종결되었습니다.	

등기부현황

NO	접수	권리종류	권리자	채권금액	내용	비고
1	2007-01-12		신○근			
2	2007-09-17	근저당	한국자산관리공사	325,000,000원	말소기준등기	소멸
3	2008-04-23	근저당	이○희	90,000,000원		소멸
4	2009-10-15	임의경매	한국자산관리공사	242,257,682원	2009타경56091	소멸
5	2020-07-03	압류	용인시 수지구		세무과7979	소멸

임차인현황

말소기준등기 2007-09-17, 배당요구종기일 2009-12-30

임차인	점유부분	전입/확정/배당	보증금/차임	기타
최○영	주거용	전입일자 2009-08-31 확정일자 미상 배당요구 없음	보증금 110,000,000원	최○영의 배우자 송○빈 최초전입일자 2007.08.22.

5차에 낙찰받은 입찰자는 이러한 사실을 확인하여 210,770,000원에 입찰하고 임대차보증금 1억 1,100만 원을 추가로 인수한다면 최종 매수가격은 321,770,000원입니다. 이러한 물건은 임차인을 만나 실질적인 임대차 관계를 확인하고 인수해야 할 임대차보증금만큼 제한 금액으로 입찰해야 합니다.

후순위가 선순위로 바뀌는 대항력, 대위변제

'대위변제'(代位辨濟)는 자신의 이익을 위하여 채권자의 채무를 대신 갚는 것을 말하는데 이해관계에 있는 제3자가 채무를 대신하여 빚을 갚고 그 액수만큼 그 채무자에 대해 채권을 취득합니다. 세대합가와 더불어 입찰자를 괴롭히고 경매함정에 빠질 수 있지만 조금만 주의 깊게 살펴보면 찾아낼 수 있습니다.

세대합가는 전입세대 열람 내역이라는 공부를 통해 확인할 수 있고, 대위변제는 그 어떤 서류에도 나와 있지 않아 확인하기 어렵지만 세대합가와 달리 법원으로부터 구제받을 수 있다는 점이 다릅니다.

변제할 정당한 이익이 있는 자는 변제로 당연히 채권자를 대위하고, 채권자를 대위한 자는 자기의 권리에 의하여 구상할 수 있는 범위에서 채권 및 그 담보에 관한 권리를 행사할 수 있습니다.

경매에서의 대위변제는 낙찰자가 매각대금을 납부하기 이전까지만 가능하고 반드시 대위변제 채권이 말소된 등기부를 법원에 제출함으로써 대위변제의 효과가 발생하는데, 후순위 권리자가 앞선 순위의 채무를 대위변제함으로써 선순위 권리자로 바뀔 때 많이 나타납니다.

즉, 말소기준등기보다 늦은 후순위 권리자가 자신보다 앞선 채권자의 채무를 대위변제 하면 자신의 권리가 선순위가 되어 대항력을 취득할 수 있는 길이 열립니다.

【실무분석】 갑자기 나타난 대항력

2020년 3월 4일에 D에게 1억 8,000만 원에 낙찰되어 경매비용과 최우선 배당을 받는 임금채권, 국세를 제외한 배당할 금액이 1억 5,000만 원이라 하고, 대위변제 없이 권리분석을 하면 대한은행의 근저당권 ❶이 말소기준등기입니다. 매각 후에는 이 권리를 포함하여 모든 권리가 말소되므로 낙찰자 D는 정상적인 매각대금 납부와 소유권이전을 하면 됩니다.

그러면 임차인 A는 소액임차인이 아니어서 최우선변제액도 받지 못하고 말소기준등기인 대한은행 근저당권 ❶보다 늦은 후순위 임차인으로서 확정일자도 받지 않고 배당요구도 하지 않았기에 자신의 임대차보증금 9,000만 원을 한 푼도 변제받지 못하고 집을 비워야 하는 상황이 됩니다.

이때 A가 자신보다 앞선 순위인 대한은행의 근저당 ❶의 잔존채무 2,000만 원을 채무자 B를 대신하여 갚고 등기부에 있는 대한은행의 근저당권 ❶을 말소시키면 말소기준등기가 대한은행 근저당권 ❶에서 한국저축은행 근저당권 ❷로 바뀌게 되고 A는 말소기준등기보다 앞선 선순위가 됩니다.

권리일	권리	내용
2017-04-07	소유권이전	채무자 B
~~2017-10-23~~	~~근저당권 ❶~~	~~대한은행(잔존채권 2,000만 원)~~
2018-02-16	계약/전입/점유	임차인 A(전세 9,000만원), 배당요구 없음
2018-08-22	근저당권 ❷	한국저축은행(잔존채권 1억 원)
2018-09-20	계약/전입/점유/확정	임차인 C(임대차 4,000만 원)
2019-05-28	경매개시결정	한국저축은행
2020-03-04	매각	낙찰자 D(매각가 1억 8,000만 원)

여러 사유로 확정일자도 없고 배당요구도 하지 못한 상태에서 낙찰자 A에게 대항력이 생긴 것이죠. 임차인 A는 한 푼도 받을 수 없었던 임대차보증금 9,000만 원 중에서 대위변제에 소요된 금액 2,000만 원을 제하고도 7,000만 원을 지킬 수 있었습니다.

여러분이 낙찰자 D라면 생각지도 못했던 선순위 임차인이 나타나 자신의 임대차보증금 9,000만 원을 지급하라고 한다면 어찌하겠습니까?

이러한 함정에 빠지지 않기 위해서는 정확한 권리분석이 필요하고 확인 또 확인해야 합니다. 대위변제 가능성이 있는 물건은 저당권이나 각종 잔존채권 금액을 확인하여 대위변제 가능성 여부를 확인해야 합니다.

근저당권에는 채권최고액만 표시되어 실질 잔존채권금액을 알 수 없어 해당 금융기관을 찾아 잔존채권금액을 확인하고 그 금액이 적을 때는 대위변제 가능성을 살펴야 합니다.

입찰 전에 분석했던 모든 서류를 낙찰받은 후 매각결정기일까지(통상 7일) 다시 한번 검토하고 잔금 납부 이전에 또 한 번 확인하고, 등기부와 전입세대 열람 내역서를 다시 발급받아 변동사항이 있는지 확인해야 합니다.

> ✅ **CHECK**
>
> 낙찰받은 이후 매각결정기일 사이에 대위변제가 이루어졌다면 낙찰자는 '매각불허가신청'으로 구제받을 수 있고, 매각결정 이후 잔금 납부일 사이에 대위변제가 이루어졌다면 '매각허가결정취소신청'으로 입찰보증금을 반환받을 수 있습니다.

낙찰받은 물건에 대위변제가 있으면 낙찰자가 대응할 방법은 없을까요?

입찰하기 전에 대위변제 가능성이나 기타 권리의 변동이 있을 수 있으므로 입찰 하루 전에 반드시 등기부를 비롯한 법원 문서접수목록을 확인하면 됩니다. 임차인 A가 대위변제를 했다면 '법원경매정보' 홈페이지에 서류를 제출한 기록이 있고 해당 법원경매계에서도 확인이 가능합니다.

【사례해설】 사라진 말소기준등기

이러한 정황을 알 수 없는 입찰자들은 함정에 빠지게 될 수 있어 법원은 권리변동과 같은 주요 변경사항이 있으면 매각 전에 매각물건명세서를 다시 보완하여 알립니다. 법원경매정보 홈페이지에서 해당 사건을 찾아서 법원문건기록을 살펴보는 것만으로도 경매 진행이 어떻게 이루어지는지 알 수 있습니다.

또한, 소유자와 채무자가 대응은 어떻게 하고 있는지, 채권자와 이해관계인들은 자신들의 권리를 행사하기 위하여 어떤 대응을 하는지 알 수 있습니다.

입찰자는 입찰을 준비할 때 각종 자료를 살펴보지만 추후 변동 가능성에 대해서는 소홀하기 쉽습니다. 하지만 경매에서 가장 경계해야 할 사항이 변동성입니다. 경매가 진행되는 중간에 변동되는 사항들은 입찰자에게는 매우 소중한 정보입니다. 이러한 내용을 입찰 전에 다시 한번 확인하는 것만이 실패하지 않는 방법입니다.

본 사례에서 대위변제가 어떠한 방법으로 이루어지는지 살펴봅시다.

대위변제 이전에는 등기부의 2번 수산업협동조합이 설정한 근저당권이 말소기준등기로 최우선 순위이기 때문에 후순위 권리들은 모두 소멸되어 낙찰자가 인수해야 하는 그 어떤 권리도 없습니다.

임차인 호○영은 전입일이 2009년 05월 22일이므로 말소기준등기일인 2001년 09월 15일보다 늦으므로 후순위 임차인입니다. 더구나 확정일자도 없고 배당요구도 하지 않았기 때문에 인도명령의 대상일 뿐 낙찰자가 인수해야 할 대상이 아닙니다. 그저 평범한 물건에 지나지 않는 것처럼 보입니다.

그러나 2차 매각기일을 앞두고 입찰이 변경되어 임차인 호○영의 배우자인 김○정은 01월 31일 경매법원에 '선순위 근저당권 말소신고서'를 제출하여 등기부에는 2번 수산업협동조합의 근저당권이 말소되어 사라진 것입니다.

즉, 말소기준등기일이 2001년 09월 15일에서 2010년 05월 26일로 늦어져 3번 최○수의 근저당권이 말소기준등기가 되어 임차인 호○영은 선순위 임차인으로 대항력을 취득하여 낙찰자가 인수하는 임차인이 된 것입니다.

어느 날 갑자기 말소기준등기가 사라지고 후순위 임차인이 선순위 임차인으로 바뀌어 낙찰자가 인수해야 하는 대항력 있는 권리가 탄생한 것입니다.

여기서 알아야 하는 사항은 호○영이 왜 자신과 아무런 관련도 없는 다른 사람의 채권을 대신하여 갚았을까 하는 점입니다.

소재지	인천광역시 서구 석남동 장미아파트 4층 501호			회차	매각기일	최저매각가격	결과
물건종별	아파트	감정가	150,000,000원	1차	2011-12-23	150,000,000원	유찰
대지권	59.76㎡(18.1평)	최저가	(49%) 73,500,000원	2차	2012-01-23	105,000,000원	유찰
건물면적	68.5㎡(20.7평)	보증금	(10%) 7,350,000원		2012-02-24	73,500,000원	변경
매각물건	일괄매각	소유자	신○숙	3차	2012-03-27	73,500,000원	매각
개시결정	2011-08-25	채무자	신○숙				
사건명	임의경매	채권자	최○수		매각금액 75,630,000원		

입찰자수	1명(정○랑)
감정가 대비	50.42%
매각허가결정	2012-04-03
대금지급기한	2012-05-01
대금납부	2012-04-24
배당종결	2012-06-07
경매 절차가 종결되었습니다.	

등기부현황

NO	접수	권리종류	권리자	채권금액	내용	비고
1	1996-01-20	소유권이전(증여)	신○숙			
2	2001-09-15	근저당	수산업협동조합	24,000,000원	말소커준등가	소멸
3	2010-05-26	근저당	최○수	36,000,000원	새로운 말소기준등기	소멸
4	2010-11-18	압류	인천광역시			소멸
5	2011-08-25	임의경매	최○수	36,000,000원	2011타경51337	소별

임차인현황

말소기준등기 2010-02-26, 배당요구종기일 2011-11-09

임차인	점유부분	전입/확정/배당	보증금/차임	기타
호○영	주거용	전입일자 2009-05-22 확정일자 미상 배당요구 없음	미상	2012.01.31. 임차인 김○정(호○영의 처) 대위변제(선순위근저당권말소)신고 제출

호○영은 전입만 했을 뿐 대항력을 행사할 수 있는 위치에 있지 않고 확정일자도 받지 않아 우선변제권도 없으며 배당요구도 하지 않았습니다. 대위변제를 하지 않았더라면 후순위 임차인으로서 임대차보증금을 한 푼도 변제받지 못하는 인도명령 대상일 뿐입니다.

접수일	접수내역	결과
2011.10.07.	기타 인천지법 집행관 부동산현황조사보고서 제출	
2011.10.28.	교부권자 인천서구 교부 청구 제출	2007.03.28. 발급
2012.01.02.	임차인 호○영 열람 및 복사신청 제출	
2012.01.31.	임차인 김○정 대위변제(선순위근저당권말소)신고 제출	
2012.05.03.	최고가매수신고인 등기촉탁신청 제출	
2012.05.03.	최고가매수신고인 매각대금완납증명	
2012.05.22.	채권자 최○수 채권계산서 제출	

이러한 자신의 권리를 정확하게 알고 있던 호○영은 수산업협동조합의 채권을 확인한 결과 채권최고액이 2,400만 원이면 실질적인 채권은 그보다 적다고 판단하여 대위변제를 하게 된 것입니다. 자신보다 앞선 순위의 근저당권을 말소시킨 후 자신이 선순위 임차인으로서 대항력을 취득하고 낙찰자로 하여금 자신의 임대차보증금을 인수하게 한 것이죠.

자신의 임대차보증금을 낙찰자에게 인수하게 할 수 있는 대위변제, 분명 빠지지 말아야 할 경매함정입니다.

대지권 등기가 없다면

아파트, 연립이나 빌라, 복합상가 등 집합건물에 대한 입찰 준비를 하다 보면 '대지권 미등기'란 문구를 발견하게 됩니다.

이러한 물건은 어떤 물건을 말하며 실제 입찰에서 어떻게 대처해야 하고 입찰할 때 문제점은 무엇인지 살펴봅시다.

'대지권'은 전체 대지에서 각 구분소유자 명의로 토지를 안분하여 등기부에 기재하는데 건물과 분리하여 처분하지 못하는 대지사용권입니다. 즉, 아파트를 소유할 때 구분된 건물과 전체 토지 중 몇 %의 지분(땅)을 소유하는 것과 같은데 대지권 미등기는 이러한 대지권의 표시가 없는 것입니다.

입찰에 참여할 때 매각물건명세서나 감정평가서에 대지권 미등기라는 문구가 있으면 감정평가서상에 대지권이 감정가격에 포함되었는지를 확인해야 합니다.

비록 대지권이 미등기되었다 하더라도 감정가격에 포함되어 건물 가액과 대지권 가액이 각각 평가되었다면 별다른 문제없이 입찰하면 됩니다.

대부분 매각대금을 지급하면 대지지분의 소유권이전이 가능하고 등기하는 데 아무런 문제가 없습니다. 토지와 건물을 일괄매각하는 것이기에 정상적으로 입찰하면 됩니다.

이처럼 대지권 미등기 부동산이 생기는 원인으로는 택지개발사업이나 재개발사업에서 절차의 지연으로 대지권이 미등기로 남아 있는 경우와 아파트 등의 분양 과정에서 특정 호수의 소유자가 분양대금을 완납하지 못해 일괄적으로 등기 처리가 늦어지는 경우, 시공사나 건설업체의 부도로 인한 미등기 사례가 있습니다.

이처럼 구분건물은 등기가 완료되었는데 대지권은 등기가 정리되지 않은 상황에서 건물만 경매로 진행되는 경우도 있습니다.

【사례해설】 대지권 미등기인 아파트

서울의 은평구 진관동 은평뉴타운 사업지구의 오피스텔이 대지권 미등기 상태에서 경매가 진행되었습니다.

가톨릭대학교 인근에 위치한 12층짜리 건물 중 12층이 감정가격 1억 6,800만 원으로 3차에 71.43%인 119,999,999원에 낙찰되었습니다. 낙찰자 역시 대지권이 감정가격에 포함되었음을 확인하고 정상적으로 입찰하였습니다.

본건의 감정평가서에 기준시점 현재까지 토지의 소유권, 즉 대지권이 아직 각 세대별로 정리되지 않은 상태인 미등기로 남아 있지만, 구분소유건물은 「집합건물의 소유 및 관리에 관한 법률」에 따라서 구분건물과 대지사용권이 일체성을 가집니다.

소재지	서울특별시 은평구 진관동 100-1, 은평헤스티아			회차	매각기일	최저매각가격	결과
물건종별	오피스텔	감정가	168,000,000원		2021-08-10	168,000,000원	변경
대지권	미등기감정가격포함	최저가	(64%) 107,520,000원	1차	2021-09-28	168,000,000원	유찰
건물면적	26.23㎡(7.93평)	보증금	(10%) 10,752,000원	2차	2021-11-02	134,400,000원	유찰
매각물건	토지건물 일괄매각	소유자	장○진	3차	2021-12-07	107,520,000원	매각
개시결정	2020-09-25	채무자	장○진		매각금액 119,999,999원(71.43%)		
사건명	임의경매	채권자	최○훈				

입찰자수	2명(최○미)
차순위금액	117,600,000원
매각허가결정	2021-12-14
대금지급기한	2020-01-19
대금납부	기한 후 납부
배당종결	2022-03-03
경매 절차가 종결되었습니다.	

매각물건현황

목록	구분	사용승인	면적	이용상태	감정가격
건물	12층 중 12층	2016-11-08	26.23㎡(7.93평)	오피스텔	100,800,000원
토지	대지권	대지권 미등기이나 감정가격에 포함 평가됨			67,200,000원
참고사항	<ul><li>대지권 미등기이나 최저매각가격에 대지권가격이 포함됨</li><li>대상물건은 기준시점 현재 지적 미정리 등으로 인하여 등기사항전부증명서상 적정 대지지분이 구분 건물 소유자에게 이전, 취득될 것을 전제로 가격이 형성되고 거래되는 관행에 따라 본 평가에서는 적정지분을 구분건물에 포함한 가격으로 평가하였음</li><li>대지권 미등기로 은평구청 사실조회 회신(2020.09.18.)에 의하면 분양계약서상 대지지분 포함됨</li></ul>				

    향후 각각의 세대에 구분소유권을 인정하는 적정 대지권이 배분될 것을 전제로 하여 토지 대지권 및 구분건물소유권을 일체로 한 비준가격으로 평가되기에 그 대지권은 감정가격에 모두 포함되어 토지와 건물 모두 일괄매각하는 정상적인 물건입니다.

    입찰을 준비하면서 감정평가서 평가항목에서 대지권을 포함하여 평가했는지를 확인하면 됩니다.

땅은 안 팔고 건물만 판다면

매각물건명세서에 '대지권 없음'이라는 문구가 보이면 건물만 매각한다는 의미입니다. 예를 들어 오래전에 지어진 시민아파트는 대부분 시유지나 국유지에 건축되었는데 대지권 없이 건물만 거래하여 본래부터 대지권이 없습니다.

또한, 수분양자(분양받는 사람)가 토지 대금을 지급하지 않아 대지권을 취득하지 못하고 건물만 등기한 때도 건물만을 평가하여 가격을 산정합니다.

대지와 건물의 일괄입찰이 아닌 '대지권 없음'의 건물만 평가되었다면 낙찰받은 후에 반드시 대지권을 추가로 매입하거나 대지사용료를 별도로 지불하고 건물을 사용해야 합니다.

이러한 물건은 대부분 감정평가에서 대지권이 제외되어 있으므로 토지와 건물 모두 일괄 매각하는 물건과 비교할 때 감정가격이 매우 낮게 평가됩니다. 터무니없이 싼 가격만을 보고 입찰했다가 낭패가 되는 일이 있어서는 안 되지요. 감정가격에 대지권이 평가되지 않아 매각금액에 반영되지 않았다면 반드시 대지권 매입 여부를 확인하고 입찰해야 합니다.

【사례해설】대지권 없는 건물만 매각

본 사례의 물건은 대지권이 없는 건물만 매각되는 근린상가입니다. 감정평가서에서도 대지권을 수반하지 않은 건물만의 평가로서 구분건물과 대지사용권이 일체성을 가집니다. 구분건물과 토지를 일체로 하여 일반적인 분양과 거래가 되므로 건물만의 평가는 곤란하나 한국부동산연구원의 아파트 토지·건물 배분비율표 등을 참고하여 토지(대지권) 부분의 가액을 제외하여 건물만의 가액을 평가하였습니다.

대지권을 수반하지 않은 건물만의 평가로서 향후 대지사용권에 대한 지분변동 가능성에 따라 별도의 부담(법정지상권 성립으로 인한 지료청구 및 구분소유권 매도 청구 등)이 발생할 수 있습니다.

본 물건은 경기도 용인시 수지구 죽전동 대지초등학교 인근에 소재한 5층짜리 근린상가입니다.

소재지	LEH 용인시 수지구 죽전동 1254-1 선진포리스트			회차	매각기일	최저매각가격	결과
물건종별	근린상가	감정가	138,000,000원	1차	2021-07-06	138,000,000원	매각
대지권	대지권없음	최저가	(100%) 138,000,000원				
건물면적	113.93㎡(34.4평)	보증금	(10%) 13,800,000원				
매각물건	토지건물 일괄매각	소유자	황○준		매각금액 171,770,000원		
개시결정	2021-01-28	채무자	황○준		감정가 대비 124.47%		
사건명	강제경매	채권자	김○래				

입찰자수	10명
매수인	권○덕
매각허가결정	2021-07-13
대금지급기한	2021-08-23
대금납부	2021-08-04
배당종결	2021-08-25
경매 절차가 종결되었습니다.	

매각물건현황

목록	구분	사용승인	면적	이용상태	감정가격
건물	5층 중 4층	2005-09-20	113.93㎡(34.4평)	의원	138,000,000원
토지	대지권		대지권 없음		
참고사항	• 본 건물은 한국토지주택공사(LH)로부터 토지를 분양받아 건축 중 시행사의 부도로 토지대금을 미납하여 대지권을 확보하지 못해 대지사용권이 없으므로 건물만의 매각임. • 최저매각가격은 건물만의 평가임.				

피부과의원이 입주해 있고 임대차보증금 3,000만 원에 월 차임은 80만 원입니다. 많은 입찰자가 경쟁하여 감정가보다 많은 금액으로 낙찰되었는데 수익률을 계산하고 입찰한 것으로 보입니다.

입찰자들은 LH와 협의하여 대지권을 매입하거나 지료(토지사용료, 통상 연 단위로 지급하는데 당사자간의 협의로 지료가 책정되나 협의가 되지 않을 때는 평가금액의 4~5% 내외로 지급판결이 나옴)를 지급하는 방법으로 대지권을 매듭지으려 할 것입니다. 대지권이 수반되지 않은 물건은 여타 비슷한 물건에 비해 매입가격이 낮습니다.

대지권을 매입하지 않았어도 사용·수익하는 데는 크게 지장이 없습니다. 이러한 물건을 찾아 전략적으로 임대수익을 노리는 것도 좋은 투자 방법이 아닐까요?

토지등기가 별도로 있다면

'토지별도등기'는 토지가 집합건물의 대지권으로 등기되기 전에 토지에 저당권이나 전세권, 압류나 가압류 등이 설정된 후에 집합건물이 완공될 때 발생합니다.

시행사 혹은 건축주가 아파트, 연립, 빌라, 다세대, 상가 등 집합건물을 짓기 위해 금융권에서 대출을 받고 근저당권을 설정하는데, 분양이 완료되었으면 대출금을 상환하고 근저당권을 말소하면 토지등기부는 집합건물의 구분소유권으로 각각의 대지권이 정리됩니다.

그러나 대출금을 상환하지 못하면 토지에 대한 근저당권을 표시해야 하는 이유로 토지별도등기가 필요합니다. 이때 근저당권자인 은행은 채권회수를 위해 경매를 신청하게 되고, 매각이 되면 토지별도등기에 있던 근저당권은 말소됩니다.

근저당권뿐만 아니라 토지에 설정된 가압류, 지상권, 가처분 등도 모두 토지별도등기입니다. 건물 등기부등본 표제부에 '토지에 관하여 별도등기가 있음'이라는 문구가 있으면 집합건물에 토지별도등기가 있으니 토지 등기부등본을 별도로 발급받아 권리를 확인하라는 주의표시입니다.

실무에서는 해당 법원이 토지에 대한 근저당권을 낙찰자가 인수한다는 특별매각조건을 붙이거나 인수조건을 붙이지 않고 근저당권자가 채권신고를 하여 배당받아 토지저당권을 말소시킵니다. 이때 토지저당권자는 함께 매각된 건물매각대금에서는 우선변제를 받지 못합니다.

그러나 구분지상권(한국전력의 지상 시설물에 관한 설정, 철탑 부지, 선하지 등)이라면 소유권이나 사용 및 수익에 영향을 주지 않습니다. 이러한 물건에 입찰할 때는 토지저당권을 입찰자가 인수해야 하는 특별매각조건이 붙은 물건은 피해야 하고, 토지저당권자가 채권 신고를 한 경우에는 매각으로 소멸되므로 정상적으로 입찰해도 괜찮습니다.

【사례해설】 매각으로 소멸하는 토지별도등기

토지별도등기가 있는 물건마다 인수해야 할 권리가 존재하는 것은 아닙니다. 인수해야 하는 권리가 없어도 토지등기부가 정리되지 않아 별도로 존재하는 경우도 있고, 실질적으로 토지등기부에 있는 권리들로 인하여 낙찰자가 인수해야 하는 토지별도등기도 있습니다.

2020타경76556   광주지방법원 본원

소재지	전남 담양군 금성면 석현리 95-31 화신주택			회차	매각기일	최저매각가격	결과
물건종별	다세대(빌라)	감정가	74,000,000원	1차	2021-09-02	74,000,000원	유찰
대지권	45㎡(13.61평)	최저가	(45%) 33,152,000원	2차	2021-10-14	51,800,000원	유찰
건물면적	58.905㎡(17.82평)	보증금	(10%) 3,315,200원	3차	2021-11-25	41,440,000원	유찰
매각물건	토지건물 일괄매각	소유자	망 김○석의 상속인 박○자	4차	2022-01-06	33,152,000원	매각
개시결정	2020-12-15	채무자	망 김○석의 상속인 박○자				
사건명	강제경매	채권자	메리츠캐피탈(주)		매각 36,500,000원(49.32%)		

입찰자수	1명
매수인	전○대
매각허가결정	2022-01-13
대금지급기한	2022-02-17
대금납부	2022-02-14
배당종결	2022-03-30
경매 절차가 종결되었습니다.	

건물등기부현황

2020타경76556

NO	접수	권리종류	권리자	채권금액	내용	비고
1	2004-12-30	소유권이전(매매)	김○석			
2	2019-12-30	가압류	메리츠캐피탈(주)	54,431,085원	말소기준등기 2019타단204806	소멸
3	2020-01-12	압류	남원세무서장			소멸
4	2020-12-15	강제경매	메리츠캐피탈(주)	청구금액 35,143,357원	2020타경76556	소멸
5	2021-03-09	소유권이전(상속)	박○자		2011타경51337	소멸

목록	구분	사용승인	면적	이용상태	감정가격
건물	4층 중 4층	1994-07-28	58.905㎡(17.82평)	주거용	51,800,000원
토지	대지권		540㎡ 중 45㎡ 토지별도등기 있음		22,200,000원
참고사항	• 별지 부동산의 등기사항증명서의 대지권 표시에 '토지만에 관하여 별도등기 있음'으로 기록되어 있으나 토지등기사항증명서에는 처분제한, 제한물권설정 등 사항은 전혀 없고 대지권등기만 기록됨.				

본 사례에서는 토지등기부를 확인한 결과 아무런 인수 대상의 권리가 존재하지 않습니다.

집합건물이지만 토지등기부가 아직 폐쇄되지 않고 존재합니다. 그러나 낙찰자가 인수해야 하는 처분제한이나 물권설정 등은 없습니다. 이러한 유형의 물건에 입찰할 때는 반드시 별도로 존재

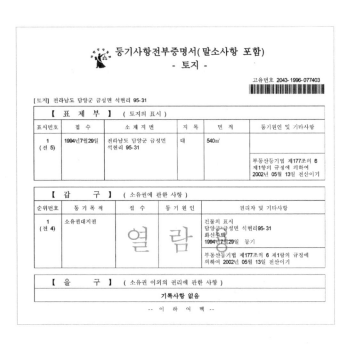

하는 토지등기부와 인수권리 여부를 확인한 후에 입찰하는 것이 안전합니다.

【사례해설】낙찰자가 인수하는 토지별도등기

매각물건명세서에 토지별도등기가 있으며 매수인 인수조건으로 매각하는 사례입니다. 즉, 대지권인 토지에 대해 말소되지 않는 별도등기가 존재하여 매수인이 인수해야 하는 등기라는 특별매각조건이 붙은 물건입니다.

소재지	광주광역시 북구 양산동 547-1 이화연립주택		회차	매각기일	최저매각가격	결과
물건종별	다세대(빌라)	감정가	45,900,000원	1차	2020-12-23	45,900,000원	유찰
대지권	1.05㎡(0.32평)	최저가	(56%) 25,704,000원	2차	2021-02-03	32,130,000원	유찰
건물면적	49.53㎡(14.98평)	보증금	(10%) 2,570,400원	3차	2021-03-17	25,704,000원	매각
매각물건	토지건물 일괄매각 별도등기 인수조건	소유자	이○근				
개시결정	2020-08-06	채무자	이○근		매각 36,500,000원()		
사건명	강제경매	채권자	현대캐피탈(주)				

감정가 대비	49.32%
입찰자수	1명
매수인	김○순
매각허가결정	2021-03-24
대금지급기한	2021-04-22
대금납부	2021-04-16
배당종결	2021-05-20
경매 절차가 종결되었습니다.	

등기부현황

NO	접수	권리종류	권리자	채권금액	내용	비고
1	2014-06-23	소유권이전(매매)	이○근		거래가액 30,000,000원	
2	2019-11-15	근저당	박○효	30,000,000원	말소기준등기	소멸
3	2020-05-20	가압류	현대캐피탈(주)	10,201,790원	2020카단51211	소멸
5	2020-08-06	강제경매	현대캐피탈(주)	9,917,091원	2020타경70893	소멸

인수해야 할 권리는 토지별도등기부에 나타나 있는데 그 대상은 광주시 북구 양산동 547-1 토지상의 지분 37분의 5에 대한 1984년 11월 19일자 접수번호 제45170호 소유권이 전청구권가등기입니다.

이와 같은 물건은 등기권리자와 협의를 통해 말소시킬 수 있는 해결 방법을 확인하고 입찰해야 합니다.

반면, 토지별도등기가 있는 물건은 집합건물의 토지에 관한 소유권을 대지권으로 표시합니다. 이에 그 대지권을 건물등기부의 표제부에 등기한 후 토지등기부는 폐쇄하는 것이 일반적인 원칙이지만 토지등기부에 제3자의 권리(근저당, 가압류 등)를 표시해야 할 필요가 있어 토지등기부를 유지하고 있습니다.

대개는 토지별도등기에 있는 집합건물의 구분지상권 같은 권리는 소멸하지 않고 낙찰자가 인수하는데, 토지의 일정 부분을 훼손하지 못하도록 하는 지상권으로 인해 소유권 행사에 지장이 없으므로 정상적으로 입찰해도 됩니다.

광 주 지 방 법 원

2020타경70893

매각물건명세서

사 건	2020타경70893 부동산강제경매	매각 물건번호	1	작성 일자	2021.02.03	담임법관 (사법보좌관)	조길호	
부동산 및 감정평가액 최저매각가격의 표시	별지기재와 같음	최선순위 설정		2019.11.15. 근저당권		배당요구종기	2020.11.02	

부동산의 점유자와 점유의 권원, 점유할 수 있는 기간, 차임 또는 보증금에 관한 관계인의 진술 및 임차인이 있는 경우 배당요구 여부와 그 일자, 전입신고일자 또는 사업자등록신청일자와 확정일자의 유무와 그 일자

점유자의 성 명	점유부분	정보출처 구 분	점유의 권 원	임대차기간 (점유기간)	보증금	차 임	전입신고일자,사업 자등록 신청일자	확정일자	배당요구여부 (배당요구일자)

조사된 임차내역없음

※ 최선순위 설정일자보다 대항요건을 먼저 갖춘 주택·상가건물 임차인의 임차보증금은 매수인에게 인수되는 경우가 발생 할 수 있고, 대항력과 우선변제권이 있는 주택·상가건물 임차인이 배당요구를 하였으나 보증금 전액에 관하여 배당을 받지 아니한 경우에는 배당받지 못한 잔액이 매수인에게 인수되게 됨을 주의하시기 바랍니다.

등기된 부동산에 관한 권리 또는 가처분으로 매각으로 그 효력이 소멸되지 아니하는 것

대지권 대상 토지인 광주 북구 양산동 547-1 토지 상의 지분 37분의 5에 대한 1984.11.19.접수 제45170호 소유권이전청구권가등기는 말소되지 않고 매수인이 인수

매각에 따라 설정된 것으로 보는 지상권의 개요

비고란

대지권 대상 토지인 광주 북구 양산동 547-1 토지 상의 지분 37분의 5에 대한 1984.11.19.접수 제45170호 소유권이전청구권가등기는 말소되지 않고 매수인이 인수하는 특별매각조건 있음(대지권인 토지에 대해 말소되지 않은 별도등기 있음)

본 사례는 토지등기부에는 나타나지 않고 별도등기에 등재된 대지권 대상 토지인 광주 북구 양산동 547-1 토지상의 지분 37분의 5에 대한 1984년 11월 19일자 접수번호 제45170호 소유권이전청구권가등기는 말소되지 않고 매수인이 인수하는 특별매각조건이 있습니다.

대지권인 토지에 대해 말소되지 않은 별도등기 있음이 매각물건명세서에 기재되어 있는데, 그 가등기가 말소할 수 있는 가등기인지 낙찰자가 인수해야 하는 가등기인 판단해야 합니다.

새집 줄게 헌집 다오

환지예정물건

경매 입찰 물건을 검색하다 보면 이따금 택지개발구역 내의 토지가 경매로 진행되는 것을 발견할 수 있습니다. 이런 물건은 향후 부동산 가치가 오르고 많은 수익을 기대할 수 있어 입찰 경쟁률이 높습니다.

그런데 이상한 점들이 있습니다. 경매로 매각될 물건과 소유할 물건의 주소가 다릅니다. 이는 개발 후에는 다른 땅을 준다고 생각하면 이해가 빠릅니다. 즉, 환지가 될 물건으로 가져가라는 뜻입니다.

도시개발사업의 시행방식에는 수용 또는 사용방식과 환지방식 및 혼용방식이 있습니다. 대지로서의 효용 증진과 공공시설의 정비를 위하여 토지의 교환, 분합(필지 분할과 필지 합병), 구획변경, 지목 또는 형질의 변경이나 공공시설의 설치, 변경이 필요한 경우와 도시개발사업을 시행하는 지역의 지가가 인근의 다른 지역에 비하여 현저히 높아 수용 또는 사용방식으로 시행하는 것이 어려운 경우에 환지방식으로 사업을 진행합니다.

이때 시행자는 토지 면적의 규모를 조정할 필요가 있으면 면적이 작은 토지는 과소토지가 되지 않도록 면적을 늘려 환지를 정하거나 환지 대상에서 제외할 수 있고, 면적이 넓은 토지는 그 면적을 줄여서 환지를 정할 수도 있습니다.

환지예정토지에 입찰할 때는 경매 대상인 이전 지번 토지가 아닌 장래에 환지받을 토지에 해당하는 환지예정지의 지목, 위치, 면적 등을 분석해야 합니다. 실제로 낙찰받아 소유권을 이전하고 사용·수익할 토지도 환지예정토지이기 때문입니다.

또한, 주택재건축정비사업을 제외한 정비구역에서 시행자가 정비사업을 도시개발사업의 환지방식으로 추진하는데 이때에도 환지처분이 예상됩니다.

입찰자는 관할 시·군·구청이나 사업 시행사를 방문하여 경매 대상인 종전의 토지에 갈음하는 '환지확정(예정)증명원'이나 환지에 대한 정확한 정보를 확인하고 면밀한 수익성 검토를 마친 후에 입찰해야 합니다.

대법원 판례에 따르면 환지예정지(환지처분 이전)와 환지처분 이후에 낙찰받는 매수인의 권리가 다릅니다.

환지예정지를 낙찰받는다고 해서 매수인이 경매 절차에서 취득한 경매목적물의 시가와 감정평가액과의 차액 상당을 법률상의 원인 없이 부당하게 이익을 얻은 것이라고는 볼 수 없습니다.

또한, 경매목적물로 환지예정지가 아닌 종전의 토지 주소와 면적이 표시되고 환지예정지(체비지)증명원이 경매기록에 첨부됩니다. 매수인은 환지예정지에 관한 권리만을 낙찰받는 것이 아니라 환지청산금에 관한 권리를 포함한 종전의 토지에 관한 일체의 권리를 낙찰받는 것으로 보아야 합니다[서울고등법원 2012나81069 판결].

한편, 환지처분이 확정된 이후에 낙찰받는 매수인은 환지청산금에 대한 권리가 없고 환지처분확정 당시 종전 토지 소유자에게 귀속됩니다.

환지처분으로 인한 '청산금지급청구권'은 환지처분확정 당시의 종전 토지 소유자에게 귀속되고, 환지처분확정 전에 종전 토지에 대하여 이미 설정된 근저당을 원인으로 임의경매 절차가 이루어졌다고 하여도 위 환지처분확정 이후에 경매로 소유권을 취득한 원고에게 귀속된다고 볼 수는 없습니다[인천지방법원 88가합14594 판결].

【사례해설】대지로 바뀐 답

본 사례는 경기도 평택시 동삭동 소재 '평택 동삭2지구 도시개발사업지구' 내에 소재한 토지로 환지예정지인데, '환지예정지증명서'에 따른 환지예정지의 위치, 확정예정지번(○블록·○롯트 ㎡로 표시), 면적, 형상, 도로접면 상태와 그 성숙도 등을 고려하여 입찰해야 합니다.

환지예정지 물건은 기존 토지가 새로

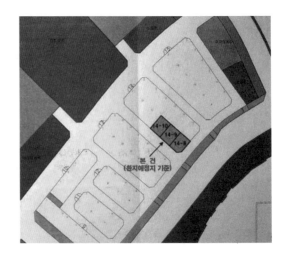

소재지	경기도 평택시 동삭동 801			회차	매각기일	최저매각가격	결과
물건종별	다세대(빌라)	감정가	1,063,815,000원	1차	2019-04-01	1,063,815,000원	유찰
대지권	778.4㎡(235.5평)	최저가	(70%) 744,671,000원		2019-05-20	744,671,000원	변경
건물면적		보증금	(10%) 74,470,000원	2차	2019-07-08	744,671,000원	매각
매각물건	토지매각	소유자	박○란				
개시결정	2017-07-19	채무자	박○란		낙찰 826,605,000원		
사건명	임의경매	채권자	○○제이차				

14블럭 10롯트
14블럭 9롯트
14블럭 8롯트

감정가 대비	77.7%
입찰자수	1명
매수인	㈜칠○
매각허가결정	2019-07-15
대금지급기한	2019-08-21
대금납부	2019-08-21
배당종결	2019-09-26
경매 절차가 종결되었습니다.	

매각물건현황

목록	위치	토지이용계획	면적	㎡당	감정가격	환지예정지
토지	동삭동 801	절대보호구역 도시개발구역 제2종일반주거지역 가축사육제한구역	대259.5㎡(78.5평)	1,400,000원	363,300,000원	14블럭 8롯트
			대259.5㎡(78.5평)	1,350,000원	350,325,000원	14블럭 9롯트
			대259.4㎡(78.47평)	1,350,000원	350,190,000원	14블럭 10롯트
참고사항	• 동삭2지구 도시개발사업지구 내에 위치 종전 토지면적(답1534㎡) • 환지예정지증명서 및 도면에 따른 환지예정지는 장방형의 평지로서 단독주택용지로 예정되어 있으며 현재 토목공사가 진행 중임 • 환지예정지 도면에 따르면 소로 각지 1필지, 소로 한 면 2필지로 구성되어 있음 • 공부상 평택시 칠원동 340이나, 행정구역변경으로 인하여 주소변경 되었으니 입찰시 참고 바람					

운 토지로 바뀌는 과정에서 모든 평가가 새로운 환지로 평가되기 때문에 당연히 감정평가 금액도 새로운 토지에 대해 평가되어 금액이 산정됩니다.

또한, 환지처분 시 위치 및 면적이 확정되므로 환지예정지증명서의 내용에 변동사항이 있는지 확인해야 하고 새로운 환지의 용도와 위치를 파악하여 입찰해야 합니다.

본건의 환지 이전의 토지는 공부상 지목은 1,534㎡의 답이었으나 환지예정지증명서에 따르면 환지예정지의 용도는 대지(단독주택용지)로 바뀌었습니다. 위치 및 면적은 14블럭 8롯트 259.5㎡, 14블럭 9롯트 259.5㎡, 14블럭 10롯트 259.4㎡입니다. 행정구역변경으로 소재지번은 '경기도 평택시 동삭동 801'입니다.

수원지방법원 평택지원

2017타경5837

매각물건명세서

사 건	2017타경5837 부동산임의경매		매각 물건번호	1	작성 일자	2019.06.17	담임법관 (사법보좌관)	길병준	(인)
부동산 및 감정평가액 최저매각가격의 표시	별지기재와 같음		최선순위 설정	2006.12.18. 근저당권			배당요구종기	2017.10.10	

부동산의 점유자와 점유의 권원, 점유할 수 있는 기간, 차임 또는 보증금에 관한 관계인의 진술 및 임차인이 있는 경우 배당요구 여부와 그 일자, 전입신고일자 또는 사업자등록신청일자와 확정일자의 유무와 그 일자

점유자의 성 명	점유부분	정보출처 구 분	점유의 권 원	임대차기간 (점유기간)	보증금	차 임	전입신고일자,사업 자등록 신청일자	확정일자	배당요구여부 (배당요구일자)
				조사된 임차내역없음					

※ 최선순위 설정일자보다 대항요건을 먼저 갖춘 주택·상가건물 임차인의 임차보증금은 매수인에게 인수되는 경우가 발생 할 수 있고, 대항력과 우선변제권이 있는 주택·상가건물 임차인이 배당요구를 하였으나 보증금 전액에 관하여 배당을 받지 아니한 경우에는 배당받지 못한 잔액이 매수인에게 인수되게 됨을 주의하시기 바랍니다.

등기된 부동산에 관한 권리 또는 가처분으로 매각으로 그 효력이 소멸되지 아니하는 것

매각에 따라 설정된 것으로 보는 지상권의 개요

비고란

공부상 지목은 답이나 환지예정지증명서에 따르면 환지예정지의 용도는 대(단독주택용지)이며, 위치 및 면적은 14블럭8롯트 259.5㎡, 14블럭9롯트 259.5㎡', 14블럭10롯트 259.4㎡'임. 매수인은 환지예정 면적상 과도면적과 부족면적에 대한 정산 후, 과도면적 발생 시 해당 권리금액을 조합에서 청산금으로 징수하거나 부족면적 발생 시 해당 권리금액을 조합이 교부해야 함. 단, 해당 과부족 청산금은 환지처분을 하는 때에 이를 결정하여야 하며, 환지처분의 공고가 있는 날의 다음 날에 확정됨. 행정구역변경으로 소재지번은 '경기도 평택시 동삭동 801'임.

제16장
특수한 권리는 특별한 수익이 된다

부동산을 반만 살 수 있을까

공유지분경매란

부동산을 매입하면서 부부가 공동명의로 등기하였거나 부모님의 부동산을 상속, 증여하는 과정에서 여러 명의 자녀 명의로 이전된 경우, 그리고 2인 이상의 여럿이 공동으로 매입한 부동산 중에서 공동명의를 한 지분소유자의 부동산에 채권이 압류되어 그 사람의 지분을 경매로 매각하는 것을 말합니다.

부부가 각각 지분 1/2씩 공동소유를 하는 아파트의 시세가 2억 원인데 어느 한 사람의 지분을 대상으로 경매가 진행될 때 공유지분 1/2의 감정가 1억 원으로 경매가 진행됩니다.

아파트를 매각할 때도 통상의 방법대로 전체 매각이 아니라 각각의 지분에서 채무자의 지분만 매각됩니다. 이 경우 지분 1/2만 낙찰받아 매각대금을 지급하고 1/2만 소유권이전등기를 하게 되는데, 이때 사용·수익은 어떻게 해야 할까요?

원칙적으로 공유지분만큼만 사용하고 수익하면 됩니다. 하지만 매각되지 않은 지분권자와 낙찰자가 함께 거주할 수도 없고, 그렇다고 아파트를 반으로 쪼갤 수도 없습니다. 또한, 지분으로 소유하고 있는 물건을 매도할 때도 자신의 지분은 자유롭게 매매할 수 있지만, 부동산 전체를 매매할 때는 모든 지분권자가 동의해야 가능합니다.

이처럼 정상적인 매매와 사용·수익을 하지 못하는 여러 이유로 공유지분이 경매로 나올 때는 입찰자도 많지 않고 여러 차례 유찰되어 현저히 저렴한 가격에 매각됩니다.

공유지분경매로 낙찰받아 소유권을 취득해도 현실적으로 재산권 행사에 많은 제약이 따릅니다. 건물을 지분으로 매입했을 경우 점유자를 상대로 인도명령을 신청하거나 명도소송을 하여 대응할 수는 있습니다.

하지만 다른 지분권자가 전유하고 있다면 실질적으로 집행은 불가능합니다. 낙찰받은 지분만큼만 집행해야 하는데 지분의 대상을 특정할 수 없기 때문입니다.

이러한 이유로 대부분의 공유지분경매는 낙찰을 받아도 권리행사가 쉽지 않아서 유찰을 거듭하여 감정가 대비 반값 이하로 떨어지고 물건에 따라 10~30% 수준까지 내려갑니다.

그러나 싼 맛에 무턱대고 덜컥 입찰했다가 사용·수익의 방법을 모르면 낭패를 겪고 헛수고에 그칠 수도 있습니다.

공유지분 물건 입찰 시 확인사항

❶ 공유자가 많은 물건의 지분을 낙찰받으면 향후 공유물분할소송에서 어려움이 많습니다.

공유자 전부를 피고로 정하여 제기하는 소송이므로 한 명이라도 송달이 되지 않을 때는 재판이 지나치게 늦어질 수 있고, 끝내 송달이 되지 않으면 분할판결을 받지 못할 수도 있습니다. 되도록 공유자의 수가 적을수록 유리합니다.

❷ 다른 공유자의 지분에 근저당이나 가압류 등이 설정되어 있으면 입찰하면 안 됩니다.

낙찰받은 지분에는 제한물권이 없어도 다른 공유자의 지분에 제한물권이 있는 상태에서 공유물분할판결을 받는다면 등기법상으로 분할된 이후의 본인 물건에 다른 공유자에 대한 제한물권이 그대로 유지될 가능성이 크기 때문입니다.

❸ 지분으로 낙찰받는 물건은 대부분 금융권 대출이 어려워 자기자본으로만 투자해야 합니다.

공유지분경매는 향후 분할판결을 통해 온전한 권리행사를 할 수 있을 때 권리로서 가치가 극대화됩니다. 건물 공유지분의 경우에는 분할을 명하는 대상 건물이 형태상으로 구분소유가 인정될 수 있는 예외적인 경우가 아니라면 현물로 분할이 곤란하다는 이유로 경매를 통해 분할(형식적 경매)을 하라는 취지의 판결이 선고될 가능성이 크기 때문입니다.

건물의 공유지분을 낙찰받는 경우 기존의 지분권자와 협의가 안 되면 낙찰을 받은 공유지분을 다시 경매(공유물분할을 위한 형식적 경매)로 매각해야 하기에 투자수익을 회수하기 위해서는 시간이 필요합니다.

❹ 공유지분경매의 수익을 올리기 위해서는 공유자들과의 합의가 가장 좋습니다.

지분공유자들과의 대화를 통해 공유하고 있는 부동산에 대해 어떠한 입장인지, 지분을 추가로 매입할 의향은 있는지, 혹은 낙찰자에게 다른 지분을 매도할 의향은 있는지 등을 통해 합의해서 매도하거나 다른 공유자들의 지분을 매입하여 처분, 사용, 수익을 위해 한 명이 소유권을 갖는 방법이 가장 좋습니다.

❺ 토지나 건물이 공유지분경매로 나왔을 때는 구분소유적 공동소유나 상호명의신탁이 아닌지 살펴야 합니다.

이런 경우는 단독소유나 마찬가지이기 때문입니다.

【사례해설】아파트를 1/2만 살 수 있을까

충북 청주 한 아파트의 1/2 지분이 경매에 나온 사례입니다.

김○태와 한○희 부부가 각각 1/2지분으로 매수한 32평형 아파트가 남편 김○태의 채무로 인하여 경매가 진행되었습니다. 각각 1/2 지분을 소유하던 중, 김○태의 1/2 지분에만 2016년 4월에 임○호가 근저당권을 설정한 이후로 여러 채권자로부터 가압류가 등기되었고 근저당권자가 임의경매를 신청하여 매각된 사례입니다.

감정평가금액이 1억 700만 원인 것을 보면 이 아파트의 실질적인 평가금액은 2억 1,400만 원임을 알 수 있습니다. 본 물건의 특이한 점은 낙찰자가 채권자라는 사실입니다.

경매를 신청한 근저당권자가 청구한 금액은 8,200여만 원으로 낙찰가격과 불과 200여만 원 차이입니다. 이는 채권자 임○호가 자신의 매각대금으로 청구금액 전부를 배당받음과 동시에 본 부동산의 1/2 지분을 취득하였다는 점입니다. 즉, 채권자는 자신의 채권을 회수하고도 아파트 지분 1/2을 매입하여 두 마리의 토끼를 잡은 것입니다.

향후 나머지 지분 1/2을 소유하고 있는 한○희에게 현 시세에 준하는 가격으로 되팔거나

소재지	충북 청주시 흥덕구 봉명동 2758 두진하트리움			회차	매각기일	최저매각가격	결과
물건종별	아파트	감정가	107,000,000원	1차	2019-08-16	107,000,000원	유찰
대지권	전체 52.8㎡(15.79평) 지분 26.4㎡(7.99평)	최저가	(64%) 68,480,000원	2차	2019-09-20	85,600,000원	유찰
건물면적	전체 84.8㎡(25.66평) 지분 42.4㎡(12.83평)	보증금	(10%) 6,848,000원	3차	2019-10-25	68,480,000원	매각
매각물건	토지건물 지분매각	소유자	김○태				
개시결정	2019-02-27	채무자	김○태		낙찰 84,000,000원(78.5%)		
사건명	임의경매	채권자	임○호				

차순위금액	76,200,000원
입찰자수	6명
매수인	임○호
매각허가결정	2019-11-01
대금지급기한	2019-12-11
대금납부	2019-12-09
배당종결	2019-12-31

경매 절차가 종결되었습니다.

건물등기부현황

2019타경51167

NO	접수	권리종류	권리자	채권금액	내용	비고
1	2014-10-06	소유권이전(매매)	김○태,한○회		매각 1/2, 거래가액 213,500,000원	
2	2016-04-22	김○태지분 전부근저당	임○호	105,000,000원	말소기준등기	소멸
3	2017-02-20	김○태지분 전부근저당	임○호	15,000,000원		소멸
4	2018-10-22	김○태지분 가압류	페퍼저축은행	18,774,142원	2018카당1970	소멸
5	2019-01-23	김○태지분 가압류	서민금융진흥원	7,812,562원	2019카단50109	소멸
6	2019-02-27	김○태지분 임의경매	임○호	청구금액 82,796,616원	2019타경51167	소멸
7	2019-04-24	김○태지분 가압류	어드밴스대부	5,485,379원	2019카단50591	소멸
8	2019-04-30	김○태지분 가압류	메이슨에프앤 아이대부	27,198,543원	2019카단524	소멸

매각물건현황

가격시점 2019-03-21

목록	구분	사용승인	면적	이용상태	감정가격	비고
건물	15층 중 9층	2003-05-06	42.41㎡(12.83평)	주거용	85,600,000원	전체면적 84.810㎡ 중 김○태 지분 1/2 매각
토지	대지권		11564㎡ 중 26.4㎡		21,400,000원	전체면적 52.8004㎡ 중 김○태 지분 1/2 매각

나머지 지분을 매수하여 한 사람이 온전한 소유권을 행사할 수 있도록 하여 수익을 창출할 수 있습니다.

만약에 1/2 지분권자인 한○희과 협의가 안 된다면 다음에 설명하는 공유물분할청구소송을 통해 '공유물분할을 위한 형식적 경매'를 진행하여 수익을 만들 수도 있습니다.

우선매수권에 물거품이 된 입찰

공유자우선매수청구권이란

모든 경매가 비밀입찰이자 경쟁입찰로 진행됩니다. 그러나 부동산의 공유지분이 경매로 매각될 때는 채무자 이외의 다른 지분권자에게 경쟁입찰이 아닌 우선매수청구권이 주어지는데, 지분공유자가 매각 시 최고가로 입찰한 가격으로 우선 매수할 수 있는 권리입니다.

우선매수를 할 수 있는 사람은 반드시 경매로 매각되는 모든 물건의 지분권자이어야 합니다. 토지와 건물이 일괄매각되는 물건에서는 어느 한쪽에만 지분이 있으면 우선매수를 할 수 없습니다. 토지와 건물 모두 지분이 있어야 합니다.

여러 필지의 토지를 지분물건으로 일괄매각을 한다면 각각의 필지에 모두 지분이 있는 사람에게만 우선매수권이 주어집니다. 단 하나의 필지에라도 지분이 없다면 우선매수권을 행사할 수 없습니다.

우선매수청구권을 행사하려는 공유자는 집행관의 해당 입찰 종료 선언 이전까지 매수청구의 의사표시를 해야 합니다. 서면으로 '공유지분우선매수신고서'를 작성하여 입찰 전에 미리 제출하기도 하고, 입찰자가 없어 유찰될 수 있으므로 대기하고 있다가 입찰자가 나타나면 개찰할 때 손들고 "공유자 우선 매수하겠습니다."라고 의사표시를 하면 됩니다.

이때 우선매수신고자는 반드시 해당 입찰에서 제시하는 최저매각가격의 10%(특별매각조건에 따라 20~30%일 경우도 있음) 해당하는 입찰보증금이나 유가증권을 준비해야 합니다. 아울러 본인이 공유지분권자라는 신분을 확인할 수 있어야 합니다. 공유지분우선매수신고가 이루어지면 최고가를 써낸 최고가매수신고인은 차순위매수신고인이 됩니다.

'공유지분우선매수신고'를 입찰 전에 미리 접수한 경우라면 설령 입찰자가 없어도 해당 최저매각가격으로 우선매수가 됩니다. 이렇다 보니 우선매수청구를 하는 지분권자도 입찰자가 있는지 없는지를 확인하고, 더 유찰되어 더 낮은 가격으로 우선매수를 하려고 미리 신고하지 않는 경우도 많습니다.

실제로 공유지분물건에 우선매수신고를 하지 않는 경우가 더 많으니 물건분석을 통해 수익을 확보할 수 있다고 판단되면 적극적으로 입찰하는 것도 좋은 방법입니다.

공유지분경매의 매각물건명세서에서는 공유자의 우선매수권을 1회에 한하여 행사하도록 제한하는데, 이는 공유자의 의도적인 유찰을 유도하기 위한 우선매수권의 악용을 방지하기 위한 제도입니다.

【사례해설】 낙찰받고도 우선매수권에 빼앗겼다면

대구광역시 동부경찰서 인근에 소재한 아파트가 지분경매로 진행된 사례입니다.

박○현, 이○호가 각각 1/2씩 공유지분으로 매수한 물건으로 대구은행의 근저당권 설정 이후 박○현의 지분에 근저당권과 가압류가 등기되어 결국 지분 근저당에 기한 임의경매가 실행되었습니다.

2021년은 대한민국 전역이 아파트값 폭등으로 인하여 몸살을 앓던 시기여서인지 1차에 낙찰되었습니다. 그런데 낙찰 과정에서 특이한 점이 있습니다.

입찰자는 두 명인데,

입찰가격이 203,888,800원으로 똑같습니다.

한 사람은 최고가매수신고인이 되고 한 사람은 차순위매수신고인이 된 것입니다.

무슨 일일까요?

등기부 갑구의 소유권 공유자에 등재된 본 물건의 또 다른 지분공유자 이○호가 공유자 우선매수청구권을 행사한 것입니다. 처음에는 차순위신고를 한 사람이 단독입찰하였는데 공유자가 우선매수 의사표시로 단독입찰한 입찰가격으로 낙찰받은 것입니다.

소재지	대구광역시 동구 신서동 833, 신서동퀸덤 102동			회차	매각기일	최저매각가격	결과
물건종별	아파트	감정가	165,000,000원	1차	2021-06-16	165,000,000원	유찰
대지권	전체 49.17㎡(14.87평) 지분 24.58㎡(7.44평)	최저가	(100%) 165,000,000원				
건물면적	전체 116.77㎡(35.32평) 지분 58.39㎡(17.62평)	보증금	(10%) 16,500,000원	낙찰 203,888,800원 공유자 우선매수			
매각물건	토지건물 지분매각	소유자	박○현				
개시결정	2020-02-28	채무자	박○현				
사건명	임의경매	채권자	유○도	감정가 대비		123.57%	
				차순위금액(차순위신고)		203,888,800원	
				입찰자수		2명	
				매수인		이○호	
				매각허가결정		2021-06-23	
				대금지급기한		2021-07-15	
				대금납부		2021-07-12	
				배당종결		2021-08-30	
				경매 절차가 종결되었습니다.			

매각물건현황

가격시점 2020-06-08

목록	구분	사용승인	면적	이용상태	감정가격	비고
건물	22층 중 16층	2009-06-25	58.39㎡(17.66평)	주거용	115,500,000원	전체면적 116.7722㎡ 중 박○현 지분 1/2 매각
토지	대지권	16077㎡ 중 24.58㎡			49,500,000원	전체면적 49.1696㎡ 중 박○현 지분 1/2 매각

등기부현황

2020타경6030

NO	접수	권리종류	권리자	채권금액	내용	비고
1	2009-09-29	소유권이전(매매)	박○현, 이○호		각 1/2	
2	2010-06-21	근저당	대구은행	108,000,000원	말소기준등기	소멸
3	2020-05-12	박○현지분 전부근저당	유○도	91,000,000원		소멸
4	2020-05-19	박○현지분 가압류	삼성카드	19,282,377원	2020카단1348	소멸
5	2020-05-28	박○현지분 임의경매	유○도	청구금액 89,369,836원	2020타경6030	소멸
6	2020-06-23	박○현지분 가압류	신한카드	10,994,445원	2020카단33708	소멸
7	2020-07-29	박o현지분 가압류	농협은행	21,115,222원	2020카단2115	소멸

【 표 제 부 】	(전유부분의 건물의 표시)			
표시번호	접 수	건 물 번 호	건 물 내 역	등기원인 및 기타사항
1	2009년7월10일	제16층	철근콘크리트구조 116. 7722㎡	도면편철장 제1책 제214장

	(대지권의 표시)		
표시번호	대지권종류	대지권비율	등기원인 및 기타사항
1	1 소유권대지권	16077분의 49. 1696	2009년6월30일 대지권 2009년7월10일

【 갑 구 】	(소유권에 관한 사항)			
순위번호	등 기 목 적	접 수	등 기 원 인	권리자 및 기타사항
1	소유권보존	2009년7월10일 제24673호		소유자 주식회사덕평건설 180111-0454651 서울특별시 강남구 삼성동 157-3 트윈텔2차 1005호
1-1	금지사항등기			이 주택은 부동산등기법에 따라 소유권보존등기를 마친 주택으로서 입주예정자의 동의를 얻지 아니하고는 당해 주택에 대하여 양도 또는 제한물권을 설정하거나 압류, 가압류, 가처분 등 소유권에 제한을 가하는 일체의 행위를 할 수 없음 2009년7월10일 부가
2	소유권이전	2009년9월29일 제34015호	2006년2월28일 매매	공유자 지분 2분의 1

[집합건물] 대구광역시 동구 신서동 833 신서동퀸덤 제102동 제16층 제 호				
순위번호	등 기 목 적	접 수	등 기 원 인	권리자 및 기타사항
				박 현 720615-******* 대구광역시 동구 신서동 833 신서퀸덤 102동 지분 2분의 1 이 호 701225-******* 대구광역시 동구 신서동 833 신서퀸덤 102동

318

입찰자는 아쉬웠는지 차순위매수신고를 하였습니다. 그래서 최고가매수신고인과 차순위 매수신고인의 입찰가격이 같았던 것입니다.

입찰자로서는 '닭 쫓던 개, 지붕 쳐다보는 격'이 된 것이죠. 고생은 고생대로 하고 열심히 입찰을 준비했는데 공유자가 행사한 우선매수권이 야속하기만 합니다.

그렇다고 공유지분 물건이 모두 우선매수청구를 하는 것은 아닙니다. 지분권자 중에서 우선매수를 할 수 있는 자격과 경제적인 능력, 그리고 매수 의지가 필요한 것이니 실망하기 에는 이릅니다.

수익 창출이 확실하다고 분석했다면 비록 공유지분 물건이라도 우선매수권이라는 넘어 야 할 산이 있지만 포기하지 말기를 바랍니다.

공유지분 물건은 누구나 입찰하는 물건이 아닙니다. 수익을 만드는 방법을 알지 못하면 입찰할 수 없는 물건입니다. 지분을 매수했더라도 처분과 사용·수익을 위해 해야 할 일이 많 기 때문입니다.

그럼 지분을 매수하여 수익을 만드는 방법을 알아봅시다.

공유지분 낙찰받아 수익 내기

공유지분으로 진행되는 경매 물건에는 입찰자가 많지 않습니다. 특수물건으로 분류되어 어렵다는 인식과 함께 수익을 만드는 방법을 알지 못하고, 설령 안다고 해도 실행하기가 그 리 쉽지 않기 때문입니다.

일정한 지분만 매각 대상인 물건은 재산권 행사 시 많은 제약이 따릅니다. 공유자로서 권 리가 있어도 부동산을 매각하거나 사용하고 수익하는 데 있어 다른 공유자들과의 협의가 필요하고, 투자금을 회수할 때도 많은 시간이 소요됩니다.

입찰자로서 투자수익을 만들 때 지분을 매도해야 하는데 일반적인 중개 거래에서는 팔기 가 쉽지 않습니다.

그럼 어떻게 투자금을 회수하고 수익을 내야 할까요?

가장 빠른 길은 공유자와 협상하는 일입니다. 지분이 있는 매각 대상 물건을 가장 잘 아는 이는 소유자(지분권자)입니다. 그리고 한 사람의 소유일 때가 재산권을 행사하기가 가장 수월합니다. 그래서 다른 지분권자에게 매도 의사를 전달하고 적정가격으로 매도하는 것이 가장 좋습니다.

필자는 십여 년 전 전북 김제시 소재 어느 시골에 텃밭이 약 500여 평 딸린 평범하지만 고급스런 2층 전원주택의 1/5 지분을 낙찰받았습니다. 감정가격이 주택과 텃밭을 포함하여 약 2억 원이 조금 넘었는데 시세는 3억 원이 훌쩍 넘는 물건이었습니다.

예전에는 지금처럼 부동산 경매에 관한 인식도 부족했고 우선매수권이라는 제도를 잘 알지 못하여 대부분의 공유지분 물건들이 반값 혹은 그 이하의 가격으로 낙찰되던 시기였습니다.

주택과 텃밭의 소유자였던 아버지가 세상을 떠나자 배우자와 자녀들에게 상속된 물건이었는데 이들 중 아들 한 명의 지분이 신용카드 대금을 지급하지 못해 카드사로부터 가압류 등기가 되고 강제경매로 진행되었습니다.

1/5지분의 감정가격이 약 4,000여만 원 정도였으니 그 당시 시골에서는 상당히 고급주택이었습니다. 여러 차례 유찰 끝에 1,200여만 원으로 단독입찰하여 낙찰받았습니다. 감정가격 대비 30%도 채 안 되는 금액이었습니다.

입찰장을 나오니 긴장 끝에 배고픔이 밀려와 법원 구내식당으로 향하던 중 어느 50대 부부가 말을 건네와 대화가 시작되었습니다. 물건의 소유자인 부모의 첫째 아들 부부였습니다. 대화의 요지는 아버지가 돌아가시고 경황이 없던 중 둘째 동생의 채무로 인하여 경매까지 들어와서 자식들끼리도 소원해진 상황에서 낙찰된 것 같다며 도와달라는 하소연이었습니다.

대화의 결론은 아버지 어머니가 평생을 사신 곳이고 자신을 비롯한 동생들의 어린 시절 추억이 가득한 집이어서 명절이 되면 유일하게 찾는 고향집이니 자신에게 되팔 것을 요구하였습니다.

경매에 대해서는 아무것도 알지 못해 어찌해야 할지 모른다며 무작정 도와달라고만 하는 큰아들 부부가 안쓰럽기까지 했습니다. 사실은 입찰 당일도 계속해서 유찰되니 혹시나 하는 마음으로 왔다고 하면서 낙찰되리라고 생각하지 못했다고 했습니다. 형편이 그리 넉넉하지 않아 자식들이 조금씩 돈을 모아서 다시 매입하고 싶다면서 꼭 부탁드린다며 점심값까지 계산하고 헤어졌습니다.

매각허가결정을 받고 매각대금을 지급하고 난 뒤 한 달여가 지났을 즈음, 다시 연락이 왔습니다. 낙찰받은 금액에 비해 3배 가까운 3,000만 원을 주겠다며 시세에는 많이 부족하지만 부탁드린다며 한참을 이야기했습니다. 전화로 결정할 사안이 아니니 며칠 후 만나기로 하고 대화를 끝냈습니다. 이럴 때는 필자 역시 참으로 난감합니다. 필자가 입찰할 때는 낙찰 후 시세대로 매도하려 했기에 목표수익에는 한참 부족합니다.

큰아들과 다시 만나서 매도가격을 제시했습니다. 그동안의 노력과 취등록세 등 각종 세금을 납부한 이야기로 시작해서 현 시세를 확인해 주었습니다. 입찰 준비 당시 조사했던 자료들을 토대로 구체적으로 제시한 금액이 시세인 6,000만 원 이었습니다. 그러자 큰아들은 감정가격인 4,000만 원에 팔면 안 되겠냐며 읍소하기 시작했습니다.

필자 또한 생각이 많아졌습니다. 부모가 평생 일군 토지와 주택, 자식들의 어린 추억이 가득한 곳, 명절이 돌아오면 가족들이 모일 곳이 없어진다는 이야기 등이 여러 생각을 하게 만들었습니다.

결국 큰아들이 제시한 감정가격으로 양도하기로 하고 양도 시 필요한 세금은 매수인 측에서 부담하기로 하고 서류를 작성해 주었습니다. 각종 부대비용을 포함하여 1,300여만 원을 투자하여 2개월 남짓한 기간에 4,000여만 원으로 매도하였기에 3배가 넘는 수익을 올렸으니 결코 작은 수익은 아닙니다.

그 뒤로 큰아들 내외, 그리고 어머니와 식사를 하면서 좋은 분을 만나 집을 다시 지킬 수 있어 고맙다는 이야기를 들을 수 있었습니다.

이와 같은 형태의 지분투자가 몇 건 있었는데, 지분투자를 하면서 확인할 수 있었던 것은 법률적인 행위보다 협의가 최고의 수익을 주는 것이라는 점입니다. 그러나 모두가 의도한 생각대로 협의가 되는 것은 아닙니다.

때론 지분권자들과 연락이 닿지 않아서 시간이 흐르고 법률적으로 진행하려 해도 송달이 되지 않아 힘든 상황도 있었습니다. 그렇다면 서로가 원하는 가격이 맞지 않아 협의가 안 될 때는 어떻게 해야 할까요?

그런 경우 다수의 지분을 지닌 공유물을 지분 비율에 따라 나누어야 합니다. 원칙적으로 현물을 서로의 지분만큼 나누어야 하나 지분권자가 서로 좋은 위치를 원하고 건물의 경우 마땅히 나눌 수 없어 매각해서 얻은 매각대금을 지분 비율로 나누어 청산하는 것을 '공유물분할경매'라고 합니다.

특정 지분권자의 지분이 매각 대상인 공유지분경매와 달리 공유물분할경매에서는 공유자의 모든 지분이 매각 대상인 점에서 공유지분경매처럼 유찰도 많이 되지 않아 정상적으로 입찰해야 합니다. 따라서 공유물분할경매에서는 공유지분 우선매수청구권도 없습니다.

공유자 간에는 언제든지 다른 공유자들을 상대로 '공유물분할청구'를 할 수 있습니다. 분할 방법에는 대금분할(가격분할)과 현물분할이 있는데, 현물분할이 어려운 이유는 건물을 지분만큼 쪼개서 나눌 수도 없고, 토지의 경우 서로 좋은 위치를 차지하려 경계를 유리하게 나누려 하기에 공유자 간의 가격이 합의에 이르지 못하면 법원에서 매각으로 지분만큼 나누게 됩니다.

그러므로 공유물분할경매는 금전적 채권 채무 관계로 인한 강제경매나 담보권의 실행으로 이루어지는 임의경매와 달리 '형식적 경매'라고 합니다. 즉, 무늬만 경매입니다. 다만, 공유물분할경매에서는 다른 경매 물건과는 달리 등기부상의 권리관계나 임대차관계 등 모든 권리관계가 낙찰 후 말소되지 않아 낙찰자가 인수해야 합니다.

공유물분할을 위한 형식적 경매 물건에 입찰할 때는 입찰가격 외에 등기부상의 인수금액과 권리관계까지도 고려하여 입찰가를 정해야 합니다.

【사례해설】지분권자 김○길의 공유물분할(수익) 2021.12.21. 매각

본 사례는 공유지분 투자의 정석을 보여줍니다. 지분권자의 공유물분할을 위한 형식적 경매가 진행되어 물건의 지분 전체가 매각되었습니다.

특정인의 지분을 매각한 것이 아니라 물건의 모든 지분을 포함한 전체를 매각하기에 공유자우선매수권도 인정되지 않는 정상적인 매각입니다. 그 결과 매각금액은 감정가격의 157.75%인 2억 4,583만 원입니다. 이때 채권자는 공유물분할을 위한 경매를 신청한 지분권자가 되고 다른 지분권자가 채무자가 됩니다.

소재지	경북 상주시 서곡동 299외 2필지			회차	매각기일	최저매각가격	결과
물건종별	목장용지	감정가	157,838,000원		2021-10-19	157,838,000원	변경
대지권	3336㎡(1009.14평)	최저가	(100%)157,838,000원	1차	2021-12-21	157,838,000원	매각
건물면적		보증금	(10%)15,783,800원				
매각물건	토지매각	소유자	김○길 외 5		매각 245,830,000원		
개시결정	2020-12-08	채무자	이○훈 외 4				
사건명	임의경매(공유물 분할을 위한 경매)	채권자	김○길				

감정가 대비	155.75%
입찰자수	1명
매수인	박○탁
매각허가결정	2021-12-28
대금지급기한	2022-01-26
대금납부	2022-01-26
배당종결	2022-02-22
경매 절차가 종결되었습니다.	

매각물건현황

가격시점 2020-12-16

목록	구분	토지이용계획	면적	감정가격
토지1	서곡동299	가축사육제한지역 계획관리지역	목장용지 1500㎡(453.75평)	81,000,000원
토지2	서곡동299-2		답781㎡(236.25평)	33,583,000원
토지3	서곡동299-1		답1055㎡(319.14평)	43,255,000원
합계		3336㎡(1009.14평)		157,838,000원

등기부현황

2020타경72169

NO	접수	권리종류	권리자	내용	비고
1	2007-06-26	소유권이전(매매)	이○훈 외 5명	이○훔, 이○원, 고○성, 강○석,조○희, 이○식 각 1/6	
2	2019-04-19	고○성지분전부이전	김○옥	상속, 김○옥 3/42, 고○지 고○철 각 2/42	
3	2020-06-10	김○옥, 고○지, 고○민 지분전부이전	김○길	강제경매로 인한 매각(7/42) 2019타경71877 물번 1번	
4	2020-12-09	임의경매	김○길	말소기준등기	소멸
5	2021-10-20	이○훈, 이○원, 조○희, 이○식 지분전부이전	농업회사법인 도곡농원(주)	매매 4/6	

그럼 경매를 신청한 지분권자(채권자) 김○길의 지분율을 살펴봅시다.

2020년 06월 10일자 강제경매로 낙찰받은 지분입니다. 토지등기부를 확인하면 7/42, 즉 1/6입니다.

지분권자 김○길은 위 매각대금에서 경매비용을 먼저 배당받고 난 금액에서 자신의 지분만큼 배당을 받습니다. 경매비용을 약 1%인 2,468,000원이라 가성하면 243,371,700원이 배당 재원입니다.

결론적으로 배당 재원에서 1/6 지분만큼 40,561,950원을 배당받습니다. 그럼 공유물분할을 위한 형식적 경매를 신청한 지분권자 김○길은 얼마의 수익을 창출했을까요?

김○길의 지분매입가격을 확인해 봅시다.

【사례해설】지분권자 김○길의 공유지분 매입(투자) 2020.05.19. 낙찰

2019타경71887(1)   대구지방법원 상주지원

소재지	경북 상주시 서곡동 299외 2필지			회차	매각기일	최저매각가격	결과
물건종별	목장용지	감정가	25,380,080원	1차	2020-02-18	25,380,080원	유찰
대지권	전체 3336㎡(1009.14평) 지분 555.99㎡(168.19평)	최저가	(49%)12,436,000원		2020-03-24	17,766,000원	변경
건물면적		보증금	(10%)1,243,600원	2차	2020-04-21	17,766,000원	유찰
매각물건	토지만 매각이며 지분매각임	소유자	김○옥 외 2명	3차	2020-05-19	12,436,000원	매각
개시결정	2019-08-20	채무자	김○옥 외 2명	매각 14,000,000원			
사건명	강제경매	채권자	한국자산대부(주)				

감정가 대비	55.16%
입찰자수	2명
매수인	구미시 김○길
매각허가결정	2020-05-26
대금지급기한	2020-07-02
대금납부	2020-06-10
배당종결	2020-08-20
경매 절차가 종결되었습니다.	

매각물건현황

가격시점 2019-10-02

목록	구분	토지이용계획	지분면적	감정가격	
토지1	서곡동299	가축사육제한지역 계획관리지역	목장용지 250㎡(75.63평)	12,750,000원	전체면적 1500㎡ 중 7/42
토지2	서곡동299-2		답130.16㎡(39.37평)	5,596,880원	전체면적 781㎡ 중 7/42
토지3	서곡동299-1		답175.83㎡(53.19평)	7,033,200원	전체면적 1055㎡ 중 7/42
합계		555.99㎡(168.19평)		25,380,080원(토지만 매각이며 지분매각임)	

등기부현황

2019타경71887(1)

NO	접수	권리종류	권리자	내용	비고
1	2019-04-19	고○성 지분 전부이전	김○옥 외 2명	김○옥 3/42, 고○지 2/42, 고○철 2/42,	
2	2019-08-20	김○옥, 고○지, 고○철 지분 경제경매	한국자산대부(주)	말소기준등기 2019타경71887	

    채권자 김○길은 7/42의 지분을 2019년도에 경매로 낙찰받았습니다. 2020년 05월 19일에 경매사건번호 2019타경71887 물건번호 1번을 1,400만 원에 매수하고 2021년 12월 21일에 매각하여 2022년 02월 22일에 40,561,950원을 배당받았습니다. 낙찰받은 시기와 배당받은 시기를 계산하면 약 1년 9개월 만에 올린 수익입니다.

    소액으로 투자하여 몇 배의 수익을 만들 수 있는 지분경매 투자의 정석입니다. 단지 방법을 알지 못해서 못했던 것입니다.

입찰하려는 땅에 분묘가 있다면

분묘기지권이란

좋은 물건을 발견하여 현장답사를 가 보니 잘 관리된 분묘가 눈에 보입니다. 대부분 분묘는 양지바른 좋은 위치에 있습니다. "분묘만 없다면 정말 좋은 땅인데." 하면서 발길을 돌립니다.

    임야에 입찰할 때는 항상 분묘의 존재가 어떤 영향을 미칠지 판단해야 합니다. 감정평가도 분묘로 인하여 제한받는 가격으로 하고 그 토지의 쓰임새와 분묘의 위치, 크기에 따라 달라집니다.

법령에 명시적인 규정은 없지만, 타인의 토지 위에 20년간 분묘를 관리해 왔다면 묘를 수호하는 범위 내에서 제사를 지내는 사람에게 그 토지를 사용할 수 있도록 하는 권리가 '분묘기지권'(墳墓基地權)입니다.

민법상 타인 소유의 토지를 소유자이 승낙 없이 사용할 수 있는 점에서 지상권과 유사한 물권으로 봉분이 있어 외형상 묘가 있다고 인정될 때 성립합니다.

즉, 타인의 토지에 분묘를 소유하고 있는 사람은 분묘를 이장하지 않고 토지 소유자의 '토지인도청구'를 거부할 수 있는 관습법에 따른 강력한 권리입니다.

그동안 토지의 사유 재산권을 보호해야 한다는 입장과 조상을 섬기는 전통적 윤리와의 충돌이 오랫동안 이어져 왔지만, 선조들의 존엄성에 대한 가치를 우선하여 분묘기지권을 인정하였습니다.

이러한 분묘기지권으로 인해 분묘가 존재하는 토지의 가치가 떨어지고 이장을 요구하는 토지 소유자와 분묘기지권을 내세우며 이장을 반대하거나 터무니없는 이장 비용을 요구하는 분묘 소유자와의 갈등 등 부동산 시장에 많은 분쟁을 불러왔습니다.

2001년 1월 13일 시행된 「장사 등에 관한 법률」(장사법)에서 '토지 소유자의 승낙 없이 해당 토지에 분묘를 설치한 자는 토지사용권, 기타 분묘의 보존을 위한 권리를 주장할 수 없다.'라고 규정하고 있어 새롭게 신설되는 묘지에 대해서는 관습법상 분묘기지권을 인정하지 않습니다.

다만, 개정된 장사법 시행일 이전에 설치된 묘지는 20년의 기간이 도래하지 않았더라도 여전히 분묘기지권을 취득합니다[대법원 2013다17292 전원합의체 판결].

분묘기지권의 범위는 분묘 이외에도 분묘의 설치 목적인 분묘의 수호 및 조상에 대한 제사를 위해 필요한 범위 내에서 분묘 주변의 공터를 포함한 지역인데, 판례에서는 묘지를 둘러싸고 있는 둔덕(사성, 莎城)까지로 약 20~30㎡(6~9평) 정도를 사용할 수 있습니다.

그렇다면 경매로 취득하려는 토지에 분묘가 존재한다면 어찌해야 할까요?

무작정 피해서 입찰하지 말아야 할까요? 필자는 향후 물건의 가치 상승을 예측하고 투자할 때와 꼭 필요한 토지라고 판단되면 적극적으로 입찰해도 좋다는 생각입니다.

분묘를 설치한 이후에 토지소유권이 경매 등으로 타인에게 이전되어 분묘기지권을 취득하게 될 경우, 새롭게 취득한 토지 소유자는 분묘 소유자에게 지료를 청구할 수 있고, 2년치 이상의 지료를 연체할 때는 분묘기지권의 소멸을 청구할 수 있습니다.

분묘기지권 성립 요건

첫째, 토지 소유자에게 승낙을 얻었다면 분묘의 설치와 동시에 성립합니다.

둘째, 자기 소유의 토지에 설치한 경우로 분묘가 있는 토지를 낙찰받을 때 성립하는 분묘기지권이 대다수입니다. 자신의 토지에 분묘를 설치한 이후에 토지소유권이 바뀌면 분묘를 이장한다는 특약이 없는 한 분묘기지권은 성립합니다.

일반적인 거래의 경우에는 분묘의 이장을 특약으로 하여 매매하지만, 경매는 토지 소유자의 의사와 상관없이 매각되는 강제집행이므로 대부분의 분묘기지권을 낙찰자가 인수해야 합니다.

셋째, 타인의 토지에 20년간 평온·공연하게 점유한 분묘는 분묘기지권이 성립합니다.

이렇듯 분묘기지권은 대부분 영원한 존속기간을 갖고 있고 봉분 주변의 공터까지도 사용할 수 있습니다. 하지만 새로운 묘를 만들고 새로운 봉분을 쌓거나 나중에 사망한 배우자를 합장하여 묘를 설치하는 것은 허용하지 않습니다.

분묘기지권, 어떻게 대처할 것인가

첫째, 분묘가 잘 관리되어 있는지, 잡초만 무성하여 봉분의 형태를 알아볼 수 없을 정도로 방치된 무연고 분묘인지를 파악합니다.

둘째, 분묘가 소재하는 인근의 마을 주민이나 동네 이장에게 연고자가 누구인지를 파악합니다.

셋째, 주인이 없는 무연고 분묘라면 묘 주위에 현수막을 게재하고 일간신문에 '분묘개장 공고'를 한 후 주인이 나타나지 않으면 개장할 수 있는데, 이러한 일련의 과정을 대행해 주는 업체에 의뢰하여 진행하는 것도 괜찮습니다.

넷째, 2001년 01월 13일 이후에 토지 소유자의 허락 없이 불법으로 설치한 분묘는 분묘기지권이 성립하지 않으므로 연고자와의 합의를 통해 개장할 수 있습니다. 그러나 연고자가 분묘기지권을 이유로 이장을 거부할 때는 「장사법 제27조, 제28조」에 의거, 소송으로 분묘기지권이 존재하지 않음을 입증하여 확정판결을 받아 임의개장 및 이장을 할 수 있습니다.

다섯째, 분묘기지권이 성립하는 토지를 매수하였다면 적극적으로 지료를 청구하고, 만약 지료 2년 치를 지급하지 않으면 분묘기지권은 소멸됩니다.

분묘기지권이 성립하는 토지에 입찰할 때는 사진에서 보는 바와 같이 관리가 잘 되어 있는 분묘와 석축으로 쌓고 비석과 상석 등 설치물이 있으면 신중하게 판단해야 합니다.

이러한 분묘기지권이 존재하는 임야나 전에 입찰할 때는 현장답사를 하면서 분묘의 위치와 면적을 살피고 분묘가 입찰하려는 토지 면적에서의 비율은 얼마나 되는지도 확인해야 합니다.

또한, 입찰하려는 토지에 분묘가 존재한다면 분묘의 상태와 관리가 제대로 되지 않는 분묘인지 확인하고, 분묘가 토지의 정중앙이나 토지를 활용할 수 없을 정도의 중요한 곳에 있다면 이러한 물건에는 입찰하지 않는 것이 좋습니다.

건물은 빼고 땅만 사도 될까

어려운 물건이 돈이 되는 경매

우리나라는 현행법상 토지와 건물이 별도로 등기가 되듯이 토지와 건물의 소유권을 각각 다르게 정할 수 있습니다. 토지와 건물을 별개의 독립적인 부동산으로 평가하고 때에 따라서 별도로 거래하기도 합니다.

이러한 과정에서 토지와 건물의 소유자가 달라진 때 경매로 토지나 건물만 매각하는 물건이 많습니다.

그런데 이렇게 토지만 혹은 건물만 따로 매각하는 물건은 법적인 소유권은 취득하지만 실제로 사용·수익과 처분(매매)할 때 많은 분쟁이 발생하고 온전한 재산권을 행사하지 못하므로 일반거래에서는 흔치 않습니다.

그렇지만 경매는 토지와 건물의 소유자가 다를 때, 어느 한쪽의 채무로 인하여 경매가 진행되면 그대로 토지만 혹은 건물만 매각하게 됩니다. 경매 실무에서도 이러한 물건들은 많은 유찰을 거듭한 끝에 반값 혹은 그 이하의 가격으로도 입찰자를 찾기 어렵습니다.

입찰자가 없어 가격이 낮아지는 원인은 크게 두 가지로 요약됩니다.

첫째, 부동산 가치가 없거나 수익을 기대할 수 없는 물건일 때

둘째, 가치와 수익성은 있으나 법률적인 권리를 해결하기 힘든 물건일 때 유찰을 거듭합니다.

필자가 주목하는 물건은 바로 두 번째 사례입니다.

가치가 충분하고 법률적으로는 어렵고 힘들겠지만 해결할 수 있는 물건이라면 과감하게 분석하여 투자합니다. 이는 어려워서 아무나 쉽게 접근할 수 없는 물건이어서 경쟁하지 않고 낙찰가는 떨어져 그만큼 수익이 크다는 것을 방증합니다.

그렇다면 건물이 있는 땅만 사서 어떻게 수익을 내야 할까요?

그 방법만 터득하고 나면 그야말로 대박일 것입니다. 그럼 그와 같은 방법이 존재할까요? 허상일까요? 그 해답은 의외로 간단합니다. 해결할 방법은 있습니다. 단지 해결하고 싶어도

알지 못해서 못했던 것이죠.

법정지상권 성립 여지 있음

입찰할 물건을 찾다 보면 많이 접하게 되는 문구입니다. '법정지상권 성립 여지 있음' 혹은 '법정지상권 성립 여부 불분명'이라는 문구를 발견하게 되는데, 도지는 세외하고 건물만 매각하거나 혹은 건물은 제외하고 토지만 매각하는 물건들입니다.

이 문구의 의미가 무엇일까요? 먼저 법정지상권의 법률적 의미와 성립요건, 낙찰자의 대처 방법 등을 알아야 합니다. 경매에서도 모두 선호하지 않지만 의외로 큰 수익을 주는 물건이기도 합니다.

지상권은 건물이나 공작물, 수목 등을 소유하기 위해 타인의 토지를 사용하는 권리로 등기부 을구에 등기됩니다. 그러나 법에 따라 등기부에 기재하지 않거나 당사자 사이에 설정 계약이 없는 경우에도 건물의 철거를 방지하기 위하여 관련 법률에서 인정되는 지상권이 바로 '법정지상권'입니다.

법정지상권이 성립하는 건물은 기본적인 구조(벽, 기둥, 지붕)를 갖춘 외형상 독립 건물로 인정되는 완성된 것이어야 하고, 미등기, 무허가건물, 저당권설정 이후에 증축하거나 철거하고 신축한 건물도 모두 성립합니다.

그럼 어떤 물건에 입찰해야 할까요?

법정지상권이 성립한다는 의미는 토지와 건물의 소유자가 다를 때 토지 소유자가 자신의 토지상에 존재하는 건물을 보호해야 한다는 뜻입니다. 즉, 법정지상권이 성립하는 토지를 낙찰받으면 타인의 건물 보호를 위해 자신의 토지를 활용할 수 없게 됩니다. 물론 건물 소유자로부터 토지 사용료를 받을 수는 있습니다.

결국, 건물 소유자만 좋게 해주는 일이 됩니다. 한마디로 건물 소유자는 남의 땅에 자신의 건물을 존속시킬 수 있기 때문입니다.

반면에 법정지상권이 성립하지 않는 토지를 낙찰받는다면 어떨까요?

토지만을 낙찰받아 소유자로서 권리행사를 한다고 가정해 봅시다. 내 땅 위에 다른 사람의 건물이 버젓이 서 있습니다. 내 건물이 아니니 내 마음대로 사용할 수 없고 팔 수도 없습니다. 건물 소유자는 건물을 어찌하겠느냐 하면서 배짱을 부리며 갑질을 합니다. '조물주 위에 건물주'라며 위세를 부립니다.

그러나 걱정할 필요 없습니다. 건물을 위한 법정지상권이 성립하지 않으니까요. 즉, 건물을 보호하지 않아도 된다는 뜻입니다. 이는 '토지 인도를 위한 지상물 철거의 소'를 통해 토지권리를 회복할 수 있습니다.

물론 이러한 일련의 법률적인 과정을 통해 협상에서 유리한 위치를 찾고자 함입니다. 멀쩡한 건물을 철거하기 위함이 아니라는 뜻입니다. 하지만 노후화되어 붕괴 위험 때문에 방치할 수 없는 건물은 철거해야 합니다.

그럼 어떤 물건을 낙찰받아야 하는지 해답은 정해졌습니다. 법정지상권이 성립하는 건물이나 성립하지 않는 토지를 낙찰받으면 됩니다.

다행히 토지만 매각하는 물건과 건물만 매각하는 물건들은 토지와 건물이 한 사람 소유가 되지 못해 재산권 행사가 완전하지 않아 반값 이하로 떨어져도 입찰자가 없을 만큼 인기가 없습니다.

이런 물건이 다행이라는 이유는 경쟁하지 않는 입찰, 거들떠보지도 않는 물건이기에 그만큼 낮은 가격으로 매수할 수 있기 때문입니다. 따라서 어떤 물건이 법정지상권이 성립하는지 않는지를 판단할 수 있는 능력을 길러야 하겠지요.

법정지상권이 성립하기 위한 조건

실무의 대부분인 저당물의 경매로 인한 법정지상권을 중심으로 알아보겠습니다. 법정지상권이 성립하려면 다음과 같은 조건이 모두 갖춰져야 합니다.

❶ 최초 저당권설정 당시 토지와 건물의 소유자가 동일인이어야 합니다.

토지 또는 건물에 저당권설정 당시에 동일인의 소유였다면 그 후 매각결정기일 이전에 토지와 건물 중 어느 한쪽만 소유권이 이전된다고 해도 법정지상권이 성립합니다.

또한, 건물 공유자의 1인이 그 건물의 부지인 토지를 단독으로 소유하면서 그 토지에만 저당권을 설정하였다가 위 저당권에 의한 경매로 인하여 토지 소유자가 달라진 경우에도 건물 공유자들은 토지 전부에 관하여 건물의 존속을 위한 법정지상권을 취득합니다.

❷ 최초 저당권설정 당시 건물이 존재해야 합니다.

토지에 저당권설정 당시 저당권의 목적이 되는 토지 위에 건물이 존재해야 하고, 이후 그 건물을 증·개축하는 경우는 물론이고 멸실되거나 철거된 후 재축·신축해도 법정지상권은 성립합니다. 즉, 토지에 저당권을 설정할 때 저당권을 설정하지 않은 건물이 존재해야 합니다.

❸ 경매 이후 토지와 건물의 소유자가 각각 달라져야 합니다.

토지와 건물이 동일인에 속해 있을 때 어느 한쪽에만 저당권이 설정되어 그 이후에 경매로 인해 어느 한쪽만 낙찰되어 소유자가 달라지거나 토지와 건물 각각 다른 사람에게 낙찰되어 소유자가 달라진 경우에는 법정지상권이 성립됩니다.

다만, 담보권 실행(임의경매)으로 토지와 건물의 소유자가 다르게 된 때에 적용되고 법정지상권을 취득한 건물 소유자가 토지 소유자와 토지 사용 임대차계약을 맺으면 법정지상권을 포기한 것으로 간주합니다.

법정지상권, 어떤 물건에 투자해야 하나

❶ 법정지상권이 성립하지 않는 건물만 매각하는 물건을 낙찰받았을 때, 소유권을 취득했더라도 토지 소유자가 낙찰받은 건물을 철거 요청한다면 낙찰자는 자신의 비용으로 건물을 철거해야 합니다.

물론 철거가 쉽지는 않겠지만 협상의 주도권이 토지 소유자에게 있게 되니 수익을 기대하기 어렵습니다. 당연히 건물만 나온 물건에 입찰할 때 법정지상권이 성립되는 물건을 찾아야 하겠지요.

❷ 법정지상권이 성립하는 건물만 매각하는 물건은 토지 가격이 포함되지 않았기 때문에 낮은 가격에 낙찰받을 수 있고 그나마 입찰자가 없어 가격이 많이 떨어집니다.

이런 물건을 낙찰받았다면 토지 소유자와 합의하여 저렴한 지료를 주고 건물을 사용·수익할 수 있어 좋습니다. 하지만 만약 지료를 2기 이상 연체할 때는 법정지상권이 소멸하므로 주의해야 합니다.

또한, 토지 소유자와 협의하여 저렴하게 낙찰받은 건물을 적절한 가격으로 매매하거나 토지를 매수하여 토지와 건물을 한 사람 소유로 만들면 물건의 가치가 크게 상승합니다.

❸ 법정지상권이 성립하는 토지만 매각하는 물건을 낙찰받으면 낙찰자는 장기간(석조·석회조·연와조 건물은 30년) 건물 철거를 요청할 수 없게 되어 토지를 매수한 실익이 없습니다. 토지에 대해 사용·수익도 하지 못하고 장기간 지료를 받기 위해서 투자하지는 않으니까요.

이렇게 법정지상권이 성립되면 비록 토지 소유자라고 해도 법정지상권이 존속되는 기간에는 토지를 활용할 수 없습니다. 이러한 이유로 건물을 제외하고 토지만 경매로 나오면 법정지상권이 성립되지 않는 물건을 낙찰받아야 합니다.

경매법원의 매각물건명세서에 '법정지상권 성립 여지 있음'이라는 문구가 적혀 있는 물건에는 법정지상권이 성립하느냐 하지 않느냐의 정확한 해답을 얻지 못하면 무턱대고 입찰해서는 안 되는 이유입니다.

❹ 법정지상권이 성립하지 않는 토지만 매각하는 물건은 건물 소유자를 상대로 건물 철거를 청구할 수 있고 건물 소유자와 절대적으로 유리한 입장에서 협의할 수 있습니다.

건물 소유자는 철거하느니 싼값에라도 건물을 매도하거나 낙찰자의 토지를 시세보다 비싸게라도 매수하는 것이 낫다고 판단할 것입니다. 통상 토지만 매각, 건물만 매각하는 물건의 감정가격은 시세보다 현저하게 낮게 평가됩니다.

그 이유는 매각하려는 토지와 건물에 서로 다른 소유자가 있어서 온전한 재산권 행사가 어렵다는 판단에 감가요인(부동산 가격을 산정할 때 가격을 감소시키는 요인)이 되기 때문입니다. 따라서 수차례 유찰되어 반값으로 매수하여 시세에 준하는 가격으로 협상할 수 있어 큰 수익을 기대할 수 있는 형태의 물건입니다.

여러분은 어떤 형태의 물건에 입찰 전략을 세우겠습니까?

법률적으로 정확히 권리분석을 한다면 그 어느 물건보다도 큰 수익을 줄 수 있는 분야입니다. 법정지상권과 관련한 경매는 갑의 위치를 찾아내는 일이 중요합니다. 을의 위치에서는 엄청난 시간과 자금을 희생해야 하니까요.

실무에서는 '법정지상권 성립 여지 있음'의 물건이 많으나 실질적으로 법정지상권이 성립하는 건물은 많지 않습니다. 그 이유는 저당권을 설정하는 금융기관은 토지상에 건물이 있음을 알고도 토지만을 대상으로 저당권을 설정하지 않기 때문입니다.

[사례해설] 신축 중인 건물은 제외, 토지만 매각

본 사례는 신축 중인 건물은 매각에서 제외하고 토지만 경매로 진행된 물건입니다. 대전광역시 충남대학병원 인근에 소재한 4차선에 도로에 접한 토지입니다. 건축 중인 제시 외 건물은 정상적으로 착공한 것으로 보이며 골조를 모두 마친 상태입니다.

표에서 보는 바와 같이 매각 제외 된 미준공 상태의 건축 중인 건물로 9억 9백여만 원으로 평가하였으나 토지와 건물 중 일부만 매각할 때는 재산권 행사의 가치가 감가되어 감정가격도 낮아집니다.

본 물건의 쟁점은 신축 중인 건물은 매각에서 제외되었으므로 토지만을 매수해야 한다는 것입니다. 과연 토지만을 낙찰받았을 때 투자성이 있을까요? 또한, 매각 제외 건물로 인하여 낙찰받은 토지의 활용성이 있을까요?

앞서 설명한 바와 같이 토지를 낙찰받았을 때 건물을 값싸게 매수할 수 있는지 혹은 저렴하게 낙찰받은 토지를 건물 소유자에게 되팔아 적정한 이익이 발생할 수 있는지에 대한 판단이 중요합니다.

먼저 법정지상권 성립 여부를 확인해야 합니다. 저당권의 실행으로 토지와 건물의 소유자가 달라질 때 건물을 위한 법정지상권이 성립 여부가 쟁점입니다.

소재지	대전광역시 중구 문화동 160-5 외 3필지			회차	매각기일	최저매각가격	결과
물건종별	종교용지	감정가	1,035,720,000원	1차	2021-12-20	1,035,720,000원	변경
대지권	822㎡(248.66평)	최저가	(70%)725,004,000원		2022-03-07	725,004,000원	변경
건물면적	건물은 매각 제외	보증금	(10%)72,500,400원	2차	2022-04-11	725,004,000원	낙찰
매각물건	토지만 매각	소유자	정○미				
개시결정	2019-08-20	채무자	정○미		매각 : 851,200,000원 (82.18%) / 미납		
사건명	임의경매	채권자	유○열 외 1명				

매각결정기일	2022-04-18
대금미납	
차순위신고금액	828,000,020원 (79.94%)
차순위매각허가결정	2022-05-02
대금지급기한	2022-06-24
대금납부	2022-06-03
배당종결	2022-07-02
경매 절차가 종결되었습니다.	

매각물건현황

가격시점 2019-10-02

목록	구분	토지이용계획	지분면적	감정가격
토지1	문화동 160-5	도시계획구역	종교용지 376㎡(113.74평)	473,760,000원
토지2	문화동 160-67	가축사육제한지역 중점경관관리구역		258,300,000원
토지3	문화동 454-3	제2종일반주거지역 과수원 205㎡(62평)		191,250,000원
토지4	문화동 500-55	대 152㎡(45.98평) 대 89㎡(26.92평)		112,140,000원
합계		822㎡ (248.66평)		1,035,720,000원
제시 외 건물		근린생활시설 21265.59㎡ (655.09평) 5층 건축 중인 건물 매각 제외		909,127,800원
주의사항		• 매각에서 제외되는 제시외 건물에 대하여 법정지상권 성립 여지 있음 • 유치권 여지 있음-2021.12.14. 유치권자 (유)○○산업개발 유치권신고서 제출 • 2021.12.14. 유치권자 ㈜○○○○ 유치권신고서 제출		

NO	접수	권리종류	권리자	채권금액	내용	비고
1	2018-05-24	소유권이전(매매)	정○미			
2	2018-05-24	근저당	대사신협	747,500,000원	말소기준등기	소멸
3	2018-05-24	지상권(토지의전부)	대사신협		존속기간 2018.05.24.~2048.05.24.	소멸
4	2020-04-06	가압류	대전콘크리트(주)	44,572,220원	2020가딩51291	소멸
5	2021-04-01	근저당	유○열	153,000,000원		소멸
6	2021-04-28	가압유	방○복	380,000,000원	2021카단599	소멸
7	2021-05-11	근저당	김○섭	250,000,000원		소멸
8	2021-05-14	근저당	대전콘크리트(주)	80,300,000원		소멸
9	2021-06-01	임의경매	유○열	청구금액 153,000,000원	2021타경104405	소멸
10	2021-06-21	가압류	㈜명인기업	43,200,000원	2021카단1074	소멸
11	2021-06-28	근저당	강○현	130,000,000원		소멸
12	2021-08-18	가압류	동원철강(주)	82,049,000원	2021카단1338	소멸
13	2021-08-31	임의경매	대사신협	청구금액 581,177,358원	2021타경6921	소멸

본 물건의 토지등기부에는 2018년 05월 24일 대사신협의 근저당권이 설정되어 있습니다. 마찬가지로 새로운 건물의 신축 이전에 존재했던 건물의 멸실된 폐쇄등기부를 확인하면 순위번호 3번 근저당권 설정등기를 확인할 수 있습니다.

대 전 지 방 법 원

2021타경104405

매각물건명세서

사 건	2021타경104405 부동산임의경매 2021타경6921(중복)	매각 물건번호	1	작성 일자	2022.03.22	담임법관 (사법보좌관)	김영중	(中鎬)
부동산 및 감정평가액 최저매각가격의 표시	별지기재와 같음	최선순위 설정		2018.05.24. 근저당권		배당요구종기	2021.09.06	

부동산의 점유자와 점유의 권원, 점유할 수 있는 기간, 차임 또는 보증금에 관한 관계인의 진술 및 임차인이 있는 경우 배당요구 여부와 그 일자, 전입신고일자 또는 사업자등록신청일자와 확정일자의 유무와 그 일자

점유자의 성 명	점유부분	정보출처 구 분	점유의 권 원	임대차기간 (점유기간)	보 증 금	차 임	전입신고일자,사업 자등록 신청일자	확정일자	배당요구여부 (배당요구일자)

조사된 임차내역없음

※ 최선순위 설정일자보다 대항요건을 먼저 갖춘 주택·상가건물 임차인의 임차보증금은 매수인에게 인수되는 경우가 발생 할 수 있고, 대항력과 우선변제권이 있는 주택·상가건물 임차인이 배당요구를 하였으나 보증금 전액에 관하여 배당을 받지 아니한 경우에는 배당받지 못한 잔액이 매수인에게 인수되게 됨을 주의하시기 바랍니다.

등기된 부동산에 관한 권리 또는 가처분으로 매각으로 그 효력이 소멸되지 아니하는 것

매각에 따라 설정된 것으로 보는 지상권의 개요

매각에서 제외되는 제시외 건물에 대하여 법정지상권 성립여지 있음.	

비고란

일괄매각, 제시외 건물은 매각에서 제외함. 목록1, 목록2는 공부상 '종교용지', '과수원'이나 현황 '대'로 이용중임. 최저매각가격은 제시외 건물로 인하여 제한받는 가격임. 2021.12.14.자로 공사대금채권으로 주식회사 ████토건으로부터 306,000,000원, 유한회사 ████산업개발로부터 2,340,000,000원의 유치권 신고서가 각 제출되었으나 그 성립여부는 불분명함.

[건물] 대전광역시 중구 문화동 160-5

순위번호	등 기 목 적	접 수	등 기 원 인	권리자 및 기타사항
				근저당권자 커성농업협동조합 164132-0000311 대전 서구 흑석동 980 공동담보 토지 대전광역시 중구 문화동 160-5 토지 대전광역시 중구 문화동 160-67의 담보물에 추가
2	1번근저당권설정등 기말소	2018년4월18일 제17323호	2018년4월18일 해지	
3	근저당권설정	2018년5월24일 제23302호	2018년5월24일 설정계약	채권최고액 금747,500,000원 채무자 정████ 대전광역시 대덕구 비래동로23번길 17, 203호 (비래동, 하나로빌라) 근저당권자 대사신용협동조합 160141-0000851 대전광역시 중구 계룡로 923, 105호 (문화동, 하우스토리1차) 공동담보목록 제2018-107호

폐쇄등기

이 역시 토지에 근저당권을 설정한 날짜와 채무자, 채권자가 모두 같고 공동담보 목록에서도 확인할 수 있습니다. 매각물건현황에 기재된 4필지의 토지와 멸실된 건물이 모두 함께 공동담보로 제공되고 근저당권이 설정된 것입니다.

판례에 따르면 동일인의 토지 및 그 지상물에 관하여 공동저당권이 설정되고 그 지상 건물이 철거되어 새로 건물이 신축된 경우, 저당물의 경매로 인하여 토지와 신축 건물이 다른

소유자에게 속하게 되더라도 그 신축 건물은 법정지상권이 성립하지 않습니다.

왜냐하면, 동일인 소유의 토지와 지상 건물에 관하여 공동저당권을 설정할 때는 토지와 건물 각각의 교환가치 전부를 담보로 하여 취득한 것이기 때문입니다.

또한, 공동저당권자의 저당권설정으로 인하여 설정된 토지와 건물의 담보가치가 크게 훼손되어 불측의 손해를 입힐 수 있어 법정지상권이 성립하지 않습니다.

즉, 본 물건은 토지를 낙찰받아도 신축 중인 건물에 대하여 법정지상권은 성립하지 않습니다.

토지와 함께 공동저당권을 설정한 건물은 이미 멸실되고 새로운 건물이 신축 중이라 해도 토지만 매각하는 본 건에 설정한 공동담보권자는 법정지상권이 성립하여 토지 본래의 가치가 훼손되면 토지의 가치가 현저하게 감가되어 담보가치의 하락으로 채권을 회수할 수 없기 때문입니다.

[건물] 대전광역시 중구 문화동 160-5

【 공동담보목록 】					
목록번호	2018-107				
일련번호	부동산에 관한 권리의 표시	관할등기소명	순위번호	기 타 사 항	
				생성원인	변경/소멸
1	[건물] 대전광역시 중구 문화동 160-5	대전지방법원 남대전등기소	3	2018년5월24일 제23302호 설정계약으로 인하여	2018년11월28일 제54387호 멸실
2	[토지] 대전광역시 중구 문화동 160-5	대전지방법원 남대전등기소	11	2018년5월24일 제23302호 설정계약으로 인하여	
3	[토지] 대전광역시 중구 문화동 160-67	대전지방법원 남대전등기소		2018년5월24일 제23302호 설정계약으로 인하여	
4	[건물] 대전광역시 중구 문화동 454-3	대전지방법원 남대전등기소	11	2018년5월24일 제23302호 설정계약으로 인하여	2018년11월28일 제54388호 멸실
5	[토지] 대전광역시 중구 문화동 454-3	대전지방법원 남대전등기소	13	2018년5월24일 제23302호 설정계약으로 인하여	
6	[토지] 대전광역시 중구 문화동 500-55	대전지방법원 남대전등기소	5	2018년5월24일 제23302호 설정계약으로 인하여	

-- 이 하 여 백 --

유치권이 있다면

유치권 행사 중, 유치권신고 있음

길을 가다 보면 공사 중인 건물에 '유치권 행사 중'이란 현수막이 붙어 있는 것을 종종 볼 수 있습니다. 유치권이 무엇이길래 뭘 행사하는 것인지 유치권에 대해 모르면 알 수 없습니다.

이러한 건축물에는 공통점이 있습니다. 모두 공사가 중단된 현장입니다. 일하는 사람들은 보이지 않고 마무리해야 할 공사를 하지 않고 방치되어 있으며, 심지어 오래도록 노후화된 현장도 발견됩니다.

그럼 왜 이런 상황이 되었을까요? 그리고 유치권이란 무엇일까요?

유치권은 기본적으로 낙찰자가 무조건 인수해야 하는 권리입니다. 인수해야 하는 권리와 금전적인 부담으로 인하여 유치권이 존재하는 물건에는 입찰자가 많지 않습니다. 일반적으로 반값 이하로 떨어지고 그 이하로도 낮아집니다.

예컨대, 도로 주행 중에 자동차 수리를 위해 카센터를 방문하여 고장 난 부분을 점검하고 수리를 마쳤습니다. 자동차 소유자가 자동차를 운행하려 하자 차를 수리한 카센터 주인은 수리비를 청구했고, 다음 날 결제해 주겠다고 하자 주인 역시 결제를 마친 뒤 자동차 열쇠를 주겠다고 합니다.

여기서 카센터 주인이 수리비를 받을 때까지 차량을 인도하지 않고 보관할 수 있는 권리가 유치권입니다.

부동산 경매에서 유치권은 주로 건축업자가 공사를 하고 건축주에게 공사대금을 받지 못한 경우 해당 건물을 점유하고 공사대금을 받을 때까지 명도하지 않아도 되는 권리입니다.

채권이 경매 목적의 부동산 자체에서 발생된 경우에만 채권자가 채무자로부터 채권을 변제받지 못할 때 채무자 또는 소유자와 그 승계인에게 채권의 만족을 얻을 때까지 경매 목적 부동산을 점유하고 인도를 거절할 수 있습니다.

즉, 유치권이란 타인 소유의 특정 물건을 점유한 자가 그 물건에 의하여 발생한 채권이 있을 때 그 채권을 변제받을 때까지 물건을 점유할 수 있는 권리를 말합니다.

유치권자는 물건 등을 유치함으로써 간접적으로 채무 변제를 압박하여 채권을 변제받기 위해 목적물을 환가(경매)할 수 있으나 우선변제권이 없어 매각대금에서 순위에 따라 우선변제를 받지 못합니다.

그렇다 보니 특별승계인(낙찰자)에게 변제를 받을 때까지 그 목적물의 인도를 거부함으로써 사실상 우선변제를 받는 것과 같은 효과가 있습니다.

유치권자가 신청한 경매뿐만 아니라 다른 채권자나 담보권자에 의하여 매각될 때도 마찬가지입니다.

유치권자는 점유할 권한만 있을 뿐 사용·수익할 권리는 없습니다. 관리·점유 범위를 벗어나 소유자의 허락 없이 무단으로 사용·수익할 경우 소유자는 소송을 통해 유치권을 해제할 수 있으며, 이로 인해 생긴 수익은 채무자의 채무 변제에 사용되어야 합니다.

특히, 무조건 낙찰자가 인수해야 하는 담보물권으로서 저당권과 동일한 효력을 지니며, 법원 접수기록에 유치권자의 '유치권신고'가 있는지 확인하고 물건 현장답사를 통해 유치권자의 존재와 내용 등을 파악해야 합니다.

유치권의 성립 요건

법원에서 진행하는 입찰 물건 중에 '유치권신고', 혹은 '유치권 행사 중'이란 문구가 상당수 있습니다. 낙찰자가 무조건 인수해야 하는 권리이기 때문에 입찰 경쟁도 없고 낮은 가격으로 수차례 유찰됩니다.

그러나 유치권신고된 물건이라고 해서 모든 유치권을 인수하는 것은 아닙니다. 실제로 채권이 존재한다고 해도 법적으로 유치권의 요건을 갖추지 못하면 인정받기 쉽지 않습니다.

그럼 유치권자가 유치권을 인정받기 위해서 꼭 필요한 요건은 무엇일까요? 다음의 요건을 모두 충족해야 인정됩니다.

❶ 경매 목적 부동산에서 발생한 채권이어야 합니다.

채무자는 동일인이지만 유치권을 주장하고 점유하는 해당 부동산과 관련이 없는 다른 사유로 발생한 채권은 경매 목적 부동산에 대하여 유치권을 주장할 수 없습니다.

건물 공사를 하면서 생긴 공사대금에 관한 유치권은 건물과 '견련성'(연관성)이 인정되어야 합니다. 신축공사에서 유치권을 주장할 때, 사회 통념상 독립된 건물이라고 볼 수 없는 상태에서 공사가 중단되면 토지의 부합물에 불과하여 유치권이 인정되지 않습니다.

즉, 건물과 토지의 소유자가 다른 경우는 유치권을 주장할 구조물이 토지의 부합물에 불과하여 토지에 속하므로 건물주에게 유치권을 주장할 수 없습니다.

토지 위에 건물 건축이 도중에 중단된 때 건축물의 요건을 갖추지 못하였다면 이때까지의 건축물은 토지에 속합니다. 이때 토지와 건물의 소유자가 다르면 공사업자는 유치권을 주장할 수가 없으며, 건물 공사 중 토지만 경매로 매각될 때 건물에 대하여 법정지상권이 성립되지 않으면 유치권도 인정되지 않습니다.

또한, 공사업자가 건물 공사를 하다가 공사대금을 받지 못해 공사를 그만둔 경우에는 토지와 건물의 소유권이 다르다면 토지 소유자에게 유치권을 행사할 수 없고, 토지와 건물의 소유자가 같은 경우에는 하도급업체가 유치권을 행사할 수 있습니다.

❷ 경매개시결정등기 이전에 경매 목적 부동산을 점유해야 합니다.

유치권의 성립요건 중 가장 중요한 것으로 점유가 존속되지 않으면 점유의 이탈 즉시 유치권은 소멸합니다.

민사집행법은 '유치권자는 부동산의 경매 절차에서 매수인에 대하여 채권 변제를 받을 때까지 매각부동산의 인도를 거절할 수 있다.'라고 규정하고 있는데, 이는 경매개시결정기입등기 이전에 점유를 개시해야 유치권자로서 매수인에게 대항할 수 있다는 의미입니다.

경매개시결정등기 이후에 유치권의 성립요건을 갖춘 자에게 유치권을 인정하면 경매신청 채권자나 매수인의 권리를 침해할 수 있어 압류(경매개시결정기입등기) 이후에 유치권의 성립요 건을 갖춘다면 '압류의 처분금지효'(민사집행법 제92조 ① 제3자는 권리를 취득할 때, 경매신청 또는 압 류가 있다는 것을 알았을 경우에는 압류에 대항하지 못한다.)에 반하므로 압류채권자에게 대항할 수 없습니다.

특히 경매개시결정 이후 곧바로 집행관의 현황조사가 이루어지는 만큼 현황조사서에 유 치권자의 점유사실이 확인되지 않으면 유치권을 주장할 수 없습니다.

점유의 방법으로는

첫째, 직접점유와

둘째, 점유보조자의 점유(경비원을 고용하는 경우),

셋째, 간접점유 등이 있으며 모두 유효합니다.

단, 채무자의 동의 없는 제3자의 간접점유(임대)는 유치권 소멸청구로 소멸시킬 수 있는데 이때에도 출입구 시건장치를 설치하고 유치권을 주장하는 현수막이나 안내문을 부착하여 알려야 합니다.

❸ 정당한 권원에 의한 적법한 점유여야 합니다.

유치권 채권이 정당성을 담보하는 정상채권이어야 하고 실력행사 등으로 인한 무단점유 나 불법점유는 성립하지 않습니다. 정당한 공사대금채권이라 하더라도 유치권자로서의 점 유는 채무자의 동의를 받아야 하고, 채무자 또는 소유자의 승낙 없이 타인에게 임대할 수 없으며, 소유자나 채무자의 동의 없이 임대할 때 그 임차인은 불법점유가 되어 유치권이 성 립되지 않습니다.

❹ 변제기가 도래한 채권이어야 합니다.

채권이 변제기에 도래하지 않으면 유치권은 성립하지 않으며 변제기에 대한 약정이 없으면 점유 즉시 유치권이 성립합니다.

다만, 건물 건축 중에 중단된 때에는 공사를 중단시키고 계약을 해지시키면 공사대금 채권의 변제기가 도래하게 되어 성립합니다. 대부분 공사가 모두 끝나야 공사대금을 지급하는데 이때가 채권의 변제기가 됩니다.

또한, 경매개시결정 이전에 경매 목적 부동산을 점유해야 유치권을 주장할 수 있고, 이 때까지 변제기가 도래하지 않았다면 유치권은 성립되지 않습니다.

한편, 공사대금채권의 '소멸시효'(권리자가 권리를 행사할 수 있음에도 불구하고 일정 기간 권리행사를 하지 않을 때 그 권리의 소멸을 인정하는 제도)는 3년으로 채권 도래일로부터 3년이 지나면 소멸하게 되는데, 유치권 행사와 별개로 채권의 소멸시효를 중단시키지 않으면 공사대금채권은 3년 후에 소멸하여 유치권을 행사할 수 없습니다. 따라서 공사대금채권의 시효가 소멸하기 이전에 시효중단조치를 취해서 소멸시효의 기한을 연장해야 합니다.

❺ 유치권 발생을 배제하는 특약이 없어야 합니다.

건축주가 건축하려는 토지에 대출을 의뢰하면 금융기관은 건축주나 시공사로부터 '유치권포기각서'를 받거나 대출약정서에 '유치권 없음'을 기재합니다.

건축주가 시공사와 도급계약을 맺으면서 계약서에 일정한 사유 발생 시 유치권 포기각서를 받는 경우도 많은데 이런 경우에는 유치권이 성립하지 않습니다(신의칙 위반 - 상식에 맞는 권리행사와 의무를 이행하는 신의 성실의 원칙을 위반하는 일).

유치권으로 인정되는 비용

경매 진행 물건에 유치권신고가 있다면 먼저 유치권으로 인정되는 비용인지를 판단해야 합니다. 경매가 진행되는 부동산의 임차인 또는 점유자가 현상 유지 및 가치 증가를 위하여 지출한 비용을 변제받지 못했을 때, 또는 경매 절차에서 필요비와 유익비 등 '비용상환청구권'(남을 대신하여 비용을 지출한 사람이 원래 물어야 할 사람에 대하여 갖는 상환청구권)에 기한 배당요구를 한 경우에는 낙찰자를 상대로 유치권을 주장할 수 있습니다.

'유익비'는 부동산 자체의 객관적 가치를 증가시키기 위하여 투입한 비용이고, '필요비'는 부동산의 보존을 위하여 지출한 비용입니다.

유치권으로 인정되는 필요비 및 유익비

- 주택 및 상가건물의 전기시설, 수도설비, 보일러 교체 비용
- 주택 내부의 심한 균열로 빗물이 스며들어 교체한 베란다 새시 비용
- 빗물이 스며들어 정상 거주가 힘들어 시공한 옥상 방수 공사 비용
- 수도관, 오·폐수관 누수로 인한 공사 비용
- 방이나 부엌을 증축할 때 발생한 비용
- 화장실, 담장 축조, 오물처리장 축조 비용
- 건물 입구나 도로 등을 콘크리트로 포장한 비용
- 수목원이나 농장을 운영하는 토지 임차인이 지출한 진입도로 포장 비용
- 조세, 보험료, 공과금 등

수목원을 운영하는 토지의 임차인이 수목원 진입도로 포장 비용을 지출한 때에는 토지의 가치를 증가시킨 한도 내에서 유익비로 인정받을 수 있으나 아파트·주택의 실내 인테리어, 베란다 확장, 도배, 장판 교체, 도어락 교체, 씽크대 교체 등은 그 부동산으로 인하여 직접적으로 생긴 권리가 아닌 임차인의 기호와 편익을 위한 조치에 불과합니다.

다만, 주택 내부에 심한 균열이 발생하거나 빗물이 스며들어 교체한 베란다 새시(창문틀), 수도관 및 오·폐수관이 누수로 인하여 정상적인 거주가 힘든 경우와 지붕이나 옥상이 방수공사가 미흡해 빗물이 새어 건물주의 동의를 얻어 긴급하게 공사비를 지급했다면 유익비로 인정받을 수 있습니다.

그러나 임차인이 베란다 확장공사(발코니 벽을 허물고 방이나 거실을 넓히는 행위)에 자신의 비용

을 들였다 하더라도 임차인과 임대인의 채권일 뿐 그 비용을 유치권으로 주장할 수는 없습니다.

또한, 방이나 부엌을 증축할 때 지출한 비용과 화장실, 오물처리장, 담장 등을 축조한 비용과 건물 입구의 진입로나 건물 내 바닥을 콘크리트 등으로 포장했다면 유익비로 인정될 수 있습니다. 하지만 이러한 시설들도 임차인이 오직 자기의 영업에 필요하여 지출하였다면 유익비로 인정받기 어렵습니다.

주택의 경우에는 수도설비나 전기시설, 보일러 등의 설치가 필요비에 해당합니다. 필요비로 지출된 경우, 임차인은 필요비로 지출한 비용 전액을 임대인에게 청구할 수 있습니다. 또한, 필요비는 보존에 관한 비용으로 임대인에게 수선 의무가 있으므로 그 비용을 임대차 종료 전이라도 언제든지 임대인에게 청구할 수 있습니다. 보존비, 수리비, 조세, 보험료, 공과금이 필요비에 속합니다[대법원 93다25738 판결].

그럼 유치권으로 인정받지 못하는 비용에는 무엇이 있을까요?

임차인이 간이음식점을 운영하기 위하여 부착시킨 시설물에 불과한 간판은 건물 부분의 객관적 가치를 증가시키기 위한 것이라고 보기 어려워 간판 설치비는 유익비라 할 수 없습니다[대법원 94다20389 판결].

또한, 상가 1층 내부공사의 신발장 및 다용도장 공사비, 기존 칸막이 철거 비용, 새로운 칸막이 공사 비용, 주방 인테리어 공사 비용 등은 유익비로 인정하지 않습니다[대법원 91다15591 판결].

표준화된 임대차계약서 서식에 포함된 '임차인의 원상복구의무'는 임대차 목적물을 임차하기 이전의 상태로 복구하도록 하는 의무로 '필요비·유익비에 대한 포기'의 의미입니다.

즉, 건물의 임차인이 임대차계약 종료 시에 건물을 원상으로 복구하여 임대인에게 명도하기로 약정한 것은 건물에 지출한 각종 유익비 또는 필요비의 상환청구권을 미리 포기하기로 한 취지의 특약이라고 볼 수 있어 임차인은 유치권을 주장할 수 없습니다[대법원 73다2010 판결].

- 아파트·주택 및 상가의 실내 인테리어 비용
- 베란다 확장, 도배, 장판, 도어락, 주방 씽크대 교체 비용
- 상가건물의 외부 인테리어 비용 및 간판 설치 비용
- 상가나 사무실의 철거 및 칸막이 설치 비용
- 영업을 위한 각종 시설과 시설물 설치 비용
- 주방 인테리어 및 화장실 욕조 및 변기 교체 비용
- 아파트·주택, 상가의 붙박이장, 신발장, 다용도장 설치 비용
- 주택, 상가의 대문이나 현관문, 중문 교체 비용

【사례해설】 아파트 실내 인테리어 공사 비용

본 사례는 아파트 임차인 구○민이 유치권신고를 한 임의경매 물건입니다. 앞서 언급한 바와 같이 일반 주택이나 아파트 등의 집합건물에서 유치권을 인정받기란 쉽지 않습니다.

특히, 수도시설과 전기시설 그리고 보일러 교체나 새시 비용 등은 현실적으로 아파트에서 유익비로 인정받을 수 있는 경우가 거의 없어 경매에 나오는 아파트에 신고된 유치권은 실내 인테리어 공사 비용이란 점과 실질적인 점유의 요건이 성립하지 않아 유치권으로 인정받기 어렵습니다.

본 사례 역시 임차인이 인테리어 공사 비용으로 신고한 유치권은 필요비와 유익비에 해당하지 않습니다. 더욱이 표준임대차계약서의 임대차 기간이 끝나면 원상복구한다는 임차인의 '원상복구의무' 조항에 따라 필요비와 유익비를 포기한 것으로 유치권으로 인정받을 수 없습니다.

아파트나 연립, 빌라 등 집합건물 등에 신고된 유치권은 성립하기 어렵습니다. 특히 임차인이 아닌 제3자나 인테리어 회사가 유치권신고를 하는 경우가 있는데, 아파트나 주택의 유치권이 성립하기 어려운 가장 큰 주된 이유로 유치권 성립의 기본조건인 점유의 이탈로 유치권이 해제되었기 때문입니다.

소재지	인천광역시 부평구 부평동 417-30 중앙아파트			회차	매각기일	최저매각가격	결과
물건종별	아파트	감정가	218,000,000원	1차	2020-06-29	218,000,000원	유찰
대지권	41㎡(12.4평)	최저가	(49%)106,820,000원	2차	2020-07-30	152,600,000원	변경
건물면적	81.69㎡(24.71평)	보증금	(10%)21,364,000원		2020-09-02	106,820,000원	변경
매각물건	토지건물 일괄매각	소유자	공○윤	3차	2020-10-12	106,820,000원	매각
개시결정	2019-11-14	채무자	공○윤		168,880,000원 매각(76.09%) 미납		
사건명	임의경매	채권자	청천새마을금고		2020-12-21	106,820,000원	변경
				4차	2021-02-05	106,820,000원	매각

매각 165,870,000원	
감정가 대비	76.09%
매각허가결정	2021-02-21
대금지급기한	2021-03-17
대금납부	2021-03-17
배당기일	2021-04-15
배당종결	2021-04-15
경매 절차가 종결되었습니다.	

매각물건현황

가격시점 2019-10-02

목록	구분	사용승인	면적	이용상태	감정가격
건물	4층 중 4층	1979.07.19.	81.69㎡ (24.71평)	주거용	109,000,000원
대지권	1024㎡ 중 41㎡				109,000,000원

임차인현황

말소기준등기 2014-02-14, 배당요구종기일 2020-02-17

임차인	점유부분	전입/확정/배당	보증금/차임	기타
구○민	주거용전부	전입일자 2019-04-11 확정일자 2018-08-20 배당요구 2020-01-13	보증금 20,000,000	2020.01.13. 구○민으로부터 인테리어 시설 및 공사대금(8,000,000원)을 위하여 유치권신고가 있으나 그 성립 여부는 불분명함

또한, 주거용 주택에 유치권신고가 된 대부분의 물건 특성상 유치권자가 점유하기가 쉽지 않아 유치권이 인정받기 힘들 뿐만 아니라 경매개시결정 이전부터 계속해서 존속되어야 하기 때문입니다.

인 천 지 방 법 원

매각물건명세서

사 건	2019타경33960 부동산임의경매		매각물건번호	1	작성일자	2021.01.21	담임법관 (사법보좌관)	한기철	
부동산 및 감정평가액 최저매각가격의 표시	별지기재와 같음		최선순위 설정	2014. 2. 14.근저당권			배당요구종기	2020.02.17	

부동산의 점유자와 점유의 권원, 점유할 수 있는 기간, 차임 또는 보증금에 관한 관계인의 진술 및 임차인이 있는 경우 배당요구 여부와 그 일자, 전입신고일자 또는 사업자등록신청일자와 확정일자의 유무와 그 일자

점유자 성 명	점유 부분	정보출처 구 분	점유의 권 원	임대차기간 (점유기간)	보증금	차 임	전입신고 일자, 사업자등록 신청일자	확정일자	배당 요구여부 (배당요구일자)
구		현황조사	주거 임차인				2019.04.11		
	전부	권리신고	주거 임차인	2018.8.20.~현 재까지	20,000,000		2019.4.11	2018.8.20.	2020.01.13

〈비고〉

구 :2018.8.20. 전입하였다가 2019.2.15. 타 주소지로 전출 후 2019.4.11.재 전입함

※ 최선순위 설정일자보다 대항요건을 먼저 갖춘 주택·상가건물 임차인의 임차보증금은 매수인에게 인수되는 경우가 발생 할 수 있고, 대항력과 우선변제권이 있는 주택·상가건물 임차인이 배당요구를 하였으나 보증금 전액에 관하여 배당을 받지 아니한 경우에는 배당받지 못한 잔액이 매수인에게 인수되게 됨을 주의하시기 바랍니다.

등기된 부동산에 관한 권리 또는 가처분으로 매각으로 그 효력이 소멸되지 아니하는 것

매각에 따라 설정된 것으로 보는 지상권의 개요

비고란

-특별매각조건 매수신청보증금 최저매각가격의 20%

-2020. 1. 13. 구 으로부터 인테리어시설 및 공사대금(8,000,000)을 위하여 유치권 신고가 있으나 그 성립여부는 불분명함.(2020. 8. 7.자로 채권자 청천새마을금고로부터 유치권신고에 관한 의견서 및 배제신청서 접수됨)

【사례해설】 유치권자의 경매신청

건축주와 공사계약을 하고 공사를 진행하던 중 경제적으로 어려워진 건축주는 공사대금을 결제하지 못해 공사가 중단되고, 시공업자는 공사하던 물건을 점유하고 유치권을 행사합니다.

이때 유치권자는 건축주로부터 받아야 할 공사대금을 채권으로 경매를 신청하여 배당받을 수 있습니다. 이렇게 진행되는 경매를 '유치권에 기한 형식적 경매'라고 합니다.

이는 유치권자가 점유하고 있는 경매 목적 부동산에 대해 경매를 신청하여 진행되는 경매를 말하는데, 유치권에 의한 경매 절차에서는 소멸주의가 적용되어 매각과 동시에 부동산 위의 모든 권리가 말소되고 유치권도 소멸합니다.

하지만 유치권에 의해 경매 절차가 중지되고 경매 목적 부동산에 다른 채권이나 근저당권으로 인한 강제경매나 임의경매가 진행되어 매각되면 본래의 유치권은 소멸하지 않고 낙찰자가 인수해야 합니다.

유치권에 의한 형식적 경매는 매각대금에 대한 우선변제권도 인정되지 않기 때문에 우선변제권의 금액이 많은 채권자와 경매 절차에서 경합할 경우, 유치권은 일반 채권자와 동 순위로 배당을 받다 보니 유치권만 상실하게 되는 상황이 될 수도 있습니다.

2017타경6423 서울동부지방법원 본원

소재지	서울특별시 광진구 자양동 41-12 노유빌라트 4층			회차	매각기일	최저매각가격	결과
물건종별	다세대(빌라)	감정가	362,000,000원	1차	2018-10-08	362,000,000원	매각
대지권	42.69㎡(12.91평)	최저가	(100%)362,000,000원				
건물면적	72.18㎡(21.83평)	보증금	(10%)36,200,000원				
매각물건	토지건물 일괄매각	소유자	유한회사 ○	매각 165,870,000원			
개시결정	2017-09-01	채무자	김○수				
사건명	임의경매(유치권에 기한 형식적경매)	채권자	김○호 외 1명				

입찰자수	1명
입찰자	광진구 이○전
감정가 대비	110.5%
매각허가결정	2018-10-15
대금지급기한	2018-11-22
대금납부	2019-09-04
배당기일	2019-10-24
배당종결	2019-10-24

경매 절차가 종결되었습니다.

등기부현황

2017타경6423

NO	접수	권리종류	권리자	채권금액	내용	비고
1	2017-08-25	소유권이전(매각)	유한회사 ○		강제경매로 인한 매각 2016타경220	
2	2017-09-06	임의경매	김○호 외 1명	청구금액 350,000,000원	말소기준등기	소멸
3	2017-09-18	소유권이전청구권가등기	이○우		매매예약	소멸

임차인현황

말소기준등기 2017-09-06, 배당요구종기일 2017-11-27

임차인	점유부분	전입/확정/배당	보증금/차임	기타
김○호	주거용미상	전입일자 2017-08-25 확정일자 미상 배당요구 2017-09-06	보증금 미상	본건의 출입문에는 유치권에 관한 공고문에 붙어 있는바, 그 내용은 건축물의 시공사 등이 공사대금 회수를 위해 2005.06.07.부터 유치권을 행사한다는 내용임

입찰을 준비하다 보면 간혹 매각물건명세서에 '경매신청자가 유치권자'라는 내용의 문구가 보입니다. 이런 경우에 '유치권에 기한 형식적 경매'로 판단하고 유치권도 매각으로 소멸하여 유치권을 인수하지 않습니다.

경매 절차에서 채무자의 입찰이 금지되어 있지만, 유치권에 의한 형식적 경매에서는 채무자의 매수신고가 허용된다는 점에서 일반 경매와 다릅니다.

또한, 강제경매나 담보권 실행을 위한 경매와 마찬가지로 경매 부동산의 부담을 소멸시키는 것을 법정매각조건으로 하여 실시되고, 우선채권자뿐만 아니라 일반 채권자의 배당요구도 허용되며, 유치권자는 일반 채권자와 동일한 순위로 배당받을 수 있습니다.

다만, 집행법원은 부동산의 이해관계를 살펴 위와 같은 법정매각조건과는 달리 매각조건 변경 결정을 통하여 경매 부동산의 부담을 소멸시키지 않고 매수인이 인수하도록 정하기도 합니다.

본 사례는 임차인으로 등재된 김○호가 물건을 점유하고 유치권을 주장하며 경매를 신청한 물건입니다.

건축물의 시공사가 공사대금을 회수하기 위해 2005년 06월 07일부터 유치권을 행사하고 점유하고 있는 물건인데 특이한 점이 있습니다.

현 소유자인 유한회사 ○은 본 물건을 2017년 08월 25일에 2016타경220 강제경매 사건에서 낙찰받은 다세대 빌라입니다.

그 당시에도 현 점유자인 김○호가 공사대금 2,439,530,182원의 유치권행사를 하고 있었으나 낙찰받은 현 소유자와 유치권이 해결되지 않아 공사대금을 변제받지 못하자 김○호가 현 소유자인 유한회사 ○을 상대로 유치권에 기한 형식적 경매를 신청하였습니다.

유치권에 기한 형식적 경매신청 요건에 부합하여 경매 절차가 진행되었는데, 앞서 말한 바와 같이 매각과 동시에 경매 목적 부동산의 권리는 말소되고 유치권도 함께 소멸합니다.

유치권자의 배당은 다른 채권자가 없어 매각대금 4억 원에서 경매비용을 제외하더라도 경매신청 청구금액인 3억 5,000만 원을 모두 배당받을 것으로 판단됩니다.

유치권자의 배당 여부와 상관없이 유치권에 기한 형식적 경매가 진행되면 유치권은 소멸하여 정상적인 물건으로 판단하고 입찰하면 됩니다.

서 울 동 부 지 방 법 원

2017타경6423

매각물건명세서

사 건	2017타경6423 유치권에기한경매	매각물건번호	1	작성일자	2018.09.19	담임법관(사법보좌관)	나한백	
부동산 및 감정평가액 최저매각가격의 표시	별지기재와 같음	최선순위 설정	2017. 9. 6. 경매개시결정			배당요구종기	2017.11.27	

부동산의 점유자와 점유의 권원, 점유할 수 있는 기간, 차임 또는 보증금에 관한 관계인의 진술 및 임차인이 있는 경우 배당요구 여부와 그 일자, 전입신고일자 또는 사업자등록신청일자와 확정일자의 유무와 그 일자

점유자 성 명	점유부분	정보출처구 분	점유의권 원	임대차기간(점유기간)	보 증 금	차 임	전입신고일자사업자등록신청일자	확정일자	배당요구여부(배당요구일자)
김○	미상	현황조사	주거임차인	미상	미상	미상	2017.08.25	미상	

〈비고〉
김○:유치권에 기한 경매신청 채권자임

※ 최선순위 설정일자보다 대항요건을 먼저 갖춘 주택·상가건물 임차인의 임차보증금은 매수인에게 인수되는 경우가 발생 할 수 있고, 대항력과 우선변제권이 있는 주택·상가건물 임차인이 배당요구를 하였으나 보증금 전액에 관하여 배당을 받지 아니한 경우에는 배당받지 못한 잔액이 매수인에게 인수되게 됨을 주의하시기 바랍니다.

등기된 부동산에 관한 권리 또는 가처분으로 매각으로 그 효력이 소멸되지 아니하는 것

매각에 따라 설정된 것으로 보는 지상권의 개요

비고란
전유부분 대지권란에 별도등기 표시가 있으나 직권말소 대상임

【사례해설】공사대금을 못 받은 유치권

경매 목적 부동산에 공사대금채권으로 유치권을 행사하고 있는 경우에는 도급계약서 또는 공사계약서에 명시된 계약금액과 유치권신고금액을 살펴보아야 합니다. 유치권을 행사하는 유치권자의 상당수는 공사계약 당시의 전체 금액을 신고하는 경우가 많습니다.

그러나 공사가 시작되면 건축주는 계약금을 지급하고 공사 진척도에 따라서 중도금과 기성금을 지급하는데, 아무리 소규모 공사라 해도 계약금조차 전혀 받지 않고 공사대금 전액을 외상으로 공사하는 현장은 없다시피 합니다.

유치권자가 주장하는 금액과 도급계약서에 명시된 금액의 차이, 그리고 이미 지급한 공사대금을 확인하고 공사 개시 시점과 채권 만기 도래일을 확인하면 허위인지 판단할 수 있습니다. 잔존채권을 부풀려 신고하고 공사현장과 관련 없는 다른 채권을 슬쩍 끼워서 신고하는 유치권자도 있습니다.

소재지	경기도 가평군 청평면 삼화리 171-12 외 1필지			회차	매각기일	최저매각가격	결과
물건종별	주택	감정가	26,860,500원	1차	2021-04-19	362,000,000원	유찰
대지권	110㎡(33.28평)	최저가	(34%)91,876,000원	2차	2021-05-24	187,502,000원	유찰
건물면적	128.29㎡(38.31평)	보증금	(20%)18,375,200원		2021-06-28	131,251,000원	변경
매각물건	토지건물 일괄매각	소유자	김○보	3차	2021-10-08	131,251,000원	매각
개시결정	2020-06-19	채무자	김○보		매각 200,000,000(74.67%) 1명 미납		
사건명	임의경매	채권자	오○윤	4차	2021-12-20	91,876,000원	유찰
				5차	2022-01-25	91,876,000원	매각

매각 112,000,000원	
입찰자수	4명(김○은)
매수인	41.81%
매각허가결정	2022-02-04
대금지급기한	2022-03-15
대금납부	2022-02-16
배당종결	2022-03-22
경매 절차가 종결되었습니다.	

등기부현황

NO	접수	권리종류	권리자	채권금액	내용	비고
1	2020-03-01	소유권이전 (매매)	김○보			
2	2020-04-03	근저당	오○윤	225,000,000원	말소기준등기	소멸
3	2020-06-01	가압류	양○규	145,000,000원	2020카단51571	소멸
4	2020-06-19	임의경매	오○윤	청구금액 156,608,218원	2020타경80994	소멸
5	2020-08-19	가압류	서울보증보험(주)	79,802,218원		소멸
6	2020-08-21	가압류	희망인력건설산업	21,000,000원		소멸
7	2021-07-16	압류	가평군			소멸

본 사례는 신축 건물이 완공(사용승인)된 이후에 설정한 근저당권자가 경매를 신청한 물건입니다.

전입세대 열람 결과 입주자도 없고 집행관의 현황조사서에 점유자도 없습니다. 현황조사서는 경매개시결정 직후에 집행관이 경매 목적 부동산을 확인하는 가장 이른 시간에 작성하는 문서입니다.

만약 유치권자가 부동산을 점유하고 있었다면 집행관은 그러한 사실을 기록하였을 것입니다. 아마도 유치권자들은 경매 목적 부동산을 점유하지 못하고 유치권신고를 한 것으로 판단됩니다.

또한, 매각물건명세서의 기록에 있는 채권자 오○윤이 법원에 제출한 내용을 살펴보면 유치권자들의 유치권을 배제해 달라는 유치권배제신청서를 제출하였습니다. 근저당을 설정할 당시에 유치권을 배제하는 특약이 있었던 것으로 보입니다.

특히 금융기관이 공사 예정인 토지에 대하여 근저당을 설정할 때는 건축주와 시공회사로부터 유치권이 없음을 확인하는 '유치권포기각서'를 받고 대출을 실행합니다. 그렇지 않으면 향후 공사대금 미지급으로 인하여 경매가 진행된다면 담보권을 확보할 수 없기 때문이죠.

의 정 부 지 방 법 원

2020타경80994

매각물건명세서

사 건	2020타경80994 부동산임의경매	매각물건번호	1	작성일자	2022.01.11	담임법관(사법보좌관)	김현석	[印]
부동산 및 감정평가액 최저매각가격의 표시	별지기재와 같음	최선순위 설정		2020.4.3.근저당권		배당요구종기	2020.09.01	

부동산의 점유자와 점유의 권원, 점유할 수 있는 기간, 차임 또는 보증금에 관한 관계인의 진술 및 임차인이 있는 경우 배당요구 여부와 그 일자, 전입신고일자 또는 사업자등록신청일자와 확정일자의 유무와 그 일자

점유자의 성 명	점유부분	정보출처 구 분	점유의 권 원	임대차기간 (점유기간)	보증금	차 임	전입신고일자,사업자등록 신청일자	확정일자	배당요구여부 (배당요구일자)

조사된 임차내역없음

※ 최선순위 설정일자보다 대항요건을 먼저 갖춘 주택·상가건물 임차인의 임차보증금은 매수인에게 인수되는 경우가 발생 할 수 있고, 대항력과 우선변제권이 있는 주택·상가건물 임차인이 배당요구를 하였으나 보증금 전액에 관하여 배당을 받지 아니한 경우에는 배당받지 못한 잔액이 매수인에게 인수되게 됨을 주의하시기 바랍니다.

등기된 부동산에 관한 권리 또는 가처분으로 매각으로 그 효력이 소멸되지 아니하는 것

매각에 따라 설정된 것으로 보는 지상권의 개요

비고란
1. 일괄매각
2. 목록번호 1,3은 일단지임,목록번호 2번은 단독주택으로 이용중이며 3층 다락은 연면적 제외
3. 유치권신고인 정　　　으로부터 공사대금채권 금 60,500,000원에 대한 유치권신고가 있으나 그 성립여부는 명확하지 아니함
4. 유치권신고인 박　　　로부터 공사대금채권 금 47,300,000원에 대한 유치권신고가 있으나 그 성립여부는 명확하지 아니함
5. 유치권신고인 이　　　로부터 공사대금채권 금 15,600,000원에 대한 유치권신고가 있으나 그 성립여부는 명확하지 아니함
6. 유치권신고인 (주)　　　코리아로부터 공사대금채권 금 55,000,000원에 대한 유치권신고가 있으나 그 성립여부는 명확하지 아니함
7. 유치권신고인 (주)　　　종합건설로부터 공사대금채권 금 80,000,000원에 대한 유치권신고가 있으나 그 성립여부는 명확하지 아니함
8. 유치권신고인 최　　　으로부터 공사대금채권 금 34,650,000원에 대한 유치권신고가 있으나 그 성립여부는 명확하지 아니함
9. 유치권신고인 송　　　으로부터 공사대금채권 금 77,000,000원에 대한 유치권신고가 있으나 그 성립여부는 명확하지 아니함
10. 신청채권자 오　　　으로부터 위 유치권신고인들에 대한 2021.6.11.자 유치권배제신청서 접수됨
11. 재매각으로 매수신청보증금은 최저매각가격의 20%임

더구나 본 사례의 경우에는 유치권의 기본요건인 점유를 하지 않았고 채권자의 유치권배제신청서까지 제출하여 유치권을 인정받기 어려워 보입니다.

또한, 감정가격은 2억 6,000여만 원인데 7개 업체의 유치권신신고금액 합계는 3억 7,000여만 원입니다. 준공된 주택의 감정평가금액보다 많은 금액이 신고되었습니다.

설령 유치권신고금액이 모두 진성채권이라 해도 전원주택 여러 채를 건축하면서 소요된 건축비용으로 보이는데 그중 한 채가 경매로 진행되자 경매 목적 부동산에 유치권을 신고한 것입니다.

이러한 여러 가지 정황으로 판단해보면 유치권자의 공사대금채권이 인정받을 가능성은 적습니다.

최종적으로 1억 1,200만 원에 낙찰받은 김○연은 이러한 사실들을 파악하고 입찰했을 것입니다. 법원의 유치권을 인정받지 못하면 인도명령의 대상이 되고 강제집행도 할 수 있기에 입찰한 것으로 판단됩니다. 입찰자는 최근에 준공된 주택을 감정가의 41.81%에 매입하는 효과를 누린 것이죠.

이렇게 유치권은 양날의 검처럼 힘겨운 협의와 법적인 소송이 기다리고 있어 어렵지만 큰 수익을 낼 수 있습니다.

모든 유치권이 진짜일까

경매로 진행하는 물건에 신고된 유치권은 모두 진짜일까요? 모두 공사대금이나 필요비·유익비를 변제받지 못해 신고한 것일까요? 그리고 그 신고금액 전액을 낙찰자가 인수해야 할까요?

아닙니다. 공사를 하지 않았는데도 한 것처럼 거짓 공사계약서를 작성하기도 하고, 공사를 일부밖에 하지 않았는데도 전부를 한 것처럼 공사비를 부풀려 진실하지 못한 '허위유치권'들이 난무합니다.

공사비를 일부는 받았는데도 전혀 받지 않은 것처럼 주장하여 입찰자에게 유치권에 대한 압박과 부담을 갖게 하여 유찰을 유도하고 정상적인 경매 진행이 이루어질 수 없도록 하기도 합니다.

낙찰가격을 부당하게 낮추려는 목적과 없던 이익을 취하기 위해 허위 도급계약서를 첨부하여 유치권신고를 하고, 경매 목적 부동산에 '유치권 행사 중'이라는 현수막을 게시해 진짜 유치권자인 것처럼 행세하기도 합니다.

실제로 유치권신고가 만연되어 물건의 상당수가 허위유치권으로 나타나는 이유에는 여러 가지가 있습니다. 경매에 나온 물건들은 법원에서 실시한 감정평가, 현황조사 정도에 의존할 수밖에 없는 경매의 특성상 물건의 자세한 내막을 잘 알지 못하는 입찰자들로서는 유치권의 근거가 되는 실질적인 공사 여부 등을 입찰 전에 정확하게 알기 어렵습니다.

또한, 일부 악덕 유치권자들은 건축주(채무자)나 소유자와 통모하여 은밀하게 허위 유치권 신고를 하고 점유한 유치권자들이 수차례 유찰된 물건을 매우 저렴한 가격으로 낙찰받아 이득을 보는 사례도 많으나 근절되지 않고 있습니다.

이러한 허위유치권으로 인하여 입찰자들에게는 곤혹스러움과 기회의 물건이라는 인식이 공존합니다. 입찰을 준비하는 과정에서 현장을 찾아 점유하고 있는 유치권자들을 만나면 유치권의 내용에 대하여 제대로 알려 주지도 않고 관심 없는 듯 퉁명스러운 태도로 입찰자들을 적대시하는 사례가 매우 많습니다.

【사례해설】 허위유치권에 속지 말자

상가 임차인이 필요비와 유익비로 유치권신고를 한 사례입니다.

임차인 이○렬은 본 상가건물 2층을 임대차보증금 1,000만 원에 월 차임 20만 원으로 임차하여 주거와 영업을 하였는데, 일부는 찜질방 시설이 되어 있고 황토방 등을 운영하였습니다.

그러나 최근 영업을 하지 않았다는 집행관 현황조사서 내용을 볼 때, 임차인 이○렬이 신고한 유치권의 내용을 보면 비용상환청구금액으로 3억 500만 원을 주장하고 있는데 상식적으로 도저히 납득할 수 없는 내용인 것을 알 수 있습니다.

임대차보증금 1,000만 원에 월 차임 20만 원의 임대차계약을 한 임차인이 필요비와 유익비로 3억 원을 웃도는 큰 금액을 지출했느냐 하는 진실성에 의문이 있습니다.

실질적으로 찜질방 및 황토방 공사에 지출한 비용이라 할지라도 그 비용이 임차인 본인의

소재지	경남 고성군 마암면 삼락리 9-7			회차	매각기일	최저매각가격	결과
물건종별	근린시설	감정가	816,180,000원	1차	2019-04-11	816,180,600원	유찰
대지권	943㎡(285.26평)	최저가	(41%)334,307,000원	2차	2019-05-16	652,944,000원	유찰
건물면적	1068.03㎡(323.08평)	보증금	(20%)33,430,700원	3차	2019-06-20	522,355,000원	유찰
매각물건	토지건물 일괄매각	소유자	김○섭	4차	2019-07-25	417,884,000원	유찰
개시결정	2018-04-25	채무자	김○섭	5차	2019-08-19	334,307,000원	매각
사건명	임의경매	채권자	남창원농협				

매각 334,347,777원	
입찰자수	1명 ㈜국제센터
매수인	40.96%
매각허가결정	2019-09-05
대금지급기한	2019-10-16
대금납부	2019-10-15
배당종결	2019-11-20
경매 절차가 종결되었습니다.	

임차인현황

말소기준등기 2017-09-06, 배당요구종기일 2017-11-27

임차인	점유부분	전입/확정/배당	보증금/차임	기타
이○이 (이○진)	1층 주거 및 영업용	전입일자 2007-11-13 확정일자 미상 배당요구 없음	보증금 10,000,000원 월 차임 100,000원	제2종 근린생활시설 504.64㎡(152.65평)
이○렬	2층 주거 및 영업용	전입일자 2009-11-18 확정일자 미상 배당요구 없음	보증금 10,000,000원 월 차임 200,000원	제2종 근린생활시설 504.64㎡(152.65평) 상가건물임대차현황상 임차인(명심선원)

등기부현황

2018타경4323

NO	접수	권리종류	권리자	채권금액	내용	비고
1	2002-02-01	소유권이전(매매)	이○선			
2	2002-02-01	근저당	남창원농협	420,000,000원	말소기준등기	소멸
3	2003-10-23	소유권이전(매매)	김○섭			소멸
4	2003-12-05	소유권이전(매매)	오○윤			소멸
5	2018-04-25	임의경매	남창원농협	청구금액 295,524,319원	2018타경4323	소멸
6	2018-06-21	압류	국민건강보험공단			소멸
7	2018-10-23	압류	고성군			소멸

창원지방법원 통영지원

2018타경4323

매각물건명세서

| 사 건 | 2018타경4323 부동산임의경매 | 매각물건번호 | 1 | 작성일자 | 2019.08.28 | 담임법관(사법보좌관) | 신영민 | |

| 부동산 및 감정평가액 최저매각가격의 표시 | 별지기재와 같음 | 최선순위 설정 | 2002. 2. 1.[근저당] | 배당요구종기 | 2018.07.10 |

부동산의 점유자와 점유의 권원, 점유할 수 있는 기간, 차임 또는 보증금에 관한 관계인의 진술 및 임차인이 있는 경우 배당요구 여부와 그 일자, 전입신고일자 또는 사업자등록신청일자와 확정일자의 유무와 그 일자

점유자 성 명	점유부분	정보출처 구 분	점유의 권원	임대차기간 (점유기간)	보증금	차임	전입신고 일자, 사업자등록 신청일자	확정일자	배당요구여부 (배당요구일자)
서		현황조사	주거 임차인				2008.02.14		
이 (이)	1층	현황조사	주거및점포 임차인	2017.11.03~	10,000,000	1,000,000	2007.11.13	미상	
이	2층	현황조사	주거및점포 임차인	2008.02.10~	10,000,000	200,000	2009.11.18	미상	

〈비고〉

※ 최선순위 설정일자보다 대항요건을 먼저 갖춘 주택·상가건물 임차인의 임차보증금은 매수인에게 인수되는 경우가 발생 할 수 있고, 대항력과 우선변제권이 있는 주택·상가건물 임차인이 배당요구를 하였으나 보증금 전액에 관하여 배당을 받지 아니한 경우에는 배당받지 못한 잔액이 매수인에게 인수되게 됨을 주의하시기 바랍니다.

등기된 부동산에 관한 권리 또는 가처분으로 매각으로 그 효력이 소멸되지 아니하는 것

매각에 따라 설정된 것으로 보는 지상권의 개요

비고란

일괄매각. [목록 1] 지상 제시외 건물(감정서상 ⓐ,ⓑ) 포함. [목록2] 옥상층에 이동이 용이한 컨테이너 1동이 소재하나 매각에서 제외. 1층의 공부상 면적은 429.16㎡이나 현황은 504.64㎡임. 유치권신고인 이태열이 2019. 8. 16.자로 [점유개시일자 : 2007. 7. 26., 피담보채권의 내용 : 비용상환청구권, 금액 : 305,000,000원] 유치권신고서를 접수하였으나 그 성립여부는 불분명하며, 경매신청 채권자로부터 유치권신고인과 채무자 김만섭 사이의 매매계약사실이 있을 수 있고, 3억 5백만원의 필요비와 유익비를 지출하였다고 하나 그 근거로 객관적인 자료가 아닌 일반견적서로 제출하는 등 객관적인 증빙자료가 없다는 취지의 유치권배제신청서 제출됨.

수익을 위한 영업에 투자한 것이지 건축물의 가치를 상승시키는 필요비 및 유익비에 해당한다고 볼 수 없기 때문입니다.

또한, 유치권자의 관련 서류 중에서 세금계산서가 첨부된 공사계약서가 아닌 견적서(공사금액을 산출하는 견적서나 간이영수증 등은 유치권을 인정하는 비용에 대한 증빙서류로 볼 수 없음)에 불과하다는 점을 들어 경매신청 채권자의 유치권배제신청으로 확인한 바, 유치권이 성립될 수 없을 것으로 보입니다.

유치권신고가 급증하고 있지만 아니면 말고 식으로 입찰자들을 괴롭히는 유치권은 오히려 입찰자에게 기회가 될 수 있습니다. 일단 유치권신고 된 물건은 입찰자들이 복잡한 물건을 싫어하고 해결 방법을 알지 못해 '혹시나 잘못되면 어떡하나?'라는 심리적 압박 때문에 입찰을 기피하여 유찰을 거듭합니다.

많은 사람이 입찰을 꺼리는 복잡하고 어려운 물건은 오히려 기회가 되기에 눈을 부릅뜨고 유치권이 성립하지 않는 요인 하나만 찾으면 됩니다.

허위유치권자의 법적 처벌

대부분의 유치권신고는 채권 자체가 처음부터 존재하지 않은 허위이거나 사실보다 부풀려진 경우여서 유치권의 피담보채권이 진실이라고 하더라도 점유 여부와 채권소멸시효의 완성 등 유치권의 다른 요건이 미비한 경우에도 '경매방해죄'로 인정될 수 있습니다.

예컨대, 유치권에 의한 점유를 하고 있어도 피담보채권의 소멸시효가 지나 유치권이 성립될 수 없다는 것을 알면서도 유치권을 신고한다면 '경매방해죄'(형법 제315조 경매, 입찰의 방해 - 위계 또는 위력 기타 방법으로 경매 또는 입찰의 공정을 해한 자는 2년 이하의 징역 또는 700만 원 이하의 벌금에 처한다.)가 성립될 수 있습니다.

유치권의 행사요건이 되지 않는다는 것이 명백한데도 허위유치권 행사로 인해 낙찰가격 하락에 부당한 영향을 미치기 위해 법원에 유치권신고서 등을 제출하는 것은 채무자에 대한 관계에서 형법상 '사기죄'에 해당될 수 있습니다.

유치권 대상이 아닌데도 유치권이 있는 것처럼 적극적으로 가장하고 서류를 위조하여 경매 목적물이 부당하게 저렴한 가격에 처분될 수 있고, 결국 그로 인해 채무자에게 손해가 돌아온다는 점에서 '소송사기'(민사소송에서 법원에 대하여 허위사실을 주장하고 허위증거를 제출하는 방법으로 법원을 기망하여 자기에게 유리한 판결을 얻어 상대방으로부터 재물 또는 재산상 이익을 취하는 행위)가 될 수 있습니다.

또한, 부당한 허위유치권 행사로 인해 적정가격 이하로 낙찰이 이루어짐으로써 채권자나 채무자 등에게 손해가 발생할 경우 민사적인 배상책임까지 뒤따를 수도 있습니다.

유치권에 의한 경매를 신청한 유치권자는 일반채권자와 마찬가지로 피담보채권액에 기초하여 배당을 받게 되는 결과, 피담보채권인 공사대금채권을 실제와 달리 허위로 크게 부풀려 유치권에 의한 경매를 신청한 경우에는 정당한 채권액에 의하여 경매를 신청한 것보다 더 많은 배당금을 받을 수도 있습니다. 이는 법원을 '기망'(거짓을 말하거나 진실을 숨김으로써 상대방을 착오에 빠지게 하는 행위)하여 배당이라는 법원의 처분행위에 의하여 재산상 이익을 취득하려는 행위로서 소송사기의 실행의 착수에 해당하여 사기죄를 인정하였습니다[대법원 2012도9603 판결].

허위의 공사대금채권으로 부동산 경매신청 과정에서 유치권신고를 한 자에게 형법상 경매방해죄를 인정한 사례도 있습니다[대법원 2007도6062 판결].

실제 공사미수금채권을 훨씬 상회하는 금액으로 부풀려 피담보채권으로 하는 허위내용의 유치권을 신고한 자에게 경매방해죄의 유죄를 인정하기도 하였습니다. 허위로 유치권 행사를 하여 낙찰가격 하락에 부당한 영향을 미치기 위해 법원에 유치권신고서를 제출하는 것은 채무자에 대한 관계에서 형법상 사기죄로 처벌받을 수 있습니다[대구지방법원 2011노109 판결].

유치권을 깨트리자

경매로 진행되는 물건의 매각물건명세서에 '유치권신고 있음', '유치권신고 성립 여부는 불분명함'이라고 기재된 물건에 대해서 법원은 유치권자의 유치권신고 접수를 받을 뿐 유치권에 대한 존재나 성립 여부는 판단하지 않습니다.

법원은 유치권 부존재를 주장하는 낙찰자와 유치권이 존재한다는 유치권자와의 합의나 소송에 관여하지도 않고 관여할 수도 없습니다. 경매 진행과 유치권 존재 여부는 별개의 사건이기 때문입니다.

유치권은 건축물을 짓거나 수리하고 공사비를 받지 못한 시공업체가 그 채권을 변제받을 때까지 경매 목적 부동산을 점유하여 채무자의 변제를 강제할 수 있는 권리입니다. 등기부에 등기할 필요도 없고, 도급계약서 등 공사와 관련한 증빙서류와 점유로 성립되는 강력한 인수권리입니다.

더구나 유치권의 존재 여부나 유치권자, 유치권신고금액 등이 불분명하고, 내용을 파악하기 위해 유치권 점유자들을 만나면 고압적인 자세와 퉁명스러운 태도를 보이는 등 일방적으로 터무니없는 유치권 합의액을 요구합니다. 그래서 입찰을 준비하는 사람들은 유치권의 성립 여부를 떠나 이러한 유치권신고가 된 물건에는 입찰하려 하지 않다 보니 유찰을 거듭합니다.

- 입찰 물건에서 유치권이 성립하지 않을 요인을 단 하나만 찾자.
- 실무에서 유치권이 인정되는 경우는 20%도 채 안 된다.
- 유치권을 깨뜨리는 것은 로또를 내 손으로 만들어가는 일이다.
- 확률이 매우 높다. 8대 2다. 승률이 8할인데 피할 이유가 없다.

그럼 유치권을 해결할 수 있는 방법은 없을까요?

입찰하기 전에 현장을 방문하여 점유하고 있는 유치권자를 만나 그간의 공사 상황과 진척 사항, 이후 공사 재개 여부 등을 자세하게 알아봐야 합니다. 처음에는 대부분 경계를 하며 유치권신고금액 전부를 합의해주지 않으면 점유를 풀 수 없다고 이야기합니다.

하지만 이는 조금이라도 더 받아내려는 마음에서 하는 이야기이므로 너무 귀담아듣지 않아도 됩니다. 처음에는 유치권자의 입장에서 대화를 시도하면 의외로 많은 정보를 얻을 수 있습니다.

그들이 말하는 공사 중에 겪은 애환이나 에피소드 등을 듣다 보면 많은 정보를 들을 수 있습니다. 공사를 하는 사람들은 자신의 손때가 묻은 건물에 대해 애착이 많으므로 동병상련의 입장에서 그들의 말에 귀 기울여 이해하면서 듣다 보면 진성유치권인지 허위유치권인지를 가늠해 볼 수 있습니다.

유치권자를 처음 만나서 모든 것을 알기를 바라지 말고 먼저 서로 얼굴 익히는 등 탐색전이라 생각하고, 되도록 유치권과 관련한 많은 사람을 접촉하기를 바랍니다.

진성유치권이라면 사람마다 말이 같음을 알 수 있습니다. 반면, 허위유치권이라면 사람마다 하는 이야기의 앞뒤가 맞지 않으며 대화를 잘 하지 않으려 하고, 공사와 관련된 내용에 대해 아는 것이 없어 대화를 기피하려 하면서도 무조건 유치권 해결만 하라고 합니다.

- 점유하고 있는 부동산이 유치권과의 견련성 여부
- 유치권으로 인한 점유의 적법성 여부
- 점유개시일이 경매개시결정등기일 이전인지의 여부
- 공사업자에게 실제 채권이 존재하는지의 여부
- 변제기가 도래하였는지의 여부

직접 공사를 하고 오랫동안 고생한 공사업자라면 그동안 고생한 이야기, 돈 못 받아서 집안 경제 상황이 나빠진 가정사부터 인부들 이야기까지 많은 고충을 토로합니다.

물론 진성유치권이라 해도 모두가 유치권이 성립되는 것은 아닙니다. 여러 차례 만나서 식사도 하고 술도 한잔 하면서 가까워지면 많은 정보를 얻게 되고 유치권 존재 여부에 대한 확신이 들게 될 것입니다.

유치권 성립요건에 단 하나라도 저촉되는 사항이 있는지를 찾아야 합니다. 신고금액과 유치권신고 서류를 확인하면 어느 정도 윤곽이 보입니다. 유치권의 성립요건에 어긋나는 점 하나만 발견하면 됩니다.

대부분 권리관계가 복잡한 물건에는 입찰을 기피하고 확신이 없기에 망설이며 자신이 없기에 적극적으로 참여하지 못하는 것일 뿐 아쉬움은 남습니다. 주위의 많은 사람이 유치권이라 하면 다들 고개를 절레절레 흔듭니다. 다른 물건도 많은데 왜 하필 유치권 있는 물건에 손대냐고 합니다.

유치권이 있는 물건은 입찰 전에 충분히 검토하고 조사하여 유치권자와 합의금액, 지급방법 등을 합의한 상태에서 입찰에 참여하는 것이 좋습니다. 완벽하게 내 편으로 만들어 최대한 저렴하게 낙찰받을 수 있도록 조력자로 만들어야 합니다. 물론 유치권자와의 합의가 필요 없는 명명백백한 유치권 부존재라는 확신이 든다면 법적으로 준비해도 됩니다.

최근 법원의 흐름은 허위유치권자를 적극적으로 처벌하는 추세입니다. 유치권이 성립되지 않음을 파악했다면 유치권자에 대해 앞서 언급한 사기죄와 경매방해죄 등으로 처벌한 법원 판결 사례를 들어 정중하게 경고를 하는 것도 협상의 한 방법입니다.

대부분의 유치권자는 법원에 유치권을 신고하기 전에 여러 경로를 통해 유치권에 관해 법률자문을 받아 봅니다. 그런 과정을 통해 자신들의 유치권이 정당한지 불법인지, 또는 성립하는지 않는지를 스스로가 더 잘 알고 있지요.

그래서 소유권을 이전하고도 사용·수익하지 못하게 되어 초조해지는 낙찰자의 심리를 이용하여 물건 점유와 명도 지연으로 압박하고 자신들의 요구를 들어달라고 하는 것입니다.

이러한 그들의 행태를 너무도 잘 알고 있기에 그들의 심리를 역이용하여 최소한의 금액으로 '유치권포기각서'를 받으면 됩니다.

유치권 성립 여부를 떠나 명백하게 허위유치권임을 파악하고 유치권이 성립하지 않음을 입증할 수 있는 상황인데도 합의가 되지 않을 때는 낙찰받은 후에 해도 늦지 않습니다. 확실한 허위임을 증명할 수 있는 근거를 갖고 인도명령을 청구할 수도 있습니다. 유치권이 성립하지 않으면 불법 점유자가 되기 때문입니다.

낙찰받은 후에도 다시 대화를 시도하고 합의가 안 된다면 그때부터는 강공전략으로 전환해서 소송을 준비해야 합니다.

매각대금 납부 이후부터 명도 지연에 따른 손해배상책임과 경매방해죄, 공갈 및 협박죄 등 민사적 배상과 형사적 책임을 묻는 고발(처벌 사례와 판례 첨부)을 의뢰하겠다는 내용증명으로 한 번 더 압박하면 효과가 좋습니다.

유치권이 존재한다고 해도 성립요건에 하자가 있는 유치권자라면 실제 채권액보다 훨씬 적은 금액으로 합의할 수 있고, 본래의 채권보다 금액을 부풀리거나 문서위조를 한 허위유치권자는 형사처벌도 가능하므로 강하게 압박하여 소정의 이주비 정도만 지급하고 마무리하는 것이 낫습니다.

만약 낙찰받은 이후에 유치권이 신고되어 그 금액이 많고 부담스럽다면 점유 여부를 확인합니다. 경매개시결정 이전부터 점유한 사실이 확인되면 매각불허가신청을 하고 절차에 따라 즉시항고 및 매각결정 취소신청을 하여 입찰보증금을 반환받을 수 있습니다[대법원 2007 마128 결정]. 경매개시결정 이후에 점유한 유치권이라면 인도명령을 청구하여 점유를 해제하는 방법을 택할 수도 있습니다.

유치권은 등기부에 공시되지 않음에도 불구하고 사실상 우선변제권이 있어 제3자에게 예기치 못한 손해를 입히며, 유치권자가 점유를 행사하는 동안 부동산을 사용·수익하지 못해 사회적·경제적 효용을 감소시킨다는 문제점으로 대두되고 있습니다.

한편 유치권 제도의 적용 범위를 제한하는 등 유치권의 행사 제한으로 그 지위가 약화된 채권자를 위하여 저당권설정청구권을 인정하는 등 채권자 보호장치를 마련해야 한다는 법률적 보완이 필요하다는 견해도 많습니다.